○ 档案馆研究丛书

主编 李修建 陈忠海 刘 永

DANG'ANGUAN LIYONG WU DINGLÜ

档案馆利用五定律

刘东斌 著

郑州大学出版社

郑州

图书在版编目(CIP)数据

档案馆利用五定律/刘东斌著. —郑州:郑州大学出版社,2020.7
(档案馆研究丛书 / 李修建,陈忠海,刘永主编)
ISBN 978-7-5645-6396-7

Ⅰ.①档… Ⅱ.①刘… Ⅲ.①档案馆–公共服务–研究–中国
Ⅳ.①G279.2

中国版本图书馆 CIP 数据核字（2020）第 027967 号

郑州大学出版社出版发行

郑州市大学路40号　　　　　　　邮政编码:450052
出版人:孙保营　　　　　　　　　发行部电话:0371-66966070
全国新华书店经销
河南龙华印务有限公司印制
开本:710 mm×1 010 mm　1/16
印张:21
字数:402 千字
版次:2020 年 7 月第 1 版　　　　印次:2020 年 7 月第 1 次印刷

书号:ISBN 978-7-5645-6396-7　　　定价:96.00 元

档案馆研究丛书
编委会名单

主　　编　李修建　陈忠海　刘　永
总 策 划　张予宏
执行主编　张晓培

总　序

　　1925 年 10 月,清室善后委员会利用清宫旧址建立起故宫博物院,设立文献部集中保存清宫档案文献。1927 年文献部更名为掌故部,1928 年扩大为文献馆。这可以视为我国近代第一个档案馆。但是,真正具有国家规模的档案馆事业,则是新中国成立后建立和发展起来的。

　　1956 年至 1960 年,全国建立了 15 个省级档案馆、106 个地(市)级档案馆、1509 个县级档案馆,共计 1630 个档案馆,基本上形成了从中央到省、地(市)、县初具规模的各级综合档案馆网络体系。至 1984 年底,综合档案馆发展到 2751 个;2018 年国家综合档案馆数达到 3315 个,实现了行政区划全覆盖。

　　虽然我国综合档案馆建设已经有 60 年历史,但是对于档案馆发展的研究,由于各种原因,还不系统、不完备,尤其是深入研究档案馆的专著,寥寥无几,而且内容大都陈旧,远不能适应当前档案馆事业发展需要。特别是新体制下的档案馆,有许多问题需要研究、亟待解决。如新机制运行下档案馆的定位、性质、职能、运行机制问题;档案馆的档案资源建设、开发、开放、共享问题;档案馆与档案局、档案室的关系及协调问题;档案馆的信息化建设问题;等等。

　　为了解决当前档案馆建设中遇到的种种问题,促进档案馆建设健康发展,我们组织人员,经过艰苦努力,编纂出版了"档案馆研究丛书",供大家实际工作中参考使用。

　　"档案馆研究丛书"难免会有谬误,敬请批评指正。

编　者

2020 年 3 月

前　言

　　我从 1988 年到河南濮阳市档案局馆工作,至今已有 30 余年。30 余年来,经历了揭开档案馆神秘的面纱、开放档案、开发档案信息资源、服务经济建设、服务民生等档案馆为社会提供档案利用的全部历史过程。我既感受到落实政策、编史修志利用的短时期利用者盈门带来的兴奋欣喜,也曾有过某类民生档案(如民办教师转正、复员军人核实等)利用短暂的"门庭若市"带来瞬间的如释重负,而更多的是长时期体味着档案利用冷落人稀的苦涩滋味。

　　很长一个时期,我一直坚信教科书上档案利用理论告诉我们的档案价值扩展律,我所在的档案馆也一直按照这一规律的指引,不断尝试着为"每卷档案有其利用者"寻找到利用者或者潜在的利用者,为提高档案利用率不懈努力奋斗着。可惜的是,理论很丰满,现实太骨感,理想的境界与现实的距离总是有增无减。无论我们怎样想方设法提高社会档案意识,绞尽脑汁强调档案的价值与作用,竭尽全力扩大馆藏增加门类,花尽心思向图书情报看齐,千方百计改善档案利用服务条件与技术环境,然而,档案利用率始终没有大的变化,一直徘徊在低谷。

　　这让我大惑不解,不得不反复思考,造成这样局面的原因到底是什么? 档案利用是否有其特定的规律? 如果有,这规律又究竟是怎么样的? 或许是我们"不识庐山真面目,只缘身在此山中"? 还好,百思终得一解。造成上述现实状况的根本原因,是档案利用天生具有用少、时效、地域、专指和一次五个定律。

　　只要我们换一个角度,从普通利用者(潜在利用者)的视角来看待档案利用,展现给我们的就是另一番与我们站在档案利用提供者视角完全不同的景象。我们扪心自问:我有档案利用需求吗? 我是潜在的利用者吗? 有我需要利用的档案吗? 好像这些都离我很远。我利用过档案吗? 回想起来这 30 余年,除了因参加单位撰写档案志的工作和自己要写档案统计方面的文章查过档案外,虽然身居档案馆,基本上没有查过档案。作为档案人的档案意识不谓不强,可是连档案意识强的档案人都不去利用档案,偏要去激发档案意识差的大众利用需求,挖掘潜在的利用者,是不是有些强制"消费"的味道?是不是"缘木求鱼"呢?我在档案馆工作30余年,倒是有几个熟人找我查过档案,查找的大都是毕业生花名册、招工名册等具有与查档案者或委托者身份有关的,具有凭证价值的档案。这更促使我对档案利用的内在逻辑与动因进行重新审视。档案利用五定律就是这一审视的结果。

本书之所以定名为《档案馆利用五定律》,是因为其论证与统计数据分析大都来自综合档案馆。而就其所反映的规律来说,称为"档案利用五定律"更贴切,因为它来自档案凭证价值的特性,是档案凭证价值的特性决定了档案利用五定律。档案利用五定律是适应所有档案的,包括保存在档案室以及其他档案馆的档案。就我长期做档案业务指导工作的经历来看,各个单位档案室的档案利用也都符合这五定律,只是需要通过数据统计去进行一番论证。也希望对档案利用五定律有兴趣或者有质疑的同行,从各自的工作实践出发,进行研究论证与证伪。

档案利用五定律的提出,给了我一个重要启示,这就是,一些在实际工作中说不通或者存在不同观点的档案学理论,只要换一个角度来看,就会有新的认识,就可能得出新的观点,也可能会在新的基础上取得认识的统一。这或许是因为以往的不同观点是不同的研究者只看到事物的不同侧面而已,都是"盲人摸象",也包括我自己。

《档案馆利用五定律》的出版,得到了多方的支持和帮助,在这里,我由衷地感谢"档案馆研究丛书"编委会、河南省档案学会高等学校档案分会给予的大力支持!感谢中国高等教育学会档案工作分会副秘书长、河南省档案学会副理事长、河南省档案学会高等学校档案分会会长、河南省档案专业"十百千"档案领军人才、研究馆员张予宏,河南省档案学会高等学校档案分会秘书处办公室主任、郑州大学档案馆副馆长、副研究馆员张晓培为本书的出版做了大量的组织协调工作!感谢副研究馆员吴雁平对本书的写作提出了许多宝贵意见!同时,也感谢我的亲人、朋友,感谢你们的理解和支持,感谢一路有你们!

刘东斌
2019 年 9 月

目　录

第一章

绪　论

　　为什么要有档案馆？为了保存档案！

　　为什么要保存档案？"保管档案的根本目的就是为了利用。"①

　　这好像没有什么可质疑的。"自古以来,保管档案的目的就是为了利用,档案的价值只有通过利用才能显示出来,利用越广泛越能充分体现出其价值。"②

　　真是这样吗？"在漫长的奴隶社会、封建社会与半封建半殖民地社会,档案工作受重藏轻用思想的桎梏,档案深藏于石室金匮之中,利用率极低。"③自古以来,保存档案似乎并不是为了利用,而是为了"藏"？

　　在现代社会里,档案"利用越广泛越能充分体现出其价值"吗？然而,除了20世纪七八十年代出现的平反冤假错案、编史修志两次档案利用高潮外,档案利用工作似乎一直处于低谷之中。尽管,档案界几十年来费了九牛二虎之力,寻找了各种原因,采取了种种措施,但是,档案馆的档案利用依然如故地在低谷中徘徊。

　　如此尴尬的局面,不能不引起人们的深思！

　　档案馆的档案利用是什么性质的利用？是经常被利用还是偶尔被利用？是被利用得多还是被利用得少？这些问题几乎从没有被探讨过。

　　档案馆的档案似乎被经常利用,利用得越多越好是天经地义,真的是这样吗？

　　档案馆的档案如果利用得越多越好是天经地义的话,为什么档案馆的

---

　　①　吴宝康.档案学理论与历史初探[M].成都:四川科学技术出版社,1986:358.

　　②　刘国能,王湘中,孙钢.档案利用学[M].北京:中国档案出版社,1996:70.

　　③　邓绍兴.《中国档案分类法》产生的客观基础和特点[J].档案学通讯,1995(5):7-10.

工作者费了那么多工夫,档案利用却依然如故地在低谷中徘徊?

是档案馆的工作者不用心不用力吗? 显然不是!

是档案馆的档案资源不够丰富吗? 就全国综合档案馆来说,通过近二十年的不懈努力,馆藏档案总量增加了六七倍,但是,档案利用总卷件次并没有增加,档案利用率不增反降!

那么问题出在什么地方呢?

我们不得不反过来对档案这一事物重新审视,对档案价值重新审视,对档案利用这一现象重新审视,多问一些究竟为什么!

档案这一事物究竟与其他事物(如图书等)有什么不一样? 档案有什么独特的价值? 档案的这种独特的价值为什么不会被经常利用? 档案利用有什么内在的不一样规律?

本书对这些问题试着做些探讨解答,探索其中的因由,以求得到一些相对客观的答案。

第一节　综合档案馆的档案利用

一、档案馆是档案事业的主体

档案界最早提出档案馆是档案事业主体论的是吴宝康先生。他在其主编的《档案学概论》中提出:"档案事业结构各个部分的关系是,档案事业管理机关是掌管国家档案事务的行政系统,是整个档案事业的组织和指挥中心,档案室和档案馆是管理国家档案信息资源的业务系统,在档案事业中,档案室是基础,档案馆是主体;档案专业教育、档案科学技术研究、档案宣传出版、档案界国际交往与合作,是建设和发展档案事业的重要条件。"[1]"每一个国家的档案事业实质上都是档案馆事业,大多数国家档案事业即档案馆事业。"[2]档案馆的主体地位是由其是永久保管档案的机构,并且发挥档案的作用为社会各方面提供利用档案所决定的。档案馆在档案事业中的主体地位,也是我国档案馆历史发展的结果。

我国近代档案馆的建立可以追溯到 20 世纪 20 年代,"1925 年 10 月,清室善后委员会利用清宫旧址建立起故宫博物院,设立文献部集中保存清宫档案文献。1927 年文献部更名为掌故部,1928 年扩大为文献馆。它可以视

---

① 吴宝康.档案学概论[M].北京:中国人民大学出版社,1988:17.
② 施宣岑,王景高.档案馆概论[M].北京:档案出版社,1995:84.

为我国近代第一个档案馆"①。但是,真正具有国家规模的档案馆事业,则是在新中国成立以后建立和发展起来的。

1956年4月16日国务院颁发的《关于加强国家档案工作的决定》中指出:"国家档案局应该全面规划,逐步地在首都和各省区建立中央的和地方的国家档案馆。"从1956年至"1960年初,全国建立了15个省级档案馆,106个地(市)级档案馆,1509个县级档案馆"②,共计1630个档案馆。按照截至1960年12月31日的中华人民共和国行政区划统计(台湾省的行政区划资料暂缺),省级行政单位29个,地(市)级行政单位(4个行政区、116个专区、29个自治州、7个盟、197个市)353个,县(区)级行政单位(县级单位1706、市辖区375)2081个,共计2463个行政单位③。也就是说,到1960年按行政区划建立的综合档案馆达到66.18%。到1965年,"除台湾省外,我国29个省、市、自治区都建立了档案馆,专、县级档案馆发展到了2000个"④。按照截至1965年12月31日的中华人民共和国行政区划统计(台湾省的行政区划资料暂缺),省级行政单位29个,地(市)级行政单位(29个自治州、1个行政区、168个专区、7个盟、167个市)372个,县(区)级行政单位(县级单位2125、市辖区368)2493个,共计2894个行政单位⑤。也就是说,到1965年,按行政区划建立的综合档案馆占到70.11%。从数量上看,仍有近三分之一的行政区划单位没有建立综合档案馆。只能说基本上形成了一个从中央到全国各省、专区、县的初具规模的各级综合档案馆网络体系。

"文革"时期,我国的档案馆事业遭到严重破坏。1978年党的十一届三中全会以后,档案馆事业得到了恢复和健康发展。到1984年底,综合档案馆发展到2751个(除台湾省外)⑥,加上中央档案馆、一史馆、二史馆,共计2754个。按照截至1984年12月31日的中华人民共和国行政区划统计(台湾省的行政区划资料暂缺),省级行政单位30个,地(市)级行政单位(31个自治州、1个行政区、135个地区、8个盟、148个市)323个,县(县级市、区)级行政

① 赵屹.档案馆的现在与未来[M].上海:上海世界图书出版公司,2015:11.
② 杨小红.中国档案史[M].沈阳:辽宁大学出版社,2002:135.
③ 国务院秘书厅.中华人民共和国行政区划简册1961[M].北京:地图出版社,1961:6.
④ 刘国能,黄子林.中国档案事业概述[M].北京:档案出版社,1993:169.
⑤ 中华人民共和国内务部民政司.中华人民共和国行政区划简册[M].北京:地图出版社,1966:1.
⑥ 国家档案局.中国档案年鉴1989[M].北京:档案出版社,1992:576.

单位2813个,共计3166个行政单位①。也就是说,到1984年,按行政区划恢复和建立的综合档案馆占到86.98%。这标志着我国档案馆在档案事业中的主体地位已经基本形成。1985年全国档案馆工作会议又提出:"当前我国的档案馆事业,不仅已经成为我国整个档案事业建设的主体和重点,而且更重要的是它作为我国社会科学文化事业发展的一个重要标志,在我国国民经济和社会发展的各个领域中,愈来愈显示出它的重要地位和作用。"②我国的档案馆事业也进入了一个新的发展阶段。

据国家统计局网站,到2017年国家综合档案馆数达到3333个③。按照截至2017年12月31日的中华人民共和国行政区划统计(台湾省的行政区划资料暂缺),省级行政单位34个,地(市)级行政单位(30个自治州、7个地区、3个盟、294个地级市)334个,县(县级市、区)级行政单位2851个,共计3219个行政单位④。也就是说,到2017年,按行政区划建立的综合档案馆达到103.54%,已经做到了行政区划的全覆盖。

然而,1993年《上海档案工作》第6期发表的姜之茂的《必须高度重视档案室的工作——兼对档案馆"主体"论质疑》一文,对档案馆的档案事业主体地位提出了质疑。他认为:"以档案室为基础,以档案馆为主体的指导方针,虽然强调了档案室对档案馆的服务性,强调了档案馆对档案室的依赖性,对提高我国档案馆工作水平是大有益处的,但这个指导方针的缺陷也是明显的",并提出了"档案室和档案馆,一起作为我国档案事业的主体"的观点⑤。随后,有许多学者加入了讨论的行列。尽管各位学者立论的角度不同,阐述的理由也不同,但其主要观点仍可大致分两种:一种观点坚持档案馆是档案事业的主体,档案室是档案事业的基础。他们认为:"档案馆主体论的确立是档案事业发展到一定阶段、一定程度的必然产物,并非人们凭空想象出来的东西。档案馆在档案事业中的主体地位是不容置疑的,档案馆主体论迟早会提出来的。"⑥另一种观点认为,档案馆与档案室共同构成档案事业的主

① 中华人民共和国民政部.中华人民共和国行政区划简册1985[M].北京:测绘出版社出版,1985:1.

② 韩毓虎.坚持改革 扎实工作 全面发展档案馆事业 为社会主义现代化建设服务:韩毓虎同志在全国档案馆工作会议上的报告[J].档案工作,1985(10):6-16.

③ 来源于国家统计局网站(http://www.stats.gov.cn),具体网址:http://data.stats.gov.cn/easyquery.htm? cn=C01.

④ 中华人民共和国民政部.中华人民共和国行政区划简册2018[M].北京:中国地图出版社,2018:3.

⑤ 姜之茂.必须高度重视档案室的工作:兼对档案馆"主体"论质疑[J].上海档案工作,1993(6):18-21.

⑥ 李财富.档案馆"主体"论之我见[J].档案学研究,1996(1):7-11.

体。他们提出："档案馆不是档案事业的主体,档案室工作和档案馆工作才共同构成档案事业的主体。"①这里不对后一种观点做更多的评论,只强调一点,机关企事业单位档案室工作是各单位工作的组成部分,是机关企事业单位的内部工作,而并不服务于社会。当然针对服务于社会,有学者认为:"每一个档案室所在的部门都是社会的一分子。它们通过利用档案推动了本部门职能的履行,不也就实现了包括档案工作在内的为社会服务吗?"②显然,"档案室所在的部门都是社会的一分子"与档案馆服务于社会是完全不在一个层面上的概念。因而,并不能否定档案馆是档案事业主体的认识。

1995 年,施宣岑、王景高在其主编的《档案馆概论》中提出:"在档案馆发展到一定规模时,认识它在档案事业中的主导作用,强调做好档案馆工作的重要性,对于档案馆乃至整个档案事业的长远建设是有重大历史意义的。档案馆是档案事业主体的思想,在任何情况下都不应动摇,而且应当不断强化。如果动摇了档案馆是档案事业主体的思想,削弱了档案馆工作,从长远来看对我国的档案事业建设是十分不利的。"③这是 20 多年前的论断,现在再看来,不仅中肯,而且有很强的现实意义。

档案馆不仅是档案事业的主体,而且在理论上档案馆学也是档案学的主体,或者说档案学是围绕档案馆来研究的学科,甚至可以说档案馆学就是档案学。现代档案学理论奠基人之一的吴宝康先生就认为:"档案学,这已经是一习惯的名称。按现在档案学的研究内容来看,确切地说档案学应改称档案馆学,像图书馆学、博物馆学的名词一样,比较科学一些。"④当然,也有学者不同意这一观点,认为:"档案学不能等同于档案馆学,档案学研究的范围要大于档案馆学,而档案馆学是档案学中的分支学科之一。"⑤这里不探讨究竟称什么学的问题,只说明档案馆在档案理论中占有重要位置,是档案理论的主体内容。

对于档案馆学就是档案学,或者说档案学是围绕档案馆来研究的学科的认识,这里换一个角度来探讨。档案馆"保管档案的根本目的就是利用",那么,很显然,档案利用应该是档案馆的中心,也应该是档案学理论研究的中心,或者说档案学理论研究应该围绕着档案馆的档案利用来进行。然而,

① 王茂跃.试论档案事业主体论的认识误区[J].档案与建设,1997(11):22-23.

② 姜之茂.必须高度重视档案室的工作:兼对档案馆"主体"论质疑[J].上海档案工作,1993(6):18-21.

③ 施宣岑,王景高.档案馆概论[M].北京:档案出版社,1995:84.

④ 吴宝康.档案学理论与历史初探[M].成都:四川科学技术出版社,1986:105.

⑤ 陈智为.档案学就是档案馆学吗?[J].档案与建设,1994(4):5-7.

事实并不是如此。我国第一部专门研究档案利用的专著《档案利用学》认为:"档案利用学是以档案利用和档案利用工作作为研究对象的","档案利用学的研究范围是从利用者的需要开始,到利用者的满足为终结,这样一个完整的周期性过程","档案利用学是从档案学中独立出来的一个分支学科,它们之间的关系是'源'(档案学)和'流'(档案利用学)的关系"①。显然,《档案利用学》并没有切中肯綮。从档案馆利用档案的角度来看,档案学理论深深地影响着对档案利用的认识。例如,档案学的档案价值理论认为:"档案价值是可以扩大和发展的,它的扩展具有一定的规律性,可称为档案价值的扩展律。"②并由此而推导出:档案"利用越广泛越能充分体现出其价值"③。然而,档案价值扩展律似乎并没有在档案利用中显现出来,即档案价值扩展律一直没有在档案馆的档案利用中发挥出其规律作用。而如果站在档案馆的档案利用实际情况的角度来看,就根本不存在档案价值扩展律。因此,与其说是档案学理论决定对档案馆档案利用的认识,不如说是档案馆档案利用决定着对档案、档案价值等的认识。这正体现出档案馆档案利用在档案学中的地位,也体现出档案馆在档案学或者说档案馆学中的主体地位。

二、综合档案馆是档案馆的主体

档案馆是档案事业的主体,那么,什么是档案馆呢? 档案馆的基本含义应该具备以下几点:"(1)档案馆是集中保存档案的专业机构;(2)档案馆是永久管理档案的基地;(3)档案馆承担国家或社会相应的管理职能,具有一定的社会独立性;(4)档案馆提供档案为社会服务。"④也就是说,只有同时具备上述条件的档案馆,才是名副其实的档案馆。

现实中有各种类型的档案馆,而对档案馆类型的划分也有许多不同的方法,本书按照《全国档案馆设置原则和布局方案》为标准进行分类。根据《全国档案馆设置原则和布局方案》,我国档案馆的类型主要有各级国家档案馆,部门档案馆和企业、事业档案馆。

1. 各级国家档案馆

(1)综合档案馆。综合档案馆是按行政区划或历史时期设置的,收集和管理所辖范围内多种门类档案的档案馆,在中央设置三个综合性档案馆。

① 刘国能,王湘中,孙钢.档案利用学[M].北京:中国档案出版社,1996:2-9.
② 冯惠玲,张辑哲.档案学概论[M].2版.北京:中国人民大学出版社,2006:59-60.
③ 刘国能,王湘中,孙钢.档案利用学[M].北京:中国档案出版社,1996:70.
④ 薛匡勇.档案馆论[M].上海:第二军医大学出版社,2002:43.

包括中央档案馆、中国第一历史档案馆和中国第二历史档案馆;在地方按行政区划分级设立综合档案馆,包括省(自治区、直辖市)、计划单列市、市(地、州、盟)、县(旗、市、区)档案馆。

(2)专门档案馆。专门档案馆是指收集和管理某一专门领域或某种特殊载体形态档案的档案馆。一类是在中央设置的专门档案馆,如中国照片档案馆等;另一类是大、中城市设置的城市建设档案馆。

2.部门档案馆

部门档案馆是中央和地方某些专业主管部门所属的,收集管理本部门档案的事业机构,如外交部档案馆等。

3.企业、事业单位档案馆

企业档案馆是按国家统一标准确定的大型企业和部分建立时间长的中型企业,根据实际工作需要设立的档案馆。

事业档案馆是指国家事业机构,如中国科学院、各高等院校等设立的档案馆。

对照上述档案馆的基本含义,在以《全国档案馆设置原则和布局方案》为标准分类的档案馆中,有一些档案馆实际并不符合。在专门档案馆中,中国照片档案馆勉强符合档案馆的基本含义,而城市建设档案馆应该属于部门档案馆,它所服务的对象基本上都是建设部门的管理对象。在部门档案馆中,除了外交部档案馆勉强有些符合档案馆的基本含义外,其他的部门档案馆无论是属于中央还是属于地方某专业主管部门,其实都是放大的部门档案室,就其性质来说不符合档案馆的基本含义,而符合档案室的条件。企业、事业单位档案馆也不符合档案馆的基本含义,也都属于放大的单位档案室,符合档案室的条件。

在我国的各类档案馆中,除了综合档案馆外,其他类型的档案馆大都不符合档案馆的基本含义中的第(3)、(4)条,实际上大都不属于档案馆。国家统计局网站公布,2017年国家综合档案馆3333个,国家专门档案馆234个,部门档案馆202个,企业档案馆167个,文化事业档案馆274个。如果将这些档案馆全部加在一起是4210个,那么,国家综合档案馆占档案馆总数的79.16%。而如果将大部分不符合档案馆基本含义的其他各类档案馆排除在外,国家综合档案馆几乎占到了100%。所以,不管其他各类档案馆算不算真正含义上的档案馆,综合档案馆都是档案馆的主体。

本书是以符合档案馆基本含义的档案馆作为研究对象的,所以,本书研究的样本是基于综合档案馆进行的。本书所指的档案馆如果没有特别说明的话,指的都是综合档案馆;本书探讨的档案馆档案利用规律,也都是基于综合档案馆得出的。因为综合档案馆是档案馆的主体,只有研究档案馆的主体得出的结论才有意义。

三、综合档案馆档案利用的历史与现状

1956 年至 1965 年是我国档案馆的初创时期,虽然在 1958 年就提出了"以多快好省地开展对档案资料的利用工作为纲,充分发挥档案资料在社会主义建设中的积极作用,来为本单位的各项工作和生产服务,为经济战线,政治战线和思想战线上的社会主义革命服务,为工农业大跃进服务,为技术革命和文化革命服务,为科学研究服务"("简化为'以利用为纲'")①。但是,由于档案馆基本都是新建立的,其收集、整理、鉴定等档案工作是相当的繁重,有时成为中心工作,而收集工作是每一个新建档案馆必须做的重头工作就不必说了。如档案馆建立后,"集中的档案数量很大,玉石不够分明。一九六二年,全国档案工作会议曾经从备战和应付灾害事故以及便于保存与利用的观点出发,提出了做好档案鉴定工作的任务,要求分清档案的保管期限,既便于平时利用,也便于确保重要档案的安全。一九六四年九月,国家档案局召开全国各省、自治区、直辖市档案局(处)负责人会议,提出从一九六四年九月到一九六六年九月两年内完成档案清理、鉴定工作。会后,各级档案馆开展了大规模的档案清理鉴定工作"②。再加上档案在当时并没有开放,档案利用工作只能是处在起步探索阶段。

"文革"时期,我国的档案馆事业遭到严重破坏,档案馆管理活动基本陷于瘫痪和停顿。这也包括档案馆的档案利用工作。

1978 年党的十一届三中全会以后,档案馆事业得到了恢复和健康发展。随着档案馆的恢复和健康发展,档案利用也得到全面展开。1980 年 3 月,中央书记处提出开放历史档案的方针。1982 年,中央书记处批准了《关于开放历史档案问题的报告》。1987 年 9 月,《中华人民共和国档案法》颁布,以法律的形式明确规定向社会开放档案。1991 年 12 月,国家档案局颁布《各级国家档案馆开放档案办法》,对档案馆的档案开放利用作出了更具体的规定。档案馆利用工作进一步得到促进和发展,随之也出现了两次档案利用高潮:第一次是 20 世纪 70 年代末 80 年代初,全国大规模地开展拨乱反正、平反冤假错案的工作,档案的利用形成了高潮。第二次是 20 世纪 80 年代中后期,全国范围内的编史修志工作紧锣密鼓地开展起来,促成了档案馆馆藏档案大量利用的又一次高潮。之后,由于历史遗留问题已基本解决,大规模

---

① 吴宝康. 论档案学与档案事业[M]. 南京:南京大学出版社,1988:262.

② 《当代中国的档案事业》编辑委员会. 当代中国的档案事业[M]. 北京:中国社会科学出版社,1988:206.

的编史修志告一段落,档案利用工作又步入了低谷。

1989 年,李家清在《湖北档案》上发表了《档案利用下降的原因及对策》一文,首次提出了档案利用高潮后的档案利用下降的现象。他认为出现此现象的主要原因是:其一,馆藏结构不尽合理,档案门类单一,特别是与当前中心任务相关的科学技术、经济建设方面的档案资料过于贫乏,满足不了利用者多方面的需要。其二,档案馆的社会知名度较低。其三,随着机关档案工作的日趋加强,室藏档案不断丰富,档案得到利用。其四,编史修志工作基本完成,利用档案明显减少。经过分析,他提出了相应的对策和措施:首先,要抓住机遇,深入宣传,以扩大档案馆工作的社会性。其次,应千方百计丰富馆藏,改善结构,以最大限度地满足利用者多样性的需要。再次,转变思想,改善服务,增强档案馆利用工作的主动性。最后,确定目标,区分责任,调动档案人员做好利用工作的积极性①。许小林认为档案利用下降:原因之一,社会的档案意识薄弱;原因之二,馆藏档案不齐全,结构不合理;原因之三,有偿服务造成误解;原因之四,档案利用工作的服务质量较差。他亦提出了相应的对策:首先,继续深入地狠抓《档案法》的宣传贯彻。其次,努力丰富馆藏,改善馆藏结构。再次,增强档案馆人员的服务意识,提高服务质量②。2000 年,马仁杰认为影响我国档案利用的因素主要有:一是社会环境因素。包括社会政治因素、经济因素、民族历史和文化传统因素、人口因素及科学文化因素等 5 个方面。二是档案部门因素。包括馆藏量、档案信息资源的加工程度、档案信息的输出能力、档案工作者的素质及有关档案利用的政策与法规等 5 个方面③。他之后提出了对策:第一,丰富并改善档案信息资源的结构,建立档案信息资源保障体系。第二,改进和更新档案利用的方法与技术,加强检索工具体系建设,建立档案目录中心。第三,正视现实,转变观念,拓宽档案信息资源开发利用工作的服务范围。第四,切实加强现代高新信息技术研究,努力造就新型档案专业人才。第五,灵活多样,广泛求实,搞好档案宣传工作,为档案信息资源的开发利用创造良好的社会环境。第六,修正并完善档案利用的政策与法规,逐步扩大档案利用或开放的范围,简化利用手续,改善利用环境。第七,加强对档案利用者的需求动机与行为心理研究,减少服务的盲目性。第八,积极探索档案利用规律,建

---

① 李家清.档案利用下降的原因及对策[J].湖北档案,1989(4):35-36.
② 许小林.档案利用下降的原因与对策[J].湖南档案,1990(6):29.
③ 马仁杰.论影响我国档案利用的因素[J].档案学通讯,2000(3):44-47.

立灵敏的档案利用信息反馈系统①。

对于档案利用工作，档案学者和档案工作者们提出了各种有关的对策与措施。1984 年，孙钢提出档案利用潜在用户的概念，认为："应当首先考虑（档案馆）指南的读者对象范围、档案利用者和潜在用户的利用需求，为满足他们的要求提供方便。"②同年，任樟祥首先提出"充分开发和利用档案信息资源，把档案应当和可能发挥的作用充分地发挥出来"③的观点，从此拉开了开发利用档案信息资源的序幕。1991 年，陈永生认为："对档案利用的大致趋势作出相应的预测：在以经济建设为中心的今天及今后一个相当长的时期里，社会尤其是经济部门对反映经济活动内容的档案及有关科技档案的利用将是频繁的。"④到了 1998 年，王德俊根据国际档案界学术的新动态新观点，提出"可以预见：21 世纪中外档案利用中'休闲'特色日益突出这一带有一定规律性的新趋势日趋明显"⑤的观点，随后，有不少学者探讨了档案的"休闲"利用的措施。2003 年，汤虎君、蒋志平提出："随着改革开放的深入，社会文明程度的提高，普通公民成为查档主体。"⑥不久，国家档案局（馆）长杨冬权指出："随着民生档案工作的不断发展和深入，一些地方的档案利用工作开始出现普通百姓利用多于机关人员利用的可喜局面，标志着我国档案利用工作开始进入广泛为人民群众服务的新阶段，普通百姓历史上第一次成为档案利用的主角。"⑦

对于丰富、改善馆藏结构，1993 年孙永铭提出：档案馆首先要克服现有馆藏档案内容的滞后性，及时地为经济建设服务。在确定档案进馆范围和档案接收、鉴定工作中，要特别注意增加直接产生于经济建设和服务于经济建设的档案⑧。张德恒提出：在丰富馆藏方面，改善馆藏结构是矛盾的普遍性，突出地方特色则是矛盾的特殊性。丰富馆藏要突出地方特色：一是著名

① 马仁杰，龚云兰.新形势下我国档案利用工作的对策[J].档案学通讯,2000(5)：22-25.

② 孙钢.怎样编制档案馆指南[J].湖南档案,1984(4)：10-11.

③ 任樟祥.试谈对馆藏档案内容的分析研究[J].浙江档案工作,1984(Z2)：29-35.

④ 陈永生.档案学功能探索：兼论档案学基础研究与应用研究的关系[J].湖北档案,1991(3)：8-11.

⑤ 王德俊.21 世纪档案学基础理论研究态势的预测[J].档案学通讯,1998(4)：21-23.

⑥ 汤虎君，蒋志平.江苏宜兴市档案利用率持续走高 关注民生 服务大局[J].中国档案,2003(5)：17.

⑦ 杨冬权.在浙江省档案工作服务民生座谈会上的讲话[J].中国档案,2007(10)：10-12.

⑧ 孙永铭.也谈档案馆的改革走向[J].浙江档案,1993(12)：12-13.

人物;二是名优土特新产品;三是文化艺术;四是家谱、族谱①。董扣宛提出:"现档案馆的档案接收范围,除规定接收文书等档案外,要注意适度地扩大到企业档案、各种专业档案、各种载体档案。"②张淑琴、岳秀芬提出:"县档案馆除继续做好文书档案的接收工作外,应大力做好科技档案、专业档案和照片、录音录像等声像档案的接收收集工作。例如,本县名优、土特产品的档案,城乡建设中形成的各种建筑物、构筑物档案,反映本县气象、地质、水文、地震测绘等活动的档案,反映本县经济体制改革和重要经济活动的档案,各级各类重点学校在教学活动中形成的教学档案,反映本县重大活动的照片、录音录像等都应接收进馆,确实做到馆藏档案资料门类齐全,体现县档案馆综合性的特点。"③2004 年,浙江省省档案局(馆)局(馆)长关继南提出:"要扩大对专门业务档案和与人民群众息息相关的民生档案的收集,满足社会大众的需求。"④

在档案利用方面,国家档案局也出台了一系列的政策。1990 年,由国务院批准,国家档案局颁布实施的《档案法实施办法》第 20 条第 3 款规定:"经济、科学、技术、文化等类档案,可以随时向社会开放。"2005 年,国家档案局、中央档案馆颁布了《关于加强档案信息资源开发利用工作的意见》,明确了加强档案信息资源开发利用工作的主要任务:根据党和国家关于信息资源开发利用工作的总体要求,加大档案信息资源管理力度,全面整合各类档案信息资源,促进档案信息资源总量增加、质量提高、结构优化;加强多形式多层次共享平台建设,推进服务机制创新,促进公开档案信息资源广泛利用和深度开发,推进控制使用档案信息资源在规定范围内合理使用;加强档案馆各项基础设施建设,为开放历史档案以及政府公开信息和现行文件的利用提供便利条件;进一步优化保障环境,建立长效发展机制,全面提升档案信息资源开发利用水平。它还对档案开发利用做出了具体的措施指导:丰富和优化馆(室)藏;推进各级基础档案信息资源库建设;加强濒危珍贵档案的抢救工作;不断充实档案信息服务的内容。国家档案馆要加大依法开放档案力度,完善开放制度,定期公布档案;丰富利用方式,简化利用手续,扩展服务范围,改善服务条件,提高服务水平;充分利用网络提供利用服务。2007 年,国家档案局印发了《关于加强民生档案工作的意见》,提出"建立覆

---

① 张德恒. 县档案馆丰富馆藏之思考[J]. 档案,1992(2):29-30.
② 董扣宛. 丰富馆藏的新思维[J]. 档案与建设,1994(1):34-35.
③ 张淑琴,岳秀芬. 谈县级档案馆馆藏结构的改善[J]. 北京档案,1997(10):27-28.
④ 开拓进取 求真务实 全面推进新时期档案工作新发展:省档案局(馆)局(馆)长关继南在全省档案工作暨表彰先进会议上的报告(2004 年 2 月 20 日)[J]. 浙江档案,2004(3):6-10.

盖人民群众的档案资源体系,确保民生档案齐全完整""积极探索民生档案管理和利用的最佳方式和有效途径"的意见,开启了民生档案利用之门。2013 年,财政部、发展改革委联合发文取消档案利用收费,随后,国家档案局下发了《关于严格执行财政部、发展改革委关于取消利用档案收费规定的通知》,要求严格执行取消档案利用收费的政策。

从 1989 年李家清提出档案利用下降现象至今的 30 年中,各地综合档案馆都一直在努力采取各种措施:不断改善馆藏结构,大力接收经济档案、科技档案、地方特色档案、各类专业档案、民生档案等以丰富馆藏;大力宣传档案,提高社会档案意识;加大档案开放力度;大力开发档案信息资源;提高档案利用服务质量和水平;加大档案信息化建设投入,建设数字档案馆;等等。据统计,全国综合档案馆馆藏档案由 1988 年底的 8205.28 万卷件①增加到 2017 年的 65 371.1 万卷件②,增加了 6.9 倍。其中馆藏民生档案虽没有全国的统一统计,但是据报道,到 2017 年,江苏太仓市档案馆的"民生档案占比达到了馆藏量的 50% 以上"③。河北围场满族蒙古族自治县档案馆"民生档案占馆藏量的 64%"④。湖南"近几年,全省民生档案资源数量明显增长,民生档案占馆藏总量比重达到 50%"⑤。另据 2014 年四川遂宁市档案馆统计,"目前馆藏民生档案占馆藏总量的 70%"⑥。根据以上的统计情况,可以大致得出:综合档案馆馆藏民生档案已经基本达到 50% 左右。全国综合档案馆计算机由 1997 年的 2823 台⑦增加到 2013 年的 45 192 台⑧,增加了 15 倍。"全国多地开展民生档案'异地查询、跨馆出证'工作。"⑨

随着全国各地综合档案馆大力接收民生档案进馆,积极开展民生档案利用工作,一时间一些地方档案馆的民生档案也确实增加了不少利用者,甚

---

① 国家档案局. 中国档案年鉴 1989[M]. 北京:档案出版社,1992:611-624.

② 中国统计年鉴 2018[EB/OL]. [2020-01-04]. http://www. stats. gov. cn/tjsj/ndsj/2018/indexch. htm.

③ 陆坚,芮振. 把握时代机遇 推进创新发展 谱写太仓档案事业新篇章[J]. 档案与建设,2018(4):71-72,76.

④ 韩孝. 探索"1344"发展之路 助推农业农村档案工作新常态发展[J]. 档案天地,2016(6):9-10.

⑤ 胡振荣. 让档案亲近大众:湖南省档案利用方式创新的实践与思考[J]. 档案时空,2017(12):6-9.

⑥ 杨世洪,杨敏. 重视民生 服务民生:遂宁市档案局加强民生档案工作巡礼[J]. 四川档案,2014(2):35.

⑦ 国家档案局. 中国档案年鉴 1998—1999[M]. 北京:中国档案出版社,2000:319-338.

⑧ 国家档案局. 中国档案年鉴 2014[M]. 北京:中国文史出版社,2017:303-324.

⑨ 李明华. 在全国档案局长馆长会议上的工作报告[J]. 中国档案,2018(1):18-25.

至有地方还掀起了利用小热潮。然而,这种热度并没有持续多久,也没有形成全国性的大面积热潮。至今,伴随着档案馆的档案利用主流依然是不温不热,在低谷中徘徊,并没有达到预期的理想热度。到 2017 年全国综合档案馆的档案利用是 2078 万卷件次,仍然没有达到 1987 年的档案利用 2250.94 万卷件次的数值。就全国综合档案馆的档案利用率来看,档案利用率最高的是 1987 年的 28.93%,而 2017 年档案利用率只有 3.18%,并且,从 1995 年到 2017 年的 23 年里的档案利用率基本一直维持在 5% 以内(具体统计见本书第四章)。

通过对我国综合档案馆档案利用的历史与现状的梳理,我们可以看出档案界几十年来寻找了各种原因,采取了种种措施,但是,综合档案馆的档案利用却依然如故地在低谷中徘徊。在"6·9"国际档案日的档案宣传已经成为常态的今天,社会档案意识差似乎已经不能成为原因;在持续几十年大力进行档案馆馆藏建设后的今天,馆藏结构不合理、不丰富也已经不能成为原因;在民生档案已经占馆藏 50% 左右的今天,再说档案馆不贴近百姓,似乎也已经说不过去;在档案信息化建设已经取得相当成就的今天,再说档案信息的输出能力影响档案利用,似乎也已经说不过去。当然,不是说这些方面没有改进的地方,而是说这些都已经不是影响档案利用在低谷中徘徊的主要原因。显然,档案利用高潮的发生都属于偶然现象,"它无法准确反映档案利用工作的全部实际,只有当档案利用工作也有了今天的低谷,它才是全面的、真实的"[①],档案利用在低谷中徘徊才是常态。当然,仅仅接受这种常态还不够,还应该透过这种常态,去对档案的本质、档案的本质价值、档案利用现象的本质作更深层次的思考、认识,找出规律性的东西。

第二节 档案与图书、情报的区别及对利用的影响

档案与图书、情报是不同的事物,是有区别的,这应该是档案与图书、情报界的共识,尤其是档案界的共识。然而到了信息时代,似乎人们对这三者的不同关注得不那么热心了,而对它们的共性关注的热情在不断地高涨,尤其是 1979 年钱学森发表了《情报资料、图书、文献和档案工作的现代化及其影响》一文后,更是如此。钱先生认为:"从系统工程的技术角度来看,情报资料、图书、文献和档案都是一种'信息',这种系统工程的目的就是信息的存储、信息的检索和提取,信息的传输和信息的显示,所以这整个技术可以

---

① 姚震.平平淡淡也是真:档案利用工作断想[J].中国档案,1996(11):30.

称为信息系统工程。"①1981年,由图书界的刘延章率先提出了"图书、情报、档案三位一体化"概念,并提出:图书、情报、档案工作"要专深化、综合化、走联合协同之路"②。在同年11月召开的全国第一次档案学术讨论会上,张帼英也提出了"机关企业的档案、图书、资料、情报一体化的意见"③,并得到了吴宝康先生的认可。随后,很快就引起全国档案界以及图书、情报界的广泛关注和强烈的反应。虽然时间过去了三四十年,"图书、情报、档案一体化"推进得并不太理想,但却给档案界留下了很深的影响,当然,这种影响并不都是正面的,也有一些负面的影响。其一,对于"图书、情报、档案一体化"的研究,过度集中在从信息角度对图书、情报、档案共性的探讨上,以及如何实施上。而对于信息时代它们的区别研究不足,尤其是这些区别对档案、档案工作的影响研究不足,甚至出现在信息共性的认识上取消档案学的趋势。各高校档案专业院系的名称,近些年来纷纷易名,不是与图书情报专业合并,就是改为信息资源管理院系的现象,可以看出在信息时代对图书、情报、档案的共性研究过度造成的负面影响有多大。其二,过度研究解读图书、情报、档案共性对利用的影响,更确切地说是抹杀档案个性对档案利用的影响。在档案利用量上,向图书利用靠拢。"图书是以传播知识为目的"④,"它是静态的信息和知识,只有通过传递、交流、供人使用才能发挥作用"⑤。因而,对图书来说利用得越多越好,发挥传播知识的作用越大。"图书馆学五定律中的第三定律'每本书有其读者'","旨在告诉图书馆要'为书找人',寻求书与人之间的匹配契合,提高图书利用率"⑥。也就是提高图书的利用量。受其影响,就有了"其启示综合档案馆:'每份档案有其用户'。这一定律的精神实质就是要求综合档案馆开展主动服务,积极为档案寻找用户,使每一份档案都能得到有效利用"⑦。"档案利用率这一概念是从图书利用率移植过来的"⑧,而且,图书馆学(阮冈纳赞)五定律中的第三定律对档案价值

---

① 钱学森.情报资料、图书、文献和档案工作的现代化及其影响[J].档案学通讯,1979(5):6-10.

② 刘延章.图书、情报、档案工作的现状及其路向[J].湘图通讯,1981(2):1-3.

③ 吴宝康.从一个侧面看我国档案学研究的现状和动向:全国第一次档案学术讨论会论文专题评述[J].档案学通讯,1982(Z1):10-38.

④ 肖东发.中国图书[M].北京:中国书籍出版社,2014:2.

⑤ 黄宗忠.图书馆学导论[M].武汉:武汉大学出版社,1988:13-15.

⑥ 涂静,周铭.图书馆学五定律对综合档案馆科学发展的启示[J].北京档案,2013(11):14-17.

⑦ 涂静,周铭.图书馆学五定律对综合档案馆科学发展的启示[J].北京档案,2013(11):14-17.

⑧ 刘旭光,刘蔚.档案利用率质疑[J].档案学通讯,2011(3):99-101.

的认识也有很深的影响,"按照阮冈纳赞第三定律的理论,档案保管部门中的每一卷(件)档案都应有相对应的用户,也即所有的档案都应该被利用到,否则档案的价值就无法体现"①。显然,档案价值扩展律的认识就深受其影响,因为,"档案价值与作用对象的扩大或利用单位数量的扩大,使得档案价值与作用的范围扩大了"②;"档案的利用范围愈广,档案价值与作用的发挥也愈大"③。在图书利用的影响下产生的这些认识就成了指导档案利用的理论,档案界这些年也一直在以图书利用为标准,用利用率来评估档案的利用情况,认为档案利用也应该达到图书利用的水平。因此,档案馆就采取了种种措施向着这一目标努力。然而几十年来,并没有多大的起色,离图书利用的标准相差甚远。从1998—2017年的全国综合档案馆与全国公共图书馆利用量比较看,图书馆利用总量平均是档案馆利用总量的24.18倍,图书馆利用率平均是档案馆利用率的10.70倍(具体统计见本书第四章)。而在档案开放利用上,则向情报利用靠拢。"情报利用的特点是:时效与选择。这种时效指的是用户迅速而准确地查阅信息。"④因而,对情报来说利用得越及时越好,才能体现其迅速传递信息的作用。受情报利用特点的影响,不仅《档案法》作出了"经济、科学、技术、文化等类档案向社会开放的期限,可以少于30年"的规定,而且要求:"档案部门对于一般性的档案,也要及时做好开放利用的各项准备工作,一俟到期,即行向社会开放,不要人为地拖延开放期限。"⑤还有的学者提出:"档案开放的最终目标是——由'开放档案'最终实现'档案开放':不设置30年的开放期,而是档案形成之日便是开放之时。"⑥以扩大档案的利用。然而,档案开放利用,虽然没有到达学者说的"档案形成之日便是开放之时"要求,但是档案部门也作了很大的努力,在档案开放上取得了明显的成果。不过它对于扩大档案的利用,提高档案利用率的效果并不明显。显然,在档案利用方面,过度研究解读图书、情报、档案共性对利用的影响,使我们有些迷失了方向,影响了我们认识档案的个性对档案利用的影响。

对于在信息的范围内,档案的个性可能会对档案信息利用造成影响的问题,早在20世纪90年代就有学者提出要研究档案的信息个性。如有学者

① 肖文建,胡誉耀.阮冈纳赞图书馆学五定律对档案信息资源开发利用的启示[J].档案学通讯,2005(5):16-19.
② 朱玉媛.档案学基础[M].2版.武汉:武汉大学出版社,2008:60.
③ 朱玉媛.档案学基础[M].2版.武汉:武汉大学出版社,2008:63.
④ 程磊.情报文献新探索[J].图书馆,1986(5):14-17.
⑤ 陈永生.论档案工作效益的滞后性特点[J].湖北档案,1993(2):21-24.
⑥ 吴文革,马仁杰.论档案开放的原则[J].档案学通讯,2004(4):72-75.

提出:"现在档案是一种信息已成为档案界的共识,但是,相对于档案信息开发这个大课题来说,研究仅停留在此显然是不够的,理论工作还大有可为。如档案信息除了具备一般信息的共性外,还有哪些特性?"①然而,20多年过去了,对于档案的信息个性研究并没有太多的进展,尤其是有关档案个性对档案利用影响的研究,几乎没有人关注。

一、档案与图书、情报的区别

1. 档案

从信息的角度看,档案也是一种信息。"档案作为信息具有本源性。""由于档案形成于自然的人类活动过程中,又不可经过人为的加工,档案不仅客观地记载了事实的发生和发展过程,而且还经过鉴定的过程,是比较真实可靠的,所以,我们说档案具有本源性(档案的原始性,凭证性特点与此有关。)"②"本源性就是档案信息的本质属性,把档案信息源与图书、情报资料信息源区别开来。"③

从档案的作用看,档案是记忆备忘的工具,这是因为档案最基本的作用是记忆备忘。从档案起源的动因看,档案是为了满足人类记忆备忘的要求而产生的。档案起源最初的动因是为了满足人们记忆备忘的需要,弥补人脑记忆贮存信息不能持久的缺陷,最初形成的档案就是为了记忆备忘。"可以说人们的社会记忆的需要,发展和创造了档案。"④记录事实以备不测之用,就是档案的记忆备忘作用。因而,档案是人们在认识世界和改造世界的实践活动中创造出的记忆备忘的工具。

从档案价值看,档案最主要的价值是凭证价值。"俗话说'空口无凭,立字为证',或说'口为空,字为宗',这里所说的'字',往往指的是文书,指的是档案。"⑤"档案的这种原始性的凭证价值,是档案不同于其它各种资料的基本特点。"⑥"档案由于是社会实践活动中形成的原始记录","更富有特殊的凭证依据价值,社会上誉称档案为'原始凭证''没有水分的资料''档案

① 秦琳.挑战与机遇:试析档案信息交流中存在的障碍及对策[J].档案学通讯,1992(6):53-55,18.

② 周晓英.档案信息论[M].北京:中国人民大学出版社,2000:50.

③ 周晓英.档案信息论[M].北京:中国人民大学出版社,2000:2.

④ 习之.关于"记忆工具"[N].中国档案报,1999-08-05(3).

⑤ 陈兆祦,和宝荣,王英玮.档案管理学基础[M].3版.北京:中国人民大学出版社,2005:30.

⑥ 吴宝康.档案学概论[M].北京:中国人民大学出版社,1988:57.

即断案''档案馆是断案馆',具有强烈的权威性、法律性和准确性"①。

2. 图书

从信息的角度看,图书也是一种信息,图书信息是经过加工系统化后的一般性知识,相对于档案信息的本源性来说,"图书不具备这种原始凭证价值,它偏重于信息的完整性和系统性,因此图书所承载的信息经过人为的加工,只能作为参考材料,并不能成为一种凭证。"②"而这种一般性的知识从最初的资料收集到图书的完成,需要一段较长的时间,因此,往往是图书完成了,其中的信息也过时了,因此图书无法提供最新信息。"③"图书信息的特点是它传递知识的广泛性。图书中记载了古今中外各个门类的知识,是传播知识、存贮知识,宣传、教育人民的工具。"④

从图书的作用看,图书是传播知识的工具。从图书起源的动因看,图书是为了传播经验、思想、知识的需要而产生,图书起源的动因是为了传播。"当人们开始有意识地将文字刻写在各式各样的材料上,借以记录经验,阐述思想,并使之传播久远的时候,书籍便开始出现了。"⑤图书"是静态的信息和知识,只有通过传递、交流、供人使用才能发挥作用"⑥。"传播知识信息是图书的基本职能,知识信息是构成图书的基本因素。"⑦图书最主要的作用是传播信息、经验、思想和知识。"图书是一种用以表达思想、积累经验、保存知识与传播知识的工具。"⑧

从图书的价值看,积累人类的社会认识成果和传播人类社会实践活动成果的知识是图书的根本价值,因此,图书最主要的价值是知识价值。"图书的本质属性是知识性,决定了图书的基本价值应该是知识参考价值。"⑨"图书是以文字、图象、公式、声频、视频、代码等手段,将信息知识记录或描述在一定的物质载体上,并能起到贮存和传播信息知识的作用,具有知识价值和参考价值。"⑩图书的知识价值在于传播经验知识,图书知识价值的主要

① 赵越. 档案学概论[M]. 沈阳:辽宁大学出版社,1987:193.

② 刘旭光. 孟子家族的记忆:孟府档案管理研究[M]. 上海:上海世界图书出版公司,2015:119.

③ 田野. 基于档案与图书价值差异的用户需求比较分析[D]. 沈阳:辽宁大学,2013.

④ 吴兰. 档案、图书、情报信息综合管理初探[C]//吴宝康,丁永奎. 当代中国档案学论. 北京:档案出版社,1988:331.

⑤ 郑洵. 中国原始图书起源浅议[J]. 农业图书情报学刊,2008(1):51-54.

⑥ 黄宗忠. 图书馆学导论[M]. 武汉:武汉大学出版社,1988:13-15.

⑦ 肖东发. 中国图书[M]. 北京:中国书籍出版社,2014:5-6.

⑧ 谢俊贵. 图书学基础[M]. 长沙:湖南大学出版社,1989:34.

⑨ 田野. 基于档案与图书价值差异的用户需求比较分析[D]. 沈阳:辽宁大学,2013.

⑩ 赵越. 档案学概论[M]. 沈阳:辽宁大学出版社,1987:193.

作用是让人们获得知识,使人们能够学习知识、开阔眼界、提高精神境界以及改变世界观、人生观及价值观等。

3.情报

从信息的角度看,情报也是一种信息。"情报主要来源于社会生产生活活动中的直接信息及图书与档案中的间接信息"[①];"情报信息的特点是它的新颖性和传递性";"情报的新颖性还体现在它具有老化的特性,随着新的情报的出现,原有的信息将会变得不可靠,需要得到修正、补充。这与档案、图书信息有着明显的区别"[②]。

从情报的作用看,情报的作用就是搜集、分析与判断处理信息,并为决策服务,以提高效率。其一,正确决策的作用。要做到正确决策自己的行动,就需要调查研究,就要充分掌握有关情况,经过分析判断后,才有可能做出自己的正确决策。其二,新知识的催化作用。"情报来自他人,集思才能广益。……情报可以使今人得以彼此启发和借鉴,可以使后人继承前人,使人们对自然界和社会现象的认识一步步深化和成熟,使新知识不断地出现,从而推动社会迅速地向前发展。"其三,节约时间加快速度的作用。"有了情况,心中有数,可以迅速做出判断,采取正确的行动,办事效率就会加快,从而为人们节省大量的宝贵时间。"[③]

从情报的价值看,情报价值具有时效性的特点。"所谓情报的时效性,就是从效用的角度考察特定情报在当用情报范围内被利用价值的相对变化。如果利用价值相对降低,则称'情报老化'。"[④]因此,情报价值"必须具备时间上的新颖性,传递对象的选择性和内容上的相关性,只是间接知识,所以情报部门对时间观念特别强调,要求情报的加工和传递要以最短的时间,最快的速度,向特定的对象提供各种经过分析带有战略性、预测性和综合性的最新知识,以便作为决策、意志、计划、行动的选择和参考依据"[⑤]。

二、档案的个性对档案利用的影响

影响档案利用的因素是多方面的,但就档案本身而言,影响档案利用的不是档案的信息共性,而是档案的信息个性。也就是说,影响档案利用的最

---

① 辛杨.我国图书、情报、档案一体化管理研究[D].济南:山东大学,2012.
② 吴兰.档案、图书、情报信息综合管理初探[C]//吴宝康,丁永奎.当代中国档案学论.北京:档案出版社,1988:331.
③ 桑健.科技情报学概论[M].沈阳:辽宁人民出版社,1987:16-17.
④ 杨起全,李延成.情报学[M].北京:科学技术文献出版社,1988:17.
⑤ 赵越.档案学概论[M].沈阳:辽宁大学出版社,1987:199.

主要的因素,不是档案、图书、情报作为信息的共性,而是档案的个性。虽然档案、图书、情报都是信息的一部分,但是,由于它们是不同的信息,有着不同的性质,反映到被利用上,就是在利用次数、利用率以及利用的时效性等方面都是不同的。

档案是记忆备忘的工具,档案最基本的作用是记忆备忘,记忆备忘就是档案在信息中的个性之一。这反映到被利用上,档案主要发挥的是记忆备忘功能,发挥的是维护社会记忆的真实性和"备用查考"的作用。"档案的形成从一开始就有着明确的目的性——备用查考。离开了这个目的,就没有档案的产生,也就没有档案的存在。"①因而保存档案的目的虽然是利用,但是,这种利用是——备用查考,为了"备口后之用"。当然,这"备日后之用"的含义是有深意的,关键是"备",而并不单单是保管或者单单是利用的问题,也就是说,它们并不是孰轻孰重的问题。它说明保存档案的目的并非立刻就用,而是"备日后之用"。"档案属于备用品的范畴。""档案作为一种备用品,发挥的主要是备用功能,具体表现为保障功能:1.发挥'以备查考'作用,保障社会各项活动的正常进行。2.维护社会记忆的真实性。档案作为原始的历史记录,只有档案的完整与安全,才能维护国家历史面貌和社会秩序的稳定。"②档案馆保存档案的意义在于"备",也就是预防万一,正如有学者说的那样:"养档千日,用在一朝。"③保存档案的目的就是"备用","备用"就是偶尔用。"备用"体现在利用上,就是利用的人次少,档案被利用的次数也少,利用率也低,这是由档案的记忆备忘工具性质所决定的,不是人们可以任意改变的。

而对于图书来说,保存图书的目的并不是记忆备忘,也就是说,不是"备用",而是用,是"使用",而不是"备用"。保存图书的目的是"使用"图书,最大限度地传播经验、思想和知识。对于保存图书的目的是"使用",可以从图书馆的职能中体现出来。图书馆的职能就是围绕着"使用"图书展开的。"图书馆是图书文献的存贮和传递中心","从本质来看,它是对以信息、知识、科学为内容的图书文献进行搜集、加工、整理、存贮、选择、控制、转化和传递并提供给一定社会读者使用的信息子系统"④,"图书馆是组织人们共同

---

① 昌晶,张璨丹.对"备以查考性"的认识[J].四川档案,2010(3):54-55.

② 杨立人.从备用品看档案的备用价值:兼与图书价值特点进行比较[J].档案学通讯,2012(6):29-32.

③ 国家档案局.档案学概述[M].北京:中国档案出版社,1995:23.

④ 黄宗忠.图书馆学导论[M].武汉:武汉大学出版社,2013:15.

使用图书的场所"①,图书馆保存图书的目的和图书馆的基本职能是"使用"图书,传播经验、思想和知识。"图书馆藏书是通过长年累月把零散的书收集起来,经过科学地加工整理,形成完整的、系统的、有序的科学体系;它的藏书是供社会广大读者长期、反复使用的。"②也就是说,档案馆保存档案是为了"备用",而图书馆保存图书是为了"使用",并且这种"使用"是"反复使用",是反复传播经验、思想和知识。"备用"和"使用"尤其是"反复使用"是有区别的,"备用"是偶尔用,"使用"尤其是"反复使用"则是经常用。"档案属于'备查'之物,而非常用之物。""档案是人们在社会活动中形成的原始记录,通过档案,人们可以较好地了解一个机构或一个国家过去发生的各项活动,但人们并不是要频繁地去查阅档案,而只是在需要辨清某个历史事实的时候,才去查考档案。在档案馆中,有很多档案默默地保存在库房中,平时较少被利用,有些档案几十年未曾被调过一次档,但它已经发挥了保障作用",这就是档案的记忆备忘的作用。而"图书属于使用品,发挥的是使用功能,具体来说,图书作为一种传媒,发挥的是知识传播的功能,利用人次越多,知识传播范围越广,发挥的作用就越大,由此可见,图书的主要功能在于'用'"③。也就是说,档案利用的少与图书利用的多,都是由它们的信息个性所决定的,在被利用方面它们都有各自的特点,并没有可比性或可借鉴的。

档案信息本源性的特点反映在档案的价值上就是档案的凭证价值,而档案的凭证价值又有着与其它信息不同的特征,档案的凭证价值的这种特征是决定档案利用的关键因素。档案凭证价值具有以下五个特点:

一是用少性。档案的凭证价值具有利用越少越好的特点。档案凭证价值的这一特点是由档案记忆备忘的本质决定的。档案因具有凭证价值而"备"保存,但是,它们"备日后之"提供利用是有条件的。"档案馆馆藏的大量有凭证作用的档案,只有在国家、社会组织或个人的权益受到影响、侵害、损失,或发生权益纠纷时,有关社会组织或个人才会对它们产生利用需求";"国家、社会组织、个人的权益受到了影响、侵害、损失,或发生了权益纠纷,虽然可以凭借档案馆保存的档案使问题得到解决或处理,但所造成的不良影响一般难以完全消除,损失一般难以完全挽回,因而任何社会组织和个人都不希望此类问题发生"④。所以,对于具有凭证价值的档案来说,不是被提供利用得越多越好,而是越少越好。档案凭证价值用少性的特点就决定了

① 桑健.图书馆学概论[M].沈阳:辽宁人民出版社,1985:208.

② 黄宗忠.图书馆学导论[M].武汉:武汉大学出版社,2013:20.

③ 杨立人.从备用品看档案的备用价值:兼与图书价值特点进行比较[J].档案学通讯,2012(6):29-32.

④ 林清澄."提高档案利用率"悖论[J].档案,2001(2):9-11.

档案被利用的概率不会高。

二是时效性。档案凭证价值具有一定时限的特点,它们只在某一段时间内起着凭证作用。而随着时间的推移,这些档案的凭证作用则逐渐减少,以至于消失。档案馆的馆藏档案大都是只在某一段时间内有可能被利用,而随着时间的推移,这些档案有可能被利用的概率会逐渐减少,以至于基本无人再利用。最典型的像婚姻、土地使用等档案,当当事人故去,当土地超过了使用年限后,其当事人或权利人几乎就不可能再来利用这些档案了。档案凭证价值的时效性与情报的时效性不同,档案凭证价值的时效性指的是,其价值是有时限期的,其利用不仅有时效期,而且,在其时效期内也不一定经常被利用。甚至,大多数档案有可能在其时效期内,从来就不会被利用。虽然大多数档案在其时效期内没有被利用,然而,它们已经起到了保障作用。档案凭证价值时效性的存在限定了档案价值扩展的时间范围,并且它把对档案凭证价值的利用限制在一定的时期内。而情报的时效性则不同于档案凭证价值的时效性,情报的时效性"指的是用户迅速而准确地查阅信息"[1],也就是说,情报的时效性指的是其利用的及时性。"一份情报只有在一个特定条件下、在一定时间内才能产生一定的效能。这就是情报的时效性,一份情报要派上用场、起到作用,时效性是极其重要的方面。否则,误了时间,就是再有价值的情报也成了'昨日黄花'。古今中外,情报因失去时效而失去价值的事例不胜枚举。"[2]而且,随着社会活动的节奏越来越快,社会信息瞬息万变,情报的时效期也越来越短。

三是地域性。档案的凭证价值具有很强的地域性。一般地说在当地产生的具有凭证价值的档案,只有当地的利用者会去利用,异地的利用者是不会去利用的。因为异地的利用者与其毫无关系。档案凭证价值地域性的存在限定了档案利用的空间范围,并且它把对档案凭证价值的利用限制在一定的地域内。

四是专指性。档案凭证价值的专指性指的是档案凭证价值与其利用者具有专指性的关系,也就是具有一对一的专指关系,或者说是具有针对性的专指关系。档案凭证价值专指性的存在限定了档案利用的主体范围,它把对档案凭证价值的利用限定在一定的人群范围内。

五是一次性。档案凭证价值还具有利用一次性的特点。这一特点可以从两方面来说,一是一般情况下具体的某份档案只可能被某利用者利用一次,而不会再被其他的利用者利用;二是一般情况下某利用者利用一次具体

① 程磊.情报文献新探索[J].图书馆,1986(5):14-17.
② 张殿清.特殊的较量:情报与反情报[M].北京:世界知识出版社,1997:3.

的某份档案,而这份被利用过的档案不会再被该某利用者第二次利用。一般来说具有凭证价值的档案利用一次也就足够了,谁也不愿意第二次去利用它。因为谁也不希望自己的权益受到相同的侵害、损失,或发生纠纷再来一次。档案凭证价值利用一次性的存在不仅限定了具体的某份档案利用的次数,同时也限定了档案利用者利用档案的次数,把档案利用限制在一定的次数范围内,不论我们如何下大气力,采取怎样的措施,都不可能提高其利用的次数。

档案记忆备忘的本质不仅决定档案的"备用"——少用,也决定了档案凭证价值的用少,而且档案凭证价值的时效性、地域性、专指性、一次性,又在档案利用的时间范围、空间范围、主体范围、利用次数上进一步限制了档案的利用,使得档案可能被利用的情况被限制在一个非常狭小的范围内。这反映在档案利用上,就是利用的人少,利用的档案少。

通过以上分析,可以看出,决定信息利用的是不同信息的个性,而不是其共性。作为同为信息一部分的档案、图书和情报,它们有着不同的个性特点,而这些不同的个性特点决定它们的利用也是不同的。作为传播知识工具的图书,对它的利用是越多越好,利用率越高越能体现其价值;对于情报来说,及时传递是它的生命线,对它的利用是越及时越好,越能体现其价值;而对于记忆备忘工具的档案,对它的利用并不是越多越好,也不是越及时越好,而是越少越好。所以,利用得多、利用率高、利用得及时这些评价指标,对于档案来说就意义不大,甚至可以说根本没有意义。因为这些指标既不能反映决定档案利用的档案个性特点,也不能体现档案利用的规律。对于档案、图书和情报,由于它们各自有各自的特点,且各自的特点没有可比性,其决定的利用情况也没有可比性,所以,其利用评价指标也不具有统一性。

第三节 图书馆学五定律与档案学五定律 以及档案馆利用五定律

谈到档案馆利用五定律,不得不说说阮冈纳赞的图书馆学五定律,因为图书馆学五定律不仅在图书馆界的影响是巨大的,而且对档案界产生了很深的影响。

1931 年,印度图书馆学家阮冈纳赞在《图书馆学五定律》一书中提出了图书馆学五定律,由此对世界图书馆事业的发展产生了巨大影响,并得到各国图书馆学界的高度评价,被图书馆界"视为'我们职业最简明的表述'"[①]。

---

① 侯汉清,刘迅.阮冈纳赞《图书馆学五定律》概述[J].图书馆杂志,1985(4):14-18.

"这本书在图书馆事业和图书馆学思想史上均占有重要地位,甚至可以说是一个重要的里程碑。"①

阮冈纳赞认为:"图书馆学的第一定律为:书是为了用的。"②"第一定律认为,图书馆的主要职能不是收藏、保存图书,而是使图书得到充分的利用。就图书馆中图书的采访、保管、服务等项工作来看,目的全在于图书的充分利用。"③

图书馆学的第二定律为:"每个读者有其书。"④"第二定律要求图书馆的大门向一切人开放。"⑤

图书馆学的第三定律为:"每本书有其读者。"⑥"第三定律则是强调图书馆工作还要注意'揭示性',即要提高图书馆向潜在读者揭示馆藏的能力。"⑦

图书馆学的第四定律为:"节省读者的时间。"⑧"第四定律要求图书馆工作必须考虑读者的时间,考虑其所体现的经济效益。"⑨

图书馆学的第五定律为:"图书馆是一个生长着的有机体。"⑩第五定律要人们认识到这样一个现象:图书馆也具有生长着的有机体的一切属性。图书馆作为一个有机体,会随着社会的发展不断向更高、更新的层次发展。

阮冈纳赞的图书馆学五定律对档案界也产生了很深的影响。档案界认为:"档案馆与图书馆同宗同源,作为管理和利用文献的基地,二者在管理对象上具有共同属性——信息性和社会性,具体到综合档案馆和公共图书馆领域,它们的基本职能、工作性质以及工作程序也都基本相同。"⑪所以,对于阮冈纳赞的图书馆学五定律,有学者就认为:"档案学与图书馆学是重要的相关学科,它们两者有着许多共性和相互渗透的十分密切的关系,因而,学习和借鉴图书馆学的研究成果,对档案学自身发展是很有益处的。"⑫于是,

① 阮冈纳赞.图书馆学五定律[M].北京:书目文献出版社,1988:中译本序9.
② 阮冈纳赞.图书馆学五定律[M].北京:书目文献出版社,1988:8.
③ 侯汉清,刘迅.阮冈纳赞《图书馆学五定律》概述[J].图书馆杂志,1985(4):14-18.
④ 阮冈纳赞.图书馆学五定律[M].北京:书目文献出版社,1988:66.
⑤ 侯汉清,刘迅.阮冈纳赞《图书馆学五定律》概述[J].图书馆杂志,1985(4):14-18.
⑥ 阮冈纳赞.图书馆学五定律[M].北京:书目文献出版社,1988:243.
⑦ 侯汉清,刘迅.阮冈纳赞《图书馆学五定律》概述[J].图书馆杂志,1985(4):14-18.
⑧ 阮冈纳赞.图书馆学五定律[M].北京:书目文献出版社,1988:271.
⑨ 侯汉清,刘迅.阮冈纳赞《图书馆学五定律》概述[J].图书馆杂志,1985(4):14-18.
⑩ 阮冈纳赞.图书馆学五定律[M].北京:书目文献出版社,1988:308.
⑪ 涂静,周铭.图书馆学五定律对综合档案馆科学发展的启示[J].北京档案,2013(11):14-17.
⑫ 刘丽.档案学五定律初探[C]//陈兆祦.中国档案管理精览.北京:中国档案出版社,1997:42.

1993 年就有学者借鉴图书馆学五定律,提出了"档案学五定律",认为:

——档案是为了用的。

——每位利用者有其档案。

——每卷档案有其利用者。

——节省利用者时间。

——档案系统是一个不断发展的有机体。

从而构成档案学五定律。

第一定律:档案是为了用的。第一定律揭示了档案工作的出发点和最终目标,同时也表明了档案作为人类实践活动的原始记录,在国家发展中的重要作用,并强调了档案的重要价值。这主要表现为凭证作用和情报作用。

第二定律:每位利用者有其档案。这一定律揭示了应该把利用者对档案的需要定在他们的特殊要求之内,指出档案部门的确切目标,那就是充分开发档案资源,正确处理好保密与开放的辩证关系,以利用为档案工作的中心。

第三定律:每卷档案有其利用者。第三定律揭示了档案的管理应为利用服务,并强调给适当的利用者以适当的档案。另外,这一定律提出档案工作者要熟悉馆藏,使每卷档案发挥其作用。

第四定律:节省利用者时间。第四定律指出档案服务工作应以"一切为了方便利用者"为总的指导方针,以最快的速度,最高的质量向利用者提供服务。树立利用第一的观念,一切从利用者的根本利益出发,一切从满足利用者的需要出发,一切为了利用者。节省利用者时间,是一切为了方便利用者的最突出的表现。

第五定律:档案系统是一个不断发展的有机体。第五定律揭示出档案系统作为一个有机体,会随着社会的发展,不断汲取新的力量,获得更为广泛、深入的发展,向更高、更新的层次发展[①]。

虽然,"档案学五定律"提出 20 多年了,但是,它既没有得到档案界的赞同,也没有任何人反对与商榷,似乎就是默认了。尽管"档案学五定律"这一说法没有得到档案界的认可,但这并不能说明图书馆学五定律对档案界影响不深。随后,又有不少学者论及图书馆学五定律对档案馆的发展启示。如涂静、周铭的《图书馆学五定律对综合档案馆科学发展的启示》认为:启示之一,档案是为了利用的;启示之二,每个用户有其档案;启示之三,每份档

① 刘丽.档案学五定律初探[C]//陈兆祦.中国档案管理精览.北京:中国档案出版社,1997:43.

案有其用户;启示之四,节约用户时间;启示之五,档案馆是一个生长着的有机体①。这实际上已是另一个版本的"档案学五定律"或者"档案馆学五定律"了。

图书馆学五定律对档案界的影响,除了套用图书馆学五定律提出"档案学五定律",或者其他版本的"档案学五定律"外,还有不少学者从图书馆学五定律里寻找灵感或启迪,来检讨档案馆存在的问题,并按照图书馆学五定律来提出修正档案利用工作有关政策的建议。例如,肖文建、胡誉耀认为:"阮冈纳赞关于图书收藏与利用关系的论述,对正确处理档案收藏与利用的关系同样适用。"档案馆"当前'藏'与'用'的矛盾的主要方面在于'用'";"当前的主要矛盾是要解决'用'的问题"。"档案利用率的提高有赖于'广而告之'的宣传功能,大力宣传档案的价值和作用,普及档案知识,增强社会的档案意识。在加大宣传力度的同时,档案部门还可有意识地发现、培养档案利用者,挖掘潜在的档案用户。""建立老档案用户的联系制度,实行上门服务;建立用户利用状况信息库或用户档案,实行追踪服务;经常分析档案利用形势,培养潜在的档案用户,实行超前服务。""也可考虑在档案馆内实行用户自助服务";要"提高档案信息的开放程度,增加合理范围内对于用户的透明度";"要充分、灵活运用国家相关政策、法规,尽可能地将可以向社会公开的档案向社会开放。同时,要增加合理范围内对于用户的透明度,实行用户与档案的零距离接触策略,如采用面向用户的类似湖南株洲的'档案超市'模式,让可以公开的档案开架自选"②。再如,涂静、周铭认为:"实现'档案是为了利用的'这一宗旨,综合档案馆要持续推进发展理念的转型。""要切实实现从'档案本位'向'用户本位'的转变。只有深刻认识到综合档案馆的档案是为了促进用户的全面、协调、可持续发展这一终极目标,才能将档案的利用摆在突出位置;广大档案馆人也才能在思想和行动上将用户的需求作为综合档案馆发展的立足点和出发点,以提供利用为档案馆发展的重点。""以当下而言,随着社会信息化的纵深发展以及广大社会公众信息意识、素质的快速提升,社会经济、文化、科技、教育、民生等领域对档案服务不断提出新的需求,为综合档案馆实现'每份档案有其用户'创造了新的历史契机,综合档案馆应紧紧抓住这种机会,大胆创新,大力开展民生服务、知识

①　涂静,周铭.图书馆学五定律对综合档案馆科学发展的启示[J].北京档案,2013(11):14-17.

②　肖文建,胡誉耀.阮冈纳赞图书馆学五定律对档案信息资源开发利用的启示[J].档案学通讯,2005(5):16-19.

服务、远程服务、移动服务等新的服务内容和形式,以深化对档案资源的开发和利用。"①可见图书馆学五定律对档案界的影响是很深的。

应该说,档案学借鉴图书馆学五定律并没有问题,问题是不应该照搬照抄。虽然人们保存图书与档案都是为了利用,但是,毕竟图书与档案是有差异的,问题的根结就在于对图书与档案的差异对利用的影响认识不足。

从图书馆学五定律中可以看出,利用的确是图书馆学的核心,也是图书馆存在的核心。在图书馆学五定律中,有四条与利用有关,可见利用在图书馆中的重要地位。自图书馆学五定律问世以来,它一直是图书馆学的重要理论支柱,即使到了今天的智慧图书馆建设时代,仍然有着指导意义。有学者"以图书馆学五定律为理论依据认为:智慧图书馆是基于物联网、大数据、云计算、人工智能等技术,以实现书、读者、图书馆之间的关联为手段,以构建人联网、书联网、智联网为机制,以实现为读者找书、为书找读者、节约读者的时间为目标的新一代图书馆集成服务平台"②。

再看套用图书馆学五定律的"档案学五定律",虽然其中有四条也都与利用有关,突出了档案利用的重心与核心地位,而且对档案界产生了很深的影响。然而,由于"档案学五定律"在借鉴套用图书馆学五定律时,只看到图书与档案的共性,而忽略了档案的个性,尤其是忽略了档案个性对档案利用的影响程度,使得档案界在面对档案利用长期在低谷中徘徊的局面下,虽然按照图书馆学五定律,或者说"档案学五定律",或者说按照图书的利用规律来套在档案利用上,不断地提出要开发档案信息资源、要把"死档案"变成"活信息"、要加大档案开放力度、要优化馆藏、要扩大档案利用人群、要变被动服务为主动服务、要提高档案利用率等,并且不断采取有力措施落实,但是,20多年过去了,效果并不明显,档案利用在低谷中徘徊的局面仍在继续。这不得不使人重新审视以往的图书馆学五定律对档案界的影响,不得不重新审视"档案学五定律",重新审视档案利用理论和规律。

保存档案是为了利用,档案利用是档案馆存在的前提,档案利用在档案馆中占据重心与核心地位,这些认识都没有错。问题就在于档案之所以是档案,而不是图书,不是因为档案是信息,档案与图书有着信息的共性,而是因为档案有别于图书不一样的信息特征。体现在利用上,档案也不应该与图书有一样的利用规律,档案应该有有别于图书的利用规律,档案应该有自身的特殊利用规律。

---

① 涂静,周铭.图书馆学五定律对综合档案馆科学发展的启示[J].北京档案,2013
(11):14-17.
② 吴小冰,王丹菲,吴文革.基于图书馆学五定律视角的智慧图书馆建设研究[J].安徽农业大学学报(社会科学版),2019,28(2):88-92.

　　档案利用的规律是什么呢？最早引起笔者关注的是林清澄在2001年第2期《档案》上发表的《"提高档案利用率"悖论》一文，他认为："有许多档案，不是被提供利用得越多越好，而是越少越好。""档案馆馆藏的大量有凭证作用的档案，只有在国家、社会组织或个人的权益受到影响、侵害、损失，或发生权益纠纷时，有关社会组织或个人才会对它们产生利用需求。没有利用具有凭证作用的档案需求，档案馆的提供利用就没有服务对象，'努力提高利用率'就成了无源之水，无本之木。""档案馆也不至于为'努力提高档案利用率'而怀有与社会凭证档案利用越少越好相反的心态，去追求凭证档案最大限度地被提供利用。由于社会安定，馆藏档案中具有凭证作用的虽多，但被提供利用的不多。这是一种很好的社会现象。为'打官司'而到档案馆索取档案凭证的人挤破档案馆的大门，则是可悲而不是可喜的现象。这种现象应该永远不要发生，不仅是可作为凭证的档案，还有其他一些档案，也是越少被利用越好，而不是用得越多越好。"①林清澄首次提出档案用少的问题。对此，笔者认为林清澄找到了档案利用在低谷中徘徊的根源。但遗憾的是，林清澄没有继续深入地研究下去，没有探讨这背后规律性的东西。之所以说林清澄找到了档案利用在低谷中徘徊的根源，是因为在日常的档案馆档案利用中，大多数人都是来查找利用档案的凭证价值的，而且查找利用档案凭证价值的人并不多。以笔者为例，除了因为参加单位撰写档案志的工作和自己要写档案统计方面的文章查过档案外，虽然身居档案馆，但是基本上没有查过档案。有几个熟人找我查档案，也都是查找利用档案的凭证价值，查找的档案大都是具有凭证价值的表彰决定、毕业生花名册、工作派遣单存根、招工名册等。这样的经历让我认识到档案的凭证价值是档案主要价值，而档案的凭证价值有其自身的特点，除了利用得越少越好，也就是"用少性"外，档案凭证价值还有时效性、地域性、专指性、一次性等。为此，笔者在2004年写了《档案利用和档案价值的反思》②一文，论述了档案凭证价值的这"五性"对档案利用的影响。在《档案利用和档案价值的反思》一文发表后的10余年里，笔者一直在思考一个问题，档案凭证价值的"五性"对档案利用影响是不是规律性的东西。虽然笔者对此做了思考和理论梳理，认识到档案的本质是记忆备忘工具、档案的本质价值是凭证价值、档案价值的扩展律是不存在的、档案的利用大多属于"黑天鹅事件"、档案利用是备用而不是常用、档案利用是保险性利用、档案的利用受时间的限制、档案的利用受地域的限制、凭证价值限制了档案利用的人群、凭证价值限制了档案利

---

① 林清澄."提高档案利用率"悖论[J].档案，2001（2）：9-11.
② 刘东斌.档案利用和档案价值的反思[J].档案管理，2004（1）：7-10.

用的次数等,但是,仅仅做理论梳理与思考推演,并不能得出令人信服的所谓规律性的结论。为此,笔者开始了漫长的档案利用统计数据的查找、搜集、统计、分析工作,通过对综合档案馆30多年利用情况的统计分析,得出了与上述的理论梳理与思考推演基本相一致的结论。可以这样说,档案凭证价值的"五性"决定了档案利用的特点,并且构成了档案利用的五定律,也就是档案利用的用少律、时效律、地域律、专指律和一次律。

本书之所以定名为《档案馆利用五定律》,而不是"档案利用五定律",就是因为其论证与统计数据分析大都来自综合档案馆。而就其所反映的档案利用规律来说,称之为"档案利用五定律"应该更贴切,更能涵盖其所有包含的内容。因为它来自档案凭证价值的特性,是档案的凭证价值特性决定了档案利用五定律。档案利用五定律不仅适应综合档案馆馆藏档案的利用,也适应包括保存在档案室以及其他档案馆的档案利用。可以说,档案利用五定律适应所有的档案利用。当然,对于档案利用五定律是否适应档案室以及其他档案馆的档案利用,还需要通过数据统计去进行一番论证。同时,也希望对档案利用五定律有兴趣或者有质疑的同行,从各自的档案利用工作实际出发,进行研究论证与证伪。

第二章

档案的本质——记忆备忘工具

对于档案的本质是什么,档案界并没有较为一致的认识。

丁永奎对1951年至1953年关于档案与资料区分的讨论和1980年开始《档案工作》杂志社组织的为期两年的关于档案定义的讨论进行总结,认为:"归纳起来,大体有下列几种具有代表性的观点:①把'文件材料'作为属概念,认为'经过立卷归档集中保存起来'的文件材料是档案的本质。"②把"文件材料"作为属概念,认为"作为历史记录保存起来以备查考"的文件材料是档案的本质。③把"历史记录"作为属概念,认为"原始的"或"直接的"历史记录是档案的本质。④把"信息"作为属概念,认为"固定在一定载体上的原始形态信息"是档案的本质①。

1985年,丁志民提出:"档案的本质是信息,这种信息具有原始记录的属性。"并认为:"关于档案的本质,过去我们的认识是不够的,一般把档案说成是一种文件,这只是对档案外部特征的描述。"②同一年,任遵圣提出"科学技术档案的本质是生产力"③的观点。

1990年,杨恬南提出:"档案,本质上是一种记忆工具。"④

1994年,陈兆祦提出:"档案的一个重要特点是'保存',这也是档案的

① 丁永奎.档案学基础理论与历史的研究现状与建设发展:中国档案学会档案学基础理论与历史学术委员会筹备工作报告[J].档案学通讯,1987(6):21-29.

② 丁志民.档案信息观[J].档案工作,1985(1):16-20.

③ 任遵圣.加速科学技术档案转化为直接生产力:关于科学技术档案是生产力几个问题的再探索[J].档案工作,1985(1):9-12.

④ 杨恬南.钱学森先生关于档案的两次论述及推论:兼论档案是最典型的记忆工具[J].档案学研究,1990(3):54-58.

本质,是区别于文书、文件和图书、报刊等各种资料的一个重要特征。"①

2013 年,赵鹏认为:"关于档案的本质,我们今天仍然没有明晰的认识。"②

2015 年,王应解、吕元智、聂璐提出:"档案的本质是特定阶段的文件。"③同一年,王英玮、熊朗宇提出:"档案的本质,则是作为人类有关业务活动的完整证据,被人们自觉留存并按来源原则整合在一起的一系列文件构成的有机证据体系性信息的历史记录。"④

尽管对档案本质的认识有不少不同的观点,但是,有一种观点还是比较客观的。王景高认为:"对于档案的本质,以前有许多说法。最近几年又有人提出'档案是人类的记忆工具'。对这一观点,我认为值得深入研究。因为档案的记忆工具的性质,从档案产生时代就具备了,从古代到现代,档案由简单到复杂,其形式不断变化,但作为记忆工具的本质却始终没有变。"⑤当然,作为记忆工具似乎不单单为档案独有,那么档案是什么样的记忆工具,也就是什么性质的记忆工具,是值得深入研究的。更主要的是,档案本质对档案利用有着深深的影响,对于这一点,档案界似乎认识得不是那么清晰。事实上,档案的本质深深地影响着档案利用,甚至可以说决定着档案的利用。所以,对档案本质的认识有助于认识档案利用,同时也可以说,对档案利用的认识、对档案利用现象的分析有助于对档案本质的认识。因此,对档案本质的认识对于深入认识档案利用有着积极的意义。

第一节　记忆工具辨析

人是"能制造工具并使用工具进行劳动的高等动物"⑥。工具是人类用来认识世界和改造世界的有力武器,工具是人的物质产品,也是人的精神产品,是物化的主观力量。苏联心理学家维戈茨基的工具理论认为人有两种工具:"一种是石刀、石斧乃至现代机器的物质工具";"一种是符号、词乃至语言的精神工具"。"精神工具是随着物质工具的使用而产生和发展起来

---

① 陈兆祦.对档案学研究中几个问题的认识[J].档案学通讯,1994(2):8-10.

② 赵鹏.档案以及档案馆的变化[J].档案学研究,2013(5):18-21.

③ 王应解,吕元智,聂璐.档案学领域本体的构建初探[J].档案学通讯,2015(6):19-25.

④ 王英玮,熊朗宇.论文件、记录和档案的术语含义及其生命周期[J].档案学通讯,2015(6):4-7.

⑤ 傅华.档案定义十人谈[J].档案工作,1993(8):33-35.

⑥ 现代汉语词典[M].7版.北京:商务印书馆,2016:1096.

的,反过来,精神工具的使用又促进了物质工具的进一步发展"①。档案是人类社会实践活动中直接形成的各种符号、文字、图表、音像等形式的原始记录,档案显然属于精神工具。而"图书就是:以文字、图像、公式、声频、视频、代码等手段,将信息、知识记录或描述在一定的物质载体上,并能起到存贮和传播信息、知识的作用"②。图书显然也属于精神工具。

　　档案是什么样的工具呢? 档案界认为档案是一种记忆工具,但是,图书界也认为图书是一种记忆工具。那么,问题就来了,究竟档案与图书谁是记忆工具? 如果两者都是记忆工具,那么,这两种记忆工具有没有区别? 如果有区别,它们的区别是什么?

一、档案界对档案记忆工具的认识

　　最早对档案的记忆功能的认识是在1950年第一届国际档案大会上,由国际档案理事会第二任主席、法国国家档案局局长夏尔·布莱邦提出的。他提出了"档案是一个国家、省、行政机关的记忆"③的观点,但并未引起档案界更深的关注。直到20世纪90年代以后,联合国教科文组织倡议并牵头实施的"世界记忆工程"项目展开,才使"记忆"成为档案界的一个重要概念。1996年在我国召开的第十三届国际档案大会上,"档案记忆"成为不少主、辅报告人论及的理论热点。"据王德俊先生统计,在大会20篇主、辅报告中,涉及'档案记忆'的有9篇之多。"④加拿大的特里·库克在主报告中陈述了由传教士利玛窦向明王朝提出的"记忆宫殿"计划,提出现在"全世界档案人员,仍然在建造记忆宫殿"⑤。2000年在西班牙召开的第十四届国际档案大会上,西班牙国王胡安·卡洛斯在开幕式中指出:"档案馆是保存人类记忆的各种表现形式,保存社会记忆、个人记忆的最权威场所。"⑥2004年在奥地利召开的第十五届国际档案大会,其主题更是直接地指向记忆,大会围绕"档案、记忆与知识"这一主题,讨论了档案作为人类记忆库的重要社会功能及其核心问题:"档案记录的是谁的记忆? 从档案中能找到过去的什么记忆? 记忆是如何形成的? 集体记忆或共同记忆的性质是什么? 如何从档案

---

　　① 中国大百科全书·心理学[M].北京:中国大百科全书出版社,1991:318.

　　② 黄宗忠.图书馆学导论[M].武汉:武汉大学出版社,1988:11-12.

　　③ 黄坤坊.第一届国际档案大会(连载一)[J].档案,1995(1):24-25.

　　④ 丁华东.社会记忆与档案学研究的拓展[J].中国档案,2006(9):32-35.

　　⑤ 特里·库克.1898年荷兰手册出版以来档案理论与实践的相互影响[C]//第十三届国际档案大会文件报告集.北京:中国档案出版社,1997:143.

　　⑥ 第十四届国际档案大会上西班牙国王胡安·卡洛斯致词[C]//第十四届国际档案大会文集.北京:中国档案出版社,2002:7-8.

中寻找记忆?"①此后,档案界有关档案与记忆的研究逐步展开。我国的档案学者更是对档案的记忆功能进行了深入的思考研究。

我国档案界最早提出档案是记忆工具的是杨惦南。他在1990年第3期《档案学研究》上发表的《钱学森先生关于档案的两次论述及推论——兼论档案是最典型的记忆工具》一文中提出:"档案,本质上是一种记忆工具";"档案是最典型的记忆工具"②。随后,越来越多的学者认识到档案的这种记忆工具功能。

何嘉荪认为:"档案首先是人类记忆的工具。""档案是人类社会中最早出现的一种完备的记忆形式。"③

刘旭光认为:"没有记忆属性的档案是不存在的,作为人类的记忆工具之一,它的价值正在于此。"④

习之认为:"档案,在现代社会里,已经成为人们社会生活中不可或缺的记忆工具"。⑤

丁健认为:"档案是一种记忆工具,是人类大脑记忆功能的延伸,是人们有意保存的固化记忆。"⑥

王恩汉认为:"档案是人类的一种记忆,一种'可追溯性'的记忆。""人们越来越多地把档案称之为一种'记忆',应该说,这样的认识更接近对档案本质的思考。"⑦

任汉中认为:"档案是人类社会的一种记忆工具。"⑧

丁华东认为:"档案是社会记忆的工具或存在物。"⑨

蒋冠认为:"档案是承载与传递社会记忆的工具。"⑩

钱程程认为:"档案是社会记忆的重要工具。"⑪

---

① 安小米,王淑珍.第十五届国际档案大会及其主要启示[J].档案学通讯,2004(6):88-90.

② 杨惦南.钱学森先生关于档案的两次论述及推论:兼论档案是最典型的记忆工具[J].档案学研究,1990(3):54-58.

③ 何嘉荪主编.档案管理理论与实践[M].北京:高等教育出版社,1991:19.

④ 刘旭光.档案起源研究现状及其局限性刍议[J].北京档案,1992(2):16-17.

⑤ 习之.关于"记忆工具"[N].中国档案报,1999-08-05(3).

⑥ 丁健.档案与档案工作:固化的记忆与记忆的固化[J].档案学研究,2002(5):17-20.

⑦ 王恩汉.档案本质属性诠释[J].档案学研究,2002(6):14-16.

⑧ 任汉中,民族记忆与档案[J].档案与建设,2004(5):1-5.

⑨ 丁华东.社会记忆与档案学研究的拓展[J].中国档案,2006(9):32-35.

⑩ 蒋冠.社会记忆理论视角下综合档案馆发展探析[J].档案管理,2010(3):13-16.

⑪ 钱程程.从档案记忆观视角看档案与档案工作[J].云南档案,2010(5):3-4.

徐拥军认为:"档案是一种承载社会记忆的工具与传递社会记忆的媒介。"①

王景高认为:"对于档案的本质,以前有许多说法。最近几年又有人提出'档案是人类的记忆工具'。对这一观点,我认为值得深入研究。因为档案的记忆工具的性质,从档案产生时代就具备了,从古代到现代,档案由简单到复杂,其形式不断变化,但作为记忆工具的本质却始终没有变。"②

如此多的学者对档案是记忆工具的认识,应当说不仅仅是受"世界记忆工程"项目开展的影响,而是对档案本质认识的深入,也是对档案本质功能认识的回归。

二、图书界对图书记忆工具的认识

最早对图书记忆功能的认识是由我国杜定友先生于 1925 年提出的。他在《图书馆通论》中提出:"图书馆的功用,就是社会上一切人的记忆,实际上就是社会上一切人的公共脑子。一个人不能完全地记着一切,而图书馆可记忆并解答一切。"③

国外最早提出图书是记忆工具的是美国著名图书馆学家、芝加哥大学图书馆学院教授巴特勒。1933 年,"巴特勒这样来定义图书和图书馆:'图书是保存人类记忆的社会机制,而图书馆则是将人类记忆移植于现在人们的意识中去的社会装置。'(Books are one social mechanism for preserving the racial memory and the library is one social apparatus for transferring this to the consciousness of living individuals.)"④对于巴特勒的这个定义还有其他的译法,如有的译为:"巴特勒于 1933 年出版了《图书馆学导论》一书,他认为:图书是保存人类记忆的一种工具,而'图书馆是将人类记忆的东西移植于现在人们的意识之中的一个社会装置'。"⑤有的译为:"芝加哥大学图书馆学院教授巴特勒认为,图书是保存人类记忆的社会性工具,而图书馆则是将人类记忆移植于现在人们的意识中去的社会性机构。"⑥还有的译为:巴特勒指出,"图书是保存人类记忆的工具,而图书馆是人类记忆的东西移植于现在人们

① 徐拥军.档案记忆观:社会学与档案学的双向审视[J].求索,2017(7):159-166.
② 傅华.档案定义十人谈[J].档案工作,1993(8):33-35.
③ 吴慰慈,董焱.图书馆学概论[M].修订本.北京:北京图书馆出版社,2002:7.
④ 吴慰慈,董焱.图书馆学概论[M].修订本.北京:北京图书馆出版社,2002:6.
⑤ 王子舟.图书馆学研究对象的历史误读[J].图书馆,2000(5):1-4,27.
⑥ 袁斌.行动素养:众创时代公共图书馆信息素养教育的目标和功能定位[J].图书馆理论与实践,2017(7):26-29.

意识中的一个社会装置"①。虽然"mechanism"一词的中文对译是机制,机能,机理;(机械)结构,机械装置,(故事的)结构;手法,技巧,途径;机械作用等,但是,似乎也有工具作用的意思,在这里译为"工具"似乎更恰当。

我国图书界对图书(图书馆)是记忆工具的认识还有以下观点:

朱建亮、吴杰认为:"图书是记忆的'细胞'";"图书馆则是现代社会记忆的主体";"图书馆的记忆则是永恒的,只要文献载体不毁,文献信息就永在"②。

徐引篪、霍国庆认为:图书馆是"人类社会能动的记忆系统"③。

蒋永福、张红艳认为:"图书馆是人类知识的公共记忆装置。"④

吴慰慈、董焱认为:"图书馆是社会记忆(通常表现为书面记录信息)的外存和选择传递机制。"⑤

徐翔认为,人们最接近图书馆本质的观点之一是:"图书馆是社会上一切人的记忆,是社会的公共大脑。"⑥

熊伟认为:图书馆本质是"人类全部社会记忆精华的全息共享体系"⑦。

吴秀珍认为:"图书是社会记忆的重要载体之一,同时也是知识管理的重要对象。"⑧

刘喜球、王灿荣林认为:"广义上图书馆收藏人类记忆的全部并提供存取功能。"⑨

拱洁凡、吴青林认为:"图书是人类永恒的记忆。"⑩

魏幼苓、周慧、李超英认为:"广义图书馆可以看成是'社会记忆存取'

---

① 吴丽芳.图书馆发展历程中的技术创新研究[D].太原:山西大学,2011.

② 朱建亮,吴杰.论图书馆的"人类大脑"功能[J].图书与情报,1990(1):91-97.

③ 徐引篪,霍国庆.现代图书馆学理论[M].北京:北京图书馆出版,1999:189.

④ 蒋永福,张红艳.图书馆是什么:图书馆哲学四定律[J].图书馆建设,2002(5):20-23,26.

⑤ 吴慰慈,董焱.图书馆学概论[M].修订本.北京:北京图书馆出版社,2002:55.

⑥ 徐翔.也谈图书馆是什么[J].图书馆界,2004(1):5-6,11.

⑦ 熊伟.追问图书馆的本质:近30年来国内图书馆本质问题研究代表性观点述评[J].图书馆杂志,2008(7):5-9,80.

⑧ 吴秀珍.云计算使图书馆知识服务更需团队协作[J].图书情报工作网刊,2010(8):54-58.

⑨ 刘喜球,王灿荣.公共图书馆基于"城市记忆"的地方文献建设研究[J].图书情报工作,2013,57(1):97-101.

⑩ 拱洁凡,吴青林.皮尤研究中心《图书馆2016》报告解读与思考[J].图书馆建设,2017(1):46-51.

（广义图书馆是所有图书馆的总和）。"①

应当说，图书界学者对图书是记忆工具的认识早于档案界学者对档案是记忆工具的认识，从这一点看，显然档案学比图书馆学年轻。

三、档案与图书的本质区别

档案与图书虽然都是记忆工具，但是它们的工作领域、目的、功能以及特点都是不相同的。档案是原始记录的信息，具有真实可靠性，起着查考备忘的凭证作用，是记忆备忘的工具。图书是人类加工的信息，有些是真实的，有些不一定真实，具有系统参考的功能，是经验、思想、知识的传播工具。

什么是记忆？记忆是人类最基本的心理过程之一，"记忆是过去的经验在人们头脑中的反映"；"凡是人们感知过的事物、思考过的问题、体验过的情感，以及操作过的动作，都可以以映象的形式保留在人的头脑中，在必要的时刻又可以把它们重现出来，这个过程就是记忆"②。按照现代信息学信息加工的观点来看，"记忆是人脑对信息的获得、储存和提取的过程"③。记忆最关键的作用是"在必要的时刻又可以把它们重现出来"，这就是"备忘"。

什么是备忘？对于"备忘"一词，《辞海》与《现代汉语词典》都没有收，这里可以将其分为"备"和"忘"两个词。对于"备"，《辞海》的释义是"防备；预备；准备"④，《现代汉语词典》的释义是"防备"⑤。对于"忘"，《辞海》的释义是"忘记；不记得"⑥，《现代汉语词典》的释义是"忘记"，对"忘记"的释义是"经历的事物不再存留在记忆中；不记得"⑦。"备"和"忘"合在一起就是"防备忘记"的意思，也就是防备记忆的不"存留"，即防备记忆的失去。"记忆"与"遗忘"是相生相伴的，人的一生就是"记忆"与"遗忘"做斗争的一生。在人类没有创造档案这个记忆备忘的工具之前，人们的"记忆"是很难战胜"遗忘"的，在人类创造出档案这个记忆备忘的工具后，才使人们的"记忆"战胜"遗忘"成为可能，档案这个记忆工具可以起到防备记忆失去的作用。档案的"备忘"功能，使得人们的"记忆"得以保存延续。因而，档案是记忆备忘的工具。

---

① 魏幼苓,周慧,李超英.社会记忆存取机制探微:图书馆本质的再追问[J].图书馆杂志,2010,29(8):2-7.

② 郭淑琴.普通心理学[M].北京:光明日报出版社,1989:203-204.

③ 郭淑琴.普通心理学[M].北京:光明日报出版社,1989:204.

④ 辞海[M].上海:上海辞书出版社,2000:2370.

⑤ 现代汉语词典[M].7 版.北京:商务印书馆,2016:56.

⑥ 辞海[M].上海:上海辞书出版社,2000:2448.

⑦ 现代汉语词典[M].7 版.北京:商务印书馆,2016:1355.

"人类最早产生的比较完备的记录形式当首推档案了,而其它记录形式则是随着历史的发展,适应社会需要逐步产生的,它们在某些方面取代或发展了档案的功能","许多其它记录形式部分地源于或派生于档案"①。"档案产生的最原始的社会性动机就是备忘或备考,但作为一种'记忆的外化',我们要认识到档案记录的原始性,同时也要认识到其社会记忆的建构性,是原始记录性与建构性的统一。"②也就是说,先产生了记忆备忘的档案,或者说记忆备忘的档案兼有文件、图书的功能,而后随着社会的发展才有图书等,图书等是源于或派生于档案。"当人们开始有意识地将文字刻写在各式各样的材料上,借以记录经验、阐述思想,并使之传布久远的时候,真正的书籍便开始出现了。"③也就是说,产生图书的动因是为了传播信息。不管是管理办事还是传播信息,都必须建立在记忆信息的基础之上,很显然文件、图书都是建立在档案的记忆基础之上的,它们都是源于档案或是从档案中分化出来的。当然,在古代这种分化不可能是一朝一夕完成的,应该是逐步地完成的。在这个阶段,先是档案、文件、图书为一体,而后渐渐地分化。社会发展使档案有了文件、图书的功能,但是由于记录困难、管理职能的范围狭小、传播对象的有限,使它们为几位一体而没有分离。再后来,由于社会的发展、管理职能的扩展、传播对象的扩大、社会分工的细化,文件、图书从档案中分化出来而产生了文件、图书的概念,而档案仍承担记忆工具的功能,文件则承担办事管理功能,图书则承担了传播功能。正如档案学者韩宝华所说:"从历史上看,古代文书、档案、图书曾是几位一体的,文书史、档案史、书史在这方面有共同见解。在记录困难、活动范围狭小、传递对象有限的情况下,记录首先要承担记忆工具的职能,其后才形成管理职能、凭证职能、传播职能等。后来,随着社会的发展、分工的严密、文献的积累,文书、档案、图书工作者各司其职,是有其必要和进步意义的。"④

这就是说,虽然档案、文件、图书都是记忆的工具,但是,"档案是记忆备忘的工具,文件是社会管理的工具"⑤,图书是传播经验、思想、知识的工具。这是它们的本质区别。

档案是为了满足人类记忆备忘的要求而产生的,档案最基本的功能是

---

① 丁志民. 档案信息观[J]. 档案工作,1985(1):17.
② 丁华东. 昔日重现:论档案建构社会记忆的机制[J]. 档案学研究,2014(5):29-34.
③ 郑如斯,肖东发. 中国书史[M]. 北京:书目文献出版社,1987:28.
④ 韩宝华. 档案与文件关系新论[J]. 档案与建设,1995(9):20-22.
⑤ 梁惠卿. 档案有可能形成在前:兼与《档案不可能形成在前》作者严永官商榷[J]. 档案管理,2016(6):7-8,56.

记忆备忘。档案是人类社会活动中直接形成的原始记录,而图书是经过加工整理之后的著作物。档案是历史的真凭实据,它是以保存、备忘查考为目的,为人们的生产、工作、学习、研究提供凭证和参考材料。所以,档案是记忆备忘的工具。对于档案是记忆备忘工具的具体认识,将在下文中详细论述。

图书实质上是人类用于系统地记录并传播经验、思想、知识的工具,是经验、思想、知识传播的载体,图书的基本职能是传播知识(包括经验、思想)。对于图书是传播的工具的认识,图书界做了大量的研究和阐述。例如:

于光远认为:"图书是一种大众传播工具,它的功用是向社会传播所携带的信息,从这种传播中对社会产生它的影响。"①

吴慰慈、董焱认为:"图书馆是社会知识、信息、文化的记忆装置、扩散装置。"②

黄宗忠认为:"图书文献是信息、知识、科学的存贮载体和传递工具之一。信息、知识、科学除了靠人脑记忆存贮和口传之外,大量的主要的是依附于物质载体的存贮和传递。人脑的记忆和口传是有限的,物质载体的存贮和传递是无限的,形式是多样的,特别随着现代科学技术的发展,物质载体的形式更加多样;存贮密度更大,传递速度更快。"③

谢俊贵认为:"图书的本质属性,就是人类用于系统地记录与传播知识的工具。这一属性,是图书所特有的,并区别于其他社会事物的根本性质。"④

周久凤认为:"图书馆要唤醒文献中的静态知识,使之'复活',就必须由单纯的'记忆'功能进一步转向'发射'功能,图书馆的知识传播正起到了这种作用。"⑤

卢贤中认为:"图书的本质属性是有意识系统地记录并传播知识。"⑥

开蓉嫣认为:"作为一种特定的知识传播工具,图书的内容或记人,或叙事,或是对自然与人文的所思与共识,记载着人们的社会生活和对自然的探索,总结了人类社会生活积累的全部知识经验。它必须是准确的,包罗万象

①　于光远.图书馆和时代:在国际图联第52次大会上的发言[J].图书情报工作,1988(1):1-4,16.

②　吴慰慈,董焱.图书馆学概论[M].修订本.北京:北京图书馆出版社,2002:55.

③　黄宗忠.图书馆学导论[M].武汉:武汉大学出版社,1988:16.

④　谢俊贵.论图书的二重性[J].四川图书馆学报,1989(5):32-37.

⑤　周久凤.论图书馆的知识传播[J].图书馆杂志,2002(12):7-10.

⑥　卢贤中.中国图书学[M].合肥:安徽大学出版社,2004:26.

的,没有谬误和错漏地传承下去。一本准确记载人类的知识经验,体现了知识的丰富多样性的图书,起到了记载与传承全部知识的作用,传播各种思想与文化的作用,回归图书的知识传播工具的本质属性,这样的图书是有价值的。"①

显然,对于档案与图书本质最主要的区别来说,档案是记忆备忘的工具,"档案,本质上是一种记忆工具","档案是最典型的记忆工具"②,档案最基本的作用是记忆备忘,是最典型的记忆备忘工具。而图书虽然具有记忆工具的作用,但图书本质上是一种传播经验、思想、知识的工具,图书不是最典型的记忆工具,而是最典型的传播工具。

第二节 档案是记忆备忘的工具

我们说档案是记忆备忘的工具,这是因为档案最基本的作用是记忆备忘,档案是为了满足人类记忆备忘的要求而产生的,而档案学也基本上就是围绕档案的记忆备忘来展开研究的学科。从档案的产生、保存到档案的作用,再到对档案的定义研究,都体现档案是记忆备忘的工具。

一、从档案起源的动因看档案记忆备忘工具

我国档案界对于档案起源的讨论,始于 20 世纪 50 年代中后期。1957年,程桂芬提出"档案与档案馆是阶级社会的产物,档案与档案馆是在出现了阶级和国家以后产生的"③观点。随后对档案的起源探讨产生了各种不同的观点。有学者总结为"四种档案起源论,即国家起源论、图画起源论、原始社会末期起源论和原始记录物起源论"④。也有学者概括为五种观点,即:①原始记事(或原始记录物)说。②图画档案起源说。③文字起源说。④国家起源说。⑤历史过程说⑤。还有一些其他的观点。这里不探讨这些档案起源观点孰优孰劣,尽管人们对档案起源的认识不同,但是,从他们对档案

---

① 开蓉嫣.图书馆藏书价值初探[J].上海高校图书情报工作研究,2013,23(3):
16-18.

② 杨惦南.钱学森先生关于档案的两次论述及推论:兼论档案是最典型的记忆工具[J].档案学研究,1990(3):54-58.

③ 程桂芬.关于档案学问题[J].档案工作,1957(1):26-29.

④ 寒江.论档案起源于人类社会的形成时期:兼论档案的定义与本质属性[J].档案学研究,1990(4):15-18.

⑤ 王景高.档案研究30年(之一):关于档案起源的研究[J].中国档案,2009(2):
34-36.

起源的动因认识上可以看出,其认识是惊人的一致。这就是都认为档案起源最初的动因是为了满足人们记忆的需要,弥补人脑记忆贮存信息不能持久的缺陷,最初形成的档案(或萌芽状态的档案,或档案的雏形,或最原始的档案,等等)就是为了记忆备忘。

为什么要产生档案?也就是产生档案的动因是什么?这是探讨档案起源无法回避的问题。在大多数探讨档案起源的文献中都有或多或少的表述。

吕明军认为:"在原始社会中,人类在集体劳动中产生和发展了思维和语言。在日益频繁的记忆、交往和联系中,人们为了弥补记忆力的不足或表达一定的概念,便创造了各种各样的记录、传达和交际的方法。"这些原始的记录,联系的方法大体有如下几种:结绳记事、书契、贝珠串等。"这些记事方法是不是原始的档案呢?回答是否定的。因为这些绳结、书契、贝壳等并没有记录历史事实。""不能认为它们属于档案的范畴。但它们本身包含了档案的某种成分,是档案的萌芽,是档案产生的重要前提。"①

丁海斌认为:"严格意义的档案出现有两个条件:一是记述的工具——文字,这是物质条件;另一个是人们的心理需要,即所谓动机。人类编制和保存档案的动机是已经产生了,最初来源于人类的记忆力满足不了现实的需要,因而产生了萌芽的档案——结绳记事和物件记事。"②

王绍忠认为:"自从人类诞生那天起,人们就永不停止地对客观世界进行反映,这种反映的最初记录,就是人们实践活动的结果,这种实践结果是具体的,随着时间的推移便会消失,人们要总结这些实践活动经脸,只有凭借大脑的记忆。这种记忆随着实践活动的日益丰富,局限性越来越明显。这样,人们便发明了结绳、贝珠串、契刻等最古老的记事方法。""这种特定意义的绳结、贝珠当属人类思维符号的最早形态。我们认为,结绳、契刻、贝珠串等古老记事方法是具备档案本质属性的,当属人类最早形成的档案。"③

陈贤华认为:文字"克服了原始记录方法的种种缺点和局限性,能独立、完整地记录抽象的、复杂的、连贯的事物和事情,它真正承担起'记录历史'、'传递信息'、'存贮知识'的重任。它实现了把人脑记忆转移到脑外载体上的伟大转变……所以,档案是从文字产生并运用于文献记录时形成的。"④

①　吕明军.试论档案的起源[J].档案学通讯,1985(3):11-14.

②　丁海斌.档案学的哲学与历史学原论[M].沈阳:辽宁大学出版社,2011:154.

③　王绍忠.对档案起源问题的理论思考[J].档案,1990(2):23-25.

④　陈贤华.档案起源用文字书写文献之时[J].四川大学学报(哲学社会科学版),1991(3):99-103.

杨光建认为："原始社会初期,处于野蛮时代,人们为了生存从事一些简单的生产活动,如采集狩猎、物品交换等。这些活动具有循环性、流通性,从劳动果实的采集、消费上来说就有增加和减少,从物品的使用上来说就有借出和归还、相互交换等事宜。随着生产活动的需要,有些活动需要记录下来,当初人们靠大脑进行记忆,用语言、手势进行表述,由于日子的延伸和各种活动不断增加及频繁交往,大脑的记忆,语言、手势的表述已经不能满足社会生活的需要了。于是,人们寻找一种新的办法来帮助记录。经过长期的社会实践,人们在大脑的记忆,语言、手势的表述基础上,用一种相对应的工具,用比示的方法来帮助记录,储存信息,他们凭着大脑的回忆,依着语言、手势的表述,拿出原来保存下来的相对应的记录工具来处理事宜。这种相对应的记录工具则成为档案的载体,于是档案随之出现了。"①

刘越男认为："记忆功能是档案一切作用的基点,档案起源时最基本的作用是满足人们记忆的需要。"②

段公健认为："档案起源于记事物,记事物就是档案的前身,记忆性则是记事物和档案(记忆材料)的共同属性,产生记事物和档案的原因是共同的:满足人类记忆事物的需要,现代人如此,远古人也是如此。"③

李莉鸿认为："记忆功能是档案一切作用的基点,档案起源时最基本的作用是满足人们记忆的需要。""从人类开始将某种文字符号记录在某一物体上,以记忆与保存行为发生的那个时候开始,档案就已经产生了。"④

丁华东认为："在原始人群和原始公社前期,远古人没有也不可能创造记录和表达语言的书写与符号,只能靠语言和动作表达思想,凭记忆储存信息。由于受到时空的极大限制,这些记忆信息无法准确地储存起来备用,更难以留传后人。为克服这些缺陷,人类在实践中逐渐地发明了结绳、刻契,进而形成文字。""人类在社会实践中使用文字记录,保存起来便形成档案。"⑤"档案产生的最原始的社会性动机就是备忘或备考。"⑥

吴宝康主编的《档案学概论》中认为："远古人只能靠语言和动作表达思想,凭记忆贮存信息。但是,语言声音的传达受到时间和空间的极大限制,不能直接通达远处,无法准确地贮存起来备用,更难以留传后人。记忆和口

① 杨光建.略谈档案的起源与发展[J].湖南档案,1994(4):29-30.
② 刘越男.由档案起源诸说所想到的[J].兰台世界,1997(3):16-18.
③ 段公健.档案起源探微[J].机电兵船档案,1999(5):38-39.
④ 李莉鸿.档案的起源与发展[J].兰台世界,2009(7):60-61.
⑤ 丁华东.档案记忆观的兴起及其理论影响[J].档案管理,2009(1):16-20.
⑥ 丁华东.昔日重现:论档案建构社会记忆的机制[J].档案学研究,2014(5):29-34.

传，也是难免遗忘和失真的。为了弥补这些缺陷，人们创造了'结绳记事'和'刻木为契'等记事方法，……起着记录和备忘、凭证和信守的作用。从这个意义上可以说，结绳和刻契是档案的前身。……结绳和刻契还不是一般意义上的理论记录、一般意义上的档案，而只可称之为史前时期的档案。……文字出现以后，人们在社会实践中使用了文字记录，保存起来便形成了档案。"①

邓绍兴、陈智为编著的《新编档案管理学》中认为："远古时代，没有文字，人们为了生活和社会交往的需要，创造了'结绳'和'刻契'的方法辅助记忆，……结绳与刻契，在一定程度上，记录和反映了人们的社会实践活动，已具有备忘、信守、凭证等初步作用。从这个意义上说，它是远古时期最原始的档案。……文字的出现，也就产生了文字记录的档案。"②

朱玉媛编著的《档案学基础》(第二版)中认为："文字未产生之前，人们相互交往是靠语言和动作。通过口耳相传各种事情会受到时空的限制，既传得不远，且容易遗忘和失真，更无法准确地贮存起来留传后人。后来，人们利用'结绳'和'刻契'等方法记录事情、表达思想。……这种记事表意的方法……可起到备忘、信守等作用。因此后人往往从这个意义上认为'结绳'和'刻契'是档案的最初起源。"③

丁永奎主编的《档案学概述》中认为："在原始社会的漫长时期中，人类是靠语言传达信息的，是凭大脑记忆事物的。然而，靠语言传递信息，由于受时空的限制，不能传达到远处；凭大脑记忆贮存信息，不能持久，时间长了就会忘却。为了弥补这种缺陷，人类经过长期摸索，发明了实物记事和图画记事两种办法。实物记事又有结绳记事、刻木记事、系珠记事……实物记事和图画记事，在一定程度上起着记录、备忘和信守作用……是'萌芽状态的档案。'"④

赵嘉庆、张明福编著的《档案管理》中认为："远古时代没有文字，人们用语言表达思想，语言在交流思想方面有很多局限性，既不能保存，又受时间与空间的限制。古人创造了'结绳'和'刻契'的方法辅助记忆。……'结绳'和'刻契'从具有记事、备忘、信守、凭证的意义上看，已是档案的雏形，可谓最原始的档案形式。"⑤

① 吴宝康主编.档案学概论[M].北京:中国人民大学出版社,1988:3-4.
② 邓绍兴,陈智为.新编档案管理学[M].北京:档案出版社,1986:1-2.
③ 朱玉媛.档案学基础[M].2版.武汉:武汉大学出版社,2008:4.
④ 丁永奎.档案学概述[M].北京:中国档案出版社,1995:7-8.
⑤ 赵嘉庆,张明福.档案管理[M].北京:中国档案出版社,1991:5.

周雪恒主编的《中国档案事业史》中认为："在没有文字以前,原始人要把同自然斗争中积累的经验保留下来,传至后世,只有以口相授,……当然口耳相传的史实总是容易失真的……为适应日益复杂的社会生产和生活的要求,人们开始以实物帮助记忆,即在物件上作出一些标记和符号表达思想或记事。我国历史上主要有结绳和刻契等原始的实物记事方法……原始记事在一定范围内已具有备忘、信约和凭证作用,故可称为档案的前身,即档案起源的形态。"①

王英玮主编的《档案文化论》中认为："远古时代的人,只能靠语言和动作表达思想,凭记忆贮存信息。但是,语言、声音的传达受到时间和空间的极大限制,不能直接通达远处,无法贮存备用,更难以留传后人。为了克服上述缺点,人们创造了'结绳记事'和'刻木为契'等记事方法,……意味着人类有一定的辅助记忆能力。从这个意义上说,结绳和刻契是档案的前身。从档案发展的历史过程来看,其每个发展阶段也是以增强人类的记忆功能为核心的。"②

谭琤培的《当代中国档案学热点评析》中认为："在文字这一信息符号产生之前,人类曾采用了一些原始记事方法来储存社会记忆。这些原始记事方法包括结绳记事、刻契记事和图画记事等。其中,结绳记事、刻契记事能够帮助记忆简单的事实、传达简单的信息、交流简单的思想,起到了备忘和信守的作用,也就是说具备了档案的某些属性……可以称之为档案的前身。……原始图画是人类最早使用的信息记录符号,壁画是人类最早使用的信息记录符号将一定的信息内容记录在某种物质载体上而形成的记录物,因此,我们可以把它称作为档案的雏形。……文字逐渐进入成熟阶段……于是人类可以用文字来记载历史、法律、教义和技术了。这样,真正意义上的档案最终形成了。"③

以上对档案起源探讨的各位学者中,有以吴宝康先生为代表的"国家起源说"④,也有王绍忠的"原始记事说"⑤、吕明军的"图画起源说"⑥、陈贤华

① 周雪恒. 中国档案事业史[M]. 北京:中国人民大学出版社,1998:5-6.
② 王英玮. 档案文化论[M]. 北京:中国人民大学出版社,1998:7-8.
③ 谭琤培. 当代中国档案学热点评析[M]. 成都:电子科技大学出版社,2003:13-15.
④ 吴宝康. 档案起源与产生问题的再思考[J]. 档案学通讯,1988(5):2-6.
⑤ 王绍忠. 对档案起源问题的理论思考[J]. 档案,1990(2):23-25.
⑥ 吕明军. 试论档案的起源[J]. 档案学通讯,1985(3):11-14.

的"文字起源说"①、谭珍培的"历史过程说"②等,还有一些其他的观点。尽管他们对档案起源的认识不同,但是,从他们对档案起源的动因认识上可以看出,其认识是惊人的一致。他们都认为档案起源最初的动因是为了满足人们记忆备忘的需要,弥补人脑记忆贮存信息不能持久的缺陷,最初形成的档案(或萌芽状态的档案,或档案的雏形,或档案的前身,或最原始的档案等)就是为了记忆备忘。

记忆是人脑的信息贮存功能,但人的记忆能力是有限的。因而,必须借助于工具来弥补这种局限。人类为了克服大脑记忆受时空限制的缺陷,在实践中逐渐地发明了结绳、刻契等原始记事方法,并进而形成文字。人类在社会实践中使用原始记事方法和文字将人脑中的记忆直接记录下来,起到记忆备忘的功能就直接形成了档案,于是就产生档案这种记录原始记忆的记忆备忘工具。"就档案所具有的'记录'和'备忘'功能而言,它只不过是将原来记在头脑里的东西记到档案载体上了,因而其本身就是记忆。"③也就是说,档案的记忆备忘功能延伸了人脑记忆的功能,是将人脑的记忆直接记录存贮到档案载体上,形成档案这个人工记忆备忘工具。档案作为记忆备忘工具,就是以满足人类记忆备忘的要求而产生的,它的产生延伸了人脑信息的贮存记忆备忘功能。"可以说人们的社会记忆的需要,发展和创造了档案。"④从档案起源的动因看,档案就是为了满足人们记忆备忘的需要为动因而形成的,从而形成了记忆备忘的工具——档案。

图书起源的动因并不是为了记忆备忘或者记忆而产生的。从图书起源的动因看,图书是为了满足传播经验、思想、知识的需要而产生的,图书起源的动因是为了传播。

郑洵认为:"当人们开始有意识地将文字刻写在各式各样的材料上,借以记录经验,阐述思想,并使之传播久远的时候,书籍便开始出现了。"⑤

黄宗忠认为:"图书的概念,随着人类社会的进步,生产力的不断发展,科学技术水平的不断提高,也在不断发展和变化。它经历了泛指——专指——泛指的阶段。按其本意来说,图书是指的图画和书,人类的文字是从图画演变而来的,许多民族的文字都是这样。按照汉字'书'字的原义来说,一切文字的记录都可以叫'书'。""随着社会的发展,后来人们认识到这些记

---

① 陈贤华.档案起源于用文字书写文献之时[J].四川大学学报(哲学社会科学版),1991(3):99-103.

② 谭珍培.论档案产生是一个历史过程[J].档案与建设,1993(3):16-18.

③ 丁华东.档案记忆观的兴起及其理论影响[J].档案管理,2009(1):16-20.

④ 习之.关于"记忆工具"[N].中国档案报,1999-08-05(3).

⑤ 郑洵.中国原始图书起源浅议[J].农业图书情报学刊,2008(1):51-54.

录下来的材料,可以用来作为教育后一代的材料。这样,记载当时的记录就变成了传播信息、知识的工具。随后又出现了专门传授知识、供人阅读的著作。这就使'图书'一词取得了较新的意义,它的概念也较窄了。到了后来,凡不以传播经验、传授知识、供人阅读为目的的图画、文书记录就不算图书了。这样'图书'一词便进入了专指阶段。"①

肖东发认为:"人们最初利用文字,不过是用来弥补生活劳动中语言的不足,促进思想感情的交流和信息的传递,借以唤起共同的行动。当人们开始有意识地将文字刻写在各式各样的材料上,借以记录经验、阐述思想,并使之传播久远的时候,书籍便开始出现了。"②

从上述学者们的论述中可以看出,图书起源的动因是将经验、思想"传播久远",而"记录就变成了传播信息、知识的工具"时就诞生了图书,"人们开始有意识"地"记录经验、阐述思想,并使之传播久远的时候,书籍便开始出现了"。这都说明图书的起源动因是传播,同时也因传播经验、思想、知识的需要而产生了传播知识的工具——图书。

二、从对档案的定义上看档案记忆备忘工具

档案作为记事工具,其功能就是记忆备忘,许多学者对档案的定义都是围绕着档案记忆备忘工具的"备"字来阐述的,从中既可以看出人们对档案的认识,也可以看出档案记忆备忘工具的本质特征。

20世纪二三十年代的一些中外档案学著作,常常引用英国希拉里·詹金逊所著《档案管理手册》(1922年)中所下的定义,称档案是"某一行政管理或行政事务(无论是公共的还是私人的)实施过程中所拟就或使用,作为该事务的组成部分,事后由该项事务的负责人或其合法继承者保管,以备不时查考的各种文件"③。这里就直接点明了档案的"备"的特征。

苏联克雅捷夫在《档案工作的理论与技术》(1935年)一书中,专门阐述了档案材料的定义:"凡具有公务、科学和文学性质的,直接反映(通过原本)机关、团体、企业和个人过去活动的手写的或印刷的、文字的或图表的,并需保存起来以备科学或实践利用的材料,均称为档案材料。"④这里也同样直接

① 黄宗忠.图书馆学导论[M],武汉:武汉大学出版社,1988:10-11.
② 肖东发.中国图书[M].北京:中国书籍出版社,2014:32-33.
③ 宋涛.最新办公室内部管理规章制度全书[M].北京:中国物价出版社,2001:406.
④ 克雅捷夫.档案工作的理论与技术[M].韩玉梅,吕洪宇,译.北京:中国人民大学出版社,1956:6.

点明了档案的"备"的特征。

德国档案学家布伦内克在《档案学:欧洲档案工作的理论与历史》(1953年)一书中对档案的定义为:"档案是某一自然人或法人在其法律性或事务性活动中产生的,并作为以往活动的查考资料和证据存放在特定场所以备永久保存的文件和文献的总和。"[1]这里虽然没有指明档案备查的意思,但还是点明了档案"备"的特征。

美国档案学家T.R.谢伦伯格在1975年再版的《现代档案——原则与技术》一书中给档案下的定义为:"档案是经过鉴定,值得永久保存以供查考和研究之用,业已藏入或者选出准备藏入某一档案机构的任何公私机构的文件。"[2]这里虽然没有直接点明档案的"备",但是,其中的"藏入"和"供查考和研究之用",已经说明或者体现了档案"备"的特征。

可以明显地看出,以上的国外档案定义大都点明了档案"备"的特征。对于国外档案定义,韩玉梅、张恩庆编著的《外国档案管理概论》中是这样评论的:"从上述档案定义中可以看出,世界各国虽然没有共同的档案定义",但是,"我们还可以看出,各国档案的定义也有着共同的特点,这就是必须具备如下三个基本要素","档案必须是经过整理、分类、鉴定交到档案馆或者特定场所保存起来,以备查考使用的"[3]。这说明档案"备"的特征是国外档案概念定义的共同特征。

我国的档案学研究发端于20世纪30年代,从档案学研究初期开始,档案"备"的特征就在档案定义研究中不断呈现。

周连宽在《公文处理法与档案管理法》(1935年)一书中认为:"所谓档案,系指处理完毕而存贮备查之公文也。"[4]这里就更直接点明了档案的"存贮备查",说明了档案"备"的特征。

何鲁成在《档案管理与整理》(1938年)一书中认为:"档案者乃已办理完毕归档后汇案编制留待参考之文书。"[5]这里虽然没有"备"字,但是,"留待"就是"备"的意思。

殷钟麟在《中国档案管理新论》(1949年)一书中认为:"档案者,一机关中文书处理手续完毕后,集合收发文件及有关之附件,汇案编制,分门别类,

① 韩玉梅,张恩庆.外国档案管理概论[M].北京:档案出版社,1987:23.
② 谢伦伯格.现代档案:原则与技术[M].黄坤坊,等译.北京:档案出版社,1983:22.
③ 韩玉梅,张恩庆.外国档案管理概论[M].北京:档案出版社,1987:25-26.
④ 周连宽.公文处理法与档案管理法[M].北京:档案出版社,1988:80.
⑤ 何鲁成.档案管理与整理[M].上海:商务印书馆,1938:7.

庋藏箱橱,备长期参考之卷册也。""汇集关于记载每一公务之文件,储存于方框格木架,以备参考,即曰档案。"①这里直接点明了档案"备"的特征。

新中国建立后对档案定义的研究,仍然延续了这种对档案"备"的特征认识,档案"备"的特征不断地在档案定义研究中呈现。

1953年,吴宝康先生在《重新认识档案与资料的区分》一文中认为:"档案是一个机关、团体在其工作活动中所形成的一切文件,当使用完后,就保存起来,以备日后查考或利用,以服务于实际、科学、历史研究方面为目的,而资料(图书)则是为了推广与广泛地传播知识的目的而制成的。"②这里直接点明了档案"备"的特征,并说明了档案"备"的特征与资料(图书)"推广与广泛地传播"特征的区别。

1980年和宝荣、陈兆祦、松世勤在《文书档案工作基本知识讲座(提纲)第一章 档案》中将档案定义为:"档案是各机关、企业、事业单位(以下简称机关)和某些个人,在社会活动中形成并保存起来以备查考的文件材料(包括技术图纸、影片、照片、录音带等)。"③这里也同样直接点明了档案"备"的特征。

1988年吴宝康主编的《档案学概论》中认为:"档案是国家机构、社会组织和个人在社会活动中形成的,保存备查的文字、图象、声音及其各种形式的原始记录。"④这里仍然直接点明了档案"备"的特征。

1989年穆庆云认为:"档案是作为历史记录保存起来以备查考的文献。"⑤这里也同样直接地点明了档案"备"的特征。

1996年伍振华认为:"档案是备以查考的文献。"⑥同样也直接点明了档案"备"的特征。

2005年陈兆祦、和宝荣、王英玮主编的《档案管理学基础》(第三版)中指出:"档案是社会组织或个人在社会活动中直接形成,保存备查的各种形式和载体的数据、信息和知识记录。"⑦同样也直接点明了档案"备"的特征。

① 殷钟麟.中国档案管理新论[M].北京:中国人民大学历史档案系翻印,1958:2.
② 吴宝康.论档案学与档案事业[M].南京:南京大学出版社,1988:11.
③ 和宝荣,陈兆祦,松世勤.文书档案工作基本知识讲座(提纲) 第一章 档案[J].档案工作,1980(1):28-30,22.
④ 吴宝康主编.档案学概论[M].北京:中国人民大学出版社,1988:32.
⑤ 穆庆云.档案定义新探[J].学校档案,1989(02).
⑥ 伍振华,赵晓晖.传统的档案定义方式并没有陷入困境:兼论档案是备以查考的文献[J].档案学研究,1996(2):14-17.
⑦ 陈兆祦,和宝荣,王英玮.档案管理学基础[M].3版.北京:中国人民大学出版社,2005:10.

2008 年朱玉媛教授编著的《档案学基础》(第二版)中认为:"档案是记录和反映国家机构、社会组织或个人工作、生产、科研、学习等活动原貌的,按一定规则组合归档,以备查考利用的各种文献。"①仍然直接点明了档案"备"的特征。

2014 年肖兴辉、刘新萍主编的《文书与档案管理》一书中认为:"档案是社会组织或个人在社会活动中直接形成,保存备查的各种形式和载体的数据、信息和知识的记录。"②

2018 年王越认为:"档案是人们有意识'保存备查'的,清晰、确定的,以往社会活动直接形成的原始记录。"③

另据谭玠培先生的《当代中国档案学热点评析》④一书,书中共收集新中国成立后至 2002 年的档案定义 140 种,对这 140 种档案定义统计,其中定义中带有"以备查考""备以查考""备查"字样的有 32 种,占总数的 22.86%;带有"日后""事后"字样的有 7 种,占总数的 5%;带有"查考"字样的有 12 种,占总数的 8.57%。带有"日后""事后""查考"字样明显有"备"的意思。三者相加共有 51 种,占总数的 36.43%。从中也可以看出,超过三分之一的档案定义中都直接明显地表现出档案"备"的特征。

从以上对档案定义的历史梳理中可以看出,人们对档案的认识、对档案的定义,尽管随着对档案的深入认识,其定义不断有所变化,但是,其记事备忘的功能却一直贯穿其中,从"存贮备查""备长期参考"到"以备查考""备以查考""保存备查",再到"以备查考利用",直到 2018 年,仍然在档案定义中可以看到"保存备查"档案"备"的特征,可以说,档案记忆备忘的功能在档案定义中是一脉相承、一以贯之的。

对于档案记忆备忘工具的本质,不仅体现在档案的定义中,还有学者提出了档案本质属性为"备以查考性"的观点。伍振华指出:"档案是从特定的形成过程和形式以及能满足特定的需要等意义上根本区别于其他文献。"⑤并把档案的形成过程、作用及外表方面的特有属性进行综合,归纳为档案的本质属性为"备以查考性"。"正是以'备以查考性'为标志的档案实践赋予了档案的社会属性,才使档案与其他文献区分开来。"⑥对于"备以查考性"的

① 朱玉媛.档案学基础[M].2 版.武汉:武汉大学出版社,2008:15.
② 肖兴辉,刘新萍.文书与档案管理[M].北京:对外经济贸易大学出版社,2014:97.
③ 王越.档案文化价值实现研究[D].哈尔滨:黑龙江大学,2018.
④ 谭玠培.当代中国档案学热点评析[M].成都:电子科技大学出版社,2003:34-47.
⑤ 伍振华.档案的本质属性是什么[J].四川档案,1992(6):13-14.
⑥ 伍振华,赵晓晖.关于档案本质属性几个论点的浅析[J].图书情报知识,2005(5):49-52.

内涵,伍振华认为:"备以查考性包括前提、动机和行为三个方面:作为证据或依据而具有保存价值,为了要实现这种价值和保存起来且形成了档案这类文献的外表特征。"①其理论特点表现在突出了档案的保存价值,同时,用"备"这个关键字,来反映和强调档案形成或保存者的主观性特征。这里不探讨档案本质属性为"备以查考性"的观点是否正确,也没有否定档案本质属性是原始记录性的主流观点的意思。这里想说明一点,伍振华提出档案本质属性为"备以查考性"观点中的"备"字的确反映出了档案记忆备忘工具的特征。至于档案本质属性是否就是"备以查考性",还有待于进一步论证。不管档案的本质属性是原始记录性还是"备以查考性",有一点可以确定:档案的本质就是记忆备忘的工具。

三、从保存档案的目的看档案记忆备忘工具

对于保存档案的目的,大都认为:"保管档案的根本目的就是为了利用。"②那么,这种利用是什么样的利用呢?这得从形成档案的动因上找答案。上文已经论述,档案起源最初的动因是为了满足人们记忆备忘的需要,弥补人脑记忆贮存信息不能持久的缺陷,为了记忆备忘。"档案文件大量产生了,统治者在其统治活动中逐渐认识到档案能满足其备忘、凭证和信守等需要,为了更好地巩固其统治地位,在保存能够证明其至高无上权力的凭证或证据的档案成为必需的条件下,保存档案开始成为自觉的行为。"③"档案的形成从一开始就有着明确的目的性——备用查考。离开了这个目的,就没有档案的产生,也就没有档案的存在。"④因而保存档案的目的虽然是利用,但是,这种利用是——备用查考,为了"备日后之用"。当然,这"备日后之用"的含义是有深意的,关键是"备",而并不单单是保管或者单单是利用的问题。它说明保存档案的目的并非立刻就用,而是"备日后之用",这也说明档案是记忆备忘的工具。

对于保存档案的目的是"备日后之用",可以从我国最早的档案馆——天府的职能中看出端倪。天府的职能就是围绕着"备"展开的。《周礼·秋官·大司寇》中记载:"凡邦之大盟约,莅其盟书,而登之于天府。"译成现代汉语为:"凡王与诸侯因会同而订立盟约,就亲临监视盟约的书写,然后上交

① 伍振华.再论档案的本质属性[J].档案学通讯,2000(6):12-14.
② 吴宝康.档案学理论与历史初探[M].成都:四川科学技术出版社,1986:358.
③ 薛匡勇.档案馆论[M].上海:第二军医大学出版社,2002:75.
④ 昌晶,张砾丹.对"备以查考性"的认识[J].四川档案,2010(3):54-55.

天府(而藏于祖庙)。"①这里档案馆的职能突出了一个"藏"字,而"以备为主在档案工作中,'备'即为'藏'"②。

在秦代,秦王朝对法律有这样的规定:"法令皆副。"③秦王朝的法律"除正本之外,还有副本多份,其中一份收藏在中央禁室内,平时不准私启,由少府派遣尚书负责管理,随时供皇帝审阅。保存在丞相、御史大夫和地方郡、县的法律副本,设法官和法吏专门管理,以备吏民的查询"④。也就是将法律档案正本保存在中央档案馆,平时不准私自查阅,仅供皇帝备查。还要制成大量的档案副本,分发到丞相、御史大夫和各地方郡、县,供吏民们备查使用。

在汉代有这样的记载:"初,高祖不修文学,而性明达,好谋,能听,白监门戍卒,见之如旧。初顺民心作三章之约。天下既定,命萧何次律令,韩信申军法,张苍定章程,叔孙通制礼仪,陆贾造《新语》。又与功臣剖符作誓,丹书铁契,金匮石室,藏之宗庙。虽日不暇给,规摹弘远矣。"译成现代汉语为:"当初,高祖不习文学,而性情明达,好计谋,善于听取臣下之言,从看门人到戍卒,见面如老朋友。开始时顺民心,制订约法三章。天下已定,命萧何编次律令,韩信申述兵法,张苍制定律历章程,叔孙通制礼仪,陆贾著《新语》。又与功臣剖符作誓,立丹书铁契,存入金匮石室,藏在宗庙。虽然诸事繁多,可以立制垂范传之久远。"⑤可见汉代重要的档案都藏在宗庙的金匮石室。

在魏晋南北朝时,"黄初三年(222年)魏文帝曹丕下令:'其以此诏藏之宗庙,副在尚书、秘书、三府。'"(《三国志》卷二)⑥也就是制作好的"诏"(档案正本)要保存("藏")到宗庙。

在宋代设置有档案馆——架阁库,"架阁库掌诸藏帐籍文案,以备用"(《渊鉴类函》卷八十二)⑦。这说明档案馆保存档案是为了"备用"。《渊鉴类函》卷八十二中还记载:"旧制金耀门文书库,多藏三司帐籍,三司今版曹也,自铨曹而下储藏帐籍之所,未之详焉,其后置六部架阁库。下大抵成案留部二

---

① 杨天宇.周礼译注[M].上海:上海古籍出版社,2004:511.
② 杨立人.从备用品看档案的备用价值:兼与图书价值特点进行比较[J].档案学通讯,2012(6):29-32.
③ 商君书[M].上海:上海人民出版社,1974:81.
④ 高换婷.清代文书档案副本制度初探[J].档案学通讯,2004(4):49-53.
⑤ 许嘉璐.二十四史全译·汉书:第一册[M].上海:世纪出版集团·汉语大词典出版社,2004:31.
⑥ 黄才庚,曹大德.副本制度概述[J].档案与建设,1988(5):55-59.
⑦ 中国人民大学历史档案系档案史教研室.中国档案史参考资料(奴隶社会和封建社会时期)[M].1962:31.

年,然后界而藏之,又八年则委之金耀,今金耀无复囊日则悉藏于架阁库二也,二者不同而至于诸曹二十四司之文书尽归储蓄,以待有用,则今犹昔也。"①这说明宋代的档案馆——架阁库,收藏保存的档案是各方面的,收藏保存这些档案是为了"以待有用","以待有用"就是"备用"。

从上述中可以看出,在我国漫长的历史里,"藏"而"备用"一直是档案馆保存档案目的的主旋律,是一脉相承的。

对于"藏"的真谛,最接近的认识,是杨立人提出的观点。他认为"档案属于备用品的范畴",并认为:"档案作为一种备用品,发挥的主要是备用功能,具体表现为保障功能:1.发挥'以备查考'作用,保障社会各项活动的正常进行。2.维护社会记忆的真实性。档案作为原始的历史记录,只有档案的完整与安全,才能维护国家历史面貌和社会秩序的稳定。"②档案馆保存档案的意义在于"备",也就是预防万一,正所谓有学者说的那样:"养档千日,用在一朝。"③传统的档案"藏"的真谛,就是"藏"而"备用"。

对于保存图书的目的,并不是记忆备忘,也就是说,不是为了"藏"而"备用",而是为了用,是"使用",而不是"备用"。保存图书的目的是"使用"图书最大限度地传播经验、思想和知识。对于保存图书的目的是"使用",可以从图书馆的职能中体现出来。图书馆的职能就是围绕着"使用"图书展开的。

黄宗忠编著的《图书馆学导论》认为:"图书馆是图书文献的存贮和传递中心";"从本质来看,它是对以信息、知识、科学为内容的图书文献进行搜集、加工、整理、存贮、选择、控制、转化和传递并提供给一定社会读者使用的信息子系统"④。

桑健主编的《图书馆学概论》认为:"图书馆是组织人们共同使用图书的场所。"⑤

吴慰慈主编的《图书馆学基础》认为:"图书馆工作的任务,就是充分揭示文献的形式信息和内容信息,从而使文献的内容信息得以传播。图书馆工作的各个环节,包括采购、分类、主题标引、编目、保存、借阅等都是为了实现传播文献内容信息的目的。""图书馆的基本职能就是收集、整理文献并提

---

① 中国人民大学历史档案系档案史教研室.中国档案史参考资料(奴隶社会和封建社会时期)[M].1962:32-33.

② 杨立人.从备用品看档案的备用价值:兼与图书价值特点进行比较[J].档案学通讯,2012(6):29-32.

③ 国家档案局.档案学概述[M].北京:中国档案出版社,1995:23.

④ 黄宗忠.图书馆学导论[M].武汉:武汉大学出版社,2013:15.

⑤ 桑健.图书馆学概论[M].沈阳:辽宁人民出版社,1985:208.

供使用。具体说来可以分为三个部分:一是对知识、信息的物质载体进行选择、收集;二是对知识、信息的物质载体进行加工、整理、存储、控制、转化;三是对知识、信息的物质载体进行传递和提供使用。""任何图书馆,必须具备这三项基本职能才能独立存在,才能正常地、健康地发展。图书馆的三项基本职能:收集—整理—提供使用,是一个不断循环往复的过程"。①

从上述学者们的论述中可以看出,图书馆保存图书的目的和图书馆的基本职能是"使用"图书,图书馆保存图书也属于"藏"的范畴,但是,图书馆的"藏"与档案馆的"藏"是有区别的。"图书馆藏书是通过长年累月把零散的书收集起来,经过科学地加工整理,形成完整的、系统的、有序的科学体系;它的藏书是供社会广大读者长期、反复使用的。"②也就是说,档案馆的"藏"是"藏"而"备用",图书馆的"藏"是"藏"而"使用",并且这种"使用"是"反复使用"。

"备用"和"使用"尤其是"反复使用"是有区别的,"备用"是偶尔用,"使用"尤其是"反复使用"则是经常用。对于档案的"备用"与图书的"使用",杨立人做了很好的辨析,他认为:"档案属于'备查'之物,而非常用之物。档案价值的实现方式与图书价值的实现方式是不同的。""档案是人们在社会活动中形成的原始记录,通过档案,人们可以较好地了解一个机构或一个国家过去发生的各项活动,但人们并不是要频繁地去查阅档案,而只是在需要辨清某个历史事实的时候,才去查考档案。在档案馆中,有很多档案默默地保存在库房中,平时较少被利用,有些档案几十年未曾被调过一次档,但它已经发挥了保障作用,这是档案价值的特点。""图书属于使用品,发挥的是使用功能,具体来说,图书作为一种传媒,发挥的是知识传播的功能,利用人次越多,知识传播范围越广,发挥的作用就越大,由此可见,图书的主要功能在于'用'。"③

四、从档案发挥的作用看档案记忆备忘工具

档案的最主要的作用是其凭证作用。"俗话说'空口无凭,立字为证',或说'口为空,字为宗',这里所说的'字',往往指的是文书,指的是档案。可见,从日常生活中人们就体察到档案的这种作用,即凭证作用,档案的凭证

①　吴慰慈.图书馆学基础[M].北京:高等教育出版社,2004:91-92.
②　黄宗忠.图书馆学导论[M].武汉:武汉大学出版社,2013:20.
③　杨立人.从备用品看档案的备用价值:兼与图书价值特点进行比较[J].档案学通讯,2012(6):29-32.

作用,是档案不同于和优于其他各种资料的作用之最基本的特点。"①但是,"空口无凭,立字为证"的档案凭证作用,并不是为了凭证而立字,而是为了记录下这一事实,以备不测之用,也就是说,档案的记事备忘作用。而"空口无凭,立字为证"的档案凭证作用是在档案"备用"的特征基础上发挥作用的。也就是档案的凭证作用不需要经常利用来发挥作用,而是偶尔会被利用而发挥凭证作用。平时是处在"备用"状态,很少被利用。"养档千日,用在一朝"②就是档案发挥记忆备忘工具作用的真实写照,就是档案发挥记忆备忘工具作用的最准确清晰的表述。

档案的凭证作用,也称为档案的凭证价值。而档案的价值是多方面的,档案的作用也是多方面的。但是,档案价值与作用的发挥大都是按照档案记忆备忘工具的性质来发挥作用的。也就是说,档案记忆备忘工具的性质体现在档案的作用发挥上,就是"备用",就是很少被利用。下面就对档案价值与作用进行具体分析。

为了具有代表性,这里以较有权威的冯惠玲、张辑哲主编的《档案学概论》(第二版)为例进行分析。在《档案学概论》(第二版)中,他们把档案价值形态分为:①凭证价值和情报价值;②现实价值和长远价值;③对于形成者的价值和对于社会的价值。这些价值具有的作用是:①行政作用;②业务作用;③文化作用;④法律作用;⑤教育作用③。

第一,行政作用。《档案学概论》(第二版)认为:"要在日常工作中避免主观唯心主义,坚持实事求是,就不能离开对以往工作活动的记录和查考。大到制定党和国家的方针政策,小到处理每一件具体事务,都应该有理有据,而这个'据'就是既定政策和事物的本来面貌,它在很大程度上来自档案。机关领导和业务工作人员,在熟悉情况、总结经验、制定计划、研究案例、处理问题时,常常需要从档案中查考先前的记载,从中得到了依据和重要的参考信息,保证工作的顺利进行。"④这里说的"常常"其实并不是经常,而是不经常,也就是"备用"偶尔用。其一,对于"熟悉情况、总结经验、制定计划、研究案例、处理问题时",大都只有在涉及以往的事情时才有可能利用档案。《档案学概论》(第二版)所举的例子是"党的十一届三中全会上通过的《关于党内若干历史问题的决议》就是在大量利用档案的基础上写成

① 陈兆祦,和宝荣,王英玮.档案管理学基础[M].3 版.北京:中国人民大学出版社,2005:30.

② 国家档案局.档案学概述[M].北京:中国档案出版社,1995:23.

③ 冯惠玲,张辑哲.档案学概论[M].2 版.北京:中国人民大学出版社,2006:48-57.

④ 冯惠玲,张辑哲.档案学概论[M].2 版.北京:中国人民大学出版社,2006:53.

的"①。这个例子显然涉及的问题是以往的历史问题。而机关所涉及的事情大多都是新情况、新问题,所以利用档案的机会并不多。其二,对于行政查考的利用者来说,如果利用者平时注重收集和保存有关材料,加上单位档案工作做得好,比如各种档案编研材料编写的种类多,那么,他会很少因行政查考的需要到档案室利用档案,更别说到档案馆利用档案了。因而,对于不管是保存在档案室的档案,还是保存在档案馆的档案都是为了备用而保存,只有利用者需要利用有关信息而且身边又不能找到的情况下,才会到档案室或者档案馆利用档案。档案发挥的行政作用实质上是备用的作用,也就是记忆备忘工具的作用。

第二,业务作用。《档案学概论》(第二版)认为:档案"就其微观而言,它记述了人们改造客观世界和主观世界的实践过程,涉及了生产经营、金融贸易、工程设计、教育卫生、文学艺术、军事外交等诸多方面。档案在每一个业务领域中都发挥了重要的凭证和参考作用,成为业务活动的信息支持和保障"。并指出,在"各种专门业务档案中除了以文字表达的定性记录外,还有大量以数字表达的定量记录(如统计数据、会计报表等)和以图形、图像表达的记录(如设计图纸、勘测图、观测图等),这些记录是业务活动中须臾不可离开的基础和条件。例如,会计档案是编制国家和地方预算,编制单位预算和财务收支计划的重要依据,是各项经济查证的可靠的书面证明;诉讼档案是各类案件审结和再审、复审的可靠凭证;商标档案是确定商标专用权、开展商标评审工作,监督产品质量,查处商标侵权行为,以及进行商标咨询工作的基本依据"②。对于业务作用,也都是很少被利用的备用作用。例如,利用会计报表等编制单位预算,编制单位预算大都是一年一次,最多有可能利用一次,再一年就不会利用这一年的会计报表了。对于诉讼档案,如果不需要再审、复审,也就不会被利用,仅仅是备而不用。即便是需要再审、复审,也就利用一次两次足矣,不可能经常再审、复审而利用。更何况,不可能每一个诉讼案件都要再审、复审,再审、复审的诉讼案件只能是少数。也就是说,大多数诉讼档案都是备而不用。再说商标档案,商标被侵权的事发生率并不高,也不会经常被利用,而是备用。从中可以看出,档案的业务作用也都是备用的作用,也就是记忆备忘工具的作用。

第三,文化作用。《档案学概论》(第二版)中将文化作用分为三类:

其一,"档案是民族文化的集中体现"。《档案学概论》(第二版)认为:"档案是一个民族、一个国家历史的真实记录,内容广泛而丰富,既包括朝政

---

① 冯惠玲,张辑哲.档案学概论[M].2版.北京:中国人民大学出版社,2006:53—54.
② 冯惠玲,张辑哲.档案学概论[M].2版.北京:中国人民大学出版社,2006:54.

国法、军事经济,也含有风土民情、自然景观,在某种意义上档案是民族文化的'根'和民族文化心理的情感寄托。"并举例:"截至 2005 年 6 月,中国已有四项档案文化遗产名列《世界记忆名录》,它们是中国艺术研究院音乐研究院收藏的传统音乐声音档案、中国第一历史档案馆收藏的清朝内阁秘本档案、云南省社会科学院东巴文化研究所收藏的纳西东巴古籍文献和中国第一历史档案馆收藏的中国清代大金榜。"①这一作用与档案的日常利用基本上没有关系,虽然珍贵并列入《世界记忆名录》,但是,实际利用是很少的,更多的体现的是档案的记忆备忘作用。

其二,"档案是历史文化传承的手段"。《档案学概论》(第二版)认为:"在历史研究中,史学研究人员常借档案记载了解历史事件的来龙去脉、前因后果、内外关系,以把握历史发展的规律。我国的许多史学名著,如《史记》《汉书》等都是利用档案才写成的。胡绳所著的《从鸦片战争到五四运动》一书,也是在对大量档案史料和其他文献资料深入研究的基础上完成的,据统计,该书直接引用的档案史料就达 843 处之多。根据中央档案馆珍藏档案制作的电视片《红旗飘飘——中国共产党历史上的今天》是中国共产党 80 年历史的全面生动的展现。该剧分 365 集,用一年时间在全国 30 个省、自治区、直辖市的 80 多家电视台播出,收看的观众约达 1.7 亿人,在社会上引起了极大的反响,对于弘扬主旋律,传播先进文化具有显著的效果。"②对于《史记》《汉书》是不是都是利用档案写成的,现在不好完全判定。《从鸦片战争到五四运动》一书直接引用档案史料 843 处,这说明《从鸦片战争到五四运动》这样的历史学专著,并不都是利用档案写成的,这部书共有 70 余万字,843 处直接引用的档案史料有多少字不清楚,应该不会超过全书的五分之一,如果超过了,就可能直接说超过几分之几了。而且,《从鸦片战争到五四运动》"全书仅直接引用的档案史料就达 843 处之多,采自 44 种档案史料汇编。如引用《义和团档案史料》有 72 处,《咸丰夷务》115 处"③,并未直接利用档案史料原件,也就是说,这 843 处之多的档案史料并不是直接利用档案原件。这也说明一个问题,历史研究的材料并不完全来自档案,档案只是其材料来源之一。"一些历史学家称道档案可以补史之缺,参史之错,详史之略,续史之无。"④这才是对档案史料作用的客观评价。另外,历史研究者在整个学术研究队伍中所占比例是很小的。而学术研究档案利用几十

① 冯惠玲,张辑哲.档案学概论[M].2 版.北京:中国人民大学出版社,2006:55.
② 冯惠玲,张辑哲.档案学概论[M].2 版.北京:中国人民大学出版社,2006:55-56.
③ 郭树银.论档案工作若干问题[M].北京:人民日报出版社,1991:224.
④ 郭树银.论档案工作若干问题[M].北京:人民日报出版社,1991:114.

年来却是档案利用中最少的一部分,尤其在市、县一级档案馆,学术研究档案利用几乎是凤毛麟角。据赵海林对甘肃省、地、县三级国家综合档案馆1985年至1998年的档案利用统计,14年中因学术研究而利用档案的仅占全部利用档案的1.06%①。也就是说,档案虽然是"没有掺过水的史料",但是,到档案馆利用档案这种"没有掺过水的史料"的人是很少的,利用这种"没有掺过水的史料"也是不多的。至于根据档案制作的电视片《红旗飘飘——中国共产党历史上的今天》,只能说是在制作中利用档案才是档案利用,而"收看的观众约达1.7亿人"就与档案直接利用没有关系了,两者是两个概念。作为中央档案馆利用档案每年制作一两部电视片有可能做到,但是,作为市、县级档案馆只能偶尔为之,而且档案馆不可能每日都有为制作电视片利用档案的,并且是年年如此年年要有增加的。因而,利用档案制作电视片而来档案馆则是很少的。这里不是否认这种做法,而是说这类利用档案的情况并不是很多的。对于"档案是历史文化传承的手段"体现更多的仍然是档案的记忆备忘作用,以备"补史之缺,参史之错,详史之略,续史之无"。

其三,"档案是文化创新的基础"。《档案学概论》(第二版)认为:"档案是文化创新的基础。这不仅表现在人们可以从档案中吸取历史文化的精髓,作用于社会意识形态,形成新的文化价值判断,也表现为人类可以在借鉴已有文化成果的基础上创造新的文化。如一些档案具有较高的文学艺术价值,可供欣赏和收藏;一些档案资料为文艺作品的创作提供了生动可信的素材和生活原型,被直接或间接引用到作品中。如北京京剧院在创作京剧《风雨同仁堂》时,就利用了大量的档案,同仁堂和其他许多老字号的原始档案资料都成为编剧、导演构思剧本的基础。"②对于"一些档案具有较高的文学艺术价值,可供欣赏和收藏",一是这类档案不多,尤其是市、县级档案馆更不多见;二是收藏与档案馆的档案利用无关,欣赏勉强算是有关,因为它不是对档案内容信息的直接利用。而对于创作京剧《风雨同仁堂》,与上文所说的制作电视片是一样的,都不是日常经常到档案馆利用档案的用户,利用档案的人次与卷次都是有限的。档案仍然起的是记忆备忘的作用。

第四,法律作用。《档案学概论》(第二版)认为:"档案的法律作用是指档案在解决争端、处理案件等活动中所发挥的证据作用。法律作用是档案凭证价值的集中体现。""一方面,在政治斗争、军事斗争、经济斗争、外交斗

---

① 赵海林.高潮何时再现?:1985至1998年甘肃省各级国家综合档案馆利用工作综析及展望[J].档案,2000(4):12-14.

② 冯惠玲,张辑哲.档案学概论[M].2版.北京:中国人民大学出版社,2006:56.

争,解决领土争端等方面,档案的法律作用表现得十分突出。""例如,近几年来,日本右翼势力日渐猖狂,不断否认自己的侵略行径。1994年,辽宁省档案馆发现了一组记载南京大屠杀情况的日文档案,这些日本侵略者自己形成的档案还历史以本来面目,可以说是铁证如山。"①这个例子只说明了档案的重要法律作用,但是,并不说明这类具有法律作用的档案就利用得多,就要经常利用。像"在政治斗争、军事斗争、经济斗争、外交斗争,解决领土争端等方面"利用档案的法律作用的时候实际是很少的,并不是经常利用,更多体现的是偶尔利用的备用。而且对于利用这类档案大都是在国家层面上,在市、县级档案馆的档案利用中是很少能涉及的。《档案学概论》(第二版)认为:"另一方面,档案在维护国家、集体、个人合法权益方面的法律作用也十分突出。在档案中有关立法性质的文件规定了各种社会关系、国家关系、经济关系和政治关系的组成;契约、合同、协议、单据等社会团体、个人之间交往中形成的文件,记载了各方承担的政治、经济、劳务等方面的权利和义务。当在这些问题上发生疑问、争执、纠纷时,档案最能够说明权益的归属,具有无可辩驳的证据作用。""在我们的日常生活中,档案作为法律凭证维护正当合法权益的例子也不胜枚举。如档案在解决房地产纠纷,证实个人学历、经历等方面都发挥了很大的作用。"②虽然档案馆保存大量有法律作用的档案,国家、集体、个人合法权益在发生疑问、争执、纠纷时可以凭借档案馆保存的这类档案解决或处理问题,但是所造成的不良影响一般难以完全消除,损失一般难以完全挽回,因而任何集体和个人都不希望这类问题经常发生。所以,对于具有法律作用的档案来说,并不是被经常提供利用得越多越好,而是越少越好。档案馆保存大量有法律作用的档案是备用的,是以备出现了国家、集体、个人合法权益发生疑问、争执、纠纷时发挥档案的法律作用来解决问题的。因而,档案在法律作用方面仍然起的是记忆备忘的作用。

第五,教育作用。《档案学概论》(第二版)认为:"档案是一种重要的教育资源""在我国,档案的教育作用大多通过展览的形式发挥出来。""利用档案举办展览、开展演讲报告等多项宣传教育活动,可以突破各种限制,尽可能地扩大受众面,让更多的人了解真相、接受历史教育。尤其对于我国的社会主义精神文明建设而言,各级国家档案馆完全可以利用自身的馆藏,通过举办各种类型的展览,成为爱国主义(或青少年)教育基地。"③对于档案的教

---

① 冯惠玲,张辑哲.档案学概论[M].2版.北京:中国人民大学出版社,2006:56.
② 冯惠玲,张辑哲.档案学概论[M].2版.北京:中国人民大学出版社,2006:55-57.
③ 冯惠玲,张辑哲.档案学概论[M].2版.北京:中国人民大学出版社,2006:58.

育作用,通过举办各种类型的展览,成为爱国主义(或青少年)教育基地等,并不说明档案就是经常被利用而发挥教育作用的,因为参观展览与利用档案实体完全是两个不同的概念,严格意义上说这并不是档案利用。虽然举办各种展览,建立爱国主义(或青少年)教育基地等,都需要利用档案,但这是档案馆自身的行为,而且这与档案馆天天日常接待档案利用者利用并不是一回事。因为前者利用档案的次数、卷数、频率都是有限的,不可能天天经常利用档案,也不可能在一定的时间内把馆藏档案利用一遍,毕竟利用档案来进行展览的只能是馆藏档案的很少很少的一部分。因而,档案在教育作用方面仍然起的是记忆备忘的作用。

通过以上的分析可以看出,就档案价值与作用的几个方面来说,档案实际发挥的是档案记忆备忘工具的作用。

第三章

档案的本质价值——凭证价值

　　档案价值是档案利用的基础,也决定着档案利用的性质与走向。以往人们各自从不同的角度对档案的价值做出了有益的探索。从哲学的角度研究的主要有三种观点:"一、劳动价值论;二、效用价值论;三、主客体关系论。"①这种从哲学的角度来探讨档案价值,并没有对认识档案价值有更多的益处和对档案工作尤其是档案利用工作带来实际的意义。有学者已指出:"把档案价值作为一种哲学关系来加以研究",实际是"目前档案价值研究中的误区","哪怕是作为科学的哲学概念,也只能作为我们认识和研究档案价值的指导思想,而不能是直接的移植"②。档案界一般认为档案的基本价值是凭证价值和参考价值,参考价值又称情报价值。随着人们认识的深入,认为档案价值的"具体内容可以概括为史料价值、日常工作查考价值和文物收藏价值",档案价值的特点具有"多元性"③。人们也认识到档案具有文化价值,并认为"档案的文化价值是档案的各种有用性、有益性的总称"④。这些档案价值哪一个是档案的本质价值? 也就是,哪一个是区别档案与其他事物的价值呢? 认识档案的本质价值,对于确立档案在信息中的地位,认识档案利用工作都有积极的意义。

---

① 张长海.档案价值本体论:兼与相关作者商榷[J].机电兵船档案,2002(1):15-17.
② 严永官.档案价值研究琐议[J].上海档案,2001(5):14-16.
③ 陈作明.论文书档案的价值鉴定[J].档案学通讯,1996(6):9-14.
④ 王英玮.档案文化论[M].北京:中国人民大学出版社,1998:83.

第一节　对一些档案价值的分析

一、档案的文化价值

按照"档案的文化价值是档案的各种有用性、有益性的总称"的观点,似乎档案的文化价值就是档案的本质价值。因为档案的文化价值不仅包含了档案的所有价值,而且"档案文化价值观作为人们对档案价值及其相关方面的总观点、总看法",它"是关于档案价值的本质及其规律性的基本观点和看法"[①]。然而,档案虽是一种文化现象,而且具有文化价值,甚至也可以说档案的文化价值是档案各种价值的总和,但是,文化价值并不是档案的本质价值。对于文化的概念,通常比较明确的含义是:"人类在社会历史发展过程中所创造的物质财富和精神财富的总和,特指精神财富,如文学、艺术、教育、科学等。"[②]对照这个文化概念可以看出,其一,虽然档案属于人类所创造的精神财富,而且,"档案的文化价值主要是指档案作为人类所创造的一种宝贵的精神文化财富"[③]。但是,档案只是这诸多精神财富的一种,档案的文化价值只是这诸多精神财富文化价值的一部分。其二,档案在诸多精神财富中并不是最重要、最主要的。也就是说,档案的文化价值在诸多精神财富的文化价值中不是最重要、最主要的。档案虽是精神财富,但并不是特指的精神财富,最多只能算是文学、艺术、教育、科学之外的或者是"等"中的一部分精神财富。档案的文化价值并不是精神财富的最重要、最主要的文化价值,最多是精神财富文化价值之一。档案的文化价值不能代表诸多精神财富的文化价值,文化价值也不为档案所独有,用文化价值是无法区别档案与其他诸精神财富的价值。还有的学者认为:"档案载体的文化价值主要表现为民族文化价值、文化教育价值及文化鉴赏价值。"[④]对于民族文化价值和文化鉴赏价值来说,档案的重要性和主要性都不如文物强。而对文化教育价值和文化传播价值来说,档案不如图书强,因此,档案载体的这种文化价值既没有文物、图书重要,也不是档案独有,所以,档案的文化价值也就不可能成为档案的本质价值。

---

① 王英玮.档案文化论[M].北京:中国人民大学出版社,1998:101.
② 现代汉语词典[M].7版.北京:商务印书馆,2016:1371-1372.
③ 王英玮.档案文化论[M].北京:中国人民大学出版社,1998:101.
④ 薛匡勇.档案馆文化性研究[J].档案学通讯,2000(3):6-10.

二、档案的参考价值(情报价值)

"我国档案界一般将档案的情报价值表述为'参考价值',或通俗地称为档案的'参考作用',指的就是档案所记录的信息对于人们从事政治、文化等各项活动所具有的参考意义。"①参考价值(情报价值)作为档案的两项基本价值之一,虽然是档案的基本价值,但是具有参考价值特性的事物不仅仅是档案,"参考作用是一切文献都具有的"②,"档案和报纸、杂志、书籍、文章等等,都可以作为资料参考,其参考作用也各有优长"③。参考价值不仅仅是一切文献都具有的特性,而且各种文献资料的参考价值可以互相代替。对于档案来说也不例外,档案的"参考价值可以用别的材料来代替,人们可以用档案原件,也可以用'文件汇编'或其他材料。而用文件汇编之类的资料往往更方便些"④。因而,档案参考价值的这些特性也就决定了它不可能成为档案的本质价值。

三、档案的史料价值

档案界认为:"档案是原始记录,是宝贵史料,对编史修志非常重要";"历代史书,均系利用大量档案材料编纂而成。今天的档案,即为未来编史修志的材料"⑤。在"史料当中","尤以档案为最可靠的第一手材料"⑥。从某种意义上说,保存档案就是为了编史修志,史志是档案价值的主要归宿。从利用上看,编史修志可以说是档案利用大户,新中国成立以来,出现的两次档案利用高潮,其中之一就是由开展全国范围的编史修志工作促成的。从这一点上看,似乎可以说档案的史料价值就是档案的主要价值。然而,档案只是史料的一种,档案也并非正确史料的唯一来源,编史修志需要参考利用各种史料,需要各种史料的互相参证。如"李新主编的大型《中华民国史》在编纂过程中,搜集和利用了国内收藏的大量书籍报刊、中国第二历史档案馆以及其他地方档案馆的档案、全国政协和地方政协有关辛亥革命和民国

---

① 张贵华.论档案价值形态[J].档案学研究,2003(3):11-16.

② 邓绍兴,陈智为.新编档案管理学[M].北京:档案出版社,1986:21.

③ 陈兆祦,和宝荣.档案管理学基础[M].修订本.北京:中国人民大学出版社,1996:32.

④ 黄勋拔.档案鉴定工作十题[J].广东档案,1998(1):32-35.

⑤ 邓绍兴,陈智为.新编档案管理学[M].北京:档案出版社,1986:17.

⑥ 陈兆祦,和宝荣.档案管理学基础[M].修订本.北京:中国人民大学出版社,1996:339.

时期的历史资料,以及(我国)台湾和国外的有关资料和著作"①。很显然,档案只是众多史料中的一种。档案界认为:"历来的实践证明,历史研究不能只靠一些间接的材料,必须以可靠的资料,特别是以档案为依据,才能准确地阐明历史事件,科学地总结历史发展的规律。"②这显然有对档案的史料价值评价过高之嫌。"有些历史学家称誉档案是'没有掺过水的史料'"③,"一些历史学家称道档案可以补史之缺,参史之错,详史之略,续史之无"④。这实际上是历史学家对档案史料价值的客观评价,"没有掺过水的史料"仅仅说明它保留了历史原貌,并不能说明它记载的内容就是历史真相,必须与其他史料相互参证。何况档案中记载的内容有的是不真实的或不完全真实的客观事实。当然档案作为第一手的材料,相对丁其他材料其真实性和可信度可能更高一些。实际上,档案的史料价值在史料中也就是解疑改错,拾遗补阙的地位。上述所举的编纂《中华民国史》的例子,就已经说明了这一点。再如胡绳著的《从鸦片战争到五四运动》,"全书仅直接引用的档案史料就达843处之多,采自44种档案史料汇编。如引用《义和团档案史料》有72处,《咸丰夷务》115处"⑤。其一,该书并未直接利用档案史料原件。其二,这些并未直接利用档案史料原件的843处档案史料也只是该书的一小部分,而不是全部或者大部分。这都说明档案史料并不是编史的主要史料来源,也说明档案的史料价值并不能体现出编史中的主要史料价值。

对于现代档案来说,虽然说20世纪80年代的档案利用高峰之一是编史修志促成的,但是,这并不能说明档案的史料价值就是档案的主要价值或者本质价值。因为这次编史修志促成的档案利用高峰,并没有把档案馆保存的全部档案都利用一遍,而是只利用了其中的一部分,甚至是很少的一部分。编史修志利用的大部分是文书档案,而占馆藏绝大多数的是专业档案、民生档案等。作为专业档案、民生档案等档案也有史料价值,但是,大都会采取抽样的方法利用,而且每一卷档案抽到的机会是很少的。也就是说,因档案的史料价值而利用的专业档案、民生档案等档案的数量是很有限的。由于近些年档案馆接收了大量的民生档案,改变了馆藏结构,即便有再一次的修志工作也未必会显现出20世纪80年代修志利用档案的高峰,它会被馆

① 郭树银.论档案工作若干问题[M].北京:人民日报出版社,1991:222.

② 陈兆祦,和宝荣.档案管理学基础[M].修订本.北京:中国人民大学出版社,1996:28.

③ 陈兆祦,和宝荣.档案管理学基础[M].修订本.北京:中国人民大学出版社,1996:32.

④ 郭树银.论档案工作若干问题[M].北京:人民日报出版社,1991:114.

⑤ 郭树银.论档案工作若干问题[M].北京:人民日报出版社,1991:224.

藏结构、数量等因素的改变稀释。

对档案史料价值的过分拔高或压低,都是不科学和不可取的。但是,从中可以看出,其一,档案的史料价值在史料中并不是最重要、最主要的史料,档案的史料价值体现的只是所有史料的价值的一部分,因而最多只能说档案是重要的史料之一;其二,史料价值并不是档案所特有的,档案的史料价值也不能代表诸多史料的主要价值。因此,档案的史料价值也不可能成为档案的本质价值。

四、档案的多元价值

"档案价值还具有多元性,同一档案能够多次利用,其价值能够多方位实现。"[1]"档案价值多元性,是指一种特定的档案具有多方面的功用,既可用于实际工作查考,又可作为学术研究资料;既可用于这一学术领域的研究,又可用于那一学术领域的研究。这是因为档案所反映的客观事物有多方面的联系。"[2]这就是说,档案的作用是多方面的,档案的价值并非只有一种价值。对于档案价值,如果从不同的角度来分析可以得出不同的档案价值表现形式。从档案对于社会具有凭证作用来看,它具有发挥证据作用的凭证价值;从档案对日常工作、生产建设、科学研究具有参考作用来分析,它又具有很大的参考价值;从档案对于史学研究具有依据性来看,档案又具有史料价值和文物的、还原历史的证据价值;如果从档案是一种文化现象来看,档案又具有文化价值;等等。也就是说,档案价值有多种多样,档案价值是多元的。那么,档案的多元价值是不是档案的本质价值呢? 回答当然是否定的,因为几乎任何事物都是一个具有多元性的体现物,也就是说,几乎任何事物的价值都是多元的,而不是单一的。如与档案相近的事物图书,其价值也是多元的,它具有知识价值、文化价值、文物收藏价值等。因而多元价值的特性并非事物的特殊性,而是事物的普遍性,但事物的本质是由事物的特殊性决定的。因此,档案的多元价值不是档案的本质价值。

第二节 凭证价值是档案的本质价值

凭证价值是档案的基本价值之一,也是档案最重要的价值。档案的凭证价值具有不可替代的作用,"是档案不同于和优于其他各种资料的最基本

---

① 刘永. 档案学概论[M]. 郑州:河南人民出版社,2006:38.
② 国家档案局. 档案学概述[M]. 北京:中国档案出版社,1995:25.

的特点"①,档案的这一特点源于档案的原始记录性的本质属性。因此,凭证价值是档案的本质价值。

一、凭证价值源于档案的本质属性

"档案是历史的真凭实证。它的这种凭证作用,构成了档案的基本价值之一——凭证价值。"②"原始记录性乃是档案的首要的根本属性。"③"档案的本质属性是原始记录性。"④档案是历史真凭实据和具有凭证价值都源于这种档案的本质属性——原始记录性。"档案之所以具有凭证作用,是由档案的形成规律及其本身的特点所决定的。从档案的形成看,它是原始形态的记录品,是当时、当地、当事人留下来的记录,未经任何人改动的原稿和原本,比较真实地记录和反映了当时人们的思想和活动,可靠性强,是令人信服的证据。""档案,记录着形成者留下的历史真迹,如手稿、印信、照片、录音、录像等,因此,具有证据作用。"⑤"具有原始性的或具有记录性的材料也不乏其物,而档案则以兼具原始性和记录性于一体的突出特点,区别于其他资料。"⑥可以说,正是档案具有原始性和记录性于一体的突出特点,才使档案具有原始记录性本质属性,即具有凭证价值。"档案价值的本质特征源于档案的本质特征,即档案是真实的历史记录,档案的本质属性就是原始记录性。"⑦因此,档案的凭证价值正是源于档案的本质属性——原始记录性。档案的本质价值就是档案的凭证价值。

二、凭证价值具有不可替代的作用

之所以说凭证价值是档案的本质价值,是因为档案的"凭证价值一般是不可代替的"⑧,档案是人们从事政务、生产、文化、科研等活动中直接形成的原始记录,它不是事后另行编写的,它客观地记录了以往历史情况,它是最真实、最可靠的历史凭证,不论从内容上或从形式上都具有高度的原始凭证性。它是了解、证明、考证当时情况最令人信服的依据。档案的这种凭证作

---

① 刘国华,李泽锋. 档案管理学[M].北京:中国档案出版社,2004:14.

② 陈兆祦,和宝荣. 档案管理学基础[M].修订本.北京:中国人民大学出版社,1996:31.

③ 吴宝康. 档案学概论[M].北京:中国人民大学出版社,1988:40.

④ 朱玉媛. 档案学基础[M].2版.武汉:武汉大学出版社,2008:14.

⑤ 邓绍兴,陈智为. 新编档案管理学[M].北京:档案出版社,1986:19.

⑥ 吴宝康. 档案学概论[M].北京:中国人民大学出版社,1988:41.

⑦ 张斌. 论档案价值概念[J].档案,2000(2):8-11.

⑧ 黄勋拔. 档案鉴定工作十题[J].广东档案,1998(1):32-35.

用,是其他东西所不能替代的。这既是由档案具有原始记录性的本质所决定的,又是档案凭证价值的体现。

三、凭证价值是档案的核心价值

档案的价值是多元的,档案价值有多种多样的形态,但是档案的其他价值形态都不能代表档案的本质价值和主要价值。正像前文论述的那样,档案作为一种文化现象的文化价值,只能代表一小部分精神财富的文化价值。作为档案的具体文化价值,其民族文化价值和文化鉴赏价值不如文物重要,其文化教育价值不如图书重要;档案的参考价值又是一切文献都具有的特性,而且许多文献资料的参考价值都可以替代档案的参考价值;档案的史料价值也只是众多史料中的一种,而并不是最重要最主要的史料;档案的多元价值又是一切事物所共有的特性。而唯有凭证价值是档案特有的,而且这种凭证价值是其他东西不可替代的。"档案的凭证价值是档案独有的且优于其他文献信息资源的一种价值形态,是档案的核心价值"[①],档案正是以其具有凭证价值而立足于文献之林。这就说明凭证价值是档案最主要和最核心的价值,而档案最主要和最核心的价值应该就是档案的本质价值。这里需要说明的一点是,凭证价值是档案特有的,是指档案的价值是以凭证价值为主的。因为任何事物的价值几乎都是多元的。也有一些事物具有凭证价值,但这些事物的凭证价值不是主要的,是次要的。如有些图书也具有凭证价值,但图书的主要价值并不是凭证价值。这正说明任何事物的特性都不是绝对的,都是相对的。任何事物都存在着矛盾的主要方面和次要方面。对于档案来说其凭证价值就是主要的,而图书的凭证价值则是次要的。

四、档案的其他价值都源于其凭证价值

凭证价值是档案的本质价值和基本价值,其他的价值都源于或衍生于凭证价值。档案的参考价值源于档案凭证所记录的信息;档案的史料价值也是源于档案所记录的历史信息和历史证据作用;档案的多元价值正是档案凭证价值多种作用的体现;档案的文化价值则是档案凭证价值证明人类文化发展过程,印证人类文化发展历史轨迹的再现。事实上,档案的其他价值都是档案凭证价值的延伸和体现。它们的关系是:档案的原始记录性→档案的凭证价值→档案的参考、史料、多元、文化等价值。

总之,档案以具有原始记录性的特点,区别于其他文献资料。正是档案的原始记录性,才使档案具有独特的凭证价值,使它不同于其他文献资料。

---

① 归吉官. 对档案价值与档案客体价值的再认识[J]. 档案,2011(3):9–12.

而档案的其他价值,如文化价值、参考(情报)价值、史料价值、多元价值都无法与其他文献资料相区别。当然档案价值还有很多其他属概念,如保存价值、利用价值、第一价值、第二价值、潜在价值、现实价值、绝对价值、相对价值、自在价值、自为价值、眼前价值、长远价值等,但是,这些档案价值概念都不能正确地揭示档案的内涵和本质特征。只有根源于档案原始记录性的凭证价值,才是档案价值内涵和本质特征的正确反映和体现,因而,档案的凭证价值就是档案的本质价值。

第三节　档案凭证价值与档案价值扩展律

一、档案价值扩展律概述

1988 年,和宝荣先生在《实现档案价值的规律性和档案的科学管理问题(续)》一文中,分析了档案价值实现的规律性问题,首次提出了档案价值的扩展律①,得到了档案理论界的广泛认可。随后,档案价值的扩展律写入了吴宝康主编的《档案学概论》,冯惠玲、张辑哲主编的《档案学概论》,丁海斌、方鸣、陈永生主编的《档案学概论》,朱玉媛编著的《档案学基础》等档案学基础理论书籍。档案价值的扩展律成为档案理论界公认的档案价值规律。

档案价值如何体现呢? 自然是档案的利用,因为,"保管档案的根本目的就是为了利用"②;"档案的价值只有通过利用才能显示出来,利用越广泛越能充分体现出其价值"③;"档案的利用范围愈广,档案价值与作用的发挥也愈大"④。

档案价值扩展律认为:"档案价值是可以扩大和发展的,它的扩展具有一定的规律性,可称为档案价值的扩展律。档案价值的扩展主要表现为两种形式:(一)由于价值主体扩展而导致的档案价值扩展。这是指随着时间的推移,可能与档案发生关系的人群逐渐扩大,档案利用者及其需求的范围呈拓宽趋势,由此导致档案价值的扩展。……(二)由于档案作用性质的变化而导致价值扩展。档案对于利用者的有用性是多方面的,而这些用途并不是同时显现出来的。随着时间的推移和条件的变化,不仅利用者的范围

---

①　和宝荣.实现档案价值的规律性和档案的科学管理问题(续)[J].档案,1988(1):23-25.

②　吴宝康.档案学理论与历史初探[M].成都:四川科学技术出版社,1986:358.

③　刘国能,王湘中,孙钢.档案利用学[M].北京:中国档案出版社,1996:70.

④　朱玉媛.档案学基础[M].武汉:武汉大学出版社,2008:63.

得以扩大,档案的作用性质也会发生变化,呈现出档案价值的多元性特征。"①由此得出档案从档案室到档案馆,其利用的范围会扩大,档案利用会越来越多。

虽然档案界发现或者认识到了档案价值具有扩展律,但是,现实似乎并不给力,档案价值的扩展律在现实中一直不发挥作用,甚至影响到档案馆的生存与发展。有学者已经发出呼吁:"从根本上解决档案馆利用率不高的问题,是社会转型期我国综合档案馆生存与发展所要解决的重要问题。"②现实是,从1989年李家清在《湖北档案》上发表的《档案利用下降的原因及对策》一文,首次提出了档案利用高潮后的档案利用下降的现象③,到2007年陈永生对1994—2003年各级各类档案馆档案利用情况统计分析,得出:利用档案的人(含次)数只占相对应的当年总人口数的"0.165%~0.285%","这绝对是一个令人感到十分惊讶的比例,因为它意味着馆藏档案利用与99%以上的人不相关"。利用档案的卷、件次数只占馆藏档案总数的"5.10%~5.13%","这绝对也是一个令人感到十分惊讶的比例,因为它意味着档案利用与90%以上的馆藏档案不相关"。馆藏档案10年间平均利用率为5.09%,"总的来说,我国各级各类档案馆馆藏档案的利用率是很低的"④。对此,档案馆与学者们又提出要大力开发档案信息资源,不断地提出各种口号与措施,如档案利用要积极为经济建设服务,要变被动服务为主动服务,要将"死档案"变为"活信息",要提高档案利用率,要服务民生,"要把档案利用服务向基层延伸、向群众倾斜,……并不断创造其它新的便利社会各个方面和广大人民群众利用档案的档案利用形式,不断推出社会关心、人民群众需要的档案信息,真正做到让利用者方便,让人民群众满意"⑤,等等。然而,并没有多少效果,档案价值的扩展律仍然一直不见发挥作用。至今我国档案馆的馆藏档案的利用率仍然在低谷中徘徊,仍然是很低的。经过了几十年的档案利用工作实践,经过档案工作者坚韧不拔的不懈努力,从开放档案到为经济建设服务再到服务民生;从改善馆藏结构到"提出要转变重事轻人、重物轻人、重典型人物轻普通人物的传统观念和认识,建立覆盖人民群众的档案资源体系;转变档案工作中重为机关团体服务、轻为群众服务的传统观念和

① 冯惠玲,张辑哲.档案学概论[M].2版.北京:中国人民大学出版社,2006:59-60.

② 黄霄羽,等.社会转型期档案利用政策研究[M].北京:光明日报出版社,2011:43.

③ 李家清.档案利用下降的原因及对策[J].湖北档案,1989(4):35-36.

④ 陈永生.档案已供利用情况的数据分析:档案充分利用问题研究之三[J].档案学研究,2007(5):20-25.

⑤ 杨冬权.以丰富馆藏、提高安全保障能力和公共服务能力为重点,实现档案馆事业新跨越:在全国档案馆工作会议上的讲话[J].中国档案,2009(12):8-15.

认识,建立方便人民群众的档案利用体系"①;从完善检索工具到逐步实现档案管理信息化,而结果离理想的距离仍然是很遥远,甚至是越来越远。似乎档案利用工作实践一直在给档案价值的扩展律开玩笑,一直在原地踏步或者说在向档案价值的扩展律相反方向发展,使我国综合档案馆生存与发展一直处在"危险的边缘",这恐怕是研究者们当初没有预料到的吧! 如果档案价值的扩展律提出一年两年或者十年八年,出现这种情况,还可以说实践不足。但是,实践了几十年仍没有效果,就应该反思一下档案价值扩展律真是客观规律吗?

二、对档案价值扩展律的具体分析

是否真的存在档案价值扩展律呢? 还是结合实际档案利用情况进行分析看看吧。

对于档案价值扩展律,这里还引述较有权威的冯惠玲、张辑哲主编的《档案学概论》(第二版)为例进行分析。《档案学概论》(第二版)认为:"档案价值是可以扩大和发展的,它的扩展具有一定的规律性,可称为档案价值的扩展律。档案价值的扩展主要表现为两种形式:(一)由于价值主体扩展而导致的档案价值扩展。这是指随着时间的推移,可能与档案发生关系的人群逐渐扩大,档案利用者及其需求的范围呈拓宽趋势,由此导致档案价值的扩展。……造成档案价值主体扩展的主要原因有:第一,档案作用从形成机关扩展到全社会。根据档案形成规律,档案形成以后,在一段时期内,作为机关工作和生产活动的必要条件,它发挥作用的对象主要是本机关(含各类企事业单位)。……经过一段时间,档案的现行作用逐渐淡化以至完结,即使有些还为本机关所需要,而作为社会的财富,作为社会信息系统的组成部分,其长远价值和全面作用会冲破其形成机关的范围,而使社会各个方面利用需求突出出来。利用者的范围从档案形成机关扩展到全社会,档案价值主体突破了初期的各种限制,形成了丰富的多样化的价值形态。……第二,档案机密程度的递减。……档案机密程度的逐渐减退,表明放宽限制后档案利用者范围得以扩大,这必将导致档案价值更广泛地实现。……(二)由于档案作用性质的变化而导致价值扩展。档案对于利用者的有用性是多方面的,而这些用途并不是同时显现出来的。随着时间的推移和条件的变化,不仅利用者的范围得以扩大,档案的作用性质也会发生变化,呈现出档案价值的多元性特征。一般说来,档案形成之初主要发挥行政或业务方面的作用,随着现行期的结束,档案的作用逐步从单纯的行政、业务的信

---

① 杨冬权. 在全国档案局长馆长会议上的讲话[J]. 中国档案,2011(1):18-25.

息支持扩展到科学、文化、教育、司法、休闲等各个方面。……随着时间的推移,保存时间较长的档案与现行事务的联系越来越少,行政查考的必要性逐步减少,对档案利用的限制逐步减少,利用者可以从科学文化、历史研究的不同角度利用档案,从而使档案的多方面作用凸现出来。"①

(一)对由于价值主体扩展而导致的档案价值扩展分析

《档案学概论》(第二版)认为,与档案发生关系的人群逐渐扩大,档案利用者及其需求的范围呈拓宽趋势,其原因之一是利用者的范围从档案形成机关扩展到全社会。并认为:"档案对于其形成者所具有的价值类似于文件的第一价值,其价值主体是档案形成者;档案对于社会(即除档案形成者之外的其他利用者)所具有的价值类似于文件的第二价值,其价值主体是非档案形成者。两种价值主体的划分体现了档案具有对机关的作用和对社会的作用的双重性及过渡性。在我国,档案对于形成者价值的实现一般是在档案室阶段,而对于形成者之外的社会价值的实现主要是在档案馆阶段。"②这也是档案价值扩展律的最主要依据。那么,档案对于其形成者的价值也就是所谓的"似于文件的第一价值",是首先"它发挥作用的对象主要是本机关(含各类企事业单位)",也就是被形成者利用,然后,过渡到社会(即除档案形成者之外的其他利用者)的价值也就是所谓的"类似于文件的第二价值","利用者的范围从档案形成机关扩展到全社会"为形成者以外其他机关和个人所利用吗?

我国的"档案阶段是在文书处理程序完毕归档保存时开始的",这时的档案,实际上才开始文件价值的实现,也就是所谓"类似于文件的第一价值"。对这时的档案,我国往往冠之于"现行档案"称谓,此时不管称文件价值也好,现行档案价值也罢,还是"档案对于其形成者所具有的价值类似于文件的第一价值",有一点必须承认,它的价值不是主要为其形成者所利用而体现的。因为政府机关的建立是管理社会的需要,政府机关因有管理对象而存在,而不是为了自身的需要而建立,政府机关的文件主要是为了管理管理对象的需要而产生,文件只有到了管理对象,也就是文件从发出之后到形成者之外(管理对象)那里才有价值,才能发挥其价值作用,才是其主要价值所在。所以,此时的文件(档案)首先是主要为其形成者以外的政府机关的管理对象所利用,根本不是由对档案形成者所具有的价值类似于文件的第一价值过渡到对社会(即除档案形成者之外的其他利用者)所具有的价值类似于文件的第二价值后,他们才是利用的主体。也就是说,档案对社会

① 冯惠玲,张辑哲.档案学概论[M].2版.北京:中国人民大学出版社,2006:59-60.
② 冯惠玲,张辑哲.档案学概论[M].2版.北京:中国人民大学出版社,2006:52.

（即除档案形成者之外的其他利用者）所具有的价值并不是"经过一段时间，档案的现行作用逐渐淡化以至完结，即使有些还为本机关所需要，而作为社会的财富，作为社会信息系统的组成部分，其长远价值和全面作用会冲破其形成机关的范围，而使社会各个方面利用需求突出出来"，而是档案（文件）从产生后就对社会（即除档案形成者之外的其他利用者）具有价值，他们一直就是档案价值的主体，不管这些档案是保管在档案室还是保管在档案馆。实质上，档案价值主体根本就没有扩展，与档案发生关系的人群也没有逐渐扩大，档案利用者及其需求的范围也没有呈拓宽趋势。当然，绝对地说没有扩大一个利用者，既不符合辩证唯物主义，也不符合事实。但是，原有的档案价值主体利用者仍占有绝大多数，新增加档案利用者的范围及人群是很少一部分。下面就让我们通过统计数据分析看看集中到档案馆保管的档案都是谁在利用。

据对全国各级各类档案馆 1987—2003 档案利用目的统计，17 年之中，为编史修志而利用档案的平均比重为 33.6%；为工作查考而提供档案所占的平均比重为 29.8%；为学术研究而提供服务的平均比重为 2.8%；为经济建设提供的服务占历年服务总量的平均比重为 15.4%；其他利用平均比重为 14%[1]。

据浙江省档案馆对 1980—1994 年档案利用统计分析，"15 年来，浙江省档案馆共接待编史修志利用者 39 438 人次，提供档案 52 825 卷次"，"分别占利用总量的 81%、92.6%"，学术研究占利用总量的 2.6%，其中公民个人利用占 40.92%，主要从事写回忆录、个人传记等[2]。

"据上海市档案馆 1986—1990 年统计，利用人次为 40 071 人次，调卷 165 470 卷次，其中用于编史修志者 30 458 人次，占 70%；调卷 139 198 卷次，占 84%。又据 1990—1992 年统计，年均查档人次、总卷次分别为 8329 人次、50 616 卷次，编史修志的查档人次、卷次占的比重年均分别为 92.36% 与 94%。"[3]

据河南开封市档案馆 1990—1999 年档案利用统计，仅编史修志就占利用总量的 54.1%，学术研究只占 0.8%[4]。

---

① 李海英.档案利用数量分析[J].北京档案，2005(10)：22-24.

② 韩李敏，吴新宇.新时期档案馆利用回顾与展望：浙江省档案馆 15 年(1980—1994)档案利用分析报告[J].档案学研究，1996(增刊)：48-49.

③ 周玲，马长林.档案鉴定新论[M].上海：上海社会科学出版社，2004：47.

④ 吴雁平，张金娜，刘卫华.开封市档案馆 1990—1999 年档案查询利用情况个案统计分析[J].档案管理，2003(4)：21-23.

据河南新乡市档案馆对 1990—2002 年的档案利用统计,编史修志利用档案占总卷次的 32.6%,工作查考占 26%,查证占 24%,三项合计占 82.6%;学术研究占 0.4%[①]。

据河南南阳市档案馆对 1995—2004 年档案利用统计,"十年中编史修志利用档案 21 851 卷次,占利用总量的 40%,工作查考利用档案 13 658 卷次,占利用总量的 25%","经济建设利用档案 7163 卷次,占利用总量的 13%",三项合计占 78%;学术研究占 6%[②]。

据贵州省锦屏县档案馆 1986—1995 年档案利用统计,编史修志利用档案占总卷次的 85.7%,经济建设占 0.2%,工作查考 9.8%,土地纠纷占 2.7%,四项合计占 98.4%;学术研究占 0.2%;其他占 1.4%[③]。

据河南嵩县档案馆对 1989—2003 年的档案利用统计,"编史修志 1253 卷次,工作查考 319 卷次,查证 496 卷次","分别占利用总卷次的 56.93%、14.49%、22.54%",合计占 93.96%[④]。

据河南唐河县档案馆对 1985—2004 年档案利用统计,编史修志 10 200 卷次,工作查考 10 332 卷次,经济建设 8210 卷次,分别占档案利用总卷次的 30.13%、30.51%、24.24%,三项合计占 84.88%;学术研究占 5.89%[⑤]。

从上述的统计情况看,编史修志、工作查考、经济建设、查证、土地纠纷及其他占了档案利用的 78% ~ 98.4%,这些占了档案利用的绝大部分。那么,这些利用者都是谁呢? 编史修志的利用者中基本上绝大部分都是档案形成者原单位的人,编史修志都是各单位自己编写自己单位的史志;对于工作查考的利用者,也同样基本上都是档案形成者原单位的,当然,也可能有例外,那都是极少数;对于经济建设的利用者,虽然不能说基本上是档案形成者原单位的,但可以说有相当部分都是档案形成者原单位的,另外的利用者中的大部分属于档案形成者单位管理的对象或受文单位,也就是说,这些档案的利用者是该档案在文件阶段或现行档案阶段的受众(利用者或价值体现者)。换句话说,他们原来就是该档案在"似于文件的第一价值"阶段的利用者;对于查证利用者来说,可分为两部分:一部分是档案形成者原单位利用,如查土地证等;另一部分是档案形成者原单位的管理对象,他们本身

---

① 周应朝.新乡市档案馆(一库)档案利用统计分析[J].档案管理,2003(5):23-24.

② 程相山,王玉.南阳市档案馆 1995—2004 年档案利用情况调查与分析[J].档案管理,2005(4):53.

③ 吴桦佛.锦屏县档案馆档案利用现状浅析[J].贵州档案,1997(2):26-28.

④ 王志娟.嵩县档案馆档案利用情况调查[J].档案管理,2004(5):27-28.

⑤ 郭炜.唐河县档案馆 1985—2004 年档案利用情况调查与分析[J].档案管理,2006(5):45-47.

就是其产生的文件(档案)管理相对人,是其"似于文件的第一价值"的利用体现者。通过以上分析不难看出,所谓的档案价值主体扩展的利用者,并没有扩大到档案形成者以外的其他机关和个人或社会各方面。"似于文件的第二价值"的利用者绝大多数还是"似于文件的第一价值"阶段的利用者,或者说主要是原档案形成者,因为就算去掉经济建设和查证利用者,编史修志和工作查考仍占大多数。而学术研究仅占 0.8% ~ 6%,其中个人写回忆录、个人传记还占了 40.92%。他们应该是文件(档案)的管理相对人,或者是相关人,或者是形成者。对于学术研究这个扩大档案价值到社会各个方面的主要利用者,全国各级各类档案馆 17 年之中平均仅占 2.8%,基本上可以忽略不计。

近些年来,关注民生,服务民生,加强民生档案工作成为新时期档案部门的一项重要任务。因而,对公民个人提供民生档案利用服务就成为档案工作服务民生的有效途径和方法。为此,各级档案馆都大量接收了民生档案,积极开展民生档案利用服务,档案的利用量有了相对大的提升。许多地方的档案馆公民个人利用档案的数量已经超过编史修志、工作查考的数量。那么,这是不是说档案价值就扩展了,档案的利用范围就扩大到社会了呢?

据北京市房山区档案馆 2010 年统计,"截至 2010 年 12 月 31 日,北京市房山区档案馆为社会提供档案利用 4767 人次,提供档案查阅 16 585 卷(册)。其中,涉及补证、离婚、起诉、买卖房屋等内容的民生档案利用 4734卷,编史修志 9285 卷,工作查考 2479 卷,学术研究 25 卷,经济建设 55 卷"[①]。据此可知,民生档案利用占 28.5%,编史修志占 56%,工作查考占 14.9%,经济建设占 0.3%,学术研究占 0.15%。前四项合计占 99.7%。

据上海浦东新区档案馆统计,"2013 年以来,民生档案利用仍然是档案利用的主体,产证档案和婚姻档案两项合计利用占比超过 55%,社员建房、独生子女、土地档案、知青子女回沪等民生档案利用率随利用总数增长而稳定增加,这六类档案利用占比达到 85%"。2013 年各类档案利用目的的占比情况是:房屋交易 27%、领取独生子女补贴 7%、补办结婚证 8%、房屋析产 8%、办理产证 5%、房屋动迁 3%、产权纠纷 2%、其他民生(办理离婚、房产退税、养老保险等)4%、申报(迁)户口 15%、工作参考 7%、其他 13%[②]。有关民生利用目的的占 80%。

据统计,"上海市卢湾区档案馆社会公民档案利用占 80%,他们利用需

① 何涛,王建明. 北京市房山区档案馆档案利用创历史新高[N]. 中国档案报,2011-1-13(2).
② 丁红勇. 浦东新区档案馆 2013 年档案利用分析[J]. 中国档案,2014(5):61-63.

求集中在婚姻档案、知青上山下乡档案、劳动力调配情况档案。浙江省慈溪市档案馆，近年来档案用于工作查考、学术研究和编史修志需求仅占总利用人数的6%，而普遍利用则占总利用人数的94%，其中知青档案利用占普遍利用总数的90%"。"大连市中山区档案馆婚姻档案利用需求在普遍利用中也占较大的比例，据统计，婚姻档案利用占每年档案利用量的50%以上。"①

据南京市鼓楼区档案馆统计，"在近十年档案利用中，非公务的公民个人利用占70%之多"。"公民个人为解决财产继承、经济纠纷、婚姻关系、学历资历证明、工作调动、劳动保险、身份确定等问题查阅档案的越来越多。"②

据山东省宁阳县档案馆统计，"2008年以来，宁阳县档案馆共接待社会各界利用者1788人次，其中查阅民生档案的比例占全部利用量的90%以上"③。

"以太仓市档案馆近几年档案查阅情况为例，2006年该馆档案利用3000多人次，其中以个人查证为目的的仅占利用总人次的15%，2011年上升至1.3万余人次（包括数字档案馆室的网络利用），其中在档案馆窗口查阅中个人查证上升至利用者总人次的80%以上。""根据太仓市档案馆2012年2月、4月、8月窗口查阅利用的统计数据显示，公众利用档案主要是为解决退休待遇、证明婚姻状况、落实独生子女、退伍士兵等政策、维护拆迁补偿等各种合法权益提供依据或凭证。"④

据河南新乡市档案馆2015—2017年利用统计，"2015—2017年因私查阅人次分别为2381、2654、3078，占当年全部查阅人次的比例分别为88.09%、85.81%、87.07%"⑤，因私查阅主要目的是证明工龄、办理退休等。

从上述的统计情况看，近些年来，社会公民查阅民生档案占了档案利用的28.5%~94%，大都在50%以上，占档案利用的绝大部分。那么，这是不是就可以证明扩大到档案形成者以外的其他机关和个人或社会各方面"类似于文件的第二价值"的体现呢？不能证明。让我们分析一下，这些社会公

---

① 潘玉民，何宏甲.论电子时代档案信息资源利用的新特点：利用者的视角[J].上海大学学报（社会科学版），2009（3）:135-143.

② 徐梅.对区县级档案馆档案开放工作的思考：以南京市鼓楼区档案馆为例[J].档案与建设，2010（7）:54-55.

③ 刘伟.宁阳县档案利用以服务民生为中心：档案馆成了百姓"贴心人"[N].中国档案报，2009-9-10（2）.

④ 嵇秋红.民生档案利用体系建设的探索与研究：以太仓市民生档案基层查阅窗口建设为例[J].中国档案，2013（1）:54-55.

⑤ 梁艳丽，张微，韩斐.新乡市档案馆2015—2017年利用情况调查报告[J].档案管理，2018（5）:71-73.

民普遍利用的民生档案都有哪些内容呢?"普遍利用主要内容包括:知青档案、婚姻档案、房产档案、招工档案、新兵入伍档案、精简下放档案、各企业转制后的职工档案等。查阅婚姻档案用于补办结婚证、户口迁移、银行按揭、解除婚约、办理准生证、申请经济适用房以及民事诉讼等需要。查阅房产档案用于因老房产确权、申领房产证、拆迁证据保全、房产公证、解决信访、法院判决、征地拆屋赔款等需要。其他因企业单位转制,职工确定工龄,办理退休手续,精简下放职工要求解决自身实际问题等利用档案。"①

从这些社会公民普遍利用的民生档案来看,第一,这些利用者本身是文件(档案)的管理相对人,或者是当事人。正如前文所述政府机关是为了管理社会的需要而建立的,政府机关产生的文件(档案)主要是为管理社会需要而产生的,它的价值必须为管理的对象所利用才能体现。所以,此时的文件(档案)首先是主要为其形成者以外的政府机关的管理对象所利用,他们本身就是档案形成单位的管理对象人,是其产生的文件(档案)管理相对人,是其"类似于文件的第一价值"的利用体现者。如婚姻登记档案利用者本身就是产生婚姻登记档案的民政部门管理相对人,是民政部门"发文"——婚姻登记证的原始接受者。房产档案利用者本身就是产生房产档案的房产部门管理相对人,是房产部门"发文"——房产登记证的原始接受者。他们再次利用这些档案,实际是其"类似于文件的第一价值"的继续,这些利用者不属于扩大范围后的利用者。他们根本不是由于档案对档案形成者的"类似于文件的第一价值"过渡到对社会的"类似于文件的第二价值"后,才成为利用主体的,其实并没有扩大其利用的范围。

第二,这些档案只针对每个具体的当事人(管理相对人),具有专一性。所谓专一性,指的是这些民生档案与其利用者是一对一专一的,其价值一般情况下只与和其有关联的当事人(管理相对人)发生利用与被利用的关系,与其无关的是不会发生利用与被利用的关系的。因此,只有与这些民生档案有关的当事人(管理相对人)才会去利用它,也只有当事人(管理相对人)利用才能起到作用,其他无关的利用者一般情况下既不会去利用它,也不能起到档案的价值作用。而且一般情况下也不允许其他无关的人员利用,除特殊公务(公、检、法等)外,如果允许其他无关的人员利用,就有泄漏个人隐私之嫌。所以,这些档案价值的利用是不可能扩大到当事人(管理相对人)以外的其他个人或社会各方面范围的。

第三,利用这些档案具有意外性的特点。对这些民生档案的利用,不是

---

①　潘玉民,何宏甲.论电子时代档案信息资源利用的新特点:利用者的视角[J].上海大学学报(社会科学版),2009(3):135-143.

所有的每一个当事人(管理相对人)都有需求的,有需求的只是一少部分,而且是由于发生了意外事情才会来利用。到档案馆查阅这些民生档案必须具备三个必要条件:一是发生了政策调整,或权益受到影响、侵害、损失,或发生了纠纷。二是个人所保存的有关证明材料遗失。三是管理机构撤销或有关档案移交到档案馆。只有这三者必备了才会到档案馆来利用有关档案。就以知青档案利用为例,如果没有知识青年"上山下乡"时间算工龄的政策,恐怕不会有人来利用知青档案的。即使是有了知青算工龄的政策,而如果每个知青都保存好了下乡证,那么恐怕也不会利用知青档案。即使是有了知青算工龄的政策,当事人也将下乡证丢失了,如果知青办这个机构没有撤销,其知青档案也没有移交给档案馆的话,恐怕也不会到档案馆来利用知青档案。所以,即便是档案馆接收了大量的民生档案,但也不会扩大档案的利用范围。

第四,这些档案的利用具有一次性的特点。对于这些民生档案来说,一般情况下如果当事人(管理相对人)要利用它去解决问题,利用一次也就足够了;谁也不会第二次去利用它。其一,一般这样的政策都是一次性的。其二,谁也不希望自己的权益受到相同的侵害、损失,或发生纠纷再来一次,而且有些权益不可能会第二次受到侵害、损失,或发生纠纷。如证明当事人(管理相对人)的工龄或年龄,顺利地办理了退休手续。再如利用档案解决了待遇、工资等问题。这些当事人(管理相对人)只要解决了问题,一般情况下肯定不会再来利用同一份档案的。

第五,这些档案保存在档案馆与保存在产生其的单位有关部门或档案室,其利用者和利用率基本是一样的。除了个别撤销机构的民生档案被档案馆接收外,其他大量的民生档案的接收进馆都是近些年的事。在近些年接收进馆的民生档案中,除了个别的民生档案(如婚姻登记档案)是由其主管部门要求移交档案馆外,其他的民生档案都是由档案馆与有关部门自己协商接收的,各地档案馆的其他民生档案的种类和数量是千差万别。也就是说,大量的所谓民生档案仍然保存在各个主管机构的有关部门或档案室,而且保存在产生其的单位有关部门的居多,保存在有关部门档案室的并不多。道理很简单,这些民生档案是产生其部门的办事工具,他们需要利用这些民生档案为其管理对象(管理相对人)办理有关事宜,所以,大都就近保存在其形成部门以方便利用。例如,民政机关的社会救助部门的低保档案,不管是审批、发放,还是停发、减发或者增发办理手续,或者解决是否符合低保的争议,都需要社会救助部门本身查阅利用或者由当事人(管理相对人)来利用。这正是其"类似于文件的第一价值"的继续。这些民生档案的利用不会因其保存地方的变化有所增加或减少,不管其保存在形成部门还是保存在形成单位的档案室还是保存在档案馆,其利用率不会增加或减少。还以民政机关为例,保存在档案馆的婚姻登记档案是民政机关婚姻登记部门形成的,如果当事人(民政机关的管理相对人)需要婚姻证明而自己的结婚证又遗失的话,他就需要到档案馆来利用开具婚姻证明,这项本来应该由民政机关婚姻登记部门办理的职能,就由于婚姻登记档案的移交而由档案馆来代劳了。这时的婚姻登记档案的价值仍然是"类似于文件的第一价值"的继续,而不是所谓的"类似于文件的第二价值",它并没有因为改变保管地而改变其价值性质。如果婚姻登记档案没有移交到档案馆的话,他则必须到婚姻登记档案保存地——民政机关的婚姻登记部门或档案室去查阅利用,由民政机关的婚姻登记部门开具婚姻证明,他不会因为其保存在民政机关的婚姻登记部门或档案室不去查阅利用,也不会因为保存在档案馆,即使没有遗失结婚证也要来档案馆查阅。虽然档案馆可以代劳民政机关的婚姻登记部门开具婚姻证明,但有些职能是不能代劳的,如补办结婚证或离婚证,就需要先由档案馆开具婚姻证明,然后再到民政机关的婚姻登记部门补办结婚证或离婚证。这种情况实际上并没有方便公众(民政机关的管理相对人),使本来在一个部门就可以办理的事,需要跑两个部门办两次手续才能办理完。对于此种情况,有研究者就指出:"民生档案寄存部门与档案馆分离,造成查询不便";"以婚姻档案为例,一些区县的婚姻登记部门与档案馆距离较远,当事人在补办结婚离婚证件时,需要先到婚姻部门提出申请,再前往档案部门查询原始证明材料,然后返回婚姻部门办理后续工作,这就造成当事人需要周转于两个部门之间"①。这种情况已经引起了一些当事人(民政机关的管理相对人)的不满,也引发了一些需要民政和档案部门协调解决的问题。总之,这些档案不管是保存在档案馆还是保存在产生其的单位有关部门或档案室,并没有改变这些档案的价值,它们发挥的价值一直就是所谓的"类似于文件的第一价值"的继续,并不存在所谓的"类似于文件的第二价值",也没有扩大对其的利用范围,对其的利用量从总数上说既没有增加也没有减少。我们看到的这些档案在档案馆的利用量的增加,实际上是将其在产生单位有关部门或档案室的利用量随着档案的移交进馆而转移到档案馆而已。

从以上的分析中不难看出,所谓的"类似于文件的第二价值"的利用者,并没有扩大到档案形成者以外的其他机关和个人或社会各方面。所谓的扩大档案价值到社会各个方面的主要利用者不过只是很少一部分而已。

① 依佳宁.立足档案资源共享 提高民生服务质量:沈阳市各级档案馆民生档案利用情况简析及几点思考[J].兰台世界,2018(S1):8

由于价值主体扩展而导致的档案价值扩展的原因之二是档案机密程度的递减。《档案学概论》(第二版)认为:"档案机密程度的逐渐减退,表明放宽限制后档案利用者范围得以扩大,这必将导致档案价值更广泛地实现。""例如,解放战争中'三大战役'的有关文件,在形成初期无疑是十分机密的,而到新中国成立后,由于形势的变化,有些文件公开发表更有益于学习和研究,所以其中有些已公之于众而不再保密了。"①档案的解密并不一定必然导致档案价值更广泛地实现,这是因为,其一,含有秘密的档案占档案中的比例是很小的,即使解密了,虽然其可能利用者相对扩大了,但是,其利用的总量还是很小的,甚至可以忽略不计,并不能影响到整个档案利用量的质变;其二,并不是所有的解密档案都对利用者有需求,一般的秘密档案对于社会公众来说并没有多少吸引力,而大多数的秘密档案对于社会公众来说都是一般的,即使是有名的秘密档案,解密了也未必就能增加很多利用者。像"解放战争中'三大战役'的有关文件"这样有名的机密档案,即使解密了,利用的大多数应该是历史研究者,而历史研究者本身就是少数。即便是有社会公众利用,也是少数。如果其中"有些文件公开发表"了,那么,不管是历史研究者还是普通公众,去利用这些档案原件的就会更少了。所以,档案解密并不一定必然导致档案的更广泛利用。

(二)对由于档案作用性质的变化而导致档案价值扩展分析

《档案学概论》(第二版)认为:"随着时间的推移和条件的变化,不仅利用者的范围得以扩大,档案的作用性质也会发生变化,呈现出档案价值的多元性特征。一般说来,档案形成之初主要发挥行政或业务方面的作用,随着现行期的结束,档案的作用逐步从单纯的行政、业务的信息支持扩展到科学、文化、教育、司法、休闲等各个方面。……从而使档案的多方面作用凸现出来。"②这是从档案价值的多元性的角度来说档案价值扩展律的,那么,档案价值的多元就可以扩大利用者的范围吗?就按照《档案学概论》(第二版)给出的"扩展到科学、文化、教育、司法、休闲等各个方面"来分析一下。其中对于档案的司法方面,不知道《档案学概论》(第二版)具体指的是什么,这里只有冒昧地猜测它可能是说档案的法律价值与作用。

对于档案的文化作用、法律作用、教育作用,本书的第二章中已经以《档案学概论》(第二版)中的论述为例进行了分析。一句话,因文化作用、法律作用、教育作用而来档案馆的利用者都是小众,利用的档案也都是很少的。扩大的档案利用者范围是非常有限的,因档案的文化作用、法律作用、教育

---

① 冯惠玲,张辑哲.档案学概论[M].2版.北京:中国人民大学出版社,2006:60.

② 冯惠玲,张辑哲.档案学概论[M].2版.北京:中国人民大学出版社,2006:59-60.

作用而扩大的档案利用者和档案利用量根本不足以作为支撑所谓的档案价值扩展律的依据之一。

至于档案的科学价值与作用,《档案学概论》(第二版)没有给出具体的说明,但有一点可以肯定,无论是做科学工作的,还是研究科学的、研究科学史的都是相对少数人。而且,就综合档案馆来说,尤其是占档案馆绝大多数的市、县级档案馆,保存的有关科学方面的档案,或者有科学价值的档案都是非常少的。即便是大多数的市、县级档案馆保存有大量有关科学技术方面的档案,由于市、县级档案馆保存的档案至少是 10 年前的,而当今科学技术的发展日新月异,别说是 10 年前的,就是 1 年前的都有可能已经落后了。因此,档案的科学价值与作用,在综合档案馆并不能扩大利用者的范围和数量,也不会增加多少有科学价值档案的利用量。

对于档案的休闲价值与作用,《档案学概论》(第二版)亦没有给出具体的说明。对于档案的休闲,黄霄羽等认为:“20 世纪 60 年代以来,关于公民自由获取信息的权利的法律法规相继颁布,如《信息自由法》等,档案利用已成为公民的一项民主权利,也就是所谓的‘档案民主化’。它使查阅档案成为任何一个公民在其日常生活中均可享有的自由获取信息的公共权利,越来越多的人开始意识到这种权利,并合法地使用它。档案个人利用已经在档案馆的利用中占据主力的位置,如近年来在上海出现的‘知青档案’、‘独生子女档案’和‘房地产档案’等的大量利用”;“由此看来,公民的档案利用权力意识正逐步增强。人们也必然会争取自己档案休闲利用的权利,这使得档案休闲利用不得不‘应需而生’”①。刘金霞认为:“要努力开发民生档案资源,缩短与公众的距离,使档案馆成为极具感染力与亲和力的大众文化休闲场所。”②汪孔德认为:“那里有民生档案,老百姓才会去休闲。”然而,事实并不像这些研究者认为的那样,民生档案利用的兴起,既不是公众档案意识、民主意识、权力意识的增强,也不是档案馆缩短与公众的距离,可以说,民生档案的利用离档案休闲利用相差十万八千里。实际上真正以休闲为目的到档案馆利用档案的更是凤毛麟角。而且“档案休闲利用”本身就有可能是个伪命题,这将在本书第四章进行论述。

按照档案价值扩展律,档案作用从形成机关扩展到全社会,档案利用者范围得以扩大,档案对于形成者价值的实现一般是在档案室阶段,而对于形成者之外的社会价值的实现主要是在档案馆阶段。按此推理,档案保存到档案馆后应该比在档案室的利用者要多,利用的档案也要多,这样才符合档

① 黄霄羽,等.社会转型期档案利用政策研究[M].北京:光明日报出版社,2011:238.
② 刘金霞.谈档案人的职业自信[J].四川档案,2012(6):35.

案价值扩展律。但是,事实并非如此,结果正好相反。据有学者对 1994—2003 年全国各级各类档案馆及各级各类档案室的档案利用情况统计分析,档案馆"从 1994 年到 2003 年的 10 年里,共有 28 118 109 人次共利用档案 97 641 158 卷件次",而档案室"无论是档案利用人次还是卷、件次,其绝对数量都比档案馆多。1994 年到 2003 年的 10 年里,档案室共有 70 844 018 人次利用档案 195 323 571 卷、件次,分别是档案馆利用档案人次数的 2.52 倍和利用档案卷、件次数的两倍"。"从 10 年间平均的利用率来看,室藏档案利用率为 14.05%,比馆藏档案 5.09% 的平均利用率高出近 9 个百分点。""从利用数量来看,档案室要比档案馆多,前者年均利用档案 19 532 357 卷、件次,是后者年均利用档案 9 764 116 卷、件次的两倍;从档案收藏数量来看,前者年均收藏档案 154 406 330 卷、件,比后者年均收藏档案 158 712 382 卷、件还要少 4 306 052 卷、件。档案室藏少用多,档案馆藏多用少。"①从上述档案馆与档案室的利用统计比较来看,档案到档案馆阶段,并没有按照学者们认为的档案价值扩展律那样,而是相反,档案的利用人次与卷次都没有扩大,反而是双双缩小。另外,笔者对 1987—2013 年各省、自治区、直辖市综合档案馆与其直属机关档案室档案利用进行统计比较分析,得出的结果是各省、自治区、直辖市直属机关档案室档案利用率最高是其综合档案馆的 1.40 倍,最低是 1.34 倍,平均是 1.47 倍。也就是说,1987—2013 年各省、自治区、直辖市直属机关档案室档案利用率高于其综合档案馆的 1.47 倍。如果按照上述学者的统计方法统计,则是档案室档案利用率高于综合档案馆的 2.47 倍。具体统计见本书第五章表 5-1、表 5-2、表 5-3。在这么长的时间段内,同样是档案的利用卷件次没有扩大反而是缩小了,档案价值扩展的规律始终没有显现作用,反而效果相反。

从以上的分析中不难看出,所谓的"由于价值主体扩展而导致的档案价值扩展",并没有扩大到档案形成者以外的其他机关和个人或社会各方面,档案解密并不一定必然导致档案的更广泛利用;所谓的"由于档案作用性质的变化而导致价值扩展","扩展到科学、文化、教育、司法、休闲等各个方面",并不能扩大多少利用者的范围,也不能增加多少档案的利用量。所谓的档案价值扩大到社会各个方面,其社会各个方面的利用者也许相对可能会增加一少部分。所谓的扩展到科学、文化、教育、司法、休闲等各个方面,也许相对可能增加一少部分档案利用者和档案的利用量。而这两个一少部分的档案利用者和档案利用量根本不足以支撑所谓的档案价值扩展律,最

---

① 陈永生. 档案已供利用情况的数据分析:档案充分利用问题研究之三[J]. 档案学研究,2007(5):20-25.

主要的是这两个扩展根本没有改变档案利用相当少的现实。而从档案馆与档案室的利用统计比较看，档案的利用人次与卷次及利用率都没有扩大反而是都缩小，这就彻底否定了所谓的档案价值扩展的规律。所以，根本就不存在所谓的档案价值扩展的规律。

三、档案凭证价值对档案价值扩展律及档案利用的影响

大多数学者都认为，档案具有价值，"档案的价值只有通过利用才能显示出来"[①]，档案价值扩展律也就在这种基础上认识发展起来了，认为找到了档案价值发挥和档案利用的规律。然而，自提出档案价值扩展律30多年来，档案价值扩展律似乎并没有在档案利用中显现出来，也就是档案价值扩展律一直没有在档案利用中发挥出作用。是什么原因导致档案价值扩展规律的失灵？是档案馆工作者努力不够，还是档案利用者的档案利用意识差？似乎都不是。其实，根本就不存在档案价值扩展的规律。

档案凭证价值是档案的本质价值，是档案的主要价值和核心价值。档案凭证价值是决定档案利用的关键因素，也就是说，导致档案价值扩展规律失灵的原因是由档案凭证价值的特点造成的。换句话说，档案凭证价值的特点决定了不存在档案价值扩展规律。

档案凭证价值具有以下五个特点：

1. 用少性

档案的凭证价值具有利用越少越好的特点。档案凭证价值的这一特点是由档案记忆备忘的本质决定的。对档案凭证价值的利用都是由档案记忆备忘工具——备用查考决定的，档案馆保存档案的目的是"备日后之用"。档案馆保管的档案凭证价值作用的发挥，重心不是在"用"上，而是重在"防（备）"上。正所谓有学者说的那样："养档千日，用在一朝。"[②]显然，"养档千日，用在一朝"重心在"养档"上，也就是档案的"备"上。"养档千日，用在一朝"表明档案馆档案是不经常被利用的，也表明档案凭证价值的利用具有用少的特点。档案因具有凭证价值而"备"保存，但是，它们"备日后之"提供利用是有条件的。"档案馆馆藏的大量有凭证作用的档案，只有在国家、社会组织或个人的权益受到影响、侵害、损失，或发生权益纠纷时，有关社会组织或个人才会对它们产生利用需求"；"国家、社会组织、个人的权益受到了影响、侵害、损失，或发生了权益纠纷，虽然可以凭借档案馆保存的档案使问题得到解决或处理，但所造成的不良影响一般难以完全消除，损失一般难以完

① 刘国能，王湘中，孙钢.档案利用学[M].北京:中国档案出版社,1996:70.
② 国家档案局.档案学概述[M].北京:中国档案出版社,1995:23.

全挽回,因而任何社会组织、个人都不希望此类问题发生"①。所以,对于具有凭证价值的档案来说,不是被提供利用得越多越好,而是越少越好。只要不发生权益被侵的事情,谁也不会去利用档案。而且,不论是国家、社会组织和个人都不希望因为档案馆保存有凭证价值的档案而使其权益受到影响、侵害、损失,或发生纠纷去利用档案的凭证价值解决问题。

档案凭证价值用少性的特点,就决定了不管档案价值是否扩大利用范围,只要不符合档案凭证价值"备日后之"提供利用的条件,都不会成为实际的档案利用者。同时,这也决定了档案馆的档案利用者不会多,档案利用率不会高。

2.时效性

对于大部分具有凭证价值和作用的档案来说,它们同时间有极为密切的关系,这些档案的凭证价值具有一定时限的特点,它们只在某一段时间内起着凭证作用。而随着时间的推移,这些档案的凭证作用则逐渐减少,以致消失。档案凭证价值的时效性包括两个方面:其一,馆藏档案大都是只在某一段时间内有可能被利用,而随着时间的推移,这些档案有可能被利用的概率会逐渐减少,以至于基本无人再利用。最典型的像婚姻、劳资、房产、土地使用等档案,当当事人故去,当房屋、土地超过了使用年限后,其当事人或权利人几乎就不可能再来利用这些档案了。其他的如文书档案、科技档案等档案的利用同样也具有时效性,只是这类档案的时效性不易确定具体的时限段。其二,档案馆馆藏的档案有可能在某一时段被集中利用。这些档案在某一时段有可能被集中利用,大都是因为国家或某地政府出台的某一政策。如"文革"后国家出台平反冤假错案的政策所致的档案被利用等。当这些政策落实完后,这些档案的利用就会告一段落了。

档案凭证价值时效性的存在,实际上是限定了档案价值扩展的时间范围,并且它把对档案凭证价值的利用限制在一定的时期内,这是由档案的本质价值所决定的。

3.地域性

档案的凭证价值具有很强的地域性。也就是说,甲地档案馆保存的具有凭证价值的档案,一般来说,乙地的档案利用者是不会去利用的,除非是在乙地产生的档案在甲地档案馆保存,或者原来生活工作在甲地的档案利用者后来到了乙地生活工作的,凡是来甲地档案馆利用档案的,都与甲地档案馆保存的档案有着这样或者那样的关联。一般来说,在当地产生的具有凭证价值的档案,只有当地的利用者会去利用,异地的利用者是不会去利用

---

① 林清澄."提高档案利用率"悖论[J].档案,2001(2):9–11.

的。因为异地的利用者与其毫无关系。

档案凭证价值地域性的存在,实际上是限定了档案价值扩展的空间范围,并且它把对档案凭证价值的利用限制在一定的地域内。

4.专指性

档案凭证价值的专指性指的是档案凭证价值与其利用者具有专指性的关系,也就是具有一对一的专指关系,或者说是具有针对性的专指关系。当然,这里的一对一的专指关系,指的是一份档案或者一卷档案对的是一个人或者一个单位。

由于档案凭证价值具有专指性,所以,档案凭证价值一般情况下只与和它有关联的当事人、社会组织发生利用与被利用的关系,与其无关的一般情况下是不会发生利用与被利用的关系的。因此,只有与档案凭证价值有关的当事人或社会组织才会去利用它,而也只有这些与档案凭证价值有关联的当事人或社会组织利用才能起到档案的凭证价值作用。像婚姻、招工、劳资等档案以及大多数民生档案,大都是政府行政管理机关为管理管理对象的需要而产生的,与这些民生档案相关联的当事人,实际上就是政府行政管理机关的管理对象,也就是管理相对人。一般情况下,只有这些当事人(管理相对人)会去利用,也只有与档案凭证价值有关的当事人(管理相对人)去利用才能起到档案的凭证价值作用。其他无关的利用者既不会去利用它,也不能起到档案的凭证价值作用。而且一般情况下也不允许其他无关的人员利用,除特殊公务(公、检、法等)外,如果允许其他无关的人员利用,就有泄漏个人隐私之嫌。所以,这些档案凭证价值的利用都是具有针对性专指的,这些档案凭证价值的利用一般是不可能扩大到当事人(管理相对人)以外的其他个人或社会各方面范围的。

档案凭证价值专指性的存在,实际上是限定了档案价值扩展的人群范围,并且它把对档案凭证价值的利用限定在一定的人群范围内。

5.一次性

具有凭证价值的档案具有利用一次性的特点,这一特点可以从两方面说,一是一般情况下具体的某份档案只可能被某利用者利用一次,而不会被其他的利用者利用;二是一般情况下某利用者利用一次具体的某份档案,而这份被利用过的档案不会被该某利用者第二次利用。

档案凭证价值之所以具有利用一次性的特点,是因为人们利用档案凭证价值去解决问题,利用一次也就足够了,一般情况下谁也不会第二次去利用它。对于利用具有凭证价值的档案来说,一般情况下大都是国家、社会组织或个人的权益受到侵害、损失或将要受到侵害、损失,需要利用档案的凭证作用来挽回或避免自己的权益受到侵害、损失或将要受到侵害、损失。因此,"只有在国家、社会组织或个人的权益受到影响、侵害、损失,或发生权益纠纷时,有关社会组织或个人才会对它们产生利用需求";"国家、社会组织、个人的权益受到了影响、侵害、损失,或发生了权益纠纷,虽然可以凭借档案馆保存的档案使问题得到解决或处理,但所造成的不良影响一般难以完全消除,损失一般难以完全挽回,因而任何社会组织和个人都不希望此类问题发生"①。所以,对于具有凭证价值的档案来说,利用一次也就足够了。一般情况下,谁也不会第二次去利用它。因为谁也不希望自己的权益受到相同的侵害、损失,或发生纠纷再来一次,而且有些权益不可能会第二次受到侵害、损失,或发生纠纷。就以目前综合档案馆利用最多的民生档案为例来说,"目前综合档案馆的利用需求主要有查询婚姻证明、招工就业材料、原单位工资单、离职文件材料、家族历史资料等,用于办理土地证和房屋手续、办理社会保险、医疗保险、退休享受待遇、查询家族历史等。如查询招工就业材料、工资花名册、离职文件材料可以佐证工龄情况,在办理社保时可以享受连续工龄的待遇。另外,到市区县综合档案馆的人员主要是为了查阅档案出具相关证明","到馆的利用者主要查询与自身利益相关的证明材料","一般不会因同样的问题再来查档,查档次数以一次性居多"②,这些当事人只要解决了问题,一般情况下肯定不会再来利用同一份档案的。

档案凭证价值利用一次性的存在,实际上不仅限定了具体的某份档案利用的次数,同时也限定了档案利用者利用档案的次数,还把档案价值扩展限制在一定的次数范围内,不论我们如何下大气力,采取怎样的措施,都不可能提高其利用的次数。

总之,档案凭证价值的五个特点,不仅限制了档案价值扩展,还限制了对档案的利用。也就是说,档案凭证价值的五个特点决定了档案利用,并且成为档案利用的五个定律,即:档案利用的用少律、档案利用的时效律、档案利用的地域律、档案利用的专指律和档案利用的一次律。

---

① 林清澄."提高档案利用率"悖论[J].档案,2001(2):9-11.
② 杨丽.成都市(区、县)综合档案馆利用服务调查研究[D].成都:电子科技大学,2015.

第四章

档案利用定律之一：用少律

第一节　定律阐述

　　档案馆档案利用的第一定律为：档案利用得越少越好。也就是，档案利用具有用少的规律。对此定律的正确性可能有很多人会表示怀疑。这也与档案界历来认为的"保存档案的目的是为了利用"[①]、"档案馆保存档案的目的，就是根据社会各方面的需要，开发档案信息资源，积极提供利用"[②]的观点大相径庭。虽然，档案理论界与实践界几十年来，一直充满信心地提出了各种观点与措施来提高档案的利用量与利用率，但是，理想很丰满，现实很骨感，几十年过去了，档案馆并没有门庭若市、利用者如云，即便是有一些档案馆在某一时间出现了门庭若市，也不过是昙花一现。利用者每天只有数人甚至一两人则是档案馆的常态。尽管近些年大力开展民生档案利用工作，使档案馆的档案利用量从表面上看有所提升，然而，如果统计分析几十年档案馆的档案利用数据，对这些数据再进行纵向和横向的比较，以及分析利用民生档案背后的情况，就会看到实情并不是我们想象的那样。档案用少律的规律依然顽强地发挥着作用。

　　认识档案利用的用少律，对于我们认识档案的作用与价值，重新定位档案馆的性质、职能，制定档案馆发展规划都有着积极而深远的意义。

　　① 　国家档案局. 曾三档案工作文集[M]. 北京：档案出版社，1990：29.

　　② 　《当代中国的档案事业》编辑委员会. 当代中国的档案事业[M]. 北京：中国社会科学出版社，1988：262.

一、"黑天鹅事件"与档案利用的用少律

心理学上有一个理论,叫作"黑天鹅理论"。这个理论是心理学家纳西姆·尼古拉斯·塔勒布(Nassim Nicholas Taleb)发明的。它源自一个典故:欧洲人观察了上千年,见到的天鹅全部是白天鹅,因此所有人都认为天鹅是白的。直到1697年欧洲探险家在澳大利亚发现了黑天鹅,人们才知道以前的结论是片面的——并非所有的天鹅都是白色的。只看见一次黑天鹅,就足以推翻上千年来千万次观察总结出来的结论。纳西姆·尼古拉斯·塔勒布用黑天鹅事件特指极其罕见,但一旦发生影响极其巨大,完全颠覆长期历史经验而事前却根本无法预测的重大事件。"黑天鹅事件"与档案馆的档案利用颇相似,"黑天鹅事件"有两个主要特征:其一,罕见;其二,无法预测。档案馆的档案利用也有两个主要特征:其一,不经常被利用,也就是档案被利用的机会很少,是小概率的;其二,什么时候被利用是不可知的,无法预测。

无法预测的不经常被利用就构成了档案利用的用少律,实际上档案馆的档案利用大都应对的是"黑天鹅事件",这是由档案的本质特性所决定的。

其一,档案馆的档案不经常被利用,是由档案记忆备忘的本质决定的。档案的本质是记忆备忘工具,这在第二章已经论述。从对档案定义的历史梳理中可以看出,人们对档案的认识、对档案的定义,尽管随着对档案的深入认识,其定义不断有所变化,但是,其记忆备忘的功能却一直贯穿其中,从"存贮备查""备长期参考"到"以备查考""备以查考""保存备查",再到"以备查考利用",可以看到档案记忆备忘的功能在档案定义中是一脉相承、一以贯之的。所谓"备",《辞海》的解释是"防备;预备;准备"①,《现代汉语词典》的解释是"防备"②。对于"防",《现代汉语词典》的解释是:防备,防守,防御;堤;挡水的构筑物等③。所谓预防、以防万一等,就是防备难以预料的事情。档案馆"保存备查"的档案就如同汽车的"备胎"一样,是预防万一的,"备胎"是不常用的,你见过谁家的汽车天天用"备胎"? 档案馆保管档案重心不是在"用"上,而是重在"防(备)"上。正所谓有学者说的那样:"养档千日,用在一朝。"④显然,"养档千日,用在一朝"重心在"养档"上,也就是档案的"备"上。"养档千日,用在一朝"与以防万一,实际是一个意思,都表明档

---

① 辞海(1999年缩印本)[M].上海:上海辞书出版社,2000:2370.
② 现代汉语词典[M].7版.北京:商务印书馆,2016:56.
③ 现代汉语词典[M].7版.北京:商务印书馆,2016:368.
④ 国家档案局.档案学概述[M].北京:中国档案出版社,1995:23.

案馆档案是不经常被利用的,也表明档案利用具有用少的特点。

其二,什么时候利用档案是不可知的,是无法预测的。这是由档案价值的不可知决定的。档案价值的客观需要,受政治、经济、军事、文化、科学技术发展形势的制约,什么时候社会需求什么样的档案,什么时候什么样的档案可以实现其价值都是不清楚的。档案"利用价值的实现具有不确定性,档案人员无法预测公众会利用哪些档案,何时利用"①。对于档案利用的不确定性,早有研究者认识到这一点:档案利用的不确定性"决定了不一定每一件档案都会被经常利用,不一定所有的工作人员在工作中都会经常来利用档案,也不一定经常不断地有同样数量的人来档案部门使用档案,因而档案部门的工作也就不可能经常是'门庭若市',而是有时表现为'门庭若市',有时又显得有些'门前冷落'。这完全是一种正常现象"②。按照马克思主义的认识论是科学的可知论的观点,客观世界是可以认识的。对于档案价值来说也应该是可以认识的。但这是对于整个人类的全部认识过程而说的,而不是针对现代人来说的。档案价值对于现代人来说又有"不可知的"一面。因为每一时代的人的认识能力都是有限的,档案价值是随着人类社会的发展逐步显现和实现而被人们逐渐认识的。对于现代人来说,许多档案价值是无法认识到的,是不可知的。我们现代人很难准确预测未来社会发展变化的趋势,也无法准确预测未来人们的利用需求。当然我们根据以往的经验,可以对未来的发展变化进行预测,但这种预测肯定不可能完全正确。我们对明天的发展变化的预测可能有部分是正确的,但对后天来说就可能完全不正确,而随着时间的推移这种预测的准确率会越来越低。例如,有位著名档案学者在1991年就预测,认为:"就拿档案利用来说吧,究竟哪些档案在什么时候为谁所利用? 利用的数量和程度如何? 这些都不是能够确定的常数,似乎纯属于偶然。但是,只要通过档案学的研究,借助理性思维的力量,就能够从档案工作五光十色的现象中提炼出反映档案和档案工作本质的范畴和规律来。其实,我们可以把档案利用看成是在一定社会环境中进行的过程,看作是整个社会生活的一个组成部分。这种过程或部分不可避免要受到一定社会和政治的经济形势的影响,一定历史时期的档案利用要求总要受到当时社会总形势的影响制约。这是档案利用及其需求的时代性,也是档案利用的一条基本规律。根据这一规律,我们可对档案利用的大致趋势作出相应预测:在以经济建设为中心的今天及今后一个相当长的时期里,社会尤其是经济部门对反映经济活动内容的档案及有关科技档案

---

① 邵素云,赖莉萌.试论档案价值的二重性[J].四川档案,2005(6):24-25.

② 冯子直.论档案事业[M].北京:中国文史出版社,1995:8.

的利用将是频繁的。"①这也是当时不少的档案人预测的,而且1990年发布的《档案法实施办法》第二十条第三款中规定:各级各类档案馆保管的经济、科学、技术、文化等类档案,可以随时向社会开放。然而,近三十年过去了,经济、科技等类档案既没有被频繁利用,也没有形成档案利用高潮,相反,档案的利用几乎一直在低谷中徘徊。还是这位著名档案学者,2007年在对档案利用情况的数据分析后,不得不认为:"1994—2003年室藏档案利用率和馆藏档案利用率在总体上共同走低的态势,正在向人们发出这样一个信号:国家档案资源不仅在整体上利用得不够充分,而且也并没有向着充分利用的方向发展。档案界应该从这里清醒地看到国家档案资源在整体利用上面临着不容乐观的严峻形势。"②实际上,这是由档案利用的用少律决定的,并不是什么"利用得不够充分""面临着不容乐观的严峻形势"。这也再次说明档案利用或者说档案价值是不可预测的。著名科学家冯·卡门说:"科学家预言未来是要冒风险的。因为预测往往会出差错。"③"黑天鹅事件"的存在也充分说明了人们认知的局限性。因此,对于潜在于档案之中需要未来社会的发展以及人们利用需要变化才能显现出来的档案价值,即便是档案大家,天才人物也难以认识到,是预测不到的。如果说现代人能够认识档案的所有价值,能够准确预测未来社会发展和未来人们利用需要变化的话,那么,现代的档案人就成了"先知先觉"和"未卜先知"的"圣人"大师。很显然,这又滑到唯心主义的泥潭中了。事实上,档案在"什么时间会被利用以及在历史的长河中被利用的频率和发挥作用的大小,这都是档案职业无法控制和决定的"④。

也许会有人说编史修志可以预测,因为档案馆有存史的功能,我国又有编史修志的传统,而"档案是方志之骨"(清朝方志学家章学诚语)。虽说我国有编史修志的传统,每隔一段时间都会进行编史修志的,而编史修志必然要利用档案。但是,什么时间启动编史修志并没有规律,也不是由档案馆人所把控的。比如清史的修撰,由于种种原因,到2002年才正式启动,离1925年10月成立的保存大量清朝档案的第一历史档案馆的前身——故宫博物院

① 陈永生.档案学功能探索:兼论档案学基础研究与应用研究的关系[J].湖北档案,1991(3):8-11.

② 陈永生.档案已供利用情况的数据分析:档案充分利用问题研究之三[J].档案学研究,2007(5):20-25.

③ 冯·卡门.展望未来[C]//齐家莹.科技大师人文随笔精选.北京:新世界出版社,2003:74.

④ 罗学玲.信息时代档案职业发展问题探讨[J].湖北师范学院学报(哲学社会科学版),2014,34(3):99-104.

文献部,已经过去了77年,这恐怕是几代档案馆人都难以预测的。即便是预测到一定会有人在某一时间段内因编史修志来利用档案馆的档案,但是,利用什么档案、利用多少档案、有多少人来利用档案,仍然是无法预测的。这是因为,虽然档案被历史学家称誉为"没有掺过水的史料",也有"档案是方志之骨"之说,但是,档案并非是编史修志的唯一材料。因编史修志,修撰人来不来档案馆查阅档案、查阅什么档案依旧是档案馆人无法控制和决定的。也就是说,档案馆人依然无法预测。而且,编史修志到档案馆来查阅档案受其他因素的影响,同样会使预测失灵。如随着机关、企事业单位档案管理水平的提高,可能在下一次编史修志中就可以不到档案馆来查阅档案,或者即使来档案馆查阅档案也会很少。"有人认为国务院办公厅'关于进一步加强地方志编撰工作的通知'中明确规定地方志每20年左右续修一次,因此每20年左右就会出现一次档案利用高峰,这种认识是片面的",这"可用下面事实说明问题。黔西县志办1990年编辑出版的黔西县志92万字,共在县档案馆查阅档案15 186卷次,可是在1996年编制的《1988—1996年黔西县大事记》,此书25万字,共查阅摘抄档案2910卷次,但全是在机关档案室查阅的,没有到县档案馆查阅过一次档案。有了这本大事记,下次编史修志时,至少要减少查阅馆藏档案2910卷次,如果其有关编史修志的资料逐步编辑出台,那下一次编史修志时利用馆藏档案就难以形成高峰,退一万步讲,即使形成高峰,编史修志利用档案的卷次也远远少于八十年代末这一次编史修志利用档案的卷次"①。还有的学者直接认为:"保存的档案只能是存史备用,并非一定要用。""并非一定要用"就是不可能预测②。"有意思的是,发明了黑天鹅定律的塔勒布却告诉我们应对黑天鹅事件的五个基本原则,第一个竟然是'不要预测',因为黑天鹅何时发生根本无法预测,能够预测出来的意外就不是意外。对于不可预测的事情作出错误的预测而采取错误的行动,只会犯下更大的错误。"③

"黑天鹅事件"在档案馆的档案利用中,无论是国家层面还是百姓层面比比皆是。在国家层面上的案例,例如:

"2008年拉萨'3·14'严重暴力犯罪事件发生后,中央档案馆迅速反应,经中央批准陆续在国家档案局网站上以视频形式公布了5个专题档案,

---

① 曹家慧.试析近年来档案馆档案利用率下降的原因:兼与山东滕州市档案馆徐大华、燕开良二先生商榷[J].贵州档案,1997(6):23-25.

② 宗培岭,潘玉民.存史乎? 利用乎?:档案馆核心职能论[J].档案管理,2007(2):10-16.

③ 高伟.每一次破碎都是盛开[M].杭州:浙江文艺出版社,2013:195-196.

有力地证明了西藏自古就是中国不可分割的一部分。"①

2008 年"5 月 12 日汶川特大地震发生后,中央档案馆及时主动地为有关领导同志紧急提供了抗震救灾、灾后重建方面的档案资料,供领导同志和有关部门决策参考"②。

2012 年日本演出钓鱼岛购岛闹剧后,"中央档案馆又公布了历朝历代以来钓鱼岛及位于台湾与日本之间琉球群岛都是中国领土以及其归属于中央政府的档案材料,使全国甚至全球人都在一夜之间看到了那些不可否认的佐证"③。

这些案例都是当年的档案利用典型案例,也都是典型的"黑天鹅事件"。

再来看看百姓层面的案例,例如:

"1988 年 9 月,建平县统战部接到台胞李树春来信,要求查找家乡住址及亲人。据李本人提供的住址线索无法在地图上查到。后来到县档案馆查阅了原热河省地图,查实李树春的家乡为内蒙古赤峰市敖汉旗金厂沟染下长皋,通过实地查访,找到了李的家。身患重病的 84 岁的老父亲听到儿子的消息惊喜万分,李树春表示马上回乡探亲。"④

2002 年甘肃"崇信县赤诚乡周家寨村老庄沟回民社与国营新窑林场为230 亩天然林场权属问题发生纠纷,双方争执不下,领导多次出面调解亦无济于事,社干部去档案馆查到 70 年代县上关于 230 亩天然林场划归本社的文件,才使问题得以妥善解决"⑤。

2013 年蚌埠市开展文化事业单位改制工作,为保证人员顺利移交,保障改制人员利益,7 月 4 日,蚌埠日报社印刷厂工作人员邹女士带着列了 16 个人员名单的介绍信到市档案馆,要求查阅这些人员当年的招工档案。该厂在这次事业单位清理中要改制成企业,为了顺利安置好职工,需要把职工个人档案中缺失的材料补齐。蚌埠市档案馆工作人员根据邹女士提供的信息,在市劳动局永久档案 1986 年第 49 卷中找到他们的招工档案,解决了问题⑥。

---

① 杨冬权.以丰富馆藏、提高安全保障能力和公共服务能力为重点,实现档案馆事业新跨越:在全国档案馆工作会议上的讲话[J].中国档案,2009(12):8-15.

② 杨冬权.以科学发展观为指导,推动档案事业更好地科学发展并为科学发展服务:在全国档案局长馆长会议上的讲话[J].中国档案,2009(1):12-20.

③ 雍文娟.加强高校档案网站教育资源建设刍议[J].哈尔滨:黑龙江档案,2013(2):40.

④ 国家档案局.中国档案年鉴1989[M].北京:档案出版社,1992:355.

⑤ 国家档案局.中国档案年鉴2003[M].北京:中国档案出版社,2004:194.

⑥ 国家档案局.中国档案年鉴2014[M].北京:中国文史出版社,2017:163.

这些案例都是从《中国档案年鉴》中由各省报送的典型案例中选的有关百姓层面上的案例,也都是典型的"黑天鹅事件"。

以上的档案利用,不论是国家层面还是百姓层面,不论是国家事务还是家庭事务,不论是单位利用还是个人利用,都不是事先预料到的,更不知道何年何月何日何时会利用。事实上与上述案例中涉及的档案相同相似相近的,在各级档案馆中都有大量保存,只是并未大量广泛被利用,利用的仅是其中的很少一部分,是小概率的。

当然,面对"黑天鹅事件"的档案馆档案利用工作,并非无所事事,也不是不可作为。虽然"不要预测""黑天鹅事件",但是,"不要预测灾难不等于不要预防灾难,必须谨慎地分析最极端黑天鹅事件发生的破坏性,并作最充分的预防,这是文明的现代人着手准备着的事情,而且把这事做得越来越精细"①。对于档案馆人来说,"就需要用更多的力量做好经常的准备工作,不管利用的人多人少,不管人家来不来用,都要作好准备"②。要做好准备预防"黑天鹅事件"的最好做法,就是将档案的"备"发挥到极致,即用最少成本保存尽可能齐全的档案,并把整理编制检索工具、信息化建设、保管安全做细做扎实,在"用在一朝"时,能够及时准确提供,也就是所谓的"平时多流汗,战时少流血"。只有立足馆藏,十分熟悉馆藏,将档案贮藏保存之处烂熟于心,熟练运用检索工具,才能做到"一朝有需",使命必达。一句话:以尽可能保存齐全档案、熟悉馆藏之"不变",应对利用黑天鹅之"万变"。

如果在"用在一朝"时,不能够及时准确提供档案,那就是档案馆人的失职,就是档案馆人打了败仗。当然,如果是财力达不到或天灾原因,那就另当别论。而如果把主要精力放在预测档案的价值上、放在预测档案利用的需求上、放在开发档案信息资源上,显然是用错了方向,与档案的本质背道而驰,其结果是事倍功半。如果是由此造成的不能在"用在一朝"时及时准确提供出用最少成本保存尽可能齐全的档案的话,那就是人为的失职,是不可原谅的。

二、档案利用的用少律是由档案利用的被动性决定的

所谓档案利用的被动性,指的是利用者利用档案大都是被动的,而不是主动的。大都是受某些因素的影响而被动利用档案,或者由于其他途径解决不了问题,而不得不被动地利用档案;或者只有利用档案这一种唯一的方式解决问题,而无奈地不得不被动地利用档案。

① 高伟.每一次破碎都是盛开[M].杭州:浙江文艺出版社,2013:196.
② 冯子直.论档案事业[M].北京:中国文史出版社,1995:8.

　　档案利用的被动性决定了利用档案的机会不会多，也就决定了档案利用的用少特点。档案利用的被动性也决定了档案利用工作的被动性。这正是不少学者指出的："一般说来，档案利用工作只能根据利用者的需要来进行，有一定被动性。"①"档案利用服务工作具有被动性的特点，这是不可否认的。档案馆（室）做好准备，接待利用者来馆（室）查阅档案始终是基本的服务方式。"②当然，也有更多的学者一直都在呼吁档案馆的档案利用工作要变被动为主动，最早提出档案馆的档案利用工作要主动服务的是黄勋拔。他早在1960年就发表了《主动服务的时机问题》③一文，专门探讨了档案利用工作主动服务的问题，几十年过去了，直到今天仍有不少学者还在呼吁要主动提供档案利用。如有研究者呼吁："档案工作者首先应该在意识上转变观念，打破保守提供档案的局面，主动向用户提供档案利用，这是档案信息资源实现共享的关键一步。"④不过也由此可以看出，尽管提出档案利用要主动提供，然而，几十年过去了依然如故，呼吁并没有起多大作用，也没有改变档案被动利用的现实，这足以说明被动性是档案利用固有的特性，无论档案馆人如何主动服务都不会增加对档案的利用，也不会提高档案利用者利用档案的主动性。

　　档案利用的被动性是受政策、利益、利用者等因素的影响，而民生档案的利用则是由政策、利益与利用者等因素多重作用促成的，其实质既没有改变档案利用的被动性，也没有增加档案的利用率，更没有改变档案利用的用少特点。

　　1. 档案利用受政策的影响

　　国家及各地的政策深深地影响着档案的利用，"一定时期国家的政策对利用者的档案需求产生着巨大的影响，决定了档案需求的一般特点及其发展的总趋势"⑤。也就是说，档案利用者利用档案大都是被动地由国家及各地的政策所左右的。纵观40年来档案馆全面开展档案利用的历史，无不是如此。1978年档案馆事业得到了恢复后，20世纪70年代末到80年代初，全国大规模地开展拨乱反正、平反冤假错案的工作而形成的利用档案高潮，就是落实国家出台相关政策的结果。而20世纪80年代中后期，在全国范围内

　　① 陈武英,王立维.档案管理学简明教程[M].3版.杭州:浙江大学出版社,2012:147.
　　② 左玉亭.现代文书与档案管理[M].西安:西安地图出版社,2007:296.
　　③ 黄勋拔.主动服务的时机问题[J].档案工作,1960(Z1):43-44.
　　④ 李宇.关于档案信息资源共享建设的思考[J].山东档案,2018(3):17-21.
　　⑤ 陈永生,田炳珍.档案信息资源开发利用及其效益研究[M].广州:广东人民出版社,1999:159.

开展的编史修志工作促成的档案馆馆藏档案大量利用的又一次高潮,同样也是落实国家及各地的政策的结果。至于近些年大力开展的民生档案利用工作,更是国家及各地的政策影响的结果,作为广大普通公民来说,只能是被动接受这些政策的影响而去利用档案。

　　对于政策对档案利用的影响,有不少统计分析档案利用的文献都提到了这一点。例如,闫俊丽、何惠光认为:"利用率上升与国家和地方政策的出台及中心工作有关。"①韩李敏、吴新宇认为:"各项政策与党和政府中心工作的变化,对档案利用产生直接影响。"②而对民生档案的利用以及对公民个人利用档案的影响更深。如张连星认为:"国家政策的出台是引发公民个人利用档案行为的关键因素。"③张秀凤、陈娟、于苏华认为:"国家政策的出台是引发利用档案行为的重要因素。"④杨丽认为:"如果国家出台一项新的惠民政策,如办理社保时对相关工龄有优惠补助,那么在政策出台后的半个月至一个月期间,会出现大量群众进馆查询、排号等候的情况。"⑤丁红勇认为:"民生档案利用对相关政策非常敏感。2013 年影响最为显著的就是'国五条'的出台,广大档案利用者都希望赶在政策具体实施之前办理房产相关事项,直接导致了产证、社员建房、土地、婚姻等相关民生档案利用量短时间内成倍增长。"⑥除了国家政策的影响外,各地出台的一些政策同样也影响对档案的利用。如王青认为:"民生档案的利用与政府的相关政策密切相连。2004 年,民生类档案查阅 663 卷次,2009 年上升为 5056 卷次,增长将近 10倍,这是由于当年佛山市政府印发了《佛山市贯彻执行广东省城镇独生子女父母计划生育奖励办法的通知》,该政策出台后,许多城镇独生子女父母来馆查阅结婚记录,以证明身份领取奖励。在民生类档案的查询中,婚姻档案、身份证明档案利用频繁。"⑦丁红勇认为:"2013 年 5 月和 2014 年 9 月上

---

　　① 闫俊丽,何惠光.漯河市档案馆近 10 年档案利用情况调查[J].档案管理,2014(5):54-55.

　　② 韩李敏,吴新宇.新时期档案馆利用回顾与展望:浙江省档案馆 15 年(1980—1994)档案利用分析报告[J].档案学研究,1996(增刊):48-49.

　　③ 张连星.从 2004 年利用情况看当前档案利用工作的特点与趋势[J].北京档案,2005(5):26-28.

　　④ 张秀凤,陈娟,于苏华.揭开神秘面纱 走近百姓生活:改革开放 30 年常州市档案馆档案利用工作回顾与分析[J].档案与建设,2010(1):40-41.

　　⑤ 杨丽.成都市(区、县)综合档案馆利用服务调查研究[D].成都:电子科技大学,2015.

　　⑥ 丁红勇.浦东新区档案馆 2013 年档案利用分析[J].中国档案,2014(5):61-63.

　　⑦ 王青.2004—2013 年广东省佛山市档案馆档案利用分析[J].中国档案,2015(5):27-29.

海市廉租住房、共有产权保障住房(经济适用住房)政策两次放宽准入标准后,浦东新区档案馆都迎来了一个房产档案和婚姻档案利用的小高峰。"再"比如2014年《上海市人口与计划生育条例》有关特殊情况再生育规定的实施意见发布后,为办理再生育而查阅婚姻档案的人数明显增加"①。李静静认为:"民生档案的利用与政府的相关政策密切相连";"2013—2014年两年利用档案人数激增,究其原因主要是民师及土地确权政策的落实,致使档案利用需求得到提高"②。除了地方政府出台针对一地的政策影响档案的利用外,还有地方政府出台一些针对个别单位的政策也同样影响着档案的利用。如熊伶桃介绍道:"因长寿区棉纺厂'亦农亦工'政策的出台,集中接待棉纺厂档案利用人次近300人。"③

    这里需要说明的一点是,档案利用受政策的影响,并不包括档案利用政策。档案部门出台的一些意在促进档案利用的政策,并不能增加档案利用者的需求,也不能提高档案的利用率,也就是说,档案利用政策对档案利用需求的扩大与提高的影响很小。早在1996年就有学者提出:"社会和档案部门本身加强档案宣传工作,就能影响档案利用者的需求发生变化和转移,使某些潜在的欲望变为明显的行动;若改变档案的利用政策和环境,也能影响档案利用者的需求发生变化和转移,如使某些不能利用的档案变为可以利用";"档案利用者需求的可诱导性,是以档案利用的巨大潜力为基础的。这种潜力,一方面表现为档案信息资源具有巨大潜力;另一方面表现为档案利用者的需求具有巨大的潜力"④。然而,20多年过去了,虽然档案宣传工作已经成为常态,而且宣传规模越来越大,也出台了开放档案政策,发布了档案法规,规定经济、科学、技术等类档案可以随时开放,还出台了取消档案利用收费的政策,可以说,档案利用的政策和环境已经相当的好了。但是,档案利用者的需求并没有诱导出来巨大的潜力,档案利用的巨大潜力也没有发挥出来。相反,档案的利用几乎一直就在低谷中徘徊。还有的学者认为我国出现的两次档案利用高潮都是档案利用政策出台的结果,更是不了解情况的想当然。如罗辉认为:"1980年中央提出了开放历史档案方针政策后,档案利用一改过去那种沉闷局面,形成我国档案利用史上一次高潮。

①　丁红勇.2014年上海市浦东新区档案馆档案利用分析[J].中国档案,2015(5):30-31.
②　李静静.从档案利用分析看档案工作发展[J].山东档案,2016(5):62-63.
③　熊伶桃.2014年重庆市长寿区档案馆档案利用分析[J].中国档案,2015(5):32-33.
④　刘国能,王湘中,孙钢.档案利用学[M].北京:中国档案出版社,1996:62.

1987年颁布的《中华人民共和国档案法》以法律的形式确定了普通公民利用档案的权利，使档案利用的范围和方式更加广泛，从而形成档案利用的又一次高潮。"①实际上，我国出现的两次所谓的档案利用高潮与开放历史档案政策的出台和《中华人民共和国档案法》颁布没有任何关系。1980年前后形成的我国档案利用史上的一次高潮是落实国家出台相关政策，全国大规模地进行拨乱反正、平反冤假错案的工作而形成的，与开放历史档案政策的出台没有任何关系。而20世纪80年代中后期出现的档案利用又一次高潮，是在全国范围内开展编史修志的政策促成的结果，与《中华人民共和国档案法》的颁布没有直接关系。再说出台的取消档案利用收费的政策。这项政策的出台是在2013年，正是档案部门人力开展民生档案利用的时期，这项档案利用政策对于社会大众确实是一个利好的消息，但是，几年过去了，对于档案以及民生档案的利用并没有多少促进作用，也就是说，这么好的一项档案利用利民政策并没有诱导和激发出社会大众的档案利用需求。而在2013年以前没有出台取消档案利用收费的政策时，也没有挡住社会大众对一些民生档案的利用需求。当然，这里也不是说不要好的档案利用政策，像开放档案、取消档案利用收费等利好的档案利用政策，为档案利用者提供更多的档案，为档案利用者提供便利的利用条件，为档案利用者减轻档案利用负担，仍然是档案馆提供高质量服务的努力方向，也是档案利用政策不断完善的方向。

2. 档案利用受利益的影响

大多数档案利用者都是受到利益的影响而到档案馆利用档案的。也就是说，档案馆的档案利用是有条件的，这个条件就是利益。影响档案馆利用档案的利益可以分为两个方面。

一方面，国家、社会组织或个人的权益受到侵害、损失或将要受到侵害、损失时，档案利用者不得不被动地去利用档案来争取挽回或避免自己的权益受到侵害、损失或将要受到侵害、损失。这是由于要挽回或避免自己的权益受到侵害、损失或将要受到侵害、损失，就需要有证据，而如果权益人在没有其他证据的情况下，到档案馆利用档案的凭证价值来为自己提供证据，就成为最好的选择。"档案馆馆藏的大量有凭证作用的档案，只有在国家、社会组织或个人的权益受到影响、侵害、损失，或发生权益纠纷时，有关社会组织或个人才会对它们产生利用需求"；"国家、社会组织、个人的权益受到了影响、侵害、损失，或发生了权益纠纷，虽然可以凭借档案馆保存的档案使问题得到解决或处理，但所造成的不良影响一般难以完全消除，损失一般难以

---

① 罗辉. 档案信息开发与利用[M]. 南京：南京大学出版社，1993：162.

完全挽回,因而任何社会组织和个人都不希望此类问题发生"①。所以,对于具有凭证价值的档案来说,不是被提供利用得越多越好,而是越少越好。只要不发生权益被侵的事情,谁也不会去利用档案。不论是国家、社会组织和个人都不希望因为档案馆保存有凭证价值的档案而使其权益受到影响、侵害、损失,或发生纠纷而去利用档案的凭证价值解决问题。由于现在社会安定,虽然档案馆保存大量有凭证价值的档案,但是,被提供利用的却不多,这正是国泰民安的良好社会现象。如果人们为维护自己被侵害的利益而"打官司"大量拥入档案馆来利用档案的凭证价值为其"打官司"提供证据,那才是可悲的而不是可喜的现象。因而,对档案凭证价值利用得少,才是正常现象,利用得多反而是不正常现象。像改革开放初期的拨乱反正中,利用档案的凭证作用平反了大批冤假错案,而出现的档案利用高潮,实际上是特定条件下的特殊现象,也就是非正常现象。这实质上是为治理"文革"的后遗症而出现的档案利用高潮。现在恐怕没有一个人希望再来一次"文革",再进行一次拨乱反正平反冤假错案而出现档案利用高潮吧!

另一方面,影响档案馆利用档案的是为获得利益而到档案馆利用档案。尤其是近些年民生档案利用的大部分都是为获得利益而到档案馆利用档案的。也许有人会说近些年民生档案的大量利用,说明档案不是利用得越少越好,而是利用得越多越好,利用得越多说明档案馆主动服务了民生,为广大人民群众获得利益服务,说明档案体现了其价值。也许还有人会说,利用民生档案都是主动来利用的,说明这些年档案部门抓民生档案工作抓出了成效。其实这都是表面现象,民生档案的相对大量地被利用,仍然是特定条件下的特殊现象,也就是非正常现象。这实质上是我国在深化改革中不断出台调整利益分配政策的结果,这些政策的出台大都是为了解决一些历史遗留问题或者是在改革过程中逐步积攒的一些问题。说是利用民生档案获得利益,其实档案利用者是国家或地方出台解决一些历史遗留问题或者是在改革过程中逐步积攒的一些问题的政策受益者,而不是档案馆档案的受益者。这些政策的受益者如果拿不出有关的证明材料,就将要受到利益损失,这时利用者才不得不被动地到档案馆来利用相关档案以获得相关利益的证据来避免相关的利益受到损失。显然,避免相关的利益受到损失才是利用民生档案的唯一目的,这实质上与上述第一方面的影响是一样的。

近些年,民生档案利用率高,实际只是相对高,是相对于文书档案的利用来说的。更确切地说不是民生档案利用率高,而是民生档案利用的次数相对于文书档案的利用次数较多。这些档案的利用对于此类档案来说仍然

---

① 林清澄.“提高档案利用率”悖论[J].档案,2001(2):9-11.

是少数。因为这些档案涉及的当事人不可能人人都发生问题,出现问题的毕竟是少数,而且以历史遗留问题居多。来档案馆查阅这些民生档案必须具备两个必要条件:一是发生了政策调整;二是利用者所在单位或本人无法提供有关证明材料。只有这两者都必备了才会被动地到档案馆来利用有关档案。"民生档案的查询多数为被动查询,即在办理相关手续和事项过程中由于缺少相关要件,需要到档案馆查找相关材料复印件用以辅佐证明。"①

　　例如,有关知青档案的利用,如果不是出台知识青年"上山下乡"时间算工龄的政策,恐怕不会有人来利用它的。1985 年 6 月 28 日,劳动人事部下发了《关于解决原下乡知识青年插队期间工龄计算问题的通知》(劳人培〔1985〕23 号)(以下简称《通知》),《通知》指出:"'文革'期间下乡的原插队知识青年的工龄计算问题,是在特定历史条件下遗留下来的,需要从实际出发,给予妥善解决。"并规定:"工龄的起算时间,可以由插队知识青年现在工作的县团以上单位(含县团级单位),根据本人档案中履历表和其他有关材料填写的下乡日期审定;对个别有异议的,可经所在单位调查,报县以上劳动人事部门审批。"②也就是说,虽然有了这个知识青年"上山下乡"时间算工龄的政策,如果每个知青"本人档案中履历表和其他有关材料填写"得清楚,或者保存有知识青年上山下乡证等其他证明材料,那么恐怕就不会到档案馆来利用知青档案。我本人就是知青,当时办理"上山下乡"时间计算工龄时,单位管人事的同志只是要了我的知识青年上山下乡证。我给了他我的知识青年上山下乡证,这事就算办完了。若干年后,由于工作调动,我才知道为什么单位管人事的同志找我要知识青年上山下乡证了。我调到濮阳市档案局后,与档案局管人事的同志说起我下过乡当过兵时,管人事的同志说你的档案里根本没有记载,你的档案是从你上中医药学校开始记载的,以前的没有任何记载。我说不会吧,退伍的时候,我是亲眼看着将我的档案封好交给送退伍的同志的。档案局管人事的同志说,你的档案可能是在传递过程中哪个环节出了问题。原来是,我是退伍安置后考的学,学校把我当作一般没有工作的学生对待了,学校就没有想到让我的原工作单位转档案,等于学校另外给我建了一套档案,毕业后我又被分配到另外一个单位,所以,我的档案里就没有原来下乡当兵的记录了。这也就是办理"上山下乡"时间计算工龄时,单位管人事的同志向我要知识青年上山下乡证的原因,这也说明

---

　　①　依佳宁.立足档案资源共享 提高民生服务质量:沈阳市各级档案馆民生档案利用情况简析及几点思考[J].兰台世界,2018(S1):8.

　　②　孙琬钟.中华人民共和国新编劳动人事政策法规全书[M].中国人事出版社,1999:3340.

没有档案记载,有其他有关材料,如知识青年上山下乡证,一样可以办理,没有必要到档案馆去利用知青档案。后来,档案局管人事的同志通过组织协调到我上学以前的工作单位,找到了我的人事档案并转到档案局,我的两份人事档案这才合二为一了。通过我个人办理"上山下乡"时间计算工龄的事例,也说明只有那些没有知青"本人档案中履历表和其他有关材料",利用者才会不得不到档案馆来利用知青档案。如"知识青年上山下乡时发的知青证,有不少知青也把它丢失了,一听说知青上山下乡时间算工龄,来档案馆查证知青上山下乡时间的人络绎不绝"[①]。虽然有些档案馆一时会有不少利用者,但总的来说这类人是不会很多的,实际也是如此。据统计全国当时"上山下乡"的知识青年有 1776.48 万人[②],如果按照档案利用越多越好,越能体现档案的价值,越能体现档案馆存在的意义的观点,按照可以诱导档案利用需求的观点,那么这 1776.48 万"上山下乡"知识青年应该都是知青档案的潜在用户,都可以诱导他们为档案馆的实际用户,也就是说,一项知识青年"上山下乡"时间算工龄的政策,就可以至少(按每人一次)为档案馆提供 1776.48 万利用人次,或者说提供利用档案 1776.48 万卷件次。而实际情况是 1985 年度全国各省、自治区、直辖市各级档案馆合计利用人次为 359.2695 万,利用档案为 1144.6771 卷件次[③]。1986 年度全国各省、自治区、直辖市各级档案馆合计利用人次为 468.4199 万,利用档案为 1771.4577 卷件次[④]。就按这项工作持续到 1986 年,那么,1985 年和 1986 年全部的利用人次还不及知识青年人数的一半,而 1985 年的档案利用数才相当于理想的知青档案利用数的三分之二,1986 年度全年的档案利用数才与理想的知青档案利用数相当。也就是说,实际利用知青档案的人数少之又少。而近些年还有人陆续地利用知青档案,是由于与知青相关的问题。如有的是当年的知青在 1985 年以后才工作的,有的是"知青子女回沪",等等。而这些实际上都是遗留问题的遗留问题,是少之又少的。据丁红勇对上海浦东新区档案馆 2013 年档案利用分析,当年由于"知青子女回沪"利用知青相关档案的占当年利用档案总卷数的 2%,当年利用档案总卷数是 47 774 卷[⑤],那么,利用知青相关档案的约为 955 卷,也就是相当于有 955 人利用。而当时上海

① 曹家慧.试析近年来档案馆档案利用率下降的原因:兼与山东滕州市档案馆徐大华、燕开良二先生商榷[J].贵州档案,1997(6):23-25.

② 袁志刚,方颖.中国经济改革 20 年系列研究(10 卷本)中国就业制度的变迁[M].太原:山西经济出版社,1998:111.

③ 国家档案局.中国档案年鉴 1989[M].北京:档案出版社,1992:582.

④ 国家档案局.中国档案年鉴 1989[M].北京:档案出版社,1992:586.

⑤ 丁红勇.浦东新区档案馆 2013 年档案利用分析[J].中国档案,2014(5):61-63.

的下乡知青是 125.22 万人①,由于找不到当年浦东新区下乡知青的具体人数,只能做大概的换算。按《2014 上海统计年鉴》公布的 2013 年底上海市常住人口是 2415.15 万人,浦东新区常住人口是 540.90 万人②,浦东新区人口占上海市人口的 22.39%,按人口比例换算,浦东新区下乡知青的人数约为 28.03 万人。也就是说,2013 年知青相关档案的利用者为当年下乡知青的 0.34%。即便是维持这个利用率 10 年不变,10 年的利用也只不过才能达到 3.4%,这是一个非常低的利用率,可见利用知青档案实际是少之又少。事实上,大部分民生档案都是如此。

3. 档案利用受利用者因素的影响

档案利用还受利用者因素的影响,一般情况下,大都是利用者手头上或者就近没有或者找不到所要用的材料时,才会被动地不得不到档案馆查找相关的档案材料,这也符合效益原则,没有人会有事没事地浪费时间舍近求远地大老远跑到档案馆去查档案。下面就以档案馆利用常见的几项查档目的做一些简要的分析。

(1)编史修志。编史修志是档案利用的大户。第三章中已经说过,虽然档案被历史学家称誉为"没有掺过水的史料",也有"档案是方志之骨"之说,但是,档案馆保存的档案并非是编史修志的唯一材料。档案馆接待的大多数编史修志者都是各个单位的撰写人员,他们在接受了编写任务后,首先,是看看自己手头上有什么材料。然后,在本单位内收集查找相关材料,比如本单位发的文件、工作简报、会议材料汇编等,本单位曾经编写的志书、年度文件汇编、专题文件汇编、工作简报汇编、历年年鉴、基础数字汇编、大事记、组织沿革等。最后,没有这些材料或者这些材料中没有涉及的内容,才会到档案馆去查阅本单位以往的档案。从中可以看出,编史修志实际到档案馆查阅的档案是很少一部分。当然,也不乏一些单位保管的有关材料不好,或者平时也不编写年度文件汇编、大事记、基础数字汇编等材料,而不得不基本上全靠到档案馆查阅档案。这里有一个很有意思的现象,一个单位如果平时注重档案工作,档案工作做得好,档案材料保存得齐全,档案编研材料编写得多、质量高,如注重编写和续写了单位成立以来的组织沿革、大事记、基础数字汇编、历年年鉴、专题文件汇编等,以及对发文实行两套制,整理编制有年度发文汇集、工作简报汇集等。那么,这个单位在编史修志时到档案馆利用档案的机会就会少,而且单位档案工作做得越好,到档案

---

① 顾洪章. 中国知识青年上山下乡始末[M]. 北京:中国检察出版社,1997:302.

② 上海统计局. 2014 上海统计年鉴[EB/OL]. [2019-01-04]. http://tjj. sh. gov. cn/tjnj/nj14. htm? d1=2014tjnj/C0202. htm.

馆利用档案的机会就越少。我们总不能为了提高档案馆的档案利用率而不让各个单位做好档案工作吧！"值得注意的是，随着机关、企事业单位档案管理水平的提高，馆藏档案利用率低的状况将会长期持续下去"，"黔西县志办1990年编辑出版的黔西县志92万字，共在县档案馆查阅档案15 186卷次，可是在1996年编制的《1988—1996年黔西县大事记》，此书25万字，共查阅摘抄档案2910卷次，但全是在机关档案室查阅的，没有到县档案馆查阅过一次档案。有了这本大事记，下次编史修志时，至少要减少查阅馆藏档案2910卷次，如果其有关编史修志的资料逐步编辑出台，那下一次编史修志时利用馆藏档案就难以形成高峰"①。

（2）工作查考。工作查考曾是档案利用的大户。工作查考与编史修志很相仿，如果查考者平时注重收集和保存有关材料，加上单位档案工作做得好，比如各种档案编研材料编写的种类多，那么，他也会很少因工作查考需要到档案馆利用档案。对于利用档案工作查考，有一个现象就是利用率不断下降，这是一个不争的事实。如有人统计："2008年利用档案进行工作查考和编史修志的还占全年利用数量的71%，到2012年已经下降到35%。"②还有人统计："2004年工作查考利用档案占全年利用档案的45.7%。从2005年开始，比例下降明显，最低为2010年，仅占全年的7.5%。"而"2004年，民生类档案查阅663卷次，2009年上升为5056卷次，增长将近10倍"③。对于此种现象，一些学者不明就里，认为："公民的档案利用权力意识正逐步增强。人们也必然会争取自己档案休闲利用的权利，这使得档案休闲利用不得不'应需而生'。"④还有学者预言："无论从当前还是未来看，我国档案馆面临重要的发展变化，将从以往司法—行政的有机联系转变为文化—社会的有机联系。档案馆服务的重点对象将由政府机构向社会大众转化。公民为维护个人权益、知悉政府政策、监督政府行政、满足个人爱好而产生的档案利用需求日益增长，个人利用档案进行查考、举证、满足知情权的现象越来越普遍。近年来，许多档案馆都体会到档案利用服务中的查档内容发生了明显转移，以往以查阅党政文书为主的工作查考类档案利用呈下降趋势，而关乎企业转制、婚姻状况、房屋拆迁、户籍申报等个人事项的档案需求大

① 曹家慧.试析近年来档案馆档案利用率下降的原因:兼与山东滕州市档案馆徐大华、燕良良二先生商榷[J].贵州档案,1997(6):23-25.

② 孙建军.宁夏档案馆利用未开放档案事项办理情况调研[J].中国档案,2013(4):60-61.

③ 王青.2004—2013年广东省佛山市档案馆档案利用分析[J].中国档案,2015(5):27-29.

④ 黄霄羽,等.社会转型期档案利用政策研究[M].北京:光明日报出版社,2011:238.

幅增长,普通百姓已经成为档案利用的主体,档案馆开始进入广泛为人民群众服务的新阶段。可以预见,未来在满足个人利用需求的基础上,文化利用需求还将不断增长和发展。"①很显然,这些认识与预言是有偏差的,是只看到现象,没有看到本质。或者说,只知其一不知其二。对于民生档案相对的大量利用,前文已经论述,民生档案的利用与政府政策息息相关,实际上是国家这几年不断出台调整利益分配政策的结果。这些政策的出台大都是为了解决一些历史遗留问题或者是在改革过程中逐步积攒的一些问题,并非是"档案休闲利用的权利""文化利用需求还将不断增长"。如果按照这样的思路走下去,很可能会使档案馆走入歧途,给档案馆事业的发展带来不必要的损失。

对工作查考需求的下降,学者们的解释是:"随着社会文明、经济发展步伐的加快,档案利用者的范围已经发生根本性变化,从编史修志到个人取证,从工作查考到学术研究,利用者的查档目的也更趋向多元化,越来越多的公民愿意走进档案馆。"②如果按照学者们的说法,由于档案利用者的范围变化,查档目的多元化和"越来越多的公民愿意走进档案馆",那么,越来越多的公民加入利用者队伍,档案馆的档案利用率应该整体提高一大截,也就是利用档案的绝对值应该增加才对。因为越来越多的公民是在原有利用者的基础上又增加了一大批利用者,他们是在原来编史修志、工作查考等利用者利用档案的基础上增加的,利用档案的绝对值不增加是不合理的。但事实上,利用档案的绝对值并没有增加多少,也就是并不因为越来越多的公民加入利用者队伍利用档案,提高了档案利用的绝对值而稀释了工作查考的利用档案数,使工作查考利用档案率下降,而是工作查考利用档案绝对数值的下降而使工作查考档案利用率大幅度下降。如果说编史修志是阶段性的工作,因工作告一段落而档案利用率的下降是有原因的话,那么,作为工作查考利用档案是一项日常性的常规工作,不应当大起大落,仅靠档案利用的多元化、公民越来越多地利用档案是解释不通的。

事实上,工作查考利用档案的下降是另有原因的。工作查考利用档案的下降是由于近些年复印机的大量使用、计算机的大量使用以及办公自动化的不断提高,使工作查考者保存信息材料更加方便,查找相关信息也更加方便,查找途径也多种多样。到档案馆查找利用档案的几率也就越来越少。我是长期做档案业务指导工作的,大约在 10 年前,也就是 2008 年前后,我就开始感觉有部分单位对档案整理(归档文件整理)工作越来越不积极了,其

①　赵屹.档案馆的现在与未来[M].上海:上海世界图书出版公司,2015:231.
②　黄霄羽,等.社会转型期档案利用政策研究[M].北京:光明日报出版社,2011:238.

中一个以往档案工作做得特别好的单位,也开始工作不积极了,开始我以为是老档案员退休了,新换的档案员不熟悉工作,就没有很在意,该指导指导,该指出问题指出问题,谁知过了两年了,还是依然如故。有次我又去该单位指导工作,我以为是档案员对档案工作认识得不到位,就向她大谈档案工作的重要作用,我还没有说完,她就截住我的话突然说了一句:档案都是给你们档案局(馆)整的。她说这话让我很意外,我说:怎么会有这样的认识呢?她说:现在基本上没有人来档案室利用档案,我们整理好了,没有人来利用,以后移交给你们档案局(馆),不是给你们档案局(馆)整的又是给谁整的。她的话我一时回答不上来。我问她,为什么没有人来档案室利用了?她说:现在上级来文,都是传阅后,如果需要哪个科室办理,就给他们复印一份,有时他们自己复印。本单位的文件,大都不愿意保存纸质的,都是直接到打印室拷电子版的,用着方便。后来,我发现有好几个单位的档案员都有相同的看法。随后,回想自己在工作中也与那位档案员说的如出一辙。在工作中,对于需要我们科办理的文件,我都复印一份,如果是省档案局出台的需要长期贯彻执行的规定、办法等,还有省档案局转发国家档案局的一些需要长期贯彻执行的规定、办法等,我都给我们科的每一个人复印一份,本局的文件大都拷有电子版的,基本上不去档案室查档案。随着信息化建设的发展,办公自动化、局域网、政务网的普及,一般查找材料相当方便,自然因工作查考到档案馆利用档案的机会就越来越少了。这才是造成工作查考利用档案绝对量下降的真实原因。

(3)学术研究。学术研究利用是学者们一直期盼的档案利用大户,但是,学术研究档案利用几十年来却是档案利用中最少的一部分,尤其在市县一级档案馆,学术研究档案利用几乎是凤毛麟角。一般学术研究者首先选择的是自己身边所积攒的材料,然后是图书馆、书店等,最后实在找不到了,才有可能到档案馆去。实际上,因学术研究而到档案馆利用档案的大部分是历史研究者,其他学科的研究者是很少选择到档案馆利用档案做学术研究的。而历史研究者在整个学术研究队伍中所占比例是很小的。即便是历史研究者,同样也是先选择自己身边所积攒的材料,然后是图书馆等,最后才是档案馆。我们做档案学术研究的扪心自问,我们因档案学术研究找资料首选的是档案馆吗?我们因档案学术研究到过档案馆利用档案吗?即便是到过档案馆利用档案,那么,我们因档案学术研究到档案馆利用过多少档案?我们到档案馆利用档案所收集的材料占全部材料的比例有多大?我们是主动去档案馆利用档案收集材料,还是实在找不到所需的材料最后不得不到档案馆去利用档案收集材料?

(4)民生档案利用。民生档案利用也就是公民个人利用档案。前文已经论述,来档案馆查阅民生档案必须具备两个必要条件:一是发生了政策调整;二是利用者所在单位或本人无法提供有关证明材料。只有这两者必备了才会被动地到档案馆来利用有关档案。而后者是影响公民个人到档案馆利用档案的最主要因素。例如,利用知青档案是因为利用者自己没有保存好知识青年上山下乡证或其他相关证明材料缺失,才被动到档案馆来利用的;利用婚姻档案中大部分都是利用者结婚证遗失的,有少部分是结婚证登记内容有瑕疵,后者属于以往登记不规范的历史遗留问题,不管是前者还是后者,都是被动到档案馆来利用的;利用退伍军人档案也是因为利用者遗失退伍证的缘故;等等。这都是"过去不少公民由于没有档案意识,一些应该由自己保存好的档案凭据自己乱丢乱扔,一旦需要,无法查找,只有到档案馆来查阅有关材料或存根。"①这里再以我的亲身经历举个例子。我本人当过兵,是退伍军人,当我从中医药学校毕业分配到医院时,医院是按学生分配第一年见习期发的工资,按人事政策像我这样在上学前当过兵或者工作过的,就没有见习期,可以直接定级,我向医院管人事的同志说了我当过兵应该直接定级,不知为什么,他并没有说我的档案里面没有当兵的记录,如果他当时跟我说我的档案里面没有当兵的记录,也许当时我就会要求找我上学前的档案了,就能将我的两份人事档案合二为一,也不至于若干年后我调动工作后才将我的两份人事档案合二为一。当时医院管人事的同志说,你把你的退伍军人证拿过来吧,我把退伍军人证给了他后,就把我定级的事直接办妥了。通过我个人办理直接定级的事例,说明只要本人有相关的证明材料,如退伍军人证,就不用到档案馆利用退伍军人档案。事实上,利用民生档案的大都是利用者自己证件及相关材料保存不好而不得到档案馆利用档案的,也有一部分是由于种种原因造成个人档案记载不清或者丢失等。但事实上,无论是前者还是后者,在生活中都是少数,实际到档案馆利用民生档案的依然是少数。

4.对民生档案利用的解读

(1)民生档案的利用是政策、利益与利用者的多重因素作用促成的。民生档案的利用是近些年来档案利用的大户,一些研究者在观察研究了这一现象以后,就认为这是公众档案意识、民主意识、权力意识的增强,档案利用大众化、休闲化的结果。例如,郑锦霞认为:"随着社会档案意识的不断提高,公民依法获取自身信息的知情权要求不断提升,群众对民生档案的利用

---

① 曹家慧.试析近年来档案馆档案利用率下降的原因:兼与山东滕州市档案馆徐大华、燕开良二先生商榷[J].贵州档案,1997(6):23-25.

需求越来越多。"①魏金娇认为:"由于社会的发展,公众的档案意识逐渐增强,公众发现自身对于档案与档案服务的需求与日俱增,特别是随着信息技术的不断发展,公众对于民生档案的利用需求越来越大。"②赵洋月认为:"随着民主政治制度的逐步确立,人们的民主意识不断增强,对档案信息公共服务的需求不断增加,对民生档案、信用档案等档案的利用需求达到了前所未有的程度";"伴随着公民的民主意识的觉醒,档案意识的增强,尤其是在信息技术的普及和推动下,使得公民在利用大众化档案、民生档案的需求越来越大"③。黄霄羽认为:"20 世纪 60 年代以来,关于公民自由获取信息的权利的法律法规相继颁布,如《信息自由法》等,档案利用已成为公民的一项民主权利,也就是所谓的'档案民主化'。它使查阅档案成为任何一个公民在其日常生活中均可享有的自由获取信息的公共权利,越来越多的人开始意识到这种权利,并合法地使用它。档案个人利用已经在档案馆的利用中占据主力的位置,如近年来在上海出现的'知青档案''独生子女档案'和'房地产档案'等的大量利用";"由此看来,公民的档案利用权力意识正逐步增强。人们也必然会争取自己档案休闲利用的权利,这使得档案休闲利用不得不'应需而生'"④。刘金霞认为:"要努力开发民生档案资源,缩短与公众的距离,使档案馆成为极具感染力与亲和力的大众文化休闲场所。"⑤汪孔德认为:"那里有民生档案,老百姓才会去休闲。"⑥赵屹认为:"对于个体利用者来说,其利用档案首先的、最初的、直接的目的一般都是出于维护自身利益的诉求,而后是进行专业研究等功能性需求,最后是文化和休闲需求。"⑦

然而,事实并不像这些研究者观察和研究的那样,民生档案利用的兴起,既不是公众档案意识、民主意识、权力意识的增强,也离档案利用大众化、休闲化相去甚远。有位记者在采访北京市朝阳区档案利用工作时,"朝阳区档案馆领导在谈到这些问题时,话说得非常坦率:档案利用率高、普通老百姓能到档案馆来查询利用档案,应该说是件好事儿,但这决不是说我们这儿的老百姓跟其他区县相比,思想觉悟就高、档案意识就强,这确实是一

① 郑锦霞.档案社会化的重新审视:民生档案[J].兰台世界,2010(10):39-40.
② 魏金娇.以服务为导向的档案馆资源建设研究[D].哈尔滨:黑龙江大学,2018.
③ 赵洋月.国家档案馆公共服务评价体系设计与实证研究[D].杭州:浙江大学,2012.
④ 黄霄羽,等.社会转型期档案利用政策研究[M].北京:光明日报出版社,2011:238.
⑤ 刘金霞.谈档案人的职业自信[J].四川档案,2012(6):35.
⑥ 汪孔德.基于社会记忆理论下的档案与历史关系[J].池州学院学报,2008(2):98-103.
⑦ 赵屹.档案馆的现在与未来[M].上海:上海世界图书出版公司,2015:69.

种社会大环境下的客观需求"①。事实也正是如此，它"是一种社会大环境下的客观需求"，这里说的社会大环境就是国家政策的环境，就是国家不断出台涉及民生利益的相关调整政策，而客观需求正是受益民众中的部分人员由于缺乏相关证明材料不得不到档案馆来利用民生档案寻找相关证明材料。我的两次亲身经历也说明了这一点，办理"上山下乡"时间计算工龄时，得益于我保存的知识青年上山下乡证。办理直接定级的事，得益于我保存的退伍军人证。保存知识青年上山下乡证、退伍军人证并不是我的档案意识强，那时我还没有到档案局（馆）工作，也不可能有很强的档案意识，实际上是基本没有档案意识。我只不过有个"毛病"，说好听的是不好扔东西，说不好听的就是懒。当然，也不会去整理，用的时候费点事还是能找到的。如果我手头上没有知识青年上山下乡证、退伍军人证，估计我也得被动地到档案馆去利用相关档案查找证明材料。事实上，民生档案利用的兴起正是政策、利益与利用者三者因素的多重作用促成的结果。如果普通老百姓都是思想觉悟高、档案意识强的话，那么，他们保存相关证件及证明材料的意识就强，结果是到档案馆利用相关档案的反而会更少了。事实上，这种情况正在发生，"社会档案意识的提高，在一定程度上也降低了馆藏档案利用率"；"现在公民的档案意识提高了，不少人应保存的档案凭据如农民的《土地承包合同》，干部的调动、任职、增资文件的复制等等，保存得完好无缺，他们需要利用时用不着来档案馆查档案了，这也降低了馆藏档案的利用率"②。显然，那种认为民生档案的利用是因为公众档案意识、民主意识、权力意识的增强的观点，以及公众档案意识、民主意识、权力意识的增强，"使得档案休闲利用不得不'应需而生'"的观点，是不符合实际的。

　　尽管大家感觉民生档案的利用率高，然而实际情况是，开展民生档案利用的近 10 年里，就全国来说，由于馆藏档案的不断增加，实际档案利用率不仅没有提高，反而降低了。档案利用（包括各类档案）的绝对值（实际利用档案的数值）也没有超过历史上档案利用的最高值（下文将专门进行统计分析）。实际利用民生档案的人数就全部公民来说是很少很少的。

　　（2）对有关民生档案利用的一些观点评析。关于民生档案的利用者走向休闲利用，按照学者的三部曲来说，是利益诉求、专业研究需求、文化和休闲需求。那么，这占全部公民总数中很少一部分的民生档案利用者有多少最后走向文化和休闲需求呢？ 不能说一个没有，这有些绝对化了，但是，肯

---

　　① 卞吉.档案服务创新系列谈之二 社会需求 主动服务 档案利用效果：北京市朝阳区档案利用工作带给我们的思考[J].北京档案,2002(4):8-9.

　　② 曹家慧.试析近年来档案馆档案利用率下降的原因：兼与山东滕州市档案馆徐大华、燕开良二先生商榷[J].贵州档案,1997(6):23-25.

定不会太多。因为满足第一利益需要的大都是被动来的,而不是因为有了档案意识来的,让他们进入专业研究需求的第二阶段,可能性不是太大的。因为就连专业研究学术的人都很少去档案馆利用档案,这些非专业研究学术的人产生专业研究需求的冲动有多大? 非常值得怀疑。利用民生档案的大都是市县以下的档案馆,而来市县以下的档案馆利用档案进行学术研究的专业研究学术的人员可以说都是凤毛麟角,让非专业研究学术的人来改变这一现象,是不是有些超现实了。

再说最后走向文化和休闲需求的第三阶段,能走到这一阶段的是不是就更少了? 就按有一部分走到这一阶段,在这很少一部分的民生档案利用者中,极个别有了文化和休闲需求,那么休闲什么呢? 按照学者开出的"药方",黄霄羽认为:"以家谱、历史照片为代表的档案迎合了休闲需要,广受民众欢迎。"[①]曹宇认为:"家谱、族谱档案似乎便理所当然地成为档案馆文化休闲功能实现的主力。"[②]董长春认为:"典型的休闲类档案如地方名人及其家庭档案、家谱族谱档案、民间团体及老字号企业档案、地方特色档案、非物质文化遗产档案、城市记忆档案等,也应进行相应的组分和组合,以此构建平民化、大众化的休闲档案子库。"[③]汪孔德认为:"保存老百姓如家谱、族谱、房地产档案、当地风土人情、社会保险、历史典故、地理风光、文化遗产等等方面的档案,那里有民生档案,老百姓才会去休闲。"[④]从中可以看出,家谱档案应该是民众最需要的休闲档案了。而且,家谱与百姓的生活可能最近,而其他的离百姓的生活就有些远了。这里就以家谱档案为例进行一下具体的分析。

从保存家谱资源上看,国内保存中国家谱最多的机构是上海图书馆,"到目前为止,上图共计收藏家谱达 21 400 种(不含复本),近 20 万册,约占存世中国家谱三分之一,故上图被冠以中国家谱'半壁江山'之美称"[⑤]。"上海图书馆馆藏家谱数量,几乎是国内其他公共藏书机构所藏家谱的总和";"就档案馆而言,和这些机构相比,收藏家谱的种类和数量差距不小";"各地档案馆馆藏家谱档案数量很少";"湖南省岳阳市档案馆保存了 60 多

---

① 黄霄羽.国外档案利用服务社会化的理论认识和实践特点[J].档案学通讯,2010(6):41-44.

② 曹宇.从档案馆文化休闲功能看我国档案鉴定转向[J].贵州档案,2004(4):21-22.

③ 董长春.统筹视域下的档案文化休闲利用与服务研究[J].档案学研究,2016(6):45-48.

④ 汪孔德.基于社会记忆理论下的档案与历史关系[J].池州学院学报,2008(02):98-103.

⑤ 上海图书馆.中国家谱总目[M].上海:上海古籍出版社,2008:15.

个姓氏的 800 余卷（册）家谱,是各级档案馆中收藏家谱数量比较多的。而福建省省辖各市县的 58 个档案馆收藏家谱 525 卷（册）,辽宁省省辖各市县档案馆收藏家谱档案 300 余卷（册）,这两省档案馆收藏家谱档案的数量,基本上反映了目前国内各级档案馆收藏家谱档案的状况"①。仅单单就档案馆保存家谱数量上来看,档案馆走向所谓的档案"休闲"利用,在一个相当长的时间内是一个不现实的问题。

从价值与利用数量看,家谱研究专家王鹤鸣认为:家谱具有重要的价值,第一是文物价值;第二是资料价值;第三是道德价值;第四是寻根价值;第五是文化价值②。而不管是图书馆还是档案馆,一般利用家谱的价值是资料价值和寻根价值。资料价值也就是史料价值,对于家谱的史料价值,20 世纪初,著名史学家顾颉刚就认为:"我国史籍之富,举世无比。然列代公认的官修正史,由于种种原因,自今论之,尚难允称'信史'。今青年治史学,当于二十五史外博求史料,取精用宏,成就当非前代所可比。而今我国史学领域有尚待开发的两个'大金矿'即地方志和族谱。它一向为治史者所忽视,实则其中蕴藏无尽有价值的史料,为'正史'所难于悉纪不为人所知者。"③寻根价值也就是档案界所称的"休闲"价值。对于家谱的利用,从全国收藏最多家谱的上海图书馆看,"上海图书馆家谱阅览室自 1996 年 12 月正式对外开放后,已接待了约十万人次的读者,其中小部分是从事谱牒研究的大学或研究单位的研究人员,绝大部分是来自各地包括海内外华人因编修新谱需要而来查阅旧谱的读者"④。"其中不少都是为寻根问祖来查询家谱的"⑤。显然利用家谱是以研究者为主的（编修新谱的也可以认为是研究者）。虽然绝大部分是因编修新谱需要,而编修新谱与利用档案编史修志相同,一旦完成新谱编修,就会相当长一段时间不再利用。也就是说,编修新谱者并非档案界所称的"休闲"者,而是档案界所称的编史修志者。"其中不少都是为寻根问祖"的,"其中不少"是多少,没有具体的数字,往多里说按五分之一算,接待寻根问祖的大约是 2 万人。按照统计最迟的时间是 2010 年（该数据来源的书籍出版日期是 2011 年 11 月）,应该是 14 年的时间,那么,每年接待寻根问祖的大约是 1400 人。按照"上海图书馆馆藏家谱数量,几乎是国内其他

---

① 孙成德.家谱传承历史文化[N].中国档案报,2015-07-10(004).

② 王鹤鸣.中国家谱通论[M].上海:上海古籍出版社,2011:20-23.

③ 林其锬.家谱功能的历史嬗变与现代变迁[M]//中华谱牒研究.上海:上海科学技术文献出版社,2000:69.

④ 王鹤鸣.中国家谱通论[M].上海:上海古籍出版社,2011:255.

⑤ 王鹤鸣.中国家谱通论[M].上海:上海古籍出版社,2011:22.

公共藏书机构所藏家谱的总和"计算,加上档案馆所保存的家谱数量,利用家谱寻根问祖(档案界所称的"休闲")的每年全国也不过大约是3000人。按照目前档案馆收藏的家谱数量计算,分到档案馆名下的家谱"休闲"人数每年很难超过100人。别说只有不到100人了,就是全部的3000人左右,就是14年全部的10万人次,对于全国13亿多人来说,只是微不足道。也就是说,即使把全国的所有家谱都集中到档案馆,也形不成大众利用家谱的"休闲"热潮。

从家谱文化上看,我国的家谱发展源远流长,"中国的家谱,经过氏族社会、夏商时代的发展,便逐渐脱离了其原始的形态。到了周代,达到了一个新的发展阶段","中国家谱到周代已经正式诞生"①。而且,几千年来编修家谱的活动就没有间断。改革开放以后全国又出现了编修新家谱的热潮。"近三十年来,续修新谱主要在农村。党的改革开放政策实行后,农村经济发生重大变化,江苏、浙江、安徽等地区农民迅速解决了温饱问题,并开始大步迈向小康社会。农民物质生活改善后,对精神生活和文化需要也有了新的要求。于是,传统的编修家谱的文化活动在新的条件下得到了复苏,出现了自发地开展编修新家谱的活动。农村经济的发展、农民收入的提高,也为开展编修新家谱文化活动的各项支出,诸如座谈、出差、通讯、编写、印刷等项费用提供了物质保证。"②除了发达省份,近些年来,其他省份也都自发的开展编修新家谱的活动。"近十年来,上图家谱书库还收到各家谱编委会赠送的两千余部新修家谱,谱籍所在地包括港、澳、台地区在内,遍布全国各省、市、自治区。"③也就是说,由于我国的浓厚的家谱文化和续修家谱的传统,加上经济条件的改善,许多家庭都有了收藏与自己有关的家谱的条件,不用大老远地跑到档案馆去利用家谱"休闲",在自己家里就可以随时翻阅家谱"休闲"了;如果是在农村,自己经济条件不太好,没有条件收藏,完全可以到隔壁邻居家翻看翻看家谱"休闲""休闲",都是本家门上的,不会不给这个面子。同样,也不用舍近求远到档案馆去利用家谱"休闲",说不定真是到了档案馆去利用家谱"休闲",还"休闲"不到与自己有关的家谱呢!这与学者们开出的"药方"可谓大相径庭,相差万里。

学者们开出的家谱"休闲""药方",显然是受了西方档案学者的观点和西方档案工作情况的影响,例如,黄霄羽在《加拿大温哥华访学的感思与启

---

① 王鹤鸣. 中国家谱通论[M]. 上海:上海古籍出版社,2011:50.
② 王鹤鸣. 中国家谱通论[M]. 上海:上海古籍出版社,2011:254.
③ 王鹤鸣. 中国家谱通论[M]. 上海:上海古籍出版社,2011:255.

示》一文中介绍道："我们熟知的家谱档案利用、休闲利用在加拿大都十分盛行。"①龚菲指出："家谱档案在美国是被当作档案馆里的重要档案资料加以利用的，对于去档案馆利用家谱档案的相关学者和普通民众而言，家谱档案不仅是重要的文献资源，还是他们实现'寻根'目标的材料，也是他们维护个人合法权利的证明，甚至去档案馆查阅家谱档案是他们提升历史文化修养、进行文化休闲的一种方式。"②我们不能否定美国、加拿大利用家谱档案的比较多，或者说利用家谱档案休闲的比较多。但是，一个国家有一个国家的文化、传统、制度、结构，每个国家在这些方面都不一样，其档案工作以及对档案的利用是有差异的。美国、加拿大都是移民国家，"寻根"的需求比我国强烈也很正常，而且他们的家谱文化估计也没有我国这样源远流长和普及，而不得不到档案馆去"寻根""休闲"。大多数介绍或者论述国外利用家谱档案"休闲热"的，或者利用高的，很少有数据说明，即便有的有数据，也只是一个单独的利用人次或者卷次，而能够反映真实情况的数据，如档案馆的总馆藏量是多少，馆藏的家谱档案有多少，利用人次或者卷次占总馆藏量的比例是多少，占馆藏的家谱档案的比例是多少，该档案馆所在区域的人口是多少，利用人次或者卷次占该档案馆所在区域的人口的比例是多少，几乎不见踪影。如果没有后面的这些数据，你根本无法从单独的利用人次或者卷次上判断利用家谱档案"寻根""休闲"，到底是热还是不热，利用率到底有多高。我国上海市也算是一个移民城市，我们就以上海为例推算一下利用家谱档案"寻根""休闲"有多热，利用率有多高。这也是那些引进推崇国外观点学者的逻辑选择，按照这一观点的逻辑，移民城市可能利用家谱档案"寻根""休闲"需求比一般的城市要高。"上海图书馆家谱阅览室自 1996 年 12 月正式对外开放后，已接待了约十万人次的读者"，"其中不少都是为寻根问祖来查询家谱的"③。按照上文的估算，每年接待寻根问祖来查询家谱的大约应该是 1400 人。往多里算利用率，就按 1997 年（因上海图书馆家谱阅览室是 1996 年 12 月开放的）底上海市常住人口是 1489 万人④计算，那么，每年利用家谱档案"寻根""休闲"的只占上海市常住人口的 0.0094%，也就是不足万分之一。往少里算利用率，2010 年底上海市常住人口是 2302.66 万

① 黄霄羽. 加拿大温哥华访学的感思与启示[J]. 档案学通讯,2007(4):65-68.

② 龚菲. 家谱档案管理研究[D]. 合肥:安徽大学,2014.

③ 王鹤鸣. 中国家谱通论[M]. 上海:上海古籍出版社,2011:255,22.

④ 上海统计局. 1998 上海统计年鉴[EB/OL]. [2019-01-03]. http://www. stats-sh. gov. cn/tjnj/nj17. htm？ d1 = 2017tjnj/C0201. htm.

人①,那么,每年利用家谱档案"寻根""休闲"的只占上海市常住人口的0.006%,也就是二万分之一多一点。就是将14年累计的寻根问祖的约2万人都算上,也还占不到2010年底上海市常住人口的千分之一。如果按上海图书馆收藏的家谱21400种,近20万册算,那么,这14年累计"寻根""休闲"的也只是每种家谱接近平均利用过1次,册数仅利用过十分之一。无论是"寻根""休闲"的利用者占总人口的比例,还是家谱被利用的次数,都是相当低的。在一个收藏有全国一半家谱的城市,一个以移民为主的城市,"寻根""休闲"的利用家谱的情况尚且如此,其他地方就可想而知了。显然学者们开出的家谱"休闲""药方"在我国是"水土不服"的。

国外集中研讨档案休闲利用始于2000年第14届国际档案大会。此次大会对于档案休闲利用研讨及影响,有学者认为:"2000年14大对档案休闲利用服务展开集中研讨,这是国际档案界形成休闲利用观的起点。主报告之一《档案在休闲社会中的作用》将档案休闲利用提升到理论高度。它与《档案用户的教育》《档案和市场营销》《档案馆在社会中的形象:以新加坡为例》和《档案馆与公众交往的策略》四篇辅助报告配套,从不同方面阐述面对休闲社会的来临,档案作用发生了变化——从保存信息的'珍宝'演变成'文化产品',档案利用作为一种文化活动,发展成休闲文化的组成部分。这表明文化休闲成为档案服务社会化的新方向。后来实践证明,借助14大推动,休闲利用在发达国家普遍展开,取得卓有成效的成绩。"②在发达国家休闲利用取得哪些卓有成效的成绩,就让我们看看学者举的例子。

"美国国家档案馆是全球馆藏数量最大的档案馆之一,十年前有国内学者感叹其丰富馆藏——'纸质文件631534立方英尺,制图与建筑文件45000立方英尺,电影和声像片38000立方英尺,照片15000立方英尺,电子文件1400立方英尺。内容涉及政治、经济、军事、科学、文化、体育等各个领域,馆藏十分丰富,其载体形式也多种多样,包括纸质、图表、录像带、广告片、电影片、照片、幻灯片、电子文件等,其中仅图片就有800多万幅'。档案馆统计利用率最高的档案中,二战时期照片档案总位居前列。以家谱、历史照片为代表的档案迎合了休闲需要,广受民众欢迎。"③仅仅一个"馆藏数量最大",一个"档案馆统计利用率最高的档案中,二战时期照片档案总位居前

---

① 上海统计局.2011上海统计年鉴[EB/OL].[2019-01-03].http://tjj.sh.gov.cn/tjnj/nj11.htm?d1=2011tjnj/C0201.htm.

② 黄霄羽.国外档案利用服务社会化的理论认识和实践特点[J].档案学通讯,2010(6):41-44.

③ 黄霄羽.国外档案利用服务社会化的理论认识和实践特点[J].档案学通讯,2010(6):41-44.

列"，没有具体的统计利用数据，没有利用人数，没有利用档案数，没有利用档案数与馆藏档案数的比例，既不能说明档案利用率高，更不能说明档案迎合了休闲需要和广受民众欢迎。实际上，据现有的资料分析美国国家档案馆档案利用情况，不是我国的档案馆档案利用率低，而是美国国家档案馆档案利用率低。就我国全国综合档案馆的整体而言，档案利用率平均高出美国国家档案馆28.81倍。最高的竟是我国一个经济相对落后的县级档案馆，竟高出美国国家档案馆101.68倍（在下文中将专门分析）。学者接着介绍道："国外档案馆适应休闲需要，加大了宣传力度。最典型当属美国国家档案馆。华盛顿旅行指南将国家档案馆与白宫、国家博物馆等景点均收录其中，吸引国内外游客参观。""好莱坞巨制电影《国家宝藏》也在档案馆实地取景。档案馆与媒体、娱乐、IT行业联手宣传，极大提高了影响力。目前每年有上百万人被吸引前来参观，这一数据多少能让人体会到'大众休闲'的意味。"①就"上百万人被吸引前来参观"来说，并不能让人体会到"大众休闲"档案的意味，因为"参观"并不等于"休闲"档案。上百万人前来参观什么呢？这里并未给出。让我们看看另一位学者的介绍："美国国家档案馆的永久性陈列大厅——美国《独立宣言》、《宪法》和《人权法案》等最珍贵的文件就长年陈列在这里，每年接待观众达上百万人次。"②从两者不同的表述中可以看出，后者的表述应该是事实，吸引上百万公众参观的是"美国《独立宣言》《宪法》和《人权法案》等最珍贵的文件"，而不是"档案馆适应休闲需要，加大了宣传力度"，也不是"档案馆与媒体、娱乐、IT行业联手宣传，极大提高了影响力"。美国的《独立宣言》和《宪法》最早并没有保存在美国国家档案馆，而是保存在美国国会图书馆。"一九三三年二月二十日，在档案馆奠基典礼上，伯特·胡佛总统以全国人民的名义，为档案馆大厦剪彩，并发表了演说。他宣布：'在这里，我们将存放我国历史上最神圣的文献——《独立宣言》和《宪法》的原稿。'""然而，国会图书馆的人们反对这样做。就在一九三四年圣诞节前夕，J. 富兰克林·詹姆森写信给康纳，要求他不要不同赫伯特·普特南商量，就自作主张地移交《宣言》和《宪法》。詹姆森强调说，那些文件放在国会图书馆不仅仅是因为行政命令，同时也出于国会法令的权威。此外，他还认为，每年都有多达一百万的旅游者、学校儿童和其他一些参观者到国

①　黄霄羽.国外档案利用服务社会化的理论认识和实践特点[J].档案学通讯，2010(6):41-44.

②　胡绍华.访美散记之五：访美国国家档案与文件管理署[J].档案管理,1995(3):36-40.

会图书馆参观这些文件,而参观国家档案馆大厦的人数要比上述数字少得多。"①而最终决定将《独立宣言》和《宪法》移交给美国国家档案馆的原因是,美国国会图书馆是"座老式的石制建筑,两份文件放在那个建筑里面,既无防火设备,又无防轰炸设备。此外,在国会图书馆里也没有温度控制设施。当温度升高或降低时,羊皮纸的手稿就会急剧胀开或缩小。克米伯利认为花费一笔巨款来重修国会图书馆的想法是不切实际的,更何况国家档案馆大厦的展览大厅,已经做好了保护和展览那两份文件的准备呢。在档案馆大厦里,不会有异常的温度变化。""因为在敌人进攻或其他灾难到来的情况下,那两份文件放在档案馆要比放在图书馆安全得多。对公众来说,档案馆和图书馆一样,都是容易进去的。"②最后,在 1952 年《独立宣言》和《宪法》正式移交给美国国家档案馆,并在展览大厅里展览。从上述美国《独立宣言》和《宪法》的收藏展览的经历来看,早在 1934 年,在 2000 年第 14 届国际档案大会提出档案休闲的 66 年前,美国国会图书馆的《独立宣言》和《宪法》就已经被每年多达一百万人"休闲"了,早已"让人体会到'大众休闲'的意味"了。这正验证了那位詹姆森的话:"参观国家档案馆大厦的人数要比上述数字少得多。"在美国国家档案馆展览的《独立宣言》和《宪法》,其参观人数在几十年后才达到一百万人。如果按照人口比例算,至今到美国国家档案馆参观《独立宣言》和《宪法》展览的人仍没有超过原来到美国国会图书馆参观的人数占比。之所以按照人口比例算,有两层意思:一是单说参观者一百万,并不能说明谁的参观者是多是少,按人口比例计算是相对客观的;二是在其他条件不变的情况下,参观者应该与人口的增长成正比,也就是随着人口的增长而参观者也相应地增加,参观者与人口的增长率应该持平。而如果按照档案学者们的观点,随着档案宣传的不断加大力度、文化素质和档案意识的提高,参观者应该成倍的增长,最起码要超过人口的增长。所以按人口比例计算可以比较直观地看出是否增长。这里只是做一下粗略的计算,所以上述的参观者"上百万人""达上百万""多达一百万",都按一百万计算。据美国人口统计,1930 年 6 月 1 日为 1.228 亿③,那么,当时到美国国会图书馆参观的人数约占美国总人口的 0.81%;2000 年为 2.814 亿④,那么,在 2000 年第 14 届国际档案大会提出档案休闲时(上述另一位学者介绍的美

---

① 贾斯特弗桑.历史性的移交:记《独立宣言》和《宪法》转交到美国国家档案馆的经过[J].田犁,译.档案学通讯,1980(2):64-68.

② 贾斯特弗桑.历史性的移交:记《独立宣言》和《宪法》转交到美国国家档案馆的经过(续)[J].田犁,译.档案学通讯,1980(3):73-78.

③ 宿景祥.美国经济统计手册[M].北京:时事出版社,1992:7.

④ 董秀丽.美国政治经济与外交[M].北京:知识产权出版社,2014:73.

国国家档案馆接待观众达上百万人次的文章是 1995 年发表的，这里就姑且认为到 2000 年仍然是 100 万），到美国国家档案馆参观的人数约占美国总人口的 0.36%，比当时到美国国会图书馆参观的人数占比下降了 55.55%，还不到当时到美国国会图书馆参观的人数占比的一半；2010 年人口普查，美国人口为 3.087 亿①，那么，"让人体会到'大众休闲'的意味"的文章发表时间是 2010 年，当年到美国国家档案馆参观的人数约占美国总人口的 0.32%，比 2000 年第 14 届国际档案大会提出档案休闲时占比又下降了 11.11%，比当时到美国国会图书馆参观的人数占比下降了 60.49%，只是当年到美国国会图书馆参观的人数占比的 39.5%，也就是三分之一强。

对于美国国家档案馆每年接待百万之众的参观者，国内的学者是不厌其烦地介绍和赞叹："美国国家档案馆每年接待百万之众的参观者更是为我国许多档案工作者耳熟能详和津津乐道。"②"美国国家档案馆每年接待参观者达百万之众，不能不让我们佩服美国的档案工作者的确'有一套'！"③而实际上，相信大家看了上述的分析后，会有另一番感慨。如果按照按人口比例增长而增长，2010 年到美国国家档案馆的参观者应该到达 250 万人次。而如果按照档案学者们的观点，随着档案宣传力度的加大、档案意识的提高等，就按增长 1 倍，也应该到 500 万人次！如果按照学者们"津津乐道"佩服的"的确'有一套'"的话，至少要增长 2 倍以上，才可以发出此赞叹，那么，就是 750 万人次！可惜原来美国国家档案馆并没有学者们想象得那么"有一套"，美国国家档案馆使出浑身解数，仍然拼不过几十年前的图书馆。而且，这每年接待百万之众的参观者是有原因的，也就是不管《独立宣言》和《宪法》保存在什么地方，都能每年吸引上百万的参观者。虽然对公众来说，保存在档案馆和图书馆是一样的，但事实上，保存在图书馆更能吸引观众，这是不是需要档案人深思啊！通过这个案例，至少可以得出以下结论：其一，一些学者宣扬、赞叹、佩服美国国家档案馆在档案利用方面做得如何如何，事实并非如此。其二，美国国家档案馆是个个案。美国国家档案馆每年有上百万人参观是因为展览《独立宣言》和《宪法》，而这又是美国的特殊性造成的。美国是一个只有 200 多年历史的国家，所以将《独立宣言》和《宪法》视为珍宝，因此，不管《独立宣言》和《宪法》保存在什么地方，都能吸引参观者。而美国是个个案，美国国家档案馆保存《独立宣言》和《宪法》也是个个

---

① 董秀丽著.美国政治经济与外交[M].北京：知识产权出版社，2014：73.

② 姜之茂.外国档案展览的理论和实践[J].档案学通讯，2000(3)：38-44.

③ 赵屹，陈晓晖，朱久兰.美国的档案工作与信息服务社会化：兼谈对我国档案信息服务社会化的启示[J].档案学通讯，2001(2)：67-73.

案,像美国这样的国家也不多,就是在美国,像美国国家档案馆保存《独立宣言》和《宪法》这样珍宝的也只是独此一家。我们设想一下,如果美国国家档案馆没有了《独立宣言》和《宪法》,还会有那么多参观者吗? 因而可以说,美国国家档案馆只是个个案,不可复制。而如果美国国家档案馆没有了《独立宣言》和《宪法》这样的珍宝,还能吸引众多的参观者,并且能复制其经验的话,那倒应该值得佩服。其三,休闲是档案人的一厢情愿。论休闲,显然图书馆要比档案馆要有优势,这是由图书与档案的性质所决定的,图书是传播经验、思想、知识的工具,而档案是记忆备忘的工具。这也就决定图书是利用的人越多越好,而档案利用的人越少越好。也就是说,档案根本就没有休闲的基因,大都是被动地被利用。这也就是档案馆在休闲上拼不过图书馆的原因。

第二个例子是加拿大。"加拿大国家档案图书馆藏有 71 000 多小时的长短胶片、250 多万张建筑图纸、3180 万兆电子信息、上百万册多语种书籍、21 300 多万盒影像档案、数以亿计的文本文档和印刷品、270 000 小时的录像和录音资料、343 000 部艺术作品,还有邮政档案、乐谱、宣传海报、人物肖像等多种特色档案。这些丰富馆藏吸引了大量民众,笔者调研时了解到档案图书馆已成为加拿大民众文化休闲的常去场所。"[①]这里称得上档案的馆藏的只有"21 300 多万盒影像档案""邮政档案、乐谱、宣传海报、人物肖像等多种特色档案"。但是,我们最常见的纸质档案不见了踪影,难道那"数以亿计的文本文档和印刷品"就是纸质档案? 不能确定,而且图书馆的馆藏文献也可以这样表述。这里同样也没有具体地统计利用数据,没有利用人数,没有档案利用数,没有利用档案数与馆藏档案数的比例,既不能说明档案利用率高,也难以说明档案馆"已成为加拿大民众文化休闲的常去场所"。加拿大国家档案图书馆是在 2004 年由加拿大国家档案馆与国家图书馆合并而成的,是由于加拿大国家档案馆与国家图书馆的合并后而"成为加拿大民众文化休闲的常去场所",还是在之前档案馆是"民众文化休闲的常去场所"而图书馆不是,或者图书馆是"民众文化休闲的常去场所"而档案馆不是,更或者在之前两者都不是,并没有交代。我们只能推测,按照前文所分析的美国情况,应该在合并前图书馆"已成为加拿大民众文化休闲的常去场所",而合并后,档案馆也"已成为加拿大民众文化休闲的常去场所"。如果档案馆"已成为加拿大民众文化休闲的常去场所",那么,就应该提供参观和翻阅的人数,还应该提供参观和翻阅哪些档案以及数量多少,这样才能说明档案馆已经

---

① 黄霄羽.国外档案利用服务社会化的理论认识和实践特点[J].档案学通讯,2010(6):41-44.

"成为加拿大民众文化休闲的常去场所"。

第三个例子，"借助高科技支持的便捷服务，国外档案馆已成为公众休闲场所。如在英国国家档案馆，儿童看虚拟展览，老人看原件，年轻人上网、购书、喝咖啡。档案馆还积极利用面具、鬼脸和声光电等技术手段，吸引公众"。这里同样也没有具体的档案统计利用数据，没有档案利用人数，没有档案利用数，没有利用档案数与馆藏档案数的比例。档案馆只剩下了"老人看原件"等，颇有"买椟还珠"的味道。"成为公众休闲场所"与利用档案休闲是不同的概念，如果有资金，档案馆建一些休闲设施，为档案利用者提供舒适的环境，设一些宣传项目，提供更多的档案宣传手段，都无可厚非，问题是这些与利用档案休闲根本就不是一回事。

（3）小结。通过以上分析，可以认识到：

第一，利用档案休闲的观点未必正确。对于利用档案休闲的观点，不管是外国档案学者提出的，还是第14届国际档案大会对档案休闲利用研讨得出的结论，都值得怀疑。外国档案专家提出的观点不一定都是正确的，也不能认为国际档案大会的主题或者得出的所谓共识就一定是正确的。因为从上述国外的"依托丰富馆藏开展休闲利用服务实践"案例中可以看出，并没有取得多少实效，离所谓的档案休闲相距甚远。让人感觉所谓的档案休闲就是一个"噱头"，这已经远离档案记忆备忘的本质。档案馆的存在是由档案的本质决定的，档案利用的被动性就决定它不可能被"休闲"。当然，有个别人非要到档案馆随便翻翻档案"休闲"一下，也很正常，也无可厚非，但是，这肯定不是主流。

第二，档案利用工作受一个国家的文化、传统、制度、结构的影响很深。每个国家的文化、传统、制度、结构的不同，就造成了档案利用工作的差异，比如，前文所述对家谱档案的利用，像美国、加拿大、澳大利亚等移民或家谱文化不深编修家谱不普及的国家，可能利用率相对较高，但是，在我国这样一个有着浓厚的家谱文化以及编修续修家谱很普及的国家，显然到档案馆利用家谱档案的就相对低得多。像档案利用工作实践性这么强的工作，我们应该立足我国的档案利用工作实践来总结利用规律，而不能国外云什么，我们亦云什么。更可怕的是，不是在全面理解国外档案利用工作的基础上介绍其情况，而是一知半解式地照搬照抄，或者片面地照搬照抄，甚至割裂历史"断章取义"式地推介。例如，学者们在佩服推介"美国国家档案馆每年接待百万之众的参观者"时，就没有全面地介绍这"百万之众的参观者"的来龙去脉。

第三，总结档案利用规律要透过现象看本质。总结档案利用规律不能只看某些档案利用现象，不能只看利用的多寡，更不能牵强附会，这样得出的结论可能会完全背离客观事实。总结档案利用规律一要了解某些档案利用现象背后的东西,要透过现象看本质,这样得出的结论才有可能是客观的。例如,对民生档案利用的解读,有不少研究者认为这是由于公众档案意识、民主意识、权力意识的增强。如郑锦霞认为:"随着社会档案意识的不断提高,公民依法获取自身信息的知情权要求不断提升,群众对民生档案的利用需求越来越多。"①还有些学者由民生档案的利用推测出档案休闲利用的需求,如黄霄羽认为:"近年来在上海出现的'知青档案''独生子女档案'和'房地产档案'等的大量利用";"由此看来,公民的档案利用权力意识正逐步增强。人们也必然会争取自己档案休闲利用的权利,这使得档案休闲利用不得不'应需而生'"②。但是,如果透过对"知青档案""独生子女档案"和"房地产档案"等民生档案利用的现象,可以看到实质上这些民生档案的利用是政策、利益与利用者因素的多重作用促成的,是由档案利用的被动性决定的,并不是公众档案意识、民主意识、权力意识的增强,更难以推测出由此可使"档案休闲利用不得不'应需而生'"的结论来。可以说,民生档案的利用离档案休闲利用相差十万八千里。

三、档案利用工作是一项保险性服务工作

档案利用工作是档案馆的重要工作,档案馆的主要职能是服务社会,因而,档案馆的档案利用工作就是一项服务性工作。

对于档案馆的服务性以及档案馆档案利用工作服务,大多数学者认为:"档案馆的服务性是档案馆赖以存在和发展的前提之一,这是由档案馆保存社会记忆、服务社会的职能所决定的。档案馆就是通过向社会政治、经济、科学、文化、教育等各个社会活动领域提供自己所保存档案的方式,实现档案馆存在的价值。为社会服务、为人民服务是档案馆使命的体现。"③"档案馆保存档案的目的,就是提供质优量足的档案为经济、政治、科学、文化、教育等事业的发展服务,为党政领导服务,为社会服务。离开了为社会各方面服务的轨道,档案馆将难以生存。因此,档案馆又是一个服务部门。"④这就是说,档案馆的主要职能是服务职能,而其服务职能是通过档案利用服务来体现的,档案馆是依赖于档案利用服务来体现其存在和发展价值的。从大的方面来说,这些认识是正确的,但是,大多数学者并没有就档案馆的服务

① 郑锦霞.档案社会化的重新审视:民生档案[J].兰台世界,2010(10):39-40.
② 黄霄羽,等.社会转型期档案利用政策研究[M].北京:光明日报出版社,2011:238.
③ 薛匡勇.档案馆论[M].上海:第二军医大学出版社,2002:117-118.
④ 李培清.档案馆学[M].北京:档案出版社,1988:19.

是一个什么样的服务进行研讨,而是在"自古以来,保管档案的目的就是为了利用,档案的价值只有通过利用才能显示出来,利用越广泛越能充分体现出其价值"①的认识下,提出"档案馆利用服务的职能正在不断加强。同时,档案馆的利用服务方式也在逐步嬗变,由以往'酒香不怕巷子深'的坐等利用者上门的被动服务方式向积极主动的服务方式转变,从以往的实体服务向信息服务转变"②,要变被动服务为主动服务,要将"死档案"变为"活信息",要大力开发档案信息资源,要提高档案利用率,要扩大档案利用范围,要让档案利用服务百姓扩大档案用户,等等,似乎档案馆的档案利用服务就是要让利用档案的人越多越好,利用的档案越多越好。但是,自冯玉江1985年首次提出档案咨询工作"将促使档案馆利用工作从被动提供转变为主动服务"③,30多年来,档案馆的主动服务并没有改变档案馆的档案利用情况,档案利用几乎一直在低谷中徘徊。这就不得不让人们去思考,档案馆的档案利用服务是一种什么样的服务。虽然一些学者也认识到这一现象,如薛匡勇认为:"档案馆服务职能是体现档案馆自身存在价值的重要手段,但并不是唯一的。借助档案馆服务职能所体现的档案馆存在价值,只是其中的一个方面,可以由多方面予以体现,这既是显性的,又在一定程度上是可测定的,如通过对档案馆服务领域的分析,档案利用者利用档案的人次、卷次等指标分析,或者档案利用所取得的社会效益分析等予以评判。尽管通过档案馆所提供的各类服务,我们可以判断档案馆各项工作的运转情况,但绝对不能以所谓的'利用率'、'平均每馆每个工作日档案利用人次'等作为档案馆工作优劣、档案馆存在价值的唯一评估标准。近年来,有的学者在档案学理论研究中,往往以利用人次、卷次作为阐明观点的佐证,并相应计算出减少或增加的百分比,且其统计计算往往是以80年代的档案利用数据作为参照系的。笔者认为,我国80年代档案馆档案利用高潮的形成有多方面的原因,其中,既有历经十年'文革'的压抑所迸发出来的一种补偿性需求,也有纠正冤假错案的查证需要,所以,应客观评估我国80年代的档案利用热潮,档案学研究中不应该选取这些具有特殊意义而缺乏普遍意义的特殊数据作为分析、研究的参照;同时,也不能单纯采用档案利用人次、利用卷次等数据作为评判档案利用以及档案馆存在价值的依据。"④很遗憾,他没有就此问题做更深一步的研究探讨,没有将此问题与档案馆的档案利用服务究竟

---

① 刘国能,王湘中,孙钢.档案利用学[M].北京:中国档案出版社,1996:70.
② 赵屹.档案馆的现在与未来[M].上海:上海世界图书出版公司,2015:86.
③ 冯玉江.试论档案馆咨询服务工作[J].湖北档案,1985(1):12-15.
④ 薛匡勇.档案馆论[M].上海:第二军医大学出版社,2002:146-147.

是什么样的服务联系起来。

档案馆的档案利用工作是一项服务性工作,但是,档案馆的档案利用工作又不是一般的服务性工作,它实质上是一项保险性服务工作,为全社会的档案用户提供的是一项保险性服务。档案利用工作的保险性服务是由档案利用的用少律决定的,或者也可以说,档案利用的用少律是由档案利用工作的保险性服务性质决定的。档案利用工作的保险性服务的重心在保险,其次才是服务。保险性才是档案馆的档案利用服务的性质,档案馆的档案利用服务是一项保险性服务。从档案利用的保险性服务性质看,就很容易地理解和解释档案馆的档案利用长期在低谷中徘徊的现象了。

1. 档案利用工作服务性的有关观点与理论分析

(1)对档案利用服务的理论认识与思路的梳理。对档案馆利用工作服务性的认识来自对档案保管目的的认识。而对档案保管目的在档案界基本上已经形成共识,这就是保管档案的根本目的是为了利用。例如:

曾三先生认为:"我们保存档案的目的是为了利用。"①

吴宝康先生认为:"保管档案的根本目的就是为了利用。"②

刘国能、王湘中、孙钢认为:"保存档案的目的就是为了利用,所以不存在完全不可利用的档案。"③

朱玉媛认为:"收集、保管档案的目的意义在于提供档案利用,因此任何一个档案馆都具有提供档案利用的功能。"④

盛彦认为:"收集、保管档案的目的是为了利用,国家设置各级各类档案馆的最终目的,也是为全社会提供利用档案史料的中心。"⑤

陈智为、李国庆认为:"保存档案的目的,是为了及时地、系统地提供档案为社会主义事业服务。"⑥

虽然大多学者都认为保管档案的目的是为了利用,但是,他们大都没有探讨过这种利用是什么性质的利用,是经常用还是偶尔用,是多用还是少用,似乎档案经常用、用得越多越好是天经地义的。档案经常用、用得越多越好的理论依据首先来自档案价值理论。大多数学者认为,档案具有价值,档案的价值只有通过利用才能体现,作为档案馆只有通过提供档案利用服

① 国家档案局.曾三档案工作文集[M].北京:档案出版社,1990:29.
② 吴宝康.档案学理论与历史初探[M].成都:四川科学技术出版社,1986:358.
③ 刘国能,王湘中,孙钢.档案利用学[M].北京:中国档案出版社,1996:71.
④ 朱玉媛.档案学基础[M].武汉:武汉大学出版社,2008:184.
⑤ 国家档案局.档案馆业务建设与管理[M].北京:档案出版社,1993:11.
⑥ 陈智为,李国庆.县档案馆业务知识[M].贵阳:贵州人民出版社,1986:27.

务才能实现。例如：

吴宝康先生认为："国家档案馆工作是为社会经济、政治、科学、文化、艺术等各个方面服务的。档案工作是通过提供档案信息为社会实践服务的……为社会实践服务是档案工作赖以存在和发展的基础，通过服务才能实现档案的价值。"[1]

刘国能、王湘中、孙钢认为："档案的价值只有通过利用才能显示出来。"[2]

邓绍兴、陈智为认为："档案馆的档案，党和国家以至全社会都要用……如果只锁在箱柜里，长期禁锢起来不准使用，就失去了保存档案的意义。"[3]

范仁贵、林清澄认为："档案的价值只有通过利用才能显示出来。"[4]

大多学者在认为档案价值只有通过利用服务才能体现出来的基础上，又依据档案实现价值的规律——档案价值扩展律，认为档案利用得越多越好。例如：

刘国能、王湘中、孙钢认为："自古以来，保管档案的目的就是为了利用，档案的价值只有通过利用才能显示出来，利用越广泛越能充分体现出其价值。"[5]

朱玉媛认为："由于档案价值与作用对象的扩大或利用单位数量的扩大，使得档案价值与作用的范围扩大了"[6]，"档案的利用范围愈广，档案价值与作用的发挥也愈大"[7]。

范仁贵、林清澄认为："保管档案的目的就是为了利用。档案的价值只有通过利用才能显示出来，利用越广泛，越充分，档案的价值就越大。档案的开放，把少数人的利用变为广大公民的利用，档案工作的目的就能有更大的实现可能。"[8]

赵屹认为："利用服务是档案馆的两大基本职能之一。只有做好利用服务工作，档案的作用才能充分发挥出来，才能够最大限度地实现档案价值。利用服务是衡量档案馆工作做得好坏的重要指标之一，……档案馆必须树

① 吴宝康.档案学概论[M].北京:中国人民大学出版社,1988:123-124.
② 刘国能,王湘中,孙钢.档案利用学[M].北京:中国档案出版社,1996:70.
③ 邓绍兴,陈智为.档案管理学[M].修订本.北京:首都师范大学出版社,2000:253.
④ 范仁贵,林清澄.档案法学概论[M].北京:中国经济出版社,1989:174.
⑤ 刘国能,王湘中,孙钢.档案利用学[M].北京:中国档案出版社,1996:70.
⑥ 朱玉媛.档案学基础[M].武汉:武汉大学出版社,2008:60.
⑦ 朱玉媛.档案学基础[M].武汉:武汉大学出版社,2008:63.
⑧ 范仁贵,林清澄.档案法学概论[M].北京:中国经济出版社,1989:174.

立正确的利用服务理念,强化对档案资料的科学研究与深入加工,不断提高
档案的开发利用效率,才能赢得整个社会的信任与支持,才能在信息社会体
现档案馆存在的价值。"①

在档案利用服务就是要扩大档案利用范围,档案利用越广泛越能充分
体现出其价值的理念指导下,档案馆与学者们又提出要大力开发档案信息
资源,不断地提出各种口号与措施,如档案利用要积极为经济建设服务,要
变被动服务为主动服务,要将"死档案"变为"活信息",要提高档案利用率,
要服务民生,"要把档案利用服务向基层延伸、向群众倾斜,……并不断创造
其他新的便利社会各个方面和广大人民群众利用档案的档案利用形式,不
断推出社会关心、人民群众需要的档案信息,真正做到让利用者方便,让人
民群众满意"②,等等。从上述对有关档案馆档案利用工作服务观点及理论
依据的简单梳理,人们对档案馆档案利用工作服务的认识,是沿着保存档案
的目的是利用—只有利用才能体现档案价值—档案价值具有扩展性—档案
利用得越多越能体现档案价值—要大力开发档案信息资源—实现档案馆保
存档案的目的的思路进行的。似乎档案馆档案利用工作服务就必须围绕着
大力开发档案信息资源、扩大档案利用范围、增加档案利用用户、使每一件
档案都可能发挥其价值、提高档案利用率来开展工作,也就是档案要利用得
越多越好,只有这样才能体现档案的价值、体现档案馆的价值,达到保存档
案的目的、达到档案馆设立与生存的目的。否则,必将影响档案馆的生存与
发展。正如一位学者所说:"从根本上解决档案馆利用率不高的问题,是社
会转型期我国综合档案馆生存与发展所要解决的重要问题。"③然而,从1989
年李家清首次提出档案利用高潮后的档案利用下降的现象④,至今我国档案
馆的馆藏档案的利用率一直在低谷中徘徊。经过了几十年的档案利用工作
实践,经过档案工作者不懈努力,从开放档案到为经济建设服务再到服务民
生;从改善馆藏结构到"提出要转变重事轻人、重物轻人、重典型人物轻普通
人物的传统观念和认识,建立覆盖人民群众的档案资源体系;转变档案工作
中重为机关团体服务、轻为群众服务的传统观念和认识,建立方便人民群众
的档案利用体系"⑤;从完善检索工具到逐步实现档案管理信息化,而结果离

① 赵屹.档案馆的现在与未来[M].上海:上海世界图书出版公司,2015:88-89.
② 杨冬权.以丰富馆藏、提高安全保障能力和公共服务能力为重点,实现档案馆事业新跨越:在全国档案馆工作会议上的讲话[J].中国档案,2009(12):8-15.
③ 黄霄羽,等.社会转型期档案利用政策研究[M].北京:光明日报出版社,2011:43.
④ 李家清.档案利用下降的原因及对策[J].湖北档案,1989(4):35-36.
⑤ 杨冬权.在全国档案局长馆长会议上的讲话[J].中国档案,2011(1):18-25.

理想的距离却是有增无减。似乎档案利用工作实践一直在给档案利用理论思路开玩笑,一直在原地踏步或者在向档案利用理论思路的相反方向发展,使我国综合档案馆生存与发展一直处在"危险的边缘",这恐怕是学者们当初没有预料到的吧! 如果这种档案利用理论思路提出一年两年或者十年八年,出现这种情况,还可以说实践不足。但是,实践了几十年仍没有效果,就应该反思一下这一理论思路的正确性了。档案价值扩展律真的是客观规律吗? 档案馆的档案利用真的是越多越好吗?

(2)对档案馆档案利用服务的分析。档案馆的档案利用真的是越多越好吗? 或者说档案馆提供的档案利用服务各个方面的利用者及需要利用档案的事情都是很多的吗? 还是通过分析看看结果是怎样的。关于档案馆档案利用服务方面,薛匡勇在《档案馆论》中列举得比较全面,这里就以此书为例做一下分析。《档案馆论》中对档案馆的服务职能共列举了四个方面:一是为各项重大决策服务;二是为经济建设服务;三是为繁荣和发展社会文化服务;四是为维护公民的合法权益服务①。

第一,为各项重大决策服务。对于重大决策,无论是从国家层面,还是省、市、县层面,直至一个单位都不会很多,尤其是占我国综合档案馆绝大多数的市、县档案馆所面对的服务对象能做出的重大决策是很少的。一般来说,一个市、县一年能做出一项重大决策就很多了。就算把做出重大决策的范围扩大到单位,一个市、县档案馆所保管的全宗一般在 200 个左右,也就是说,一个市、县档案馆能为做出重大决策提供档案利用的单位也就在 200 个左右。就按每个单位平均每一年都需要做出一项重大决策(实际上是不可能的,这里只是假设),一个市、县档案馆所提供的利用服务对象也就 200 个左右,何况,即使平均每个单位平均每一年都需要做出一项重大决策,而做出一项重大决策的单位并不一定都要到档案馆来利用档案,假如有一半到档案馆来利用档案,也就只有 100 个左右的档案用户。什么是重大决策呢?《档案馆论》中举的例子是:"据报道,档案在三峡工程的论证、审查中发挥了举足轻重的作用。"②而像三峡工程这样的重大决策可以说是百年一遇,在市、县一级能够算得上重大决策的会更少,也就是说,档案馆能为各项重大决策服务的对象和机会是很少的,也就是因重大决策到档案馆利用档案的会很少。

第二,为经济建设服务。《档案馆论》把为经济建设服务又分为三个部分:

---

① 薛匡勇.档案馆论[M].上海:第二军医大学出版社,2002:140-143.
② 薛匡勇.档案馆论[M].上海:第二军医大学出版社,2002:140.

其一,利用档案资源开发新产品。《档案馆论》中所举的例子是:"中国第一历史档案馆珍藏着数量可观的清代宫廷医案与宫廷秘方,可谓世界上最为完整、最有价值、最具权威的宫廷医药档案宝库。北京体元堂保健品有限公司受中国第一历史档案馆的委托,于1995年开始独家开发、经营清代宫廷御用保健珍品,使'大内皇上代茶饮'和'慈宁宫养颜嫩肤护发珍品'得以重放光彩。"①这个案例没有普遍意义,因为"皇帝"是独一无二的,"慈宁宫"也是独一无二的,其名盖全国,人们购买这种产品,看重的不是其内涵,而是"皇帝"和"慈宁宫"。而其他地方即使能开发出当地有名的产品,但是与冠有"大内皇上"字样的产品不可同日而语。最关键的是,作为中国第一历史档案馆珍藏着数量可观的清代宫廷医药档案宝库,是偶尔为经济建设服务开发一两种产品,还是每日都为经济建设服务开发数种产品,而且年年如此,年年有增加。如果是前者,那么将此作为档案馆利用档案资源开发新产品就没有普遍意义;而如果是后者,那么就可以说明档案馆利用档案资源开发新产品能为经济建设服务了。但事实上,后者的情况从来就没有出现过,即便是中国第一历史档案馆也难以做到。而且如果大多数新产品都来自档案的话,那么,还要创新干什么!显然后者是不可能发生的。因此这只能说是一个个案。中国第一历史档案馆尚且如此,全国绝大部分综合档案馆都是20世纪60年代以后建立的,保存的绝大部分档案也是新中国成立后的,都没有中国第一历史档案馆有这方面的优势,就更难说能利用档案资源开发新产品了,即便说能,也恐怕是个案,是很少很少的,放眼市场,在琳琅满目的商品中能看到多少是由于利用档案馆的档案资源而开发的新产品呢?

其二,利用档案开发民俗旅游资源。《档案馆论》中所举的例子是:"四川省在办好'都江堰清明放水节'中档案资源发挥了重要的作用。"②利用档案可能偶尔开发一两个民俗旅游项目,不过这也同样有个最关键的问题,就是档案馆可以为开发一两个民俗旅游项目服务,但是,档案馆不可能每日都为开发数个民俗旅游项目服务,而且年年如此,年年有增加。一个地方数年上一个民俗旅游项目都很不容易了,更何况年年上每日上。因而,档案馆能为利用档案开发民俗旅游资源的服务是很少的。

其三,利用档案资源,服务企业生产。《档案馆论》中所举的例子是:"据报道,日本一家空调厂商从大量的气象数据中研究发现,气温变化和空调销售存在增减关系,夏季30摄氏度以上的气温每增加一度,空调销量增加4万台。""在1998年7月热浪侵袭北京时,每天成百上千的空调销售量使空调

① 薛匡勇.档案馆论[M].上海:第二军医大学出版社,2002:141.
② 薛匡勇.档案馆论[M].上海:第二军医大学出版社,2002:141.

生产厂家恪守的限时安装服务承诺变成了一纸空文,砸了自家的牌子,而海尔公司则适时把空调推向北京市场,300人的安装突击队也及时到位,因为早在春天,海尔就盯上了中国气象局国家气候中心的专家,并不断从他们那儿得到气温的预测数据。由此可见,精明的空调厂家已把利用气象档案资源作为企业生产决策的一个重要依据。"①这例子有两个问题:一是混淆概念,中国气象局国家气候中心专家的气温预测数据不是气象档案资源;二是中国气象局国家气候中心不是档案馆。因此,这个案例与档案馆的档案利用服务没有任何关系,与利用档案资源服务企业生产也没有任何关系。

第三,为繁荣和发展社会文化服务。《档案馆论》是这样论述的:"这是指开发档案信息资源为各种类型的研究(包括历史研究、科学研究等)服务,并为各种学术研究活动提供可能的条件,使档案馆逐步发展成为学术研究的场所;为社会公众服务,不断满足其日益增长的精神需要,具体包括满足其学习、研究、创作、娱乐、消遣等各方面的需要,促进人的高层次开发的实现;为教育服务,在发挥档案社会教育功能的同时,进一步选取适用档案为学校教学服务,法国、苏联、加拿大、美国等把这种活动称之为教育的第二课堂,由档案馆与教师合作在档案馆开辟实物教学课堂,以弥补学校课堂之不足。我国近年来把档案馆建设成为'青少年爱国主义教育基地'的实践,正是档案馆参与教育活动的体现。"②这里把为繁荣和发展社会文化服务分为四类:一是我们常说的学术研究。对于学术研究利用,这在前文已经论述,虽然学术研究利用是学者们一直期盼的档案利用大户,但是,它是几十年来档案利用中最少的一部分,尤其在市县一级档案馆,学术研究档案利用少得可怜。二是学者们说的大众休闲服务。对于这一类利用服务,这在前文也已经论述了。而如果按照有学者认为的那样:"休闲利用与普遍利用的用户在素质要求上已不同","若是文化水平不高、档案意识薄弱的人士,很难产生文化休闲需求,更谈不上主动到档案馆休闲"③。"有较高文化素质和档案意识"的人显然是少数,那么,到档案馆来"休闲"的肯定是少数而不是多数。三是为教育服务。这是照搬国外的说法,国外是不是到档案馆进行第二课堂教育活动的非常之多,没有看到有关报道,但是,国内进行这方面活动的档案馆绝对是凤毛麟角。退一步说,以后我国的档案馆能够经常开展第二课堂教育活动,也就是所谓的"实物教学课堂",这也不可能大量利用档案,

① 薛匡勇.档案馆论[M].上海:第二军医大学出版社,2002:141-142.
② 薛匡勇.档案馆论[M].上海:第二军医大学出版社,2002:142.
③ 黄霄羽.国外档案利用服务社会化的理论认识和实践特点[J].档案学通讯,2010(6):41-44.

这只是把档案当作教具了,而不是具体地利用档案的内容信息。严格意义上说这与档案利用并不是一个概念。四是"青少年爱国主义教育基地"的教育活动实践。这种活动实质上是一种参观,严格意义上来说,这并不是档案利用。

第四,为维护公民的合法权益服务。《档案馆论》是这样论述的:"由于档案具有凭证作用,因此,档案馆所保存的档案在维护公民个人合法权益的同时,还能够为他们提供具有根源感、身份感和集体记忆的珍贵素材。"①这里把为维护公民的合法权益服务分为两类:一类是我们现在说的民生档案服务。对于民生档案服务,也在前文中论述了,利用者仍然是少数。另一类是照搬国外的概念,主要说的是所谓的家谱档案的利用,对于家谱档案的利用也在前文中论述了,在我国利用者也是很稀少的。

通过以上分析可以看出,档案馆能为档案利用提供服务的各个方面档案利用者都是小众,这些服务方面并不能体现档案价值的扩展律,也达不到"利用越广泛越能充分体现出其价值"的境界。

(3)关于档案价值与作用及档案价值扩展律。如果有人说对档案馆档案利用服务的分析,其样本只是一家之言,并不一定具有代表性的话,那么,这里还可以对档案价值与作用进行分析。为了具有代表性,可以以较有权威的冯惠玲、张辑哲主编的《档案学概论》(第二版)为例进行分析。《档案学概论》(第二版)中认为档案价值具有的作用:一是行政作用;二是业务作用;三是文化作用;四是法律作用;五是教育作用②。关于对《档案学概论》(第二版)中的档案价值与作用的具体分析,在本书的第二章中已经以《档案学概论》(第二版)中的论述为例进行了论述,这里不再赘述。以一言蔽之,就是因档案价值的行政作用、业务作用、文化作用、法律作用、教育作用而来档案馆的利用者都是小众,利用的档案也都是很少的。扩大的档案利用者范围是非常有限的。或者就档案价值与作用的这几个方面来说,都不能给档案馆带来众多的档案利用者,也不能使馆藏的众多档案得到更多的利用。所以,因档案的行政作用、业务作用、文化作用、法律作用、教育作用而扩大的档案利用者和档案利用量根本不足以作为支撑所谓的档案价值扩展律的依据,离"利用越广泛越能充分体现出其价值"的境界有相当大的距离,或者说就根本达不到这一境界。

对于档案价值的扩展律,虽然大多数学者都认为"档案的价值只有通过

---

① 薛匡勇.档案馆论[M].上海:第二军医大学出版社,2002:143.
② 冯惠玲,张辑哲.档案学概论[M].2版.北京:中国人民大学出版社,2006:48-57.

利用才能显示出来"①,档案价值扩展律也就是在这种基础之上认识和发展起来了,认为档案价值扩展律就是档案价值发挥和档案利用的规律。然而,自档案价值扩展律提出30多年来,档案价值扩展律就没有在档案利用中显现,也就是说,档案价值扩展律一直就没有在档案利用中发挥过作用。是什么原因导致档案价值扩展规律的失灵? 是档案馆工作者努力不够,还是档案利用者的档案利用意识差? 其实都不是,根本原因就在于不存在档案价值扩展的规律。对此,本书的第三章中已经详细论述。这也可以从以上对档案馆档案利用服务、档案价值与作用的分析(对档案价值与作用分析的详细论述可参见第二章)中看出来,所有的档案馆档案利用服务、档案价值作用的方面处处都显示出档案利用的用少特点,很难看到有档案价值扩展的影子。所以说,根本就不存在所谓的档案价值扩展的规律。

2. 档案利用是保险性利用

前文已论述大多学者都认为保管档案的目的是利用,但是,大都没有探讨过这种利用是什么性质的利用,是经常用还是偶尔用,是多用还是少用,似乎档案利用经常用、用得越多越好是天经地义。然而,现实中的档案利用并不像理论推演的那样,档案界几十年来费了九牛二虎之力,寻找了各种原因,采取了种种措施,但是,档案馆的档案利用却依然在低谷中徘徊,这将迫使我们不得不对档案利用的本身性质进行反思,档案利用究竟是一种什么样的利用呢?

关于对档案的保管与利用,其根源来自档案的本质——记忆备忘工具,不管是档案馆的存在还是对档案的利用,都是由于档案记忆备忘工具——备用查考决定的,档案馆保存档案的目的是"备日后之用"。当然,这"备日后之用"的关键是"备",而并不仅仅是保管或者仅仅是利用的问题,也就是说,它们并不是孰轻孰重的问题。

从我国最早的档案馆——天府的职能到近代档案学的发端之初对档案的认识,都是围绕着"备"展开的。《周礼·秋官·大司寇》中记载:"凡邦之大盟约,莅其盟书,而登之于天府。"译成现代汉语为:"凡王与诸侯因会同而订立盟约,就亲临监视盟约的书写,然后上交天府(而藏于祖庙)。"②这里档案馆的职能突出了一个"藏"字,而"以备为主在档案工作中,'备'即为'藏'"③。近代档案学家何鲁成在《档案管理与整理》一书中认为:"档案者

---

① 刘国能,王湘中,孙钢.档案利用学[M].北京:中国档案出版社,1996:70.
② 杨天宇.周礼译注[M].上海:上海古籍出版社,2004:511.
③ 杨立人.从备用品看档案的备用价值:兼与图书价值特点进行比较[J].档案学通讯,2012(6):29-32.

乃已办理完毕归档后汇案编制留待参考之文书。"①这里虽然没有"备"字,但是,"留待"就是"备"意思。周连宽在《公文处理法与档案管理法》一书中认为:"所谓档案,系指处理完毕而存贮备查之公文也。"②周连宽就更直接地点明了"存贮备查"。可以说,"藏"("备")从古至今都是我国档案工作的主线,而这里既没有反对"用"也没有轻"用"的意思。

然而,不知从何时起,档案馆这种以"藏"为主线的档案工作被不少学者概括为"重藏轻用",如邓绍兴认为:"在漫长的奴隶社会、封建社会与半封建半殖民地社会,档案工作受重藏轻用思想的桎梏,档案深藏于石室金匮之中,利用率极低。"③陈智为、吴双英认为:"'重藏轻用'的传统档案库思想一直影响着档案部门,使档案部门从思想到工作都强调了保管,而档案信息的开发、传播和利用一直没有受到足够的重视。"④陈祖芬认为:"重藏轻用是传统中国档案管理中不争的事实。"⑤当然,也有持反对意见的,如宗培岭就认为:"从历史的观点看,国家之所以设立档案馆,其核心职能应是保存国家历史或社会记忆。""在批评档案馆开发不够、服务不力的时候,笼统地批评档案馆'重藏轻用','重藏轻用'的不足是'轻',并不是说'重藏'是错的,过去档案馆在'藏'与'用'的轻重掌握上应该说是正确的,没有'藏'就没有'用','用'必须以'藏'为基础,'藏'的重要性是居第一位的。"⑥对于"藏"与"用"孰重孰轻,"学术界对两者关系存在着不同的认识:1.重用论强调档案利用的重要性,反对重藏轻用。这种观点认为,利用是档案保存的目的,档案的价值在于利用,没有利用,档案便失去了保存价值;并认为,目前我国档案利用率低下,是因为档案开发利用工作薄弱,因而必须加强档案开发利用工作。2.重藏论认为,档案是原始的历史记录,是一种真实、可靠的社会记忆,只要文件记录了重要的社会活动就应该保存,这样才能维护社会记忆的完整与安全。因而,丰富馆(室)藏资源是档案工作的首要职责,利用次之。"⑦不过也有调和观点,如陈永生认为:"众所周知的被档案学界批评了多

---

① 何鲁成.档案管理与整理[M].上海:商务印书馆,1938:7.
② 周连宽.公文处理法与档案管理法[M].北京:档案出版社,1987:80.
③ 邓绍兴.《中国档案分类法》产生的客观基础和特点[J].档案学通讯,1995(5):7-10.
④ 陈智为,吴双英.试析档案信息交流中存在的障碍与我们的对策[J].档案与建设,1995(3):17-19.
⑤ 陈祖芬.从文化的观念层面看我国档案管理体制[J].档案学研究,2003(1):16-18.
⑥ 宗培岭,潘玉民.存史乎?利用乎?:档案馆核心职能论[J].档案管理,2007(2):10-16.
⑦ 杨立人.从备用品看档案的备用价值:兼与图书价值特点进行比较[J].档案学通讯,2012(6):29-32.

年的所谓'重藏轻用'现象,笔者认为很可能是一个子虚乌有的问题,因为道理很简单,藏是手段,用是目的,因此,真正意义上的'重藏轻用'对于有目的性的理性人来说是一件不可思议的事情。相反,重藏皆因重用而起,只有重用,才会重藏。只不过是在如何重用和用得是否合理上有所不同而已。很显然,档案利用的核心是合理利用问题。"①

对于档案的收藏和利用的问题,吴宝康先生站在哲学的高度来分析,认为:"可以说,档案本身,无论是一件还是整体,也是收藏和利用的矛盾统一体。文书之所以能转化为档案,也就是由于文书办完之后还有现行查考和历史研究的作用,需要收藏和保管起来,加以管理,以备利用,因此档案从它一开始产生就是收藏和利用这个基本矛盾既斗争又统一的产物。""一个档案馆或档案室的全部工作发展史,也无不就是这个基本矛盾又斗争又统一的发展历史。""那末,档案工作中所存在的基本矛盾或主要矛盾的两个方面——档案的收藏(管理)和社会的利用,又是那一方面起主导作用的呢?我们可以说社会的利用是起主导作用的方面。也正是因为社会的利用是起主导作用的方面,它规定着档案工作的性质是一项服务性的工作。如果我们承认档案工作是一项服务性的工作,那末我们就必须同时承认档案工作的矛盾中起主导作用或支配作用的主要方面是社会的利用一方。"②对于吴宝康先生的观点,有学者认为:"不能矫枉过正,不能因为出现某种问题就否定利用服务这个核心职能。档案学家吴宝康在50年代末就提出过档案的保管与社会的利用是档案工作的基本矛盾,社会利用是档案工作中起主导作用的矛盾主要方面;利用是档案工作诸环节中的主要环节,利用是中心、利用是目的等学术观点。今天,我们重温吴老的观点,对深刻认识档案馆的核心职能仍是有现实意义的。"因而,"就档案馆而言,其核心职能只能是利用服务这种职能"③。

有了"档案工作的矛盾中起主导作用或支配作用的主要方面是社会的利用一方""就档案馆而言,其核心职能只能是利用服务这种职能"的认识,自然地要在档案利用上下功夫。1979年钱学森提出"情报资料、图书、文献和档案都是一种'信息'"④的观点后,1984年任樟祥又首先提出"充分开发

① 陈永生.从合理性的角度研究档案利用问题[J].档案,2007(2):12-14.
② 吴宝康.档案学理论与历史初探[M].成都:四川科学技术出版社,1986:360-361.
③ 宗培岭,潘玉民.存史乎?利用乎?:档案馆核心职能论[J].档案管理,2007(2):10-16.
④ 钱学森.情报资料、图书、文献和档案工作的现代化及其影响[J].档案学通讯,1979(5):6-10.

和利用档案信息资源,把档案应当和可能发挥的作用充分地发挥出来"①的观点,从此拉开了开发利用档案信息资源的序幕,而直到 2018 年,过去了 30 多年,似乎开发利用档案信息资源工作并没有取得多少成效,据对中国期刊网络出版总库(知网)进行文献检索,以"开发档案信息资源"为检索词,发表年度为 2018 年,以"主题"为检索条件,共检索到 94 篇文献;以"全文"为检索条件,共检索到 3124 篇文献,可以看到,这是一个老生常谈的问题,但就是解决不了问题。从中是否可以看出以往对档案利用的认识存在偏差呢?

1998 年,王德俊根据国际档案界学术的新动态新观点,提出"可以预见:21 世纪中外档案利用中'休闲'特色日益突出这一带有一定规律性的新趋势日趋明显"②的观点,随后,有不少学者探讨了档案的"休闲"利用。然而,20 年过去了,我们并没有迎来所谓档案"休闲"利用的"带有一定规律性的新趋势",对此前文中也做了具体的分析。可以看出,它并没有解决有关档案利用的问题。从中同样是否也可以看出对档案利用的认识存在偏差呢?

从 1984 年孙钢提出档案利用潜在用户的概念,认为:"应当首先考虑(档案馆)指南的读者对象范围、档案利用者和潜在的用户的利用需求,为满足他们的要求提供方便"③,到 1988 年源潮提出:"档案部门必须积极向档案用户和潜在用户辅导档案工作知识,以使档案信息能得到最大限度的利用"④,再到 2008 年刘晋英在档案利用研究中引入"长尾理论",提出:"按照长尾理论,档案馆要聚合用户需求,就必须首先研究用户,搜集、分析用户利用档案资料的特点与规律",并认为:"用长尾理论分析,无论在'长尾曲线'多远的尾端,都会有档案馆的用户","其'长尾'就是潜在用户和大量未被利用的档案资料。潜在用户的存在与档案资料利用率不高是一个问题的两种表现,提高档案资料利用率就要开发潜在用户市场,使这些潜在用户能够加入到利用档案资料的行列中来"⑤。直到 2018 年张文静提出基于长尾理论的档案信息服务策略:"认为,挖掘馆藏信息资源长尾、聚合档案信息用户需求、提升'尾部'档案利用效率是基于长尾理论提升档案信息服务效果的重要途径。"⑥可以看出对于所谓的档案利用潜在用户,不管是发现辅导,还是用"长尾理论"分析,都对档案的利用很难起到作用,从中是否亦可看出对档案利用的认识存在偏差呢?

---

① 任樟祥.试谈对馆藏档案内容的分析研究[J].浙江档案工作,1984(Z2):29–35.
② 笔谈.21 世纪档案学基础理论研究态势的预测[J].档案学通讯,1998(4):21–23.
③ 孙钢.怎样编制档案馆指南[J].湖南档案,1984(4):10–11.
④ 源潮.谈谈档案用户辅导[J].浙江档案,1988(3):17.
⑤ 刘晋英.长尾理论与档案工作[J].兰台世界,2008(24):36–37.
⑥ 张文静.基于长尾理论的档案信息服务研究[J].档案与建设,2018(11):35–39.

从以上对于我国档案馆工作"藏"的传统以及关于档案收藏和利用等有关观点的梳理,不管是概括为"重藏轻用"观点,还是批评档案馆"重藏轻用",还是"重藏论",还是调和认为"重藏轻用"很可能是一个子虚乌有的观点,还是认为"档案利用的核心是合理利用问题",还是"档案工作的矛盾中起主导作用或支配作用的主要方面是社会的利用一方",还是"就档案馆而言,其核心职能只能是利用服务这种职能",还是开发档案信息资源、档案休闲利用,还是挖掘档案利用潜在用户,还是引入"长尾理论",等等,其实都没有认识到"藏"的真谛,都是对"藏"的误读,亦没有认识到社会利用档案的真谛,或是对"利用"的惯性思维造成对"档案利用"的误读及偏差,也就是没有真正能认识到档案利用的性质与一般利用性质的区别。

最接近"藏"的真谛认识是杨立人提出的观点,他提出:"档案属于备用品的范畴",并认为:"档案作为一种备用品,发挥的主要是备用功能,具体表现为保障功能:1. 发挥'以备查考'作用,保障社会各项活动的正常进行。2. 维护社会记忆的真实性。档案作为原始的历史记录,只有档案的完整与安全,才能维护国家历史面貌和社会秩序的稳定。""在档案馆中,有很多档案默默地保存在库房中,平时较少被利用,有些档案几十年未曾被调过一次档,但它已经发挥了保障作用。"[①]这里已经点出了档案"备"的保障功能,并且指出了档案"备"的"较少被利用"特征,但是,很遗憾他没有就档案"备"的保障功能做更进一步深入的研究。"保障"与"保险"虽然只有一字之差,但是其差别还是很大的。保障是指作为社会成员之间的某种意义上的交互动态的有限支撑和支持,以起到保证、保护、防卫的作用。而保险是一种机制,是一种风险管理的方法,更突出的是预防,更接近"备"的本义。保险公司"保险"存在的意义在于预防万一,预防万一出现的各种灾害、损失情况等。档案馆保存档案的意义在于"备",同样也是预防万一,正所谓有学者说的那样:"养档千日,用在一朝。"[②]保险公司"保险"的最高境界是最少出险或者不出险。而档案馆保管档案的最高境界应该是最少用档案或者不用档案。因此,传统的档案"藏"的真谛,不是"重藏轻用",也不是"藏用并重",而是"重藏少用"或者"重藏不用"。当然,少用或者不用,并不是人为地限制不让多用或者不让用,而是社会各个方面工作都做得比较好,很少出现或者没有出现需要利用档案的万一情况。不过,一旦需要用时,就必须及时准确地提供。

---

①　杨立人.从备用品看档案的备用价值:兼与图书价值特点进行比较[J].档案学通讯,2012(6):29-32.

②　国家档案局.档案学概述[M].北京:中国档案出版社,1995:23.

对于档案利用的性质,应该从档案的"备"——记忆备忘的工具去认识。档案是一种备用品的观点,应该是最接近档案的本质——记忆备忘的工具的观点。虽然杨立人认识到"档案属于备用品的范畴",而"图书属于使用品,发挥的是使用功能,具体来说,图书作为一种传媒,发挥的是知识传播的功能,利用人次越多,知识传播范围越广,发挥的作用就越大,由此可见,图书的主要功能在于'用'。与此不同,档案作为一种备用品,发挥的主要是备用功能","因此,有人认为,图书的利用率远高于档案,其作用要远大于档案。这种将档案与图书的利用率做简单的比较,将档案的利用率与档案作用等同起来的观点正是忽视了备用品与使用品价值特征的差别",应该说,这些认识相对来说是比较客观的。但是,在谈到档案"备"与"用"的关系时,他又认为:"不可否认,利用工作的开展,能促进档案信息的流通,方便社会对档案的利用,但利用工作不能改变档案的备用品特征。目前,各级综合性档案馆都努力将自己打造成公共档案馆,它们及时开放档案,编制科学合理的检索工具,开展编研工作,以方便利用者的利用。但由于各级综合性档案馆所收藏的主要是党政机关档案,而企业事业单位形成的档案和百姓关心的民生档案较少,难以满足社会公众的利用需求,使其无法成为名副其实的公共档案馆。这些使我们更加明确地认识到档案'备'与'用'的关系。"①从中虽可以看出"利用工作不能改变档案的备用品特征"的正确认识,但同样可以从"由于各级综合性档案馆所收藏的主要是党政机关档案……百姓关心的民生档案较少,难以满足社会公众的利用需求……更加明确地认识到档案'备'与'用'的关系"的认识中看出用是"重藏轻用"与批评"重藏轻用"调和的"藏用并重"观点,并没有真正地理解档案的"备",更没有明确地认识到"备"与"用"的关系。对于档案的"备",宗培岭认为:"保存的档案只能是存史备用,并非一定要用。档案的开发利用也并非一定要由档案馆完成,其他部门也能做,唯有保存丰富的档案资源才是档案馆独具的。认为利用服务效果是支持档案馆持续发展的动力,是对档案馆不自信、心虚的表现,是自身没认识到档案价值的体现。"②虽然他已经认识到档案是用来"备用",而且"并非一定要用"。但是,他的"备用"的前提是存史,而且没有说明为什么要"并非一定要用"。档案馆保存档案备用不是为存史而存史,档案馆保存档案的现实作用是为社会提供预防万一的利用,历史作用才是存史。

---

① 杨立人.从备用品看档案的备用价值:兼与图书价值特点进行比较[J].档案学通讯,2012(6):29-32.
② 宗培岭,潘玉民.存史乎? 利用乎?:档案馆核心职能论[J].档案管理,2007(2):10-16.

事实上,档案并不是一般的"备用品",而是特殊的"备用品"。一般的"备用品",大多是消耗比较大的用品,或者是以后一定要用到的物品。而档案这种特殊的"备用品",是一种保险性的"备用品",以后用不用并不一定,不用是常态,用则是非常态。档案这种特殊的"备用品",实际上是一种预防万一的保险性"备用品",档案就像投保,没有一个投保人希望自己出险而获得保险公司的赔付,投保人希望的是只投保而永远不出险、不找保险公司获赔,除非是骗保的。也没有一家保险公司希望投保人天天出险来索赔。档案就像汽车的备用安全气囊,车主希望永远都不要用它。档案就像消防用的灭火器,没有人希望天天发生火灾而使用灭火器。所谓的"养档千日,用在一朝",就如同常言说的"养兵千日,用在一时",《南史·陈暄传》中说得更清楚:"兵可千日而不用,不可一日而不备。"对一个国家来说,军队的存在不是为了战争,而是为了和平,是为了国家的安全。平时苦练兵对战争的准备一刻也不能松懈,就是预防万一,时刻准备打仗但不一定打仗,国家军队存在的最高境界是永远远离战争。作为档案馆的档案利用工作来说,不能为藏而藏,要像军队那样,平时苦练兵——做好档案的收集、整理、编目、保护等工作,随时准备着及时准确地提供档案。

因此,档案利用就是保险性利用。档案保险性利用的核心有两点最关键:一是为预防万一而用,尽量少用档案或者不用档案;二是在用时必须能用,并且是及时准确地用。

3. 档案利用工作的保险性服务含义

保险的一般概念可概括为:"保险是集合具有同类风险的众多单位或个人,以合理计算分担金的形式,实现对少数成员因约定风险事故所致经济损失或由此而引起的经济需要进行补偿或给付的行为。"[①]通俗地说,保险就是大家集资预防万一,用最小的代价防范不可预知的风险,并将万一的风险损失降到最低限度。

档案馆的工作颇像保险,简单地说,就是集中管理档案预防万一,只不过集中管理档案的费用由国家承担。它同样是用最小的代价防范个人、社会组织和国家不可预知的风险,并将万一的风险损失降到最低限度,即在档案利用者需要利用档案的时候及时准确地提供档案,以避免不必要的损失或者得到应该得到的利益。因此,可以这样理解档案馆的工作,即由国家出资集中保管对国家、社会组织和个人有保存价值的档案,以备应对对国家、社会组织和个人有保存价值的档案相关人在必要时查考利用,并及时准确地提供相关档案,解决相关问题,达到社会稳定的目的。

---

① 杨忠海.保险学原理新编[M].中国金融出版社,2015:14.

如果从档案利用服务工作的角度看,档案馆的档案利用工作服务就是一项保险性服务,是为全社会的档案用户提供的一项保险性档案利用服务。

无论是档案馆工作的保险性,还是档案馆档案利用服务工作的保险性服务,其根源都来自档案的本质——记忆备忘工具,"档案的形成从一开始就有着明确的目的性——备用查考。离开了这个目的,就没有档案的产生,也就没有档案的存在"①。档案馆的存在是由档案记忆备忘工具——备用查考决定的,档案馆保存档案的目的就是预防万一,"备日后之用"。

档案馆的档案利用工作是一项保险性服务,应对的都是与"黑天鹅事件"有着密切关系的事件。档案馆保存档案都是为了预防万一,档案馆的档案利用工作就是在出现万一的"黑天鹅事件"情况下提供保险性服务。

档案馆档案利用工作保险性服务来自档案利用的保险性利用性质,其核心与档案保险性利用的核心是相同的:一是为预防万一而用,尽量少用档案或者不用档案;二是在用时必须能用,并且是及时准确地用。

档案馆档案利用工作的保险性服务是由档案利用的保险性利用性质决定的,而档案利用的保险性利用性质是由档案利用的用少律决定的,或者也可以说,档案利用的用少律是由档案利用的保险性利用性质决定的,是由档案利用的保险性服务性质决定的。档案利用工作的保险性服务的重心在保险,其次才是服务。当然,并非档案利用服务不重要,而是在需要提供档案利用服务的时候,必须及时准确地提供档案利用服务,否则就是失职,就失去了保存档案的意义,就失去了档案馆存在的意义。因此,保险性是档案存在的价值,是档案馆存在的依据,决定了档案馆的档案利用服务的性质。从档案利用的保险性服务性质就很容易地理解和解释档案馆的档案利用长期在低谷中徘徊的现象了。多用才是不正常,而长期在低谷中徘徊的少用才是正常的。

4.档案利用工作保险性服务的作用

(1)档案利用工作的保险性服务是一项保底性服务。档案馆档案利用工作保险性服务是一种公共服务,是一种公共资源。档案馆只能在有限的资金范围内最大限度地保管对国家、社会组织和个人有保存价值的档案,以应对万一出现的"黑天鹅事件",为对国家、社会组织和个人有保存价值的档案相关人提供档案利用服务。这种服务既是一项保险性服务,又是一项保底性服务。

国家档案馆的设立实际上是为国家、社会组织和个人在档案方面投的保险,档案馆保存的档案实际上是为保障国家、社会组织和个人权益的最后

---

① 昌晶,张瓅丹.对"备以查考性"的认识[J].四川档案,2010(3):54-55.

的防线。国家设立档案馆一方面是为了预防万一而提供保险性档案利用服务,另一方面这种保险性的档案利用服务实际上是为了那些对国家、社会组织和个人有保存价值的档案相关人提供保底性档案利用服务。无论是国家层面,还是社会组织及个人层面都是如此。凡是到档案馆接受保底性档案利用服务的,大都是因为利用者手头或者就近没有或者找不到所需要的材料,并通过其他各种渠道无法解决时,才最后求助于档案馆这最后保底的防线,来接受保底性档案利用服务查找相关档案解决。这已经在前文中做了论述。这里再以近几年利用最多的民生档案为例来说明。民生档案大都解决的是个人层面的问题,而来档案馆接受保底性档案利用服务的,大都是自己手头没有或者就近没有或者找不到所要用的材料,并通过其他各种渠道无法解决的。如利用婚姻档案、知青档案、退伍军人档案等,大都是自己丢失了结婚证、知青下乡证、退伍证等,或者其他材料无法证明其相关经历,或者其他单位没有相关材料或者无法出具证明的。只有在这种情况下,利用者才会来到档案馆,利用这最后保底的防线查找相关档案。提供这些保险性的保底档案利用服务才是档案馆设立的初衷和目的所在。

很显然,档案馆的这种保险性的保底档案利用服务,其利用者不可能很多,如果所有的档案相关人都到档案馆来利用相关档案的话,那档案馆的档案利用服务就既不是保险性服务,也不是保底服务,而成为代替所有相关单位的工作服务了。如果是那样的话,就会打乱现有的社会分工和相关单位的职能界限,会使档案相关人更加无所适从。如前文说的婚姻档案就已经出现了类似问题。实际上,婚姻档案本身就是婚姻登记部门的办事依据或工具,无论是办理补发结婚证、离婚证,还是办理离婚手续,还是出具未婚证明,都需要婚姻档案。也就是说,只要婚姻当事人有一个人还健在,其婚姻档案都应该保管在婚姻登记部门。只有婚姻当事人双方都不在了,才可以将其婚姻档案移交档案馆保存。将婚姻当事人都还健在的婚姻档案移交档案馆保存,实际上是档案馆代替了婚姻登记部门的部分职能,而这样的代替并没有为婚姻当事人带来办事的便利,相反还增加了不便。如补办结婚证或离婚证,就需要先到档案馆开具婚姻证明,然后再到民政机关的婚姻登记部门补办结婚证或离婚证。这种情况实际上并没有方便婚姻当事人(民政机关的管理相对人),使本来在一个部门就可以办理的事,现在需要跑两个部门办两次手续才能办理完。这也就是一些学者一直呼吁要将户籍等类的档案接收到档案馆,以改变馆藏结构增加民生档案而一直落实不了的原因所在。因为这些户籍等类的档案都是相关部门管理和办理相关事务的依据与工具,是不可能移交给档案馆的,如果移交给档案馆将会影响他们的正常的职能和工作。另外,即便是将婚姻档案移交给档案馆,但其利用率仍然不高(这将在后文中专门统计分析),这是由档案"备"的性质所决定的。因为并不是每一个婚姻当事人都天天需要结婚证或离婚证来办理有关事项,也不是每一个婚姻当事人都会将结婚证或离婚证丢失的。

国家设立档案馆保管档案,就是为了对国家、社会组织和个人有保存价值的档案相关人提供保底的档案利用服务,这种保底服务可以视为是一种国家救济行为。这里虽然面对的是所有对国家、社会组织和个人有保存价值的档案相关人,但是,实际需要档案馆提供保底的档案利用服务的只会是少数而不是大多数。

(2)档案利用工作的保险性服务是社会的稳定基石。档案利用工作的保险性服务是由档案的本质——记忆备忘的工具决定的,档案"备"的价值就在于其是保障国家、社会组织和个人的权益具有权威性的凭据证明。国家设立档案馆保管对国家、社会组织和个人有保存价值的档案,就是为对国家、社会组织和个人有保存价值的档案相关人在档案方面投的保险,它的作用就是为了保证社会稳定,是社会稳定的基石。这种稳定社会基石的保险作用,不是体现在日常的利用上,而是表现在存在上,表现在预防万一上。有档案的存在就可以预防万一,有档案的存在就能应对"黑天鹅事件"的发生,有档案的存在就能发挥保险作用。

档案利用工作的保险性服务主要依赖于档案的存在,档案存在是主要的,而它们被利用则是相对次要的,这里的相对次要,不是说档案被利用不重要,而是指档案被利用得少,档案被利用得少并不等于档案不重要。档案的存在起着稳定社会的基石作用,档案利用保险性服务同样也起着稳定社会的基石作用。这说明档案的存在与档案利用保险性服务起着双重稳定社会基石的作用。或者说,它们是档案保险作用的两个方面。

正因为档案的存在起着稳定社会基石的主要作用,而保险又是预防万一的,所以,档案利用工作的保险性服务所提供的服务对象不论什么时候都是少数,而不是多数。尽管"从目前各馆特别是综合馆利用情况看,涉及公证、婚姻、学历、奖惩、上山下乡等内容档案的利用率相对较高"①,但是,这种档案利用率相对较高是相对于文书档案的利用来说的。这些档案的利用对于此类档案来说仍然是少数。因为这些档案涉及的当事人,不可能人人都发生问题,出现问题的毕竟是少数,而且有许多都是历史遗留问题或某些利用者个人的问题。对于档案"备"的价值来说,它们存在的本身就构成了对稳定社会,维护国家、社会组织和个人权益的价值。偶尔利用它们解决矛盾、化解纠纷、维护社会公平,则是起着档案利用工作的保险性服务的作用,

---

① 宗培岭.对档案利用工作现状的思考[J].浙江档案,2000(9):37-39.

或者起着保险性的保底档案利用服务作用。但接受这种保险性的保底档案利用服务的肯定只能是少数,谁也不希望由于有档案的存在而使每个社会组织和个人都经常发生纠纷或问题,那样社会还能稳定吗? 有些"档案也许在相当长时间内都不会被利用,但正是由于这些档案的存在,才奠定了国家统一、民族友好、社会稳定的基础"①。

第二节 档案利用用少律统计分析

一、关于档案利用率

在我国档案事业统计综合年报的统计指标中,有关档案利用的统计指标,只有利用档案的人次和卷件次两项,从没有设立过"档案利用率"这一统计指标。"然而,档案学界似乎对档案利用人次和卷件次并不感兴趣,对此几乎没有进行过任何研究,而对'档案利用率'却情有独钟。许多档案学论著,包括有很大影响的论著在内,都对'档案利用率'进行了理论研究,断定'档案利用率'指标的确立,对档案的开发利用有很大的促进作用"②,认为档案馆应当"努力提高利用率"③。有研究者认为:"'档案利用率'是脱离档案特点和档案开发利用工作实际的,并不具有学术价值和指导档案开发利用工作的实际应用价值。""档案馆的'馆藏档案总量'中含有社会组织或个人利用越少越好和档案馆无权主动开发利用的部分,以'档案利用率'作为档案馆开发利用工作实绩的评价指标,要求档案馆'努力提高利用率'(最好是至极限),显然是有失公允的。以'档案利用率'作为档案馆开发利用工作实绩的评价指标,不仅毫无意义,而且有弊无利。因此,'档案利用率'理论没有学术价值和实际应用价值。'档案利用率'理论的'创立',是档案学研究中理论脱离实际的一个表现。"④对于档案利用率的问题,笔者认为将其作为档案馆开发利用工作实绩的评价指标,并要求档案馆"努力提高利用率"(最好是至极限)的观点确实有问题,当然,将档案利用率的概念一棍打死也不明智。档案利用率可以作为研究观察档案利用现象的一个窗口或手段,透过这个窗口或手段来观察档案利用现象的本质,还是有一定的作用的。对于档案利用率长期低迷的现象,不一定只是看到或想到有大量的档案没有

---

① 薛匡勇.档案馆论[M].上海:第二军医大学出版社,2002:147.
② 林清澄."提高档案利用率"悖论[J].档案,2001(2):9—11.
③ 陈永生.档案工作效益论[M].北京:中国档案出版社,1995:121.
④ 林清澄."提高档案利用率"悖论[J].档案,2001(2):9—11.

被利用、有大量的档案信息资源需要去开发、档案信息资源开发的潜力还很大,或者是馆藏结构不合理、中心任务相关的科学技术经济建设方面的档案资料过于贫乏、企业事业单位形成的档案和百姓关心的民生档案较少,满足不了利用者多方面的需要,等等。还应该看出或想到是不是档案本身的问题,是不是档案信息有与其他信息不一样的性质等。这里引入档案利用率的用途就属于后者,是为了研究和观察档案利用现象的本质。当然,档案利用率只是研究和观察档案利用现象的窗口或手段之一,还需要运用其他的方法来研究和观察档案利用现象才有可能得出比较客观的结论。

我国档案学界比较公认的是,"档案利用率就是被提供利用档案的数量与馆藏档案总量的比较关系";即:

$$档案利用率 = \frac{被提供利用档案的数量(卷、册)}{馆藏档案总量(卷、册)} \times 100\%^① \qquad (4-1)$$

例如,陈永生所著《档案工作效益论》持这种观点,何嘉荪主编的高校教材《档案管理理论与实践》、陈作明主编的高校教材《科学技术档案管理学》也持这种观点。而后霍振礼先生提出,这一公式计算的仅仅是"馆藏档案动用率"。动用是对具体卷、册而言的,如果在一定时间内不用,为无动用;在一定时间内利用一次以上者,即为动用。档案动用率表示的实际上是馆藏档案的使用面。他还认为:"利用率的大小一方面决定于档案的动用率,但更重要的决定于档案被重复利用的次数。"因此,他提出一定时间内档案利用率的公式:

$$档案利用率 = \frac{被提供利用档案的数量(卷、册次)}{馆藏档案总量} \times 100\%^② \qquad (4-2)$$

霍振礼先生认为,公式(4-2)的档案利用率真正表达了档案利用工作的业绩,并认为档案利用率和档案动用率的关系是公式(4-3):

$$档案利用率 = 档案动用率 \times 被动用档案平均利用次数 \qquad (4-3)$$

对于档案利用率,还有的研究者认为,虽然公式(4-2)增加了档案原件

---

① 陈永生.档案工作效益论[M].北京:中国档案出版社,1995:121.
② 霍振礼,李艳,李碧清.传统档案利用率概念质疑[J].档案与建设,2003(2):56-57.

被重复利用的卷册数或者次数这部分，但其计算的，仍然仅仅是档案原件的利用。他们认为，在计算档案利用率的时候，必须包括利用档案加工产品或者档案编研产品这一部分，并将档案利用率的公式充实为（在一定时间内）：

$$\text{利用率} = \frac{\text{被提供利用档案（原件、档案编研产品）的数量（卷、册次）}}{\text{馆藏档案总量}} \times 100\% [1]$$

$$(4-4)$$

显然，档案利用率的公式（4-4），作为研究者的一家之言还勉强说得过去，但不管有多少理由，它都已经超出档案利用基本概念的范围。

而对于档案利用率的公式（4-1）、（4-2）、（4-3），张贵华认为这些档案利用率公式存在着误区："我们在使用传统的利用率公式时，通常把分子看作档案馆所调的卷（册）数量，从而把调卷行为当作利用档案行为。比如某个档案馆的馆藏量为 10 万卷，在一年内调阅了 5000 卷档案，其中对利用者有用的为 2000 卷，那么档案利用率公式应为：

$$\frac{5000}{10000 \times 100\%} = 5\%$$

"显然，5% 的档案利用率中实际包含了 3% 的无效利用率（3000 卷对利用者无实际作用）和 2% 的有效利用率（2000 卷对利用者有实际作用）。所以，传统的档案利用率掩盖了对档案的无效利用，人为拔高了对档案的有效利用，从而产生了利用率误差，不能真实反映档案利用效益。"[2]

这里基本梳理了一下档案利用率的研究情况，就是想说明，且不说研究档案利用率有没有价值，或者适合不适合作为档案馆档案利用工作实绩的评价指标，就对其本身研究来说还很不成熟。就以上的观点来说，张贵华的观点比较接近档案利用工作实际。实际上，档案动用率也好，调的卷（册）数量也罢，都不是档案的实际有效利用情况，张贵华说得对，档案的实际有效利用要低于档案动用率或调的卷（册）数量。这里存在着一个档案查准率的问题。另一个问题是，一般档案馆统计档案利用卷件次以及《全国档案事业统计综合年报》中档案利用统计的利用卷件次，基本都是调的卷件数，或者说档案动用数。因为如果每次档案利用统计都把无效利用的调卷数剔除的

① 闫红丽. 从"果汁利用理论"看档案利用率评估[J]. 兰台世界,2005(7):51-52.
② 张贵华. 档案利用率误区之我见[J]. 档案管理,2002(3):21-22.

话,就会增加很多的工作量。所以,一般都只统计档案利用的调卷数。这就是说,实际档案利用率低的程度要远比《全国档案事业统计综合年报》中更低,即实际档案利用率低的程度要比大多数研究者说的或者认为的更低。因而通过对《全国档案事业统计综合年报》统计数值进行对比分析得出的结论,如果能说明问题的话,那么,亦说明这一结论是正确的,因为实际档案利用率不会高于《全国档案事业统计综合年报》中的统计数值。

二、综合档案馆档案利用情况统计分析

(一)全国综合档案馆 1983—2017 年档案利用情况统计分析

1.统计数据来源与说明

(1)数据来源:

1)《中国档案年鉴 1989》[①]。指标及时间:国家综合档案馆馆藏档案(万卷、件)(1983、1987—1988 年),国家综合档案馆利用档案(万卷件次)(1983、1987—1988 年)。

2)国家统计局国家数据网站[②]。指标及时间:国家综合档案馆馆藏档案(万卷、件)(1991—2017 年),国家综合档案馆利用档案(万卷件次)(1991—2017 年)。

3)桑瑞霞《综合性档案馆馆藏资源建设与开发利用研究》中引用的《全国档案事业基本情况统计年报》数据[③]。指标及时间:国家各级各类档案馆馆藏档案(万卷)(1984—1986 年、1989—1990 年)。

4)李海英《档案利用数量分析》中引用的《全国档案事业基本情况统计年报》数据[④]。指标及时间:国家各级各类档案馆利用档案(万卷件次)(1984—1986 年、1989—1990 年)。

(2)说明:

1)从 1983 开始统计有两个原因:一是 1983 年国家档案局印发了《关于印发一九八三年〈档案工作基本情况统计年报〉的通知》(国档发〔1983〕37 号)[⑤],第一次在全国范围内实行统一的档案工作统计制度,并通过国家统计局的批准,标志着档案统计工作正式纳入国民经济和社会发展的统计指标

---

① 国家档案局.中国档案年鉴 1989[M].北京:档案出版社,1992:573-624.
② 中国统计年鉴 2018[EB/OL].[2019-12-23].http://www.stats.gov.cn/tjsj/ndsj/2018/indexch.htm.
③ 桑瑞霞.综合性档案馆馆藏资源建设与开发利用研究[D].济南:山东大学,2011.
④ 李海英.档案利用数量分析[J].北京档案,2005(10):22-24.
⑤ 国家档案局办公室.档案工作文件汇编:第二集[M].北京:档案出版社,1985:37.

体系,列入了国家统计项目。二是1978年党的十一届三中全会以后,档案馆事业得到了恢复和健康发展。到1984年底(1983年度的统计报表中综合档案馆与其他档案馆未分别统计)在全国已经基本普遍建立形成了档案馆网络,综合档案馆达到2751个(除台湾省外)①,加上中央档案馆、一史馆、二史馆,共计2754个。按照截至1984年12月31日的中华人民共和国行政区划统计(台湾省的行政区划资料暂缺),省级行政单位30个,地(市)级行政单位(31个自治州、1个行政区、135个地区、8个盟、148个市)323个,县(县级市、区)级行政单位2813个,共计3166个行政单位②。也就是说,到1984年按行政区划恢复和建立的综合档案馆占到86.98%。综合档案馆已经在全国基本形成规模。

2)1983年以来的部分数据缺失及相关指标不同来源数据的差异,主要受档案统计制度的建立与完善过程,档案统计指标、口径的一致性,统计来源,档案统计数据的公布与获取等因素的影响。这些数据的缺失与差异对局部结论可能有一定影响,但对整体结论的判断影响有限。

2. 全国综合档案馆1983—2017年馆藏档案利用卷件次统计分析

这里采用的档案利用率计算公式,是档案界比较认可的公式:

$$档案利用率=\frac{被提供利用档案的数量(卷、册)}{馆藏档案总量(卷、册)}\times100\%③$$

根据这一公式,把1983—2017年的全国综合档案馆馆藏档案利用卷件次情况制成表或图(表4-1、图4-1、图4-2、图4-3)。

表4-1 全国综合档案馆1983—2017年馆藏档案利用统计

年度	馆藏档案/万卷、件	利用档案/万卷件次	利用率/%
1983年	5476.97	662.66	12.10
1984年	6303.34	838.25	13.30
1985年	7066.16	1211.49	17.14
1986年	7957.57	1799.65	22.62
1987年	7779.79	2250.94	28.93

① 国家档案局.中国档案年鉴1989[M].北京:档案出版社,1992:576.
② 中华人民共和国民政部.中华人民共和国行政区划简册1985[M].北京:测绘出版社,1985:1.
③ 陈永生.档案工作效益论[M].北京:中国档案出版社,1995:121.

续表 4-1

年度	馆藏档案/万卷、件	利用档案/万卷件次	利用率/%
1988 年	8205.28	1616.62	19.70
1989 年	8916.06	1487.16	16.68
1990 年	9814.41	1397.9	14.24
1991 年	9637.43	936.99	9.72
1992 年	10 003.52	773.83	7.74
1993 年	10 726.79	891.92	8.31
1994 年	10 783	674.4	6.25
1995 年	11 318.31	529.3	4.68
1996 年	11 341.41	485.4	4.28
1997 年	12 222.93	500.98	4.10
1998 年	12 276.52	446.5	3.64
1999 年	12 866.75	508.48	3.95
2000 年	13 313.98	494.35	3.71
2001 年	13 756.64	575.36	4.18
2002 年	14 790.7	548.9	3.71
2003 年	15 945.9	602.6	3.78
2004 年	17 601.5	813.9	4.62
2005 年	18 688.7	868	4.64
2006 年	21 656.5	1166.4	5.39
2007 年	23 675.3	1244.9	5.26
2008 年	25 051	1257.4	5.02
2009 年	28 089.2	1308	4.66
2010 年	32 198.6	1417.3	4.40
2011 年	35 445.5	1564.5	4.41
2012 年	40 547.7	1521.1	3.75
2013 年	42 454.5	1477.8	3.48
2014 年	53 470.3	1688.8	3.16
2015 年	58 641.7	1978.3	3.37
2016 年	65 062.5	2033.7	3.13
2017 年	65 371.1	2078	3.18
最大值		2250.94	28.93
最小值		446.5	3.13
平均值		1132.91	7.75
合计	65 371.1(最高年份数)	39 651.8	60.66

图4-1　全国综合档案馆1983—2017年馆藏档案趋势

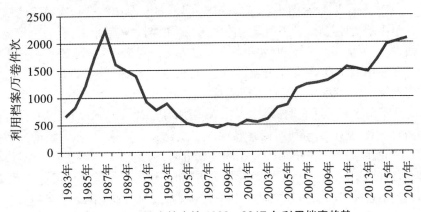

图4-2　全国综合档案馆1983—2017年利用档案趋势

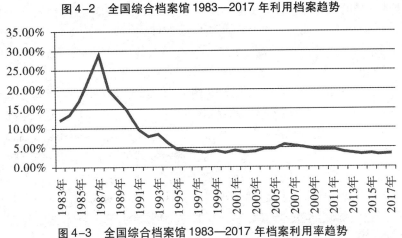

图4-3　全国综合档案馆1983—2017年档案利用率趋势

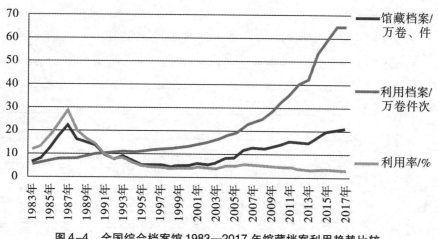

图4-4　全国综合档案馆1983—2017年馆藏档案利用趋势比较

从图4-1、图4-2、图4-3、图4-4中可以看出：全国综合档案馆馆藏档案总体呈不断增加趋势；利用档案卷件次在经历前期大幅起落后，有一个较长的下滑期，但下滑速度渐缓，1998年后开始进入上升通道，一直到2006年与馆藏增加曲线相似，2007年后上升幅度减缓，与馆藏增加幅度渐行渐远，拉开距离。档案利用率在1995年前与利用档案卷件次趋势比较一致，但没有回升，而是一直处于下滑区间。这表明：第一，在馆藏增加寻常的情况下，如果没有外部利用需求刺激，利用率与利用档案卷件次成正比关系。第二，在馆藏增加情况下，增加幅度与利用量增加幅度相同或相近时，利用率保持不变或小幅波动。第三，当馆藏增幅高于利用档案卷件次增幅时，利用率与馆藏成反比关系，既利用档案卷件次增幅相对稳定时，馆藏增幅越大，利用率下降幅度就越大。这就表明馆藏的档案的种类和数量上的增加，并不能确切地带动档案利用率的增加。馆藏档案增加的速度高于利用档案卷件次增加的速度时，反而导致档案利用率的下降，馆藏增速高于利用档案卷件次的增加幅度越大，档案利用率下降的幅度就越大。可见，各类档案利用都有用少的特点。

从表4-1和图4-3中可以看出，档案利用率低是常态，即档案用少是常态，在统计的35年中有27年的档案利用率都在个位，有23年档案利用率几乎都在5%以内，档案利用率趋势从1995—2017年几乎就是一条直线。而且，这35年的平均利用率也只有7.75%。而相对用多则是非常态，1983—1990年的档案利用相对高一点，之所以说相对高一点，最高的档案利用率只是28.93%，这8年的平均利用率也只是18.09%。这几年出现相对高的档案利用率是因为平反冤假错案和编史修志两件事情的叠加促成的，这两件事情本身都不是常态的，而这两件事情的叠加就更不是常态的，是少之又少，都是非常态。

从表4-1中可以看出一个令档案馆人十分震惊与沮丧的数据,35年来的

档案利用年平均率只有 7.75% 。也就是说,档案馆的馆藏档案中,每年都有
90% 以上的档案与档案利用没有关系,即档案馆 90% 以上的馆藏档案无人问
津。即便是将这 35 年来所有档案利用卷件次加在一起,也只占 2017 年馆藏的
60.66% 。这也就意味着档案馆的馆藏档案中,有近 40% 的档案 35 年来从来
没有因为档案利用而动过。而那占馆藏档案 60% 的档案利用卷件次,并不是
实际的档案利用率,只是档案动用率。如果仔细分析这 60% 的档案利用率,那
么,实际档案的利用率还要低得多。例如,档案大部分是以卷为保管单位的,
一卷由若干份档案文件组成,有多有少,就按平均每卷 10 份档案文件,大部分
情况下利用档案,只是利用一卷中的一份档案文件,其他的 9 份档案文件实际
上是没有被利用的。即便是编史修志时,也不是一卷中的每份档案文件都要
利用。还有的是同一份档案文件被多人利用的,比如,任免通知,一般都有数
人甚至数十人,而利用时就会出现同一份档案文件被多次利用或者数十次利
用,当然在利用统计中就会被统计为多次或者数十次,而实际值只是利用了一
卷次,或者更确切地说是一件次。另据一些地方的统计,有些地方整个全宗都
从来没有被利用过,如据河南唐河县档案馆 1985—2004 年档案利用情况统计,
"馆藏 206 个全宗 48 384 卷(件)档案,仅有 95 个全宗的 9235 卷档案被利用
过,另外占馆藏总量 80.91% 的 39 149 卷档案,却无人问津,其中 111 个全宗的
档案,利用率为 0"①。即占馆藏 53.88% 的全宗档案从来没有被利用过。据河
南漯河市档案馆 2004—2013 年档案利用情况统计,"漯河市档案馆现存 251 个
全宗,其中有 104 个全宗 10 年来从未利用过,占馆藏全宗的 41%"②;据河南嵩
县档案馆对 1989—2003 年的档案利用统计,"1989 年至 2003 年间没有利用过
的全宗 40 个,占馆藏全宗的 38.5%"③;据河南新乡市档案馆对 1990—2002 年
的档案利用统计,在现存的 154 个全宗中,永久卷未利用的有 20 个。长期档案
未利用的有 97 个。短期未利用的有 135 个。永久、长期和短期都未利用的全
宗有 11 个④。这样算下来,35 年来所有档案利用卷件次加在一起的实际档
案利用率就不是 60% 了,可能只有 10% ,甚至更少。有人对档案利用调出档
案文件数与实际利用档案文件数进行了统计比较,从中可以间接地更准确
地看出全国综合档案馆馆藏档案的实际档案利用率。有人对原河南安阳地

---

① 郭炜. 唐河县档案馆 1985—2004 年档案利用情况调查与分析[J]. 档案管理,2006
(5):45-47.

② 闫俊丽,何惠光. 漯河市档案馆近 10 年档案利用情况调查[J]. 档案管理,2014
(5):54-55.

③ 王志娟. 嵩县档案馆档案利用情况调查[J]. 档案管理,2004(5):27-28.

④ 周应朝. 新乡市档案馆(一库)档案利用统计分析[J]. 档案管理,2003(5):23-24.

委、安阳行署两个全宗的永久档案 1985 年元月至 1994 年 8 月的实际利用情况进行统计比较分析①,见表 4-2。

表 4-2　利用文件份数与调出文件份数对比统计表

全宗名称 数目 项目	安阳地委	安阳行署
利用文件份数	156	69
调出文件份数	3098	806
利用文件份数占调出文件份数比例/%	5.04	8.56

　　从表 4-2 可以看出,档案文件实际利用份数只占调出份数的 5.04% ~ 8.56%,平均是 6.80%。35 年来全国综合档案馆所有档案利用卷件次加在一起的档案调卷动用率为 60.66%,乘以 6.80% 的实际档案利用比例,那么,得出的实际档案利用率为 4.12%。这个利用率数值应该是比较接近实际的,因为利用地委和行署全宗档案的都是利用目的和指向比较明确的,实际情况有可能比这一数值更低。就按照这一数值间接推算,35 年来全国综合档案馆所有档案利用卷件次加在一起的实际档案利用率只有 4.12%,也就是说,综合档案馆所保管的全部档案中超过 95% 以上的档案 35 年来从来未被利用过。而据第一历史档案馆保管利用部介绍:"10 年来(1985—1995年),为馆内读者提调档案约 1066 万件,而读者选用档案仅为 96 836 件,档案选用率占 0.1%。"②如果按照这一实际利用率来间接推算 35 年来全国综合档案馆档案利用情况,就是档案调卷动用率 60.66% 乘以 0.1% 的实际档案利用比例,得出的实际档案利用率则约为 0.06%。也就是说,35 年来全国综合档案馆所有档案利用卷件次加在一起的实际档案利用率约只有 0.06%,即综合档案馆所保管的全部档案中约 99.94% 的档案 35 年来从来未被利用过。这样低的档案利用率已经完全超出我们的想象了。当然,第一历史档案馆也许是个个案,但是,基本可以肯定不会超过 4.12%,这同样也已经超出我们的想象了。这也可以看出档案利用是多么地用少。

　　图 4-2 是一个近似于"U"形的图,对于其解读,按照一般研究者的解读,

　　① 张满飚,何业武. 地县级档案馆永久档案是否都要搞"多套制"[J]. 档案管理,1995(2):20-22.

　　② 中国第一历史档案馆. 明清档案与历史研究论文集:庆祝中国第一历史档案馆成立 70 周年[M]. 北京:中国友谊出版公司,2000:1433.

1983—2017年的全国综合档案馆利用档案趋势是从高到低,又缓慢到高的过程,档案利用终于走出低谷。只看此图得出这样的结论也很正常,而且大多数研究者在探讨分析档案利用情况时,只引用或者统计档案利用的绝对值,而不统计分析档案的馆藏总数以及档案利用的背景情况。结合表4—1可以看出,档案的利用情况远不是统计分析单纯的一组档案利用绝对数那么简单。"U"形图的前段利用最高值是由平反冤假错案和编史修志两件事情的叠加促成的,而后段的缓慢上升是由民生档案的利用促成的,但直到2017年,仍然没有达到前段的最高值。虽然还有可能升高,但是这背后的状况,一是我国在深化改革中不断出台调整利益分配政策的结果,这些政策的出台大都是为了解决一些历史遗留问题或者是在改革过程中逐步积攒的一些问题。而随着历史遗留问题或者是在改革过程中逐步积攒的一些问题得到解决以及社会保障系统的不断完善,还有公民个人保管证件、证据性材料意识的增强,民生档案的利用会越来越低,而不是越来越高。二是不断巨量增长的档案馆藏。后段的档案利用增加,是由巨量的档案馆藏做支撑的。后段的档案利用绝对数的相对增加,并没有增加档案的利用率,相反,在不断巨量增长的档案馆藏支撑下的档案利用绝对数的相对增加,却大大地降低了档案利用率。这实际上是档案利用的用少律在起作用。当然,也有不少研究者认为,应当优化馆藏,控制档案数量的增长,这样就可以增加档案的利用率。如陈永生认为:"过于偏低的档案利用率,反映出两个不容忽视的问题:一是档案利用的数量偏少;二是馆藏档案数量偏多。这就意味档案馆既要控制馆藏档案数量的增长,又要努力扩大利用者队伍。这对于档案馆来说显然是一项十分艰巨的任务。"①这实际上是一个不可能完成的任务。为了应对民生档案的利用,从2007年开始大量地接收民生档案进馆,到2017年馆藏量已经增加了两倍多。对于民生档案如何优化馆藏控制馆藏档案数量呢?对于民生档案这种有别于文书档案的档案,它不存在接收鉴定挑选的问题,要么不接,要么全接。如对于婚姻档案,不存在只接张三的不接李四的问题,也不存在只接老年的不接年轻的问题。对于民生档案来说,都是如此。对于档案馆来说唯一的选择就是全接。而对于扩大利用者队伍来说,更是档案馆不可能控制的问题,利用者队伍是受政策和"黑天鹅事件"的影响决定的,并不是档案馆通过努力就能解决的问题。

另外需要说明的是,关于档案利用率的问题,一直有学者批评档案馆的利用率低,是开放不够的问题,这种说法显然是对档案馆工作不太熟悉的缘

---

① 陈永生.档案已供利用情况的数据分析:档案充分利用问题研究之三[J].档案学研究,2007(5):20-25.

故。这里有两个问题:一是如果按照档案开放情况来计算档案利用率,那么档案利用率并不低。因为这里有个时间差的问题,按照档案开放情况来计算档案利用率,那么,计算档案的利用率的馆藏数,不应该是当年利用卷件数与当年的馆藏总数的比,而应该至少是与10年至20年前的档案馆藏总数比(因为地市级以上的档案馆接收的档案,需要在档案馆保存10年后才能开放,县级档案馆接收的档案,需要在档案馆保存20年后才能开放)。二是在地市级以下的档案馆(占我国档案馆比例的90%以上),一般情况下,只要有介绍信就可以查阅除保密或者会议记录类的开放或未开放的档案。这样计算下来其档案利用率并不低。当然,如果细细地研究,还有很多问题需要研究,这不是本书要研究的问题,将另外专门探讨。

3. 全国综合档案馆1983—2017年馆藏档案利用人次统计分析

档案利用者决定着档案的利用,分析档案利用者占全部人口中的比例,对于认识档案利用有着重要的意义。根据国家统计局编的《中国统计年鉴2018》所公布的历年全国总人口数和1983—2017年的全国综合档案馆档案利用人次统计制成表4-3:

表4-3　全国综合档案馆1983—2017年档案利用人次情况

年度	年末总人口/万人	档案利用人次/万次	占总人口比例/%
1983 年	103 008	211.77	0.21
1984 年	104 357	272.98	0.26
1985 年	105 851	359.26	0.34
1986 年	107 507	468.41	0.44
1987 年	109 300	511.38	0.47
1988 年	111 026	400.62	0.36
1989 年	112 704	383.34 * ①	0.34
1990 年	114 333	343.21 *	0.30
1991 年	115 823	356.44 *	0.31
1992 年	117 171	318.33 *	0.27
1993 年	118 517	275.8 *	0.23
1994 年	119 850	289.59 *	0.24
1995 年	121 121	237.7 *	0.20
1996 年	122 389	126.59	0.10
1997 年	123 626	156.52	0.13

① 李海英.档案利用数量分析[J].北京档案,2005(10):22-24.该文中的数据为全国各类各类档案馆档案利用人次,全国各级综合档案馆档案利用人次实际要小于这些数据。带"*"号数据的均来自此。

续表4-3

年度	年末总人口/万人	档案利用人次/万次	占总人口比例/%
1998 年	124 761	119.65	0.10
1999 年	125 786	136.15	0.11
2000 年	126 743	135.54	0.11
2001 年	127 627	142.74	0.11
2002 年	128 453	146.53	0.11
2003 年	129 227	170.69	0.13
2004 年	129 988	192.08	0.15
2005 年	130 756	217.76	0.17
2006 年	131 448	306.38	0.23
2007 年	132 129	321.39	0.24
2008 年	132 802	346.29	0.26
2009 年	133 450	442.81	0.33
2010 年	134 091	425.36	0.32
2011 年	134 735	537.63	0.40
2012 年	135 404	514.64	0.38
2013 年	136 072	533.14	0.39
2014 年	136 782	571[1]	0.42
2015 年	137 462	638.3[2]	0.46
2016 年	138 271	655.2[3]	0.47
2017 年	139 008	659.4[4]	0.47
最大值		659.4	0.47
最小值		119.65	0.10
平均值		340.70	0.27
合　计	139 008（最高年份数）	11924.62	8.58

---

[1]　2014 年度全国档案行政管理部门和档案馆基本情况摘要（三）［EB/OL］，
（2016-11-16）［2020-01-04］.http://www.saac.gov.cn/daj/zhdt/201611/0af9b5d7e11949
dba62 d1e0a55c41f6a.shtml.

[2]　2015 年度全国档案行政管理部门和档案馆基本情况摘要（三）［EB/OL］，
（2016-11-16）［2020-01-04］.http://www.saac.gov.cn/daj/zhdt/201611/f4bef7a53afc
4648a2f bc6a450cb7055.shtml.

[3]　2016 年度全国档案行政管理部门和档案馆基本情况摘要（三）［EB/OL］，
（2017-11-16）［2020-01-04］.http://www.saac.gov.cn/daj/zhdt/201710/d8d3a6378
bf747f1a84adc4aa87dc073.shtml.

[4]　2017 年度全国档案行政管理部门和档案馆基本情况摘要（三）［EB/OL］，
（2018-11-16）［2020-01-04］.http://www.saac.gov.cn/daj/zhdt/201809/a2ea00f9f4b24
b8b8dd3e3310e2d2f97.shtml.

注:表4-3中的档案利用人次除了标注符号的,其他数据均来自《中国档案年鉴》①。

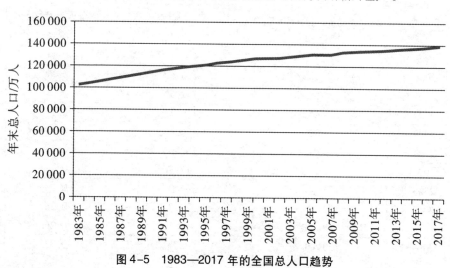

图4-5 1983—2017年的全国总人口趋势

① 国家档案局.中国档案年鉴1989[M].北京:档案出版社,1992:573-624.

国家档案局.中国档案年鉴1997[M].北京:中国档案出版社,1999:341-375.

国家档案局.中国档案年鉴1998—1999[M].北京:中国档案出版社,2000:305-341, 677-705.

国家档案局.中国档案年鉴2000—2001[M].北京:中国档案出版社,2002:301-331, 659-689.

国家档案局.中国档案年鉴2002[M].北京:中国档案出版社,2003:295-325.

国家档案局.中国档案年鉴2003[M].北京:中国档案出版社,2004:333-363.

国家档案局.中国档案年鉴2004—2005[M].北京:中国档案出版社,2006:239-269, 521-551.

国家档案局.中国档案年鉴2006[M].北京:中国档案出版社,2008:291-321.

国家档案局.中国档案年鉴2007[M].北京:中国档案出版社,2009:361-383.

国家档案局.中国档案年鉴2008[M].北京:中国档案出版社,2010:323-349.

国家档案局.中国档案年鉴2009[M].北京:中国档案出版社,2011:423-444.

国家档案局.中国档案年鉴2010[M].北京:中国文史出版社,2012:383-404.

国家档案局.中国档案年鉴2011[M].北京:中国文史出版社,2014:473-494.

国家档案局.中国档案年鉴2012[M].北京:中国文史出版社,2015:379-400.

国家档案局.中国档案年鉴2013[M].北京:中国文史出版社,2017:329-350.

国家档案局.中国档案年鉴2014[M].北京:中国文史出版社,2017:303-324.

图 4-6 全国综合档案馆 1983—2017 年档案利用人次趋势

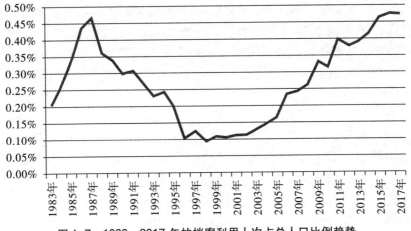

图 4-7 1983—2017 年的档案利用人次占总人口比例趋势

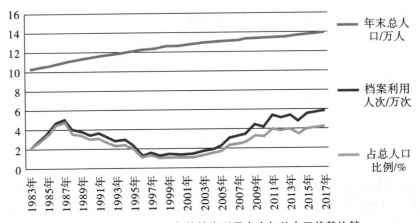

图 4-8 1983—2017 年的档案利用人次与总人口趋势比较

从图4-5至图4-8中可以看出:总人口呈不断平稳缓慢增加趋势。档案利用人次与总人口趋势不一致,档案利用人次在经历前期大幅起落后,有一个较长的下滑期,但下滑速度渐缓,1999年后开始进入上升通道,一直到2006年后缓慢上升,虽然中间有升降曲折,但是,与总人口增加幅度总体较一致。档案利用人次与占总人口比例在整体趋势上是较一致的,2000年前档案利用人次与占总人口比例趋势高度重合,但没有回升,而是一直处于下滑区间,到2000年以后档案利用人次与占总人口比例趋势渐渐分离,占总人口比例与档案利用人次相比渐成下降趋势。这表明:第一,档案利用人次与总人口数以及增减基本没有关系,人口的增加并不能刺激对档案利用的需求。第二,档案并不是人人都需要的必需品,利用档案的人终究是少数,也就是档案利用具有用少的特点。

从表4-3与图4-8中可以看出,档案利用人(含次)的增减与总人口的增长基本没有关系,档案利用人(含次)并没有随着总人口数的增加而增加,甚至从1988年到1998年与总人口数的增加成反比,此后,虽然档案利用人(含次)略呈缓慢增长之势,但是,直到2011年档案利用人(含次)的绝对值才达到1987年的水平,中间隔了24年,几乎是整整一代人的时间。而且,就档案利用人(含次)占总人口的比例直到2016年(0.47%)才达到1987年(0.47%)的水平,到了2017年(0.47%)仍然是与1987年(0.47%)持平。而从1988年到2017年这30年里,档案馆走过了从封闭到开放,从档案利用无法可依到《档案法》的颁布赋予公民利用档案的权利,从揭开档案馆的"神秘面纱"到不断增强的社会档案意识,从档案馆的默默无闻到年年都有"国际档案日"的大力宣传,从坐等档案利用者上门利用到档案服务进学校、进社区、进农村等路程,然而,这些长时间的种种努力似乎都不足以将档案利用者吸引到档案馆来利用档案,这只能说明一个问题,档案并非人人都需要的必需品,档案只是备用品,档案是用少的。

而从档案利用人(含次)占总人口的比例的具体数值来看,更是一个令档案馆人十分震惊与沮丧的数据,从1983年到2017年,档案利用人(含次)所占总人口的比例并没有超过0.5%,最高的也只是0.47%,最低的只有0.10%,平均也只有0.27%。每年都有99.5%以上的人从来没有利用过档案馆的馆藏档案,也就是说,档案馆的档案利用与99.5%以上的人都没有关系。即便是我们将这35年来的档案利用人(含次)全部加在一起,占总人口(2017年末)的比例也只有8.58%,也就是说,把35年来的档案利用人(含次)全部加在一起,仍然有90%以上的人从来没有利用过档案馆的馆藏档案。不是他们不愿意来档案馆利用档案,是因为他们的确没有需求。如果在35年前,对于如此低的比例,还可以归咎于档案馆的封闭、馆藏不丰富和社会档案意识薄弱,而在 35 年后,经过档案馆种种大力努力下的今天,再归咎于档案馆的封闭、馆藏不丰富和社会档案意识薄弱就没有任何道理和意义了。这时我们再重温档案学家吴宝康在 20 世纪 50 年代末就提出的关于档案的保管与社会的利用是档案工作的基本矛盾的观点,可能会有另一番认识。吴宝康先生认为:"档案工作中所存在的基本矛盾或主要矛盾的两个方面——档案的收藏(管理)和社会的利用,又是哪一方面起主导作用的呢?我们可以说社会的利用是起主导作用的方面。也正是因为社会的利用是起主导作用的方面,它规定着档案工作的性质是一项服务性的工作。如果我们承认档案工作是一项服务性的工作,那末我们就必须同时承认档案工作的矛盾中起主导作用或支配作用的主要方面是社会的利用一方。"①对于吴宝康先生的观点,不论是得出"利用为纲",还是得出"保管档案的根本目的就是为了利用"②,抑或得出"我们重温吴老的观点,对深刻认识档案馆的核心职能仍是有现实意义的",因而,"就档案馆而言,其核心职能只能是利用服务这种职能"③等,而最主要的是"档案工作的矛盾中起主导作用或支配作用的主要方面是社会的利用一方",这里最重要的是"主要方面是社会的利用一方",是社会利用的一方决定了档案的利用,而当社会大多数人都没有档案利用需求时,无论我们如何宣传诱导都不起任何作用。35 年来的档案利用人(含次)占总人口的比例就说明了这一点。而社会大多数人都没有档案利用的需求,则是由档案用少的特点决定的,档案不是必需品,档案是备用品。它也证明了档案馆保管档案的利用是一种少用,而不是多用;更不是证明"利用才是推动整个档案事业和档案工作发展的动力,是最有活力的因素,它带动档案工作本身的其他一切环节的工作,检验其他一切环节的工作。利用是中心、是关键"④,而恰恰是相反。

对于表 4-3 和图 4-6,也许有研究者解读为,档案利用终于在档案馆人努力下,从档案服务民生,提供民生档案利用方面打开了冲破档案利用低迷的缺口,使档案利用走出了低谷。如果只看此图得出这样的结论也属正常,而且大多数研究者在探讨分析档案利用情况时,都是只引用或者统计档案利用的绝对值,而不统计分析有关档案利用的其他条件以及档案利用的背景情况。从表 4-3 和图 4-6 中可以看出,民生档案的利用的确使档案利用走出了低谷。就档案利用人次的绝对数值来说,到 2011 年就已经超过了

1987年的档案利用人次历史最高值。然而,将档案利用人次放到全国总人口数的大环境下去比较,问题就出来了。之所以要把档案利用人次放到全国总人口数的大环境下去比较,是因为民生档案涉及千家万户,涉及个人,将其放在全国总人口数的大环境下去比较,也是很有必要的。从表4-3中可以看出,从2007年在全国范围内普遍开展民生档案工作,提供利用档案为民生服务以来,虽然从档案利用人次的绝对数值来看,是逐年增加的,而且占总人口数的比例也是逐年增加的。但是,从档案利用人(含次)占总人口数的绝对值来看,就不乐观了,占总人口数的比例都在0.47%以下,也就是说,99.5%以上的绝大多少人都没有利用过民生档案(这里还包括对其他档案的利用)。即便是将2007年到2017年的档案利用人(含次)全部加在一起,也只占到2017年总人口数的4.06%。这就是说把2007年到2017年的档案利用人(含次)全部加在一起,与95.5%以上的人都没有关系。即与每个人都息息相关的民生档案,就其利用来说,与95.5%以上的绝大多数人没有关系。这里不是说档案馆选择提供民生档案利用作为打开冲破档案利用低迷的缺口不对,而是说民生档案也与其他档案一样都具有用少的特点。不是95.5%以上的绝大多数人不愿意来利用民生档案,而是他们确实没有利用民生档案的需求。正如在本章第一节中所述,利用民生档案都是有条件的,来利用民生档案的不是丢失证件,就是缺乏相关的证明材料,而这部分人都是少数。

(二)部分省(直辖市)档案利用情况比较统计分析

1.统计数据说明与来源

(1)统计说明:

为了了解文化、经济、学历等情况对档案利用的影响,这里选择了有代表性的几个省(直辖市)进行比较。文化比较深厚的有北京;总人口中学历比较高的有北京、上海;经济条件中有发达地区的北京、上海、浙江,中等的有中部地区的河南、安徽,欠发达地区有西部的青海、贵州。

为了能够在相对客观的平台上做比较,这里选择了相同的统计年代、相同的数据出处。由于有些年代的数据一时无法获得,只能按现有的数据统计。档案馆藏、利用人次、利用档案卷件次的数据为1983—1988年、1996—2013年共23年。

(2)数据来源:

档案馆藏、利用人次、利用档案卷件次的数据来自《中国档案年鉴》1989年卷、1997年卷、1998—1999年卷、2000—2001年卷、2002年卷、2003年卷、2004—2005年卷、2006年卷、2007年卷、2008年卷、2009年卷、2010年卷、2011年卷、2012年卷、2013年卷、2014年卷。指标及时间:馆藏档案(万卷、件)(1984—1988年、1996—2013年),档案利用人次(万次)(1984—1988年、

1996—2013 年)，利用档案(万卷件次)(1984 年—1988 年、1996—2013 年)。

部分省(直辖市)总人口数据来自部分省(直辖市)的统计局官网，具体省(直辖市)的数据见下文中的引注。

2.部分省(直辖市)综合档案馆馆藏档案利用与档案利用人次统计

(1)北京市各级综合档案馆馆藏档案利用与档案利用人次统计。北京市各级综合档案馆馆藏档案利用统计见表4-4。

表4-4 北京市各级综合档案馆馆藏档案利用统计

年度	馆藏档案/万卷、件	利用档案/万卷件次	利用率/%
1984 年	68.28	2.97	4.35
1985 年	74.07	4.62	6.24
1986 年	73.52	3.70	5.03
1987 年	86.13	6.02	6.99
1988 年	115.83	7.27	6.28
1996 年	214.01	24.22	11.32
1997 年	216.92	23.39	10.78
1998 年	229.59	12.11	5.27
1999 年	241.52	8.64	3.58
2000 年	258.59	9.75	3.77
2001 年	275.99	13.06	4.73
2002 年	305.59	10.36	3.39
2003 年	333.05	13.96	4.19
2004 年	348.49	18.53	5.32
2005 年	370.22	21.34	5.76
2006 年	390.46	27.91	7.15
2007 年	413.60	22.83	5.52
2008 年	444.58	13.68	3.08
2009 年	469.88	14.75	3.14
2010 年	499.09	26.56	5.32
2011 年	521.50	17.98	3.45
2012 年	548.72	16.86	3.07
2013 年	580.29	17.79	3.07
最大值		27.91	11.32
最小值		2.97	3.07
平均值		14.70	5.25

从表4-4中可以看出,北京市各级综合档案馆馆藏档案利用率平均只有5.25%,低于全国7.75%的平均值。也就是说,北京市各级综合档案馆的馆藏档案中每年都有94%以上的档案与档案利用没有关系,即北京市各级综合档案馆94%以上的馆藏档案无人问津。这从中依然可以看出档案是用少的。

北京市各级综合档案馆档案利用人次占总人口比例统计见表4-5。

表4-5 北京市各级综合档案馆档案利用人次占总人口比例统计

年度	全市总人口/万人①	利用人次/万次	占总人口比例/%
1984 年	965	1.05	0.11
1985 年	981	0.97	0.10
1986 年	1028	1.08	0.11
1987 年	1047	1.30	0.12
1988 年	1061	1.45	0.14
1996 年	1259.4	2.87	0.23
1997 年	1240	2.36	0.19
1998 年	1245.6	2.39	0.19
1999 年	1257.2	2.19	0.17
2000 年	1363.6	2.72	0.20
2001 年	1385.1	3.63	0.26
2002 年	1423.2	3.83	0.27
2003 年	1456.4	5.05	0.35
2004 年	1492.7	6.12	0.41
2005 年	1538	6.53	0.42
2006 年	1601	9.30	0.58
2007 年	1676	8.06	0.48
2008 年	1771	8.03	0.45
2009 年	1860	9.04	0.49
2010 年	1961.9	12.67	0.65
2011 年	2018.6	11.51	0.57
2012 年	2069.3	11.60	0.56
2013 年	2114.8	13.60	0.64
最大值		13.60	0.65
最小值		0.97	0.10
平均值		5.53	0.33
合 计	2114.8(最高年份数)	127.35	6.02

① 数据来源:北京市宏观经济与社会发展基础数据库(http://43.254.24.2/ww/MenuItemAction! queryMenu)。

从表4-5中可以看出,北京市各级综合档案馆档案利用人次占全市总人口比例的平均值是0.33%,虽然略高于全国0.27%的平均值,但这依然说明每年都有99.5%以上的人从来没有利用过档案馆的馆藏档案,即档案馆的档案利用与99.5%以上的人都没有关系。如果将这23年的利用人次加在一起,也只占全市总人口最高年份的6.02%,仍然有93%以上的人从来没有利用过档案馆的馆藏档案。

(2)上海市各级综合档案馆馆藏档案利用与档案利用人次统计。上海市各级综合档案馆馆藏档案利用统计见表4-6。

表4-6 上海市各级综合档案馆馆藏档案利用统计

年度	馆藏档案/万卷、件	利用档案/万卷件次	利用率/%
1984 年	167.68	16.47	9.82
1985 年	183.24	12.95	7.07
1986 年	194.45	20.73	10.66
1987 年	194.53	22.49	11.56
1988 年	200.88	21.59	10.75
1996 年	331.71	6.99	2.11
1997 年	354.43	7.87	2.22
1998 年	379.7	8.01	2.11
1999 年	404.42	9.13	2.26
2000 年	427	8.08	1.89
2001 年	453.13	8.90	1.96
2002 年	550.91	17.29	3.14
2003 年	606.77	19.67	3.24
2004 年	650.23	21.31	3.28
2005 年	705.46	40.96	5.81
2006 年	751.74	59.33	7.89
2007 年	756.43	61.68	8.15
2008 年	796.77	37.85	4.75
2009 年	843.32	43.36	5.14
2010 年	932.76	63.23	6.78
2011 年	1002.45	69.88	6.97

续表 4-6

年度	馆藏档案/万卷、件	利用档案/万卷件次	利用率/%
2012 年	1051.24	71.53	6.80
2013 年	1099.18	65.26	5.94
最大值		71.53	11.56
最小值		6.99	1.89
平均值		31.06	5.67

　　从表 4-6 中可以看出,23 年来上海市各级综合档案馆馆藏档案利用率平均只有 5.67%,低于全国 7.75% 的平均值。这就是说,档案馆的馆藏档案中每年都有 94% 以上的档案与档案利用没有关系,即档案馆 94% 以上的馆藏档案无人问津。这从中依然也可以看出档案是用少的。

　　上海市各级综合档案馆档案利用人次占总人口比例统计见表 4-7。

表 4-7　上海市各级综合档案馆档案利用人次占总人口比例统计

年度	全市总人口/万人①	利用人次/万次	占总人口比例/%
1984 年	1217	5.17	0.42
1985 年	1233	5.46	0.44
1986 年	1249	6.83	0.55
1987 年	1265	5.61	0.44
1988 年	1288	3.84	0.30
1996 年	1451	2.03	0.14
1997 年	1489	2.20	0.15
1998 年	1527	2.62	0.17
1999 年	1567	2.93	0.19
2000 年	1608.60	2.91	0.18
2001 年	1668.33	3.28	0.20
2002 年	1712.97	6.51	0.38
2003 年	1765.84	7.52	0.43
2004 年	1834.98	7.80	0.43
2005 年	1890.26	11.11	0.59

---

　　① 数据来源:上海统计(http://tjj.sh.gov.cn)。

续表4-7

年度	全市总人口/万人	利用人次/万次	占总人口比例/%
2006 年	1964.11	10.48	0.53
2007 年	2063.58	15.45	0.75
2008 年	2140.65	18.72	0.87
2009 年	2210.28	18.55	0.84
2010 年	2302.66	20.43	0.89
2011 年	2347.46	21.09	0.90
2012 年	2380.43	19.45	0.82
2013 年	2415.15	24.19	1.00
最大值		24.19	1.00
最小值		2.03	0.14
平均值		9.74	0.50
合　计	2415.15(最高年份数)	224.18	9.28

　　从表4-7中可以看出,上海市各级综合档案馆档案利用人次占全市总人口比例的平均值是0.50%,虽然略高于全国0.27%的平均值,但这依然说明每年都有99.50%的人从来没有利用过档案馆的馆藏档案,即档案馆的档案利用与99.50%的人都没有关系。如果将这23年的利用人次加在一起,也只是占全市总人口最高年份的9.28%,仍然有90%以上的人从来没有利用过档案馆的馆藏档案。

　　(3)江苏省各级综合档案馆馆藏档案利用与档案利用人次统计。江苏省各级综合档案馆馆藏档案利用统计见表4-8。

表4-8　江苏省各级综合档案馆馆藏档案利用统计

年度	馆藏档案/万卷、件	利用档案/万卷件次	利用率/%
1984 年	256.38	51.38	20.04
1985 年	297.45	83.04	27.92
1986 年	349.89	122.28	34.95
1987 年	356.28	152.38	42.77
1988 年	367.83	112.54	30.60
1996 年	516.01	36.00	6.98

续表 4-8

年度	馆藏档案/万卷、件	利用档案/万卷件次	利用率/%
1997 年	540.74	31.30	5.79
1998 年	563.13	27.60	4.90
1999 年	579.60	40.63	7.01
2000 年	593.23	36.63	6.17
2001 年	665.96	48.71	7.31
2002 年	710.30	32.55	4.58
2003 年	762.27	35.54	4.66
2004 年	838.86	37.89	4.52
2005 年	913.74	37.47	4.10
2006 年	1050.34	51.19	4.87
2007 年	1157.54	76.58	6.62
2008 年	1272.88	70.96	5.57
2009 年	1420.30	83.90	5.91
2010 年	1592.65	78.56	4.93
2011 年	1844.65	83.45	4.52
2012 年	2226.16	85.42	3.84
2013 年	2590.11	97.24	3.75
最大值		152.38	42.77
最小值		27.60	3.75
平均值		65.79	10.97

从表 4-8 中可以看出,江苏省各级综合档案馆馆藏档案利用率平均值是 10.97%,虽然略高于全国 7.75% 的平均值。但是,23 年来的档案利用年平均利用率只有 10.97%,就是说档案馆中每年都有 89% 以上的馆藏档案与档案利用没有关系,即档案馆 89% 以上的馆藏档案无人问津。从中依然也可以看出档案是用少的。

江苏省各级综合档案馆档案利用人次占总人口比例统计见表 4-9。

表4-9 江苏省各级综合档案馆档案利用人次占总人口比例统计

年度	全省总人口/万人	利用人次/万次	占总人口比例/%
1984 年	—	16.46	
1985 年	6213.48①	20.27	0.33
1986 年	6269.90	23.24	0.37
1987 年	6348.00	29.21	0.46
1988 年	6438.27	25.51	0.40
1996 年	7110.16②	6.16	0.09
1997 年	7147.86	6.28	0.09
1998 年	7182.46	6.11	0.09
1999 年	7213.13	7.02	0.10
2000 年	7327.24	7.35	0.10
2001 年	7358.52	9.35	0.13
2002 年	7405.50	9.32	0.13
2003 年	7457.70	11.21	0.15
2004 年	7522.95	11.10	0.15
2005 年	7588.24	12.14	0.16
2006 年	7655.66	16.37	0.21
2007 年	7723.13	21.62	0.28
2008 年	7762.48	26.46	0.34
2009 年	7810.27	30.16	0.39
2010 年	7869.34	33.26	0.42
2011 年	7898.80	37.60	0.48
2012 年	7919.98	42.02	0.53
2013 年	7939.49	38.52	0.49
最大值		42.02	0.53
最小值		6.11	0.09
平均值		19.42	0.27
合 计	7939.49(最高年份数)	446.74	5.63

① 1985—1988 年数据来源:江苏经济年鉴编辑委员会.江苏经济年鉴1989[M].南京:南京大学出版社,1989:263.

② 1996—2013 年数据来源:江苏省统计局网站(http://tj.jiangsu.gov.cn)。

从表4-9中可以看出,江苏省各级综合档案馆档案利用人次占全省总人口比例的平均值是0.27%,与全国0.27%的平均值持平,但这依然说明每年都有99.7%以上的人从来没有利用过档案馆的馆藏档案,也就是说,档案馆的档案利用与99.7%以上的人都没有关系。如果将1985—2013年这22年的利用人次加在一起,也只是占全省总人口最高年份的5.63%,仍然有94%以上的人从来没有利用过档案馆的馆藏档案。

(4)河南省各级综合档案馆馆藏档案利用与档案利用人次统计。河南省各级综合档案馆馆藏档案利用统计见表4-10。

表4-10　河南省各级综合档案馆馆藏档案利用统计

年度	馆藏档案/万卷、件	利用档案/万卷件次	利用率/%
1984 年	206.96	54.71	26.44
1985 年	239.99	103.10	42.96
1986 年	267.01	44.43	16.64
1987 年	269.24	95.69	35.54
1988 年	289.66	51.58	17.81
1996 年	413.74	25.50	6.16
1997 年	448.13	24.54	5.48
1998 年	472.40	27.17	5.75
1999 年	511.52	24.19	4.73
2000 年	520.01	24.76	4.76
2001 年	524.06	33.91	6.47
2002 年	533.88	27.68	5.18
2003 年	567.39	36.34	6.40
2004 年	592.05	37.34	6.31
2005 年	617.01	39.80	6.45
2006 年	827.48	38.58	4.66
2007 年	915.46	41.13	4.49
2008 年	916.19	42.61	4.65
2009 年	920.28	48.46	5.27
2010 年	1381.08	49.73	3.60
2011 年	1618.41	57.69	3.56

续表 4-10

年度	馆藏档案/万卷、件	利用档案/万卷件次	利用率/%
2012 年	1652.18	56.97	3.45
2013 年	1785.07	65.25	3.66
最大值		103.10	42.96
最小值		24.19	3.45
平均值		45.70	10.02

从表 4-10 中可以看出,河南省各级综合档案馆馆藏档案利用率平均值是 10.02%,虽然略高于全国 7.75% 的平均值。但 23 年来河南省各级综合档案馆的档案利用年平均利用率只有 10.02%,说明档案馆中每年都有近 90% 的馆藏档案与档案利用没有关系,即档案馆近 90% 的馆藏档案无人问津。这从中依然可以看出档案是用少的。

河南省各级综合档案馆档案利用人次占总人口比例统计见表 4-11。

表 4-11　河南省各级综合档案馆档案利用人次占总人口比例统计

年度	全省总人口/万人①	利用人次/万次	占总人口比例/%
1984 年	7685	26.54	0.35
1985 年	7792	30.01	0.39
1986 年	7916	22.77	0.29
1987 年	8067	26.66	0.33
1988 年	8233	17.30	0.21
1996 年	9136	10.12	0.11
1997 年	9208	9.29	0.10
1998 年	9279	10.52	0.11
1999 年	9351	9.23	0.10
2000 年	9438	9.34	0.10
2001 年	9522	11.67	0.12
2002 年	9584	10.28	0.11
2003 年	9640	11.82	0.12

---

① 数据来源:河南省统计局网站(http://www.ha.stats.gov.cn)。

续表 4-11

年度	全省总人口/万人	利用人次/万次	占总人口比例/%
2004 年	9692	10.75	0.11
2005 年	9743	12.61	0.13
2006 年	9794	12.96	0.13
2007 年	9845	13.91	0.14
2008 年	9893	14.84	0.15
2009 年	9943	16.23	0.16
2010 年	10 202	18.63	0.18
2011 年	10 463	25.00	0.24
2012 年	10 516	24.63	0.23
2013 年	10 572	28.93	0.27
最大值		30.01	0.39
最小值		9.23	0.10
平均值		16.69	0.18
合　计	10 572(最高年份数)	384.04	3.63

从表 4-11 中可以看出,河南省各级综合档案馆档案利用人次占全省总人口比例的平均值是 0.18% ,略低于全国 0.27% 的平均值。这说明每年都有 99.8% 以上的人从来没有利用过档案馆的馆藏档案,即档案馆的档案利用与 99.8% 以上的人都没有关系。如果将这 23 年的利用人次加在一起,也只是占全省总人口最高年份的 3.63% ,仍然有 96% 以上的人从来没有利用过档案馆的馆藏档案。

(5)安徽省各级综合档案馆馆藏档案利用与档案利用人次统计。安徽省各级综合档案馆馆藏档案利用统计见表 4-12。

表 4-12　安徽省各级综合档案馆馆藏档案利用统计

年度	馆藏档案/万卷、件	利用档案/万卷件次	利用率/%
1984 年	124.66	21.50	17.25
1985 年	154.98	44.40	28.65
1986 年	172.44	81.56	47.30
1987 年	180.25	71.50	39.67

160

续表 4-12

年度	馆藏档案/万卷、件	利用档案/万卷件次	利用率/%
1988 年	192.78	43.61	22.62
1996 年	272.62	15.43	5.66
1997 年	284.65	13.00	4.57
1998 年	292.86	8.41	2.87
1999 年	304.93	8.80	2.89
2000 年	318.32	9.79	3.08
2001 年	337.53	11.55	3.42
2002 年	357.51	13.68	3.83
2003 年	383.42	15.16	3.95
2004 年	412.59	16.18	3.92
2005 年	504.49	16.77	3.32
2006 年	634.36	29.19	4.60
2007 年	725.45	41.53	5.72
2008 年	872.98	49.52	5.67
2009 年	1065.30	62.86	5.90
2010 年	1215.52	48.60	4.00
2011 年	1372.36	50.99	3.72
2012 年	1645.26	48.16	2.93
2013 年	1888.64	49.81	2.64
最大值		81.56	47.30
最小值		8.41	2.64
平均值		33.56	9.92

从表 4-12 中可以看出,安徽省各级综合档案馆馆藏档案利用率平均值是 9.92%,虽然略高于全国 7.75% 的平均值,但 23 年来安徽省各级综合档案馆的档案利用年平均利用率只有 9.92%。这说明档案馆中每年都有 90% 以上的馆藏档案与档案利用没有关系,即档案馆 90% 以上的馆藏档案无人问津。这从中依然可以看出档案是用少的。

安徽省各级综合档案馆档案利用人次占总人口比例统计见表 4-13。

表4-13　安徽省各级综合档案馆档案利用人次占总人口比例统计

年度	全省总人口/万人①	利用人次/万次	占总人口比例/%
1984 年	5103	7.50	0.15
1985 年	5156	11.83	0.23
1986 年	5217	17.39	0.33
1987 年	5287	16.38	0.31
1988 年	5377	11.41	0.21
1996 年	6054	4.16	0.07
1997 年	6109	4.04	0.07
1998 年	6152	3.18	0.05
1999 年	6205	3.02	0.05
2000 年	6278	3.03	0.05
2001 年	6325	3.73	0.06
2002 年	6369	4.32	0.07
2003 年	6410	4.93	0.08
2004 年	6461	5.36	0.08
2005 年	6516	6.09	0.09
2006 年	6593	11.34	0.17
2007 年	6676	16.47	0.25
2008 年	6741	16.63	0.25
2009 年	6795	17.92	0.26
2010 年	6827	18.12	0.27
2011 年	6876	20.09	0.29
2012 年	6902	20.44	0.30
2013 年	6929	23.01	0.33
最大值		23.01	0.33
最小值		3.02	0.05
平均值		10.88	0.17
合　计	6929(最高年份数)	250.39	3.61

① 数据来源:安徽省统计局网站(http://www.ahtjj.gov.cn)。

从表4-13中可以看出，安徽省各级综合档案馆档案利用人次占全省总人口比例的平均值是0.17%，低于全国0.27%的平均值。这说明每年都有99.8%以上的人从来没有利用过档案馆的馆藏档案，即档案馆的档案利用与99.8%以上的人都没有关系。如果将这23年的利用人次加在一起，也只是占全省总人口最高年份的3.61%，仍然有96%以上的人从来没有利用过档案馆的馆藏档案。

（6）贵州省各级综合档案馆馆藏档案利用与档案利用人次统计。贵州省各级综合档案馆馆藏档案利用统计见表4-14。

表4-14 贵州省各级综合档案馆馆藏档案利用统计

年度	馆藏档案/万卷、件	利用档案/万卷件次	利用率/%
1984 年	125.90	11.57	9.19
1985 年	166.09	21.35	12.85
1986 年	186.67	45.75	24.51
1987 年	198.73	69.33	34.89
1988 年	206.68	63.19	30.57
1996 年	287.76	11.58	4.02
1997 年	249.57	7.60	3.05
1998 年	309.54	9.67	3.12
1999 年	309.49	12.02	3.88
2000 年	322.98	12.99	4.02
2001 年	331.16	16.63	5.02
2002 年	349.68	15.04	4.30
2003 年	370.84	17.09	4.61
2004 年	379.62	12.61	3.32
2005 年	392.18	21.04	5.36
2006 年	467.41	82.93	17.74
2007 年	503.05	26.13	5.19
2008 年	529.21	31.01	5.86
2009 年	581.47	40.33	6.94
2010 年	656.40	41.35	6.30
2011 年	734.99	41.68	5.67

续表 4-14

年度	馆藏档案/万卷、件	利用档案/万卷件次	利用率/%
2012 年	1012.32	28.98	2.86
2013 年	1210.09	30.51	2.52
最大值		82.93	34.89
最小值		7.60	2.52
平均值		29.14	8.95

从表 4-14 中可以看出,贵州省各级综合档案馆馆藏档案利用率平均值是 8.95% ,虽然略高于全国 7.75% 的平均值,但 23 年来贵州省各级综合档案馆的档案利用年平均利用率只有 8.95% ,说明档案馆中每年都有 90% 以上的馆藏档案与档案利用没有关系,即档案馆 90% 以上的馆藏档案无人问津。这从中依然可以看出档案是用少的。

贵州省各级综合档案馆档案利用人次占总人口比例统计见表 4-15。

表 4-15　贵州省各级综合档案馆档案利用人次占总人口比例统计

年度	全省总人口/万人①	利用人次/万次	占总人口比例/%
1984 年	2931.85	3.42	0.12
1985 年	2972.18	5.49	0.18
1986 年	3025.86	9.94	0.33
1987 年	3072.58	15.97	0.52
1988 年	3127.27	17.74	0.57
1996 年	3555.41	2.00	0.06
1997 年	3605.81	1.54	0.04
1998 年	3657.60	2.24	0.06
1999 年	3710.06	1.97	0.05
2000 年	3755.72	2.55	0.07
2001 年	3798.51	1.99	0.05
2002 年	3837.28	4.28	0.11
2003 年	3869.66	2.46	0.06

① 数据来源:贵州省统计局网站(http://www.gz.stats.gov.cn)。

续表 4-15

年度	全省总人口/万人	利用人次/万次	占总人口比例/%
2004 年	3903.70	3.10	0.08
2005 年	3730	4.32	0.12
2006 年	3690	5.50	0.15
2007 年	3632	6.97	0.19
2008 年	3596	9.50	0.26
2009 年	3537	10.87	0.31
2010 年	3479	12.17	0.35
2011 年	3469	13.92	0.40
2012 年	3484.07	12.57	0.36
2013 年	3502.22	10.29	0.29
最大值		17.74	0.57
最小值		1.54	0.04
平均值		6.99	0.21
合　计	3502.22	160.80	4.59

从表4-15中可以看出,贵州省各级综合档案馆档案利用人次占全省总人口比例的平均值是0.21%,略低于全国0.27%的平均值。这说明每年都有99.7%以上的人从来没有利用过档案馆的馆藏档案,即档案馆的档案利用与99.7%以上的人都没有关系。如果将这23年的利用人次加在一起,也只是占全省总人口最高年份的4.59%,仍然有95%以上的人从来没有利用过档案馆的馆藏档案。

(7)青海省各级综合档案馆馆藏档案利用与档案利用人次统计。青海省各级综合档案馆馆藏档案利用统计见表4-16。

表 4-16　青海省各级综合档案馆馆藏档案利用统计

年度	馆藏档案/万卷、件	利用档案/万卷件次	利用率/%
1984 年	24.32	2.50	10.28
1985 年	35.29	3.95	11.19
1986 年	63.38	6.12	9.66
1987 年	72.07	9.03	12.53

续表 4-16

年度	馆藏档案/万卷、件	利用档案/万卷件次	利用率/%
1988 年	77.31	9.34	12.08
1996 年	88.25	4.13	4.68
1997 年	87.45	3.27	3.74
1998 年	92.36	3.46	3.75
1999 年	86.36	3.67	4.25
2000 年	89.16	3.21	3.60
2001 年	95.30	2.80	2.94
2002 年	94.82	2.27	2.39
2003 年	102.55	3.73	3.64
2004 年	110.78	3.28	2.96
2005 年	120.81	8.07	6.68
2006 年	127.08	4.56	3.59
2007 年	143.85	3.82	2.66
2008 年	172.88	4.31	2.49
2009 年	240.85	12.35	5.13
2010 年	356.78	12.26	3.44
2011 年	371.04	9.38	2.53
2012 年	454.79	8.04	1.77
2013 年	401.30	11.19	2.79
最大值		12.35	12.53
最小值		2.27	1.77
平均值		5.85	5.16

从表 4-16 中可以看出,青海省各级综合档案馆馆藏档案利用率平均只有 5.16%,略低于全国 7.75% 的平均值,但 23 年来青海省各级综合档案馆的档案利用年平均利用率只有 5.16%,说明档案馆中每年都有 94% 以上的馆藏档案与档案利用没有关系,即档案馆 94% 以上的馆藏档案无人问津。这从中依然可以看出档案是用少的。

青海省各级综合档案馆档案利用人次占总人口比例统计见表 4-17。

表4-17 青海省各级综合档案馆档案利用人次占总人口比例统计

年度	全省总人口/万人①	利用人次/万次	占总人口比例/%
1984 年	401.61	1.19	0.30
1985 年	407.38	1.30	0.32
1986 年	421.12	2.25	0.53
1987 年	427.90	3.53	0.82
1988 年	434.20	2.74	0.63
1996 年	488.30	0.90	0.18
1997 年	495.60	0.78	0.16
1998 年	502.80	0.84	0.17
1999 年	509.80	0.71	0.14
2000 年	516.50	0.79	0.15
2001 年	523.10	0.50	0.10
2002 年	528.60	0.76	0.14
2003 年	533.80	1.12	0.21
2004 年	538.60	0.80	0.15
2005 年	543.20	1.15	0.21
2006 年	547.70	1.06	0.19
2007 年	551.60	1.18	0.21
2008 年	554.30	1.20	0.22
2009 年	557.30	0.82	0.15
2010 年	563.47	1.23	0.22
2011 年	568.17	1.42	0.25
2012 年	573.17	1.68	0.29
2013 年	577.79	1.96	0.34
最大值		3.53	0.82
最小值		0.50	0.10
平均值		1.30	0.26
合 计	577.79(最高年份数)	29.91	5.18

① 数据来源:青海统计信息网(http://www.qhtjj.gov.cn)。

从表4-17中可以看出,青海省各级综合档案馆档案利用人次占全省总人口比例的平均值是0.26%,略低于全国0.27%的平均值。但这依然说明每年都有99.7%以上的人从来没有利用过档案馆的馆藏档案,即档案馆的档案利用与99.7%以上的人都没有关系。如果将这23年的利用人次加在一起,也只是占全省总人口最高年份的5.18%,仍然有94%以上的人从来没有利用过档案馆的馆藏档案。

3.部分省(直辖市)综合档案馆馆藏档案利用与档案利用人次比较统计分析

表4-18　部分省(直辖市)综合档案馆馆藏档案利用情况比较

省 别	档案利用率平均值/%	高低于全国	占总人口比例平均值/%	高低于全国
全 国	7.75		0.27	
北京市	5.25	低	0.33	高
上海市	5.67	低	0.50	高
江苏省	10.97	高	0.27	平
河南省	10.02	高	0.18	低
安徽省	9.92	高	0.17	低
贵州省	8.95	高	0.21	低
青海省	5.16	低	0.26	低

从表4-18中可以看出,就档案利用率来说,从文化的角度看,作为文化积淀最高的北京,其档案利用率是最低的,不仅低于全国的平均水平,甚至低于偏远省份。当然,作为文化比较深厚的江苏省,其档案利用率达到10.97%,虽然高出全国平均水平近50%,不过相对文化较落后的贵州省同样也超过了全国的平均水平,同样高出全国的平均水平的还有河南省、安徽省,而且,这三个省的档案利用率,与江苏省的差别是很小的。从中可以看出,档案利用与所在地域的文化没有太大的关系。

从总人口中学历比较高的北京、上海来看,北京、上海的档案利用人次占总人口比例平均值要高于全国,而且就绝对值来说,上海高出全国平均值近一倍。而就北京来说,虽然也高出全国平均值,但是,只比青海高出一点,而青海的总人口中学历较高的人数要比北京低得多,据2013年全国人口变动情况抽样调查样本数据,抽样比为0.822‰的调查,北京具有大专学历以上的有 6859 人，上海为 4703 人，青海为 553 人①，北京是青海的 11 倍，上海是青海的 7 倍。但是，北京、上海的档案利用人次占总人口比例平均值却没有高出青海数倍。这说明学历高低以及高学历的占人口比例的高低与档案利用没有关系。也就是说，高学历的人多并不一定利用档案的人就多。

从经济发达条件来看，就档案利用率平均值来说，高出全国平均值，既有发达地区的江苏，也有欠发达地区的河南、安徽，甚至还有比较落后的贵州。而低于全国平均值不仅有比较落后的青海，还有发达地区的北京、上海。因此，就档案利用率平均值来说，档案的利用与经济发达条件没有直接的关系。就档案利用人次占总人口比例平均值来说，高出全国平均值的，只有发达地区的北京、上海，而且，发达地区的江苏与比较落后的青海基本上持平或接近全国的平均值。低于全国平均值的，虽然都是欠发达地区，但是，就绝对值来说比全国的平均值并没有低多少。如果从宏观的角度看，占总人口比例平均值在 0.5% 左右，高出 0.1～0.3 个百分点在统计学上就没有多少意义了，而北京、上海高出的 0.06%～0.23% 也就没有什么意义了。也就是说它并不能影响结论。因此，无论是从档案利用率平均值来看，还是从档案利用人次占总人口比例平均值来看，档案利用的多少与经济发达条件没有直接的关系。

(三)部分民生档案利用情况统计分析

从 2007 年全国普遍开展民生档案利用工作以来，民生档案利用"热"已经持续了 10 余年了，这里用引号引住"热"字，是说明民生档案利用"热"是相对的。从表 4-1(全国综合档案馆 1983—2017 年馆藏档案利用统计)可以看出，从 2007 年以来，全国综合档案馆档案利用率从 5.26% 下降到 2017 年的 3.18%，档案利用率不升反降。当然，这里有档案馆馆藏档案增长过快的因素，增长过快的原因是为了应对民生档案的利用而大量地接收民生档案。不过仅从因为档案馆馆藏档案增长过快引起档案率的下降似乎说明不了问题，究竟民生档案的利用率是高是低，还需要对民生档案的馆藏与利用做专门的利用统计分析。民生档案的类别很多，有不少研究者认为婚姻档案利用率较高，如丁红勇认为："2013 年以来，民生档案利用仍然是档案利用的主体，产证档案和婚姻档案两项合计利用占比超过 55%。"②王青认为："在民生类档案的查询中，婚姻档案、身份证明档案利用频繁。"③熊伶桃认为：

---

①　数据来源：国家统计局网站(http://www.stats.gov.cn)。

②　丁红勇.浦东新区档案馆 2013 年档案利用分析[J].中国档案,2014(5):61-63.

③　王青.2004—2013 年广东省佛山市档案馆档案利用分析[J].中国档案,2015(5):27-29.

"2014 年,民生档案中的婚姻档案、计生档案、个人档案、知青档案、政策文件档案等利用占比高达 88%。其中,仅婚姻档案查阅利用占比就超过74%。"[1]钱棣华、沈荣认为:"在 2009 年的民生档案利用中,婚姻档案利用仍占较大比重,利用人次仍在增加。"[2]潘爱国、罗俊认为:"民生档案利用最多的是婚姻登记档案和就工就业档案,利用人次超过全馆总利用量的一半以上。"[3]这里就以多数研究者认为的利用率较高的婚姻档案为例进行统计分析,另外再选择两种其他的民生档案,以契税档案、公证档案作为代表进行统计分析。

1. 对婚姻档案利用的统计分析

这里选择河南濮阳市华龙区、清丰县、濮阳县档案馆保存的婚姻档案利用为例进行统计分析,统计结果见表 4-19、表 4-20。关于婚姻档案的计量单位,有的按一对婚姻登记人一卷计,有的按一对婚姻登记人一件计,这里按照档案馆的传统计量单位统一为"卷"。由于婚姻档案的利用大都是一人对一卷,当然,也有利用者查不到的,利用人次会稍微地多于利用卷次,为便于统计,这里统一将利用人次等于利用卷次。这并不影响结论。

表 4-19　河南濮阳市华龙区、清丰县、濮阳县档案馆婚姻档案利用统计[4]

年度	华龙区档案馆			清丰县档案馆			濮阳县档案馆		
	馆藏婚姻档案总量	利用卷次	利用率/%	馆藏婚姻档案总量	利用卷次	利用率/%	馆藏婚姻档案总量	利用卷次	利用率/%
2011 年	107 526	306	0.28	162 357	510	0.31	290 336	1553	0.53
2012 年	107 526	398	0.37	162 357	720	0.44	290 336	1898	0.65
2013 年	107 526	386	0.36	162 357	1879	1.16	290 336	2391	0.82
2014 年	107 526	1899	1.77	162 357	2402	1.48	290 336	3209	1.11

① 熊伶桃.2014 年重庆市长寿区档案馆档案利用分析[J].中国档案,2015(5):32-33.

② 钱棣华,沈荣.依托资源优势做好民生大文章:常熟市档案馆 2009 年民生档案利用分析[J].档案与建设,2010(3):53+52.

③ 潘爱国,罗俊.馆藏民生档案利用存在的问题及对策:以青岛市黄岛区档案馆为例[J].山东档案,2016(1):63-65.

④ 数据来源:婚姻档案馆藏总量、利用卷次由河南濮阳市的华龙区、清丰县、濮阳县档案馆提供。

续表 4-19

年度	华龙区档案馆			清丰县档案馆			濮阳县档案馆		
	馆藏婚姻档案总量	利用卷次	利用率/%	馆藏婚姻档案总量	利用卷次	利用率/%	馆藏婚姻档案总量	利用卷次	利用率/%
2015 年	107 526	2200	2.05	162 357	2610	1.61	290 336	3284	1.13
2016 年	107 526	2325	2.16	162 357	3213	1.98	290 336	4227	1.46
2017 年	107 526	2006	1.87	162 357	5355	3.30	290 336	5379	1.85
2018 年	107 526	2438	2.27	162 357	5100	3.14	290 336	4966	1.71
合 计	107 526	11 958	11.12	162 357	21 789	13.42	290 336	26 907	9.27

表 4-20 河南濮阳市华龙区、清丰县、濮阳县档案馆婚姻档案利用人次占总人口比例统计

年度	华龙区档案馆			清丰县档案馆			濮阳县档案馆		
	全区总人口①	利用人次	占总人口比例/%	全县总人口②	利用人次	占总人口比例/%	全县总人口③	利用人次	占总人口比例/%
2011 年	364 200	306	0.08	697 600	510	0.07	1 127 600	1553	0.14
2012 年	365 800	398	0.11	701 800	720	0.10	1 133 500	1898	0.17
2013 年	367 800	386	0.10	705 300	1879	0.27	1 139 300	2391	0.21
2014 年	369 500	1899	0.51	708 800	2402	0.34	1 145 300	3209	0.28
2015 年	371 200	2200	0.59	712 400	2610	0.37	1 151 000	3284	0.29
2016 年	375 300	2325	0.62	716 700	3213	0.45	1 156 100	4227	0.37
2017 年	403 800	2006	0.50	721 100	5355	0.74	1 136 700	5379	0.47
2018 年	403 800	2438	0.60	721 100	5100	0.71	1 136 700	4966	0.44
合 计	403 800	11 958	2.96	721 100	21 789	3.02	1 136 700	26 907	2.37

---

① 数据来源:濮阳统计信息网(http://www.pystj.gov.cn/)。2018 年末的总人口按 2017 年算。

② 数据来源:濮阳统计信息网(http://www.pystj.gov.cn/)。2018 年末的总人口按 2017 年算。

③ 数据来源:濮阳统计信息网(http://www.pystj.gov.cn/)。2018 年末的总人口按 2017 年算。

从表4-19、表4-20可以看出,婚姻档案的利用率每年大都在1%~5%,说明每年利用的婚姻档案卷数大都在5%以内,也就是说,每年有95%以上的婚姻档案没有被利用过。每年利用婚姻档案的人次占总人口比例大都在0.08%~0.8%,这就是说每年利用的婚姻档案人数大都在0.8%以内,如果再加上夫妻二人的话,也就是每年利用的婚姻档案人数都在1.6%以内。即婚姻档案的利用与98%以上的人都没有关系。这从中可以看出民生档案的利用并没有什么特别之处,与其他档案的利用情况基本上是一致的,也都是用少的,同样也具有用少的特点。虽然婚姻档案的利用近几年是增加的,即便是增加,如果按照这个利用率,也得50~70年才有可能把这些婚姻档案利用一遍。实际上,到这个年限段的有一些人就已经不可能再利用他们的婚姻档案了。而这些婚姻档案只是保存在档案馆的一部分,并不是婚姻档案的全部。由于婚姻档案的总数与相关县区的总户数有关,可以从总户数推算婚姻档案的总数。虽然没有找到濮阳市各县区的分县区总户数的具体统计数据,但找到濮阳市的总户数,根据濮阳市总户数与总人口的比例系数,再乘以相关县区的总人口数据可以得出相关县区大致的婚姻档案总数。根据《河南统计年鉴2017》[①]统计,2016年末濮阳市总人口394万人,总户数为122万,户数率应为30.96%,户数系数应约为0.31。根据濮阳市统计局的统计[②],华龙区2016年末总人口为37.53万人,应有户数约为11.63万户;清丰县2016年末总人口为71.67万人,应有户数约为22.21万户;濮阳县2016年末总人口为115.61万人,应有户数约为35.84万户。如果不包括离婚、再婚的,近些年去世的,以及不断增长的,至少应有婚姻档案分别为华龙区11.63万卷,清丰县22.21万卷,濮阳县35.84万卷。如果按照这个数据为馆藏量的话,再按照这个换算利用率,并且按照这个利用率,就得80~90年才可能把这些婚姻档案利用一遍。也许只过三四十年就会有一半的婚姻档案不会再有利用者了,其当事人有可能都已经过世了。这也可以看出婚姻档案是用少的。

事实上,现在利用婚姻档案的相对这么多,是有许多原因造成的。第一,政策的原因,如生育二胎、独生子女奖励等。第二,历史的原因,如以前办理结婚证都是手写的,有同音不同字的,也有使用第三批简化字(1977年12月20日《人民日报》上公布了《第二次汉字简化方案》(简称"二简字",俗称"第三批简化字")。1986年6月,国务院批准了国家语委《关于废止〈第二次汉字简化方案(草案)〉纠正社会用字混乱现象的请示》,从此,"二简

---

① 数据来源:河南省统计局网站(http://www.ha.stats.gov.cn)。

② 数据来源:濮阳统计信息网(http://www.pystj.gov.cn/)。

字"被停止使用)的,现在办事的人不认识,以为是错字的。还有结婚证与身份证(1984 年以后才实施身份证制度,在此前结婚的就有可能其填写的年龄与后发的身份证年龄不符)年龄不符的。第三,个人的原因。由于早期的结婚证都只是一张纸,不易保管,加之以前人们对于结婚证的重视程度不够,许多人遗失了的。第四,其他原因,如因利益而假结婚的等。这些原因促成了对婚姻档案的相对多的利用。而随着政策的落实,享受过政策的当事人就不会再利用婚姻档案了。当然,有可能还会出台一些相关的新政策,还是会有人来利用的。但是,来利用的人的多少,不仅取决于政策本身,还取决于政策惠及的范围,更取决于惠及范围人群的个人有关婚姻证明材料的多少。如果这些人的结婚证及相关婚姻证明材料都保存完好,就不会到档案馆去利用婚姻档案。对于历史的原因,随着时代的发展而越来越少。现在统一打印的结婚证和身份证的使用,差错率越来越低,使得由于结婚证的原因来利用婚姻档案的越来越少。对于婚姻当事人个人的原因,随着人们档案意识的提高,人们保存结婚证及有关婚姻证明材料的意识也会越来越高,丢失证件的事情会越来越少。还有,随着信息化程度的提高,婚姻登记部门正在逐步实现婚姻档案的电子化,即便是婚姻当事人丢失了结婚证,也不用再到档案馆来查阅开出婚姻证明后,再到婚姻登记部门办理补证手续,可以直接到婚姻登记部门由婚姻登记部门调阅电子婚姻档案后办理补证手续。因而,因婚姻当事人个人丢失了结婚证的而到档案馆利用婚姻档案的会越来越少,甚至于归零。

虽然现在利用婚姻档案的较多,但这也是相对的,就整体来说,仍然是少数。而且,其中的大多数又都是由一些特殊的原因造成的,并非是常态。

2.对契税档案利用的统计分析

民生档案有几十种,都做统计分析工作量是很大的。这里就以契税档案作为代表进行统计分析。对于契税档案的利用统计分析,这里就以河南濮阳市档案馆保存的契税档案为例。河南濮阳市档案馆的契税档案是从 2012 年开始接收进馆的,因此统计时间从 2012 年始。统计情况见表 4-21。

表 4-21　河南濮阳市档案馆2012—2018 年契税档案利用统计①

年度	馆藏契税档案总量/卷	利用卷次	利用率/%
2012 年	120 000	10	0.008
2013 年	120 000	22	0.018

---

① 数据来源:河南濮阳市档案馆馆藏统计和《档案利用登记簿》。

续表 4-21

年度	馆藏契税档案总量/卷	利用卷次	利用率/%
2014 年	120 000	17	0.014
2015 年	153 849	30	0.019
2016 年	153 849	24	0.016
2017 年	176 173	32	0.018
2018 年	176 173	28	0.016
合　计	176 173（最高年份数）	163	0.093

从表 4-21 可以看出,利用率每年大都在 0.008% ~ 0.019%,说明每年利用的契税档案大都在 0.02% 以内,也就是说每年有 99.98% 以上的契税档案没有被利用过。而且,2012—2018 年契税档案利用加起来,利用率也只有 0.093%,也就是说,这 7 年来 99.9% 以上的契税档案都没有被利用过。这从中也可以看出契税档案是用少的,同样也具有用少的特点。虽然契税档案的利用近几年有所增加的,即便是增加,但按照这 7 年来平均 0.016% 的利用率,需要 6000 年以上才能利用一遍。

3. 对公证档案利用的统计分析

这里再以公证档案作为代表进行统计分析。对于公证档案的利用统计分析,这里以河南濮阳市档案馆保存的公证档案为例。河南濮阳市档案馆的公证档案是从 1995 年开始接收进馆的,因此统计时间从 1995 年始。统计情况见表 4-22。

表 4-22　河南濮阳市档案馆 1995—2017 年公证档案利用统计①

年度	馆藏公证档案总量/卷	个人利用		单位利用		合　计	
		利用卷次	利用率/%	利用卷次	利用率/%	利用卷次	利用率/%
1995 年	4465	2	0.045	1	0.022	3	0.067
1996 年	4465	1	0.022	0		1	0.022
1997 年	4465	0		0			
1998 年	4465	0		0			

---

① 数据来源:河南濮阳市档案馆馆藏统计和《档案利用登记簿》。

续表 4-22

年度	馆藏公证档案总量/卷	个人利用		单位利用		合　计	
		利用卷次	利用率/%	利用卷次	利用率/%	利用卷次	利用率/%
1999 年	4465	0		0			
2000 年	4465	0		0			
2001 年	4465	0		0			
2002 年	4465	0		0			
2003 年	13 325	4	0.030	1	0.008	5	0.038
2004 年	13 325	3	0.023	3	0.023	6	0.045
2005 年	13 325	6	0.045	2	0.015	8	0.060
2006 年	13 325	1	0.008	1	0.008	2	0.015
2007 年	22 319	0		2	0.009	2	0.009
2008 年	22 319	3	0.013	4	0.018	7	0.031
2009 年	22 319	1	0.004	2	0.009	3	0.013
2010 年	22 319	2	0.009	3	0.013	5	0.022
2011 年	27 710	7	0.025	2	0.007	9	0.032
2012 年	30 722	2	0.007	3	0.010	5	0.016
2013 年	30 722	4	0.013	5	0.016	9	0.029
2014 年	34 897	4	0.011	2	0.006	6	0.017
2015 年	34 897	4	0.011	4	0.011	8	0.023
2016 年	35 987	5	0.013	6	0.017	11	0.031
2017 年	38 338	10	0.026	14	0.037	24	0.063
2018 年	38 338	9	0.023	7	0.018	16	0.042
合　计	38 338(最高年份数)	68	0.177	62	0.161	130	0.339

从表 4-22 中可以看出,个人利用率每年大都在 0.008% ~0.045%,说明每年个人利用的公证档案大都在 0.05% 以内。即便是加上单位利用,其利用率每年大都在 0.009% ~0.063%,说明每年全部利用的公证档案大都在 0.07% 以内。也就是说,每年有 99.9% 以上的公证档案没有被利用过。而且,1995—2018 年个人与单位加在一起的利用率也只有 0.339%,即这 24 年来 99.6% 以上的公证档案都没有被利用过。这从中也可以看出公证档案

是用少的,同样也具有用少的特点。

三、综合档案馆档案利用与公共图书馆图书利用比较统计分析

　　对档案馆档案利用与图书馆图书利用,一些研究者尤其是学术研究者,认为档案与图书都是信息,图书馆的利用图书量、利用人数与档案馆的利用档案量、利用人数应该是差不多的,而现实是图书馆的利用图书量、利用人数都要远高于档案馆。因而要大力开发档案信息资源。虽然他们认识到档案与图书信息的差异,但是,认为可以通过采取有力措施消除或弥补这些差异,如加大档案开放力度、改善服务等。事实上,档案信息与图书信息不是一般的略有差异,而是完全不同的两种信息。它们的不同决定了利用量与利用人数,不是一般数量上的差距,而是巨大的差距。它们的巨大差距不是开放力度、改善服务等所能解决的,而是由它们的不同性质决定的。对档案馆档案利用与图书馆图书利用进行统计比较,并深入分析,对认识档案的本质有着积极的意义。为了能比较客观地对档案馆档案利用与图书馆图书利用进行比较,相关比较项目以国家统计局网站上《中国统计年鉴》中涉及档案馆与图书馆的对应性可比总量指标为基准,《中国统计年鉴》未列的项目从《中国档案年鉴》中选择补充。详细内容见表4-23。

表4-23　有关的概念与指标对照表

项目名称	档案馆统计指标名称	图书馆统计指标名称
馆藏量	馆藏档案(万卷、件)①	总藏量(万册)
利用量	利用档案(万卷件次)	书刊外借册次(万册次)
利用人数	利用人次(万人次)②	总流通人次(万人次)
说　明	①馆藏档案仅指以卷、件保管的纸质档案,不包括录音、录像、影片、照片和底图档案。 ②利用人次为《中国档案年鉴》中的项目	

　　相关比较项目的数据以国家统计局网站上《中国统计年鉴》公布的数据为准,《中国统计年鉴》未列补充项的数据以《中国档案年鉴》公布的数据为准。对部分年度缺失的部分数据,采用相应的方法进行补遗。具体内容将在下文中详细说明。

(一)综合档案馆馆藏档案利用与公共图书馆图书利用统计分析

　　由于在国家统计局网站上《中国统计年鉴》公布的公共图书馆的数据有断档,所以统计年度从1998年起,下限是2017年,因此笔者只能对1998—

2017 年综合档案馆馆藏档案利用与公共图书馆图书利用进行统计分析(见表 4–24)。

表 4–24　1998—2017 年全国综合档案馆馆藏档案利用与公共图书馆图书利用统计

年度	全国综合档案馆			全国公共图书馆		
	馆藏档案/万卷、件	利用档案/万卷件次	利用率/%	总藏量/万册	书刊外借册次/万册次	利用率/%
1998 年	12 276.5	446.5	3.64	38 514	15 422	40.04
1999 年	12 866.8	508.5	3.95	39 539	16 290	41.20
2000 年	13 314.0	494.4	3.71	40 953	16 913	41.30
2001 年	13 756.6	575.4	4.18	41 804	17 559	42.00
2002 年	14 790.7	548.8	3.71	42 628	20 021	46.97
2003 年	15 945.9	602.6	3.78	43 776	18 775	42.89
2004 年	17 601.5	813.9	4.62	46 152	18 527	40.14
2005 年	18 688.7	868.0	4.64	48 055	20 268	42.18
2006 年	21 656.5	1166.4	5.39	50 024	21 039	42.06
2007 年	23 675.3	1244.9	5.26	52 053	11 454	22.00
2008 年	25 051.0	1257.4	5.02	55 064	23 129	42.00
2009 年	28 089.2	1308.0	4.66	58 521	25 857	44.18
2010 年	32 198.6	1417.3	4.40	61 726	26 392	42.76
2011 年	35 445.5	1564.5	4.41	69 719	28 452	40.81
2012 年	40 547.7	1521.1	3.75	78 852	33 191	42.09
2013 年	42 454.5	1477.8	3.48	74 896	40 868	54.57
2014 年	53 470.3	1688.8	3.16	79 092	46 734	59.09
2015 年	58 641.7	1978.3	3.37	83 844	50 896	60.70
2016 年	65 062.5	2033.7	3.13	90 163	54 725	60.70
2017 年	65 371.1	2078.0	3.18	96 953	55 091	56.82
最大值		2078.0	5.39		55 091	60.70
最小值		446.5	3.13		11 454	22.00
平均值		1179.72	4.07		28 080.15	45.23
合计	65 371.1(最高年份数)	23 594.3	36.09	96 953(最高年份数)	561 603	579.25

1.馆藏量情况比较

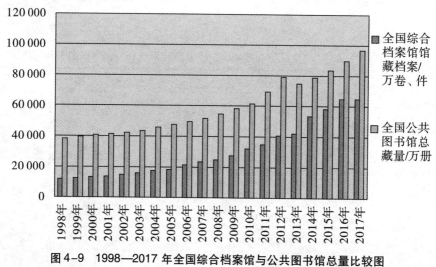

图4-9 1998—2017 年全国综合档案馆与公共图书馆总量比较图

从表4-24、图4-9 中可以看出,全国综合档案馆馆藏总量低于全国公共图书馆。综合档案馆馆藏总量是公共图书馆的 67.42%。

综合档案馆馆藏总量与公共图书馆馆藏总量总体呈加快增加趋势。20年来,综合档案馆馆藏总量增幅为 432.48%,公共图书馆馆藏总量增幅为151.73%。档案馆馆藏总量增幅高于图书馆馆藏总量增幅280.75%。

2.利用量情况比较

表4-25 1998—2017 年全国综合档案馆馆藏档案利用与公共图书馆图书利用对比

年度	全国综合档案馆		全国公共图书馆		图书利用率是档案利用率的倍数	图书利用数是档案利用数的倍数
	利用档案/万卷件次	利用率/%	书刊外借册次/万册次	利用率/%		
1998 年	446.5	3.64	15 422	40.04	10.00	33.54
1999 年	508.5	3.95	16 290	41.20	9.43	31.04
2000 年	494.4	3.71	16 913	41.30	10.13	33.21
2001 年	575.4	4.18	17 559	42.00	9.05	29.52
2002 年	548.8	3.71	20 021	46.97	11.66	35.48
2003 年	602.6	3.78	18 775	42.89	10.35	30.16
2004 年	813.9	4.62	18 527	40.14	7.69	21.76
2005 年	868.0	4.64	20 268	42.18	8.09	22.35
2006 年	1166.4	5.39	21 039	42.06	6.80	17.04

续表 4-25

年度	全国综合档案馆		全国公共图书馆		图书利用率是档案利用率的倍数	图书利用数是档案利用数的倍数
	利用档案/万卷件次	利用率/%	书刊外借册次/万册次	利用率/%		
2007 年	1244.9	5.26	11 454	22.00	3.18	8.20
2008 年	1257.4	5.02	23 129	42.00	7.37	17.39
2009 年	1308.0	4.66	25 857	44.18	8.48	18.77
2010 年	1417.3	4.40	26 392	42.76	8.72	17.62
2011 年	1564.5	4.41	28 452	40.81	8.25	17.19
2012 年	1521.1	3.75	33 191	42.09	10.22	20.82
2013 年	1477.8	3.48	40 868	54.57	14.68	26.65
2014 年	1688.8	3.16	46 734	59.09	17.70	26.67
2015 年	1978.3	3.37	50 896	60.70	17.01	24.73
2016 年	2033.7	3.13	54 725	60.70	18.39	25.91
2017 年	2078.0	3.18	55 091	56.82	16.87	25.51
最大值	2078.0	5.39	55 091	60.70	18.39	35.48
最小值	446.5	3.13	11 454	22.00	3.18	8.20
平均值	1179.72	4.07	28 080.15	45.23	10.70	24.18

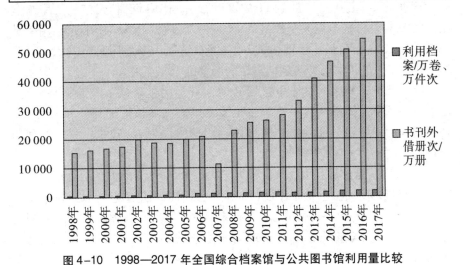

图 4-10 1998—2017 年全国综合档案馆与公共图书馆利用量比较

从表 4-25、图 4-10 中可以看出,全国综合档案馆利用总量与全国公共图书馆明显不在一个数量级上,最大年度(2002 年)图书馆利用总量数是档案馆的 35.48 倍。最小年度(2007 年)图书馆利用总量是档案馆的 8.20 倍。

20 年来,图书馆利用总量平均是档案馆利用总量的 24.18 倍。

综合档案馆利用总量呈小幅上升趋势,公共图书馆利用总量总体增幅明显大于综合档案馆增幅。20 年来,档案馆利用总量增幅为 21.48%,图书馆利用总量增幅为 27.99%,图书馆利用总量增幅高于档案馆 6.51%。

3. 利用率情况比较

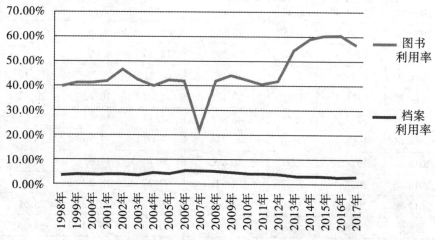

图 4-11　1998—2017 年全国综合档案馆与公共图书馆利用率比较

从表 4-24、表 4-25、图 4-11 中可以看出,全国综合档案馆利用率与全国公共图书馆明显不在一个数量级上,最大年度(2016 年)图书馆利用率是档案馆的 18.39 倍,最小年度(2007 年)图书馆利用率是档案馆的 3.18 倍。20 年来,图书馆利用率平均是档案馆利用率的 10.70 倍。

综合档案馆利用率总体呈缓慢略微上升又缓慢略微下降的趋势,公共图书馆利用率总体呈一直平稳有略微波动进而又加快增加趋势。20 年来,档案馆利用率增幅为-0.46%,图书馆利用率增幅为 16.78%。图书馆利用总量增幅高于档案馆 17.24%。

总而言之,虽然从利用量来说最大年度(2002 年)图书馆利用总量数是档案馆的 35.48 倍。但是,最小年度(2007 年)图书馆利用总量也只是档案馆的 8.20 倍。20 年来,图书馆利用总量是档案馆的倍数平均值为 24.18 倍。而且,综合档案馆馆藏总量只是公共图书馆馆藏总量的 67.42%。似乎,图书馆与档案馆的利用情况差距不是太大的。从利用率来说,最大年度(2016 年)图书馆利用率只是档案馆的 18.39 倍,最小年度(2007 年)图书馆利用率也只有档案馆的 3.18 倍,20 年来图书馆利用率只是档案馆的倍数平均值的 10.7 倍。如果仅从单个的利用率看档案馆的利用率,曾达到 28.93%(1987 年,见表 4-1),已接近图书馆最高利用率 60.70%(2015 年)的一半。更似乎说明图书馆与档案馆的利用情况差距不大,档案馆努努力是可以达到图书馆的利用水平的,似乎档案与图书的差异不是太大的。然而,这都只是表面现象,这些数据的背后另有隐情。首先,这20年从馆藏量来说,综合档案馆馆藏总量增幅为432.48%,公共图书馆馆藏总量增幅为151.73%。档案馆馆藏总量增幅高于图书馆馆藏总量增幅竟达280.75%。但是,档案馆利用率近些年来却呈下降趋势,这20年来档案馆利用率增幅为-0.46%,但图书馆利用率近些年来却呈加快增加趋势,这20年来图书馆利用率增幅为16.78%。这就是说,图书馆的利用率是随着馆藏量的增加而增加,但是,档案馆的利用率则是随着馆藏量的增加而减少。显然,这种现象不是一般的现象,这背后有着更深刻的东西。

如果从这20年总的利用率上看,档案馆利用率为36.09%,图书馆利用率为579.25%,也就是说,这20年来,档案馆的馆藏每卷(件)档案利用了0.36次,而图书馆的馆藏每册图书利用了5.79次,图书馆的馆藏每册图书利用次数是档案馆的馆藏每卷(件)档案利用次数的15倍,这种差距似乎不算大。但是,这里忽略了一个非常重要的因素,就是档案馆的馆藏档案基本上都是孤本,而图书馆的馆藏图书则绝大部分都有复本,而且复本的数量相当可观,这是一个不容小觑的因素。

当然,档案馆馆藏档案中也有重复的情况,探讨档案馆馆藏重复的文章大都集中在2007年以前,2007年以后探讨档案馆馆藏重复的文章就很少了,这也与2007年以后档案馆开始大力关注民生档案,大量接收民生档案相吻合。档案馆馆藏重复的情况,主要集中在文书档案,民生档案基本不存在重复的情况。档案馆文书档案的重复量具体占馆藏的量有多少,一直以来并没有一个确切的数据。有关文章认为:"有调查统计,档案馆重复文件约占馆藏量的10%,即对一个拥有四五万卷馆藏档案的县市级档案馆来说,就有四五千卷重复档案,而且多属于需长期保管的档案。"[1]有的认为:"馆藏无意义重复件所占比例约为15%。这只是比较保守的估计数字,相当数量的档案馆馆藏的无意义重复件可能超过此比例。"[2]那么,民生档案具体占馆藏的量有多少呢? 全国没有统一的统计,据浙江绍兴市档案馆周国行统计,"到目前,全市6个综合档案馆馆藏档案总量达280万卷,其中学籍、婚姻、公证、房产、出生医学证明、知青等民生档案22种、104万卷,占比37.1%。市档案馆民生档案近40万卷,占比高达42%"[3]。据韩孝对河北围场满族蒙古

① 杜建敏.市县两级综合档案馆不宜接收长期卷[J].山西档案,2001(6):21-22.
② 肖崇厚.馆藏档案重复问题的成因及对策[J].档案与建设,2005(9):11-12.
③ 周国行.地市级档案部门做好档案查阅利用工作的实践分析[J].浙江档案,2018(1):57-59.

族自治县档案馆统计,"民生档案占馆藏量的64%"①。据胡振荣统计,湖南"近几年,全省民生档案资源数量明显增长,民生档案占馆藏总量比重达到50%"②。根据这些统计可以大致得出:档案馆馆藏民生档案已经基本达到50%左右,文书档案的重复比例大致在10%~15%。如果再考虑到档案馆馆藏除了文书档案和民生档案外,还有其他档案,如科技档案、专门档案,这些档案也基本没有重复的现象。那么,档案馆馆藏的重复情况应该最多在5%以内。按照档案馆馆藏5%的重复率来计算,档案馆除去重复的馆藏实际数应该是:

$$2017 \text{ 年档案馆馆藏总量} \times 95\% = 65371.1 \times 95\%$$
$$= 62102.545(\text{万卷、件})$$
$$\approx 62102.55(\text{万卷、件})$$

对于档案与图书利用的比较,应该是在都除去复本的情况下比较,才能客观地看出两者的差异,才能对两者的性质有更清楚的认识。

对于图书馆馆藏复本的情况,也没有统一的统计数据,这里也只能估算。为了比较准确地估算图书馆馆藏复本的情况,这里对1978—2017年全国图书、杂志出版情况进行统计,见表4-26。

表4-26　1978—2017年全国图书、杂志出版情况统计③

年份	图书		杂志	
	种数/种		种数/种	册数④
	总数	其中:新出版		
1978	14 987	11 888	930	9300
1979	17 212	14 007	1470	14 700
1980	21 621	17 660	2191	21 910
1981	25 601	19 854	2801	28 010

---

① 韩孝.探索"1344"发展之路 助推农业农村档案工作新常态发展[J].档案天地,2016(6):9-10.

② 胡振荣.让档案亲近大众:湖南省档案利用方式创新的实践与思考[J].档案时空,2017(12):6-9.

③ 数据来源:国家统计局网站(http://www.stats.gov.cn)、历年《中国统计年鉴》。

④ 因杂志仅有种数没有具体的册数,而且杂志又分半年刊、季刊、双月刊、月刊等,为便于计算都按每种每年10册计算。

续表 4-26

年份	图书		杂志	
	种数/种		种数/种	册数
	总数	其中:新出版		
1982	31 784	23 445	3100	31 000
1983	35 700	25 826	3415	34 150
1984	40 072	28 794	3907	39 070
1985	45 603	33 743	4705	47 050
1986	51 789	39 426	5248	52 480
1987	60 213	42 854	5687	56 870
1988	65 961	46 774	5865	58 650
1989	74 973	55 475	6078	60 780
1990	80 224	55 254	5751	57 510
1991	89 615	58 467	6056	60 560
1992	92 148	58 169	6486	64 860
1993	96 761	66 313	7011	70 110
1994	103 836	69 779	7325	73 250
1995	101 381	59 159	7583	75 830
1996	112 813	63 647	7916	79 160
1997	120 106	66 585	7918	79 180
1998	130 613	74 719	7999	79 990
1999	141 831	83 095	8187	81 870
2000	143 376	84 235	8725	87 250
2001	154 526	91 416	8889	88 890
2002	170 962	100 693	9029	9029
2003	190 391	110 812	9074	90 740
2004	208 294	121 597	9490	94 900
2005	222 473	128 578	9468	94 680
2006	233 971	160 757	9468	94 680
2007	248 283	136 226	9468	94 680

续表 4-26

年份	图书		杂志	
	种数/种		种数/种	册数
	总数	其中:新出版		
2008	275 668	149 988	9549	95 490
2009	301 719	168 296	9851	98 510
2010	328 387	189 295	9884	98 840
2011	369 523	207 506	9849	98 490
2012	414 005	241 986	9867	98 670
2013	444 427	255 981	9877	98 770
2014	448 431	255 890	9966	99 660
2015	475 768	260 426	10 014	100 140
2016	499 884	262 415	10 084	100 840
2017	512 487	255 106	10 130	101 300
合计	7197 419	4 196 136	290 311	2 821 849

统计图书、杂志出版情况是把每年出版的文献都作为图书馆必须采购的馆藏来计算的,或者说,每年出版的文献都应该是按图书馆馆藏来计算。由于图书出版中不仅有新版图书,也有再版图书,而再版图书有可能已经是图书馆的馆藏了,因此将再版的图书中的一半作为复本处理。这样每年图书馆新增加的馆藏就等于每年出版图书种数(每种按一册计算)减去新出版数,然后乘以50%,再加上新出版图书数和杂志册数。对于 1978—2017 年 40 年来图书馆新增加的馆藏就可以用下列公式计算:

(40 年出版图书总数−40 年新出版图书总数)×50% +40 年杂志总数
(册)+40 年新出版图书总数

$$= (7197419 - 4196136) \times 50\% + 2821849 + 4196136$$
$$= 3001283 \times 50\% + 2821849 + 4196136$$
$$= 1500641.5 + 2821849 + 4196136$$
$$= 4322490.5 + 4196136$$
$$\approx 8518626 (册)$$
$$\approx 851.86 (万册)$$

这就是说,1978—2017 年公共图书馆新增馆藏除去复本的实际数量应是 851.86 万册。那么,如何计算公共图书馆现有馆藏除去复本的实际数量呢? 这就需要计算 1978 年以前公共图书馆的馆藏中有多少是新出版的应该属于新增馆藏的数。由于没有找到 1978 年以前的全国图书、杂志出版的具体数据,这里只能推算。先要计算出现有馆藏与应该新增馆藏的比作为系数,然后再用此系数去计算相关数据。为了使推算的数据相对准确,这里需要减去两个量。一个是 1978 年以前公共图书馆馆藏总量,一个是现有馆藏中的非出版文献,也就是地方文献(包括灰色文献、孤本、善本、家谱等)。对于后者所占图书馆馆藏总量的具体数据或比例,没有找到相关的数据,这里只能估算,地方文献虽然多是孤本,但也有不少的复本。这里就将地方文献占公共图书馆馆藏总量定为 5%。也许有人会认为,这个比例是不是太小了,实际这个比例已经是相对应的新增馆藏出版文献的 3.6 倍了,下文中有具体的计算。

如果按照占公共图书馆馆藏总量的 5% 计算地方文献,那么,1978—2017 年现有馆藏与应该新增馆藏的比的系数为:

(1978—2017 年全国图书、杂志出版总数)÷(2017 年公共图书馆总藏量−1978 年公共图书馆总藏量)×95% = 系数

由于没有找到 1978 年公共图书馆的总藏量,只找到 1979 年公共图书馆的总藏量,这里就以 1979 年公共图书馆的总藏量代替 1978 年的。这个小小的差异应该不会影响结论。其计算过程为:

$$851.86 \div (96953 - 18353^{①}) \times 95\% = 851.86 \div 78600 \times 95\%$$
$$= 851.86 \div 74670$$
$$= 0.0114083299852685$$
$$\approx 0.011(系数)$$

1978 年以前的全国图书、杂志出版除去部分再版总数的计算公式:

---

① 数据来源:《中国图书馆年鉴》编委会. 中国图书馆年鉴 1996[M]. 北京:北京图书馆出版社,1997:482.

$$（1979 年公共图书馆总藏量×95\%）×系数 = 18353×95\%×0.011$$
$$= 17435.35×0.011$$
$$= 191.78885$$
$$≈ 191.79（万册）$$

这就是说,1978 年以前的全国图书、杂志出版总数约为 191.79 万册。

2017 年公共图书馆馆藏除去复本的实际数计算公式:

（1978 年以前的全国图书、杂志出版总数）+（1978—2017 年全国图书、杂志出版总数）+（2017 年公共图书馆总藏量×5%）

$$= 191.79+851.86+4847.65$$
$$= 1043.65+4847.65$$
$$= 5891.3（万册）$$

从上述计算中可以看出,2017 年公共图书馆总藏量中出版文献(除去复本)只有 1043.65 万册,而 2017 年公共图书馆总藏量中的地方文献则达到 4847.65 万册,后者是前者的 3.6 倍。如果地方文献按照占公共图书馆馆藏总量的 10% 计算的话,那么,2017 年公共图书馆总藏量中的地方文献就达到 9695.3 万册,馆藏地方文献的总藏量就达到馆藏出版文献(除去复本)总藏量的 8.29 倍。显然,按 5% 计算地方文献占公共图书馆馆藏总量的数比较客观。

根据上述的计算制成表 4-27。

表 4-27　1998—2017 年综合档案馆馆藏档案与公共图书馆馆藏图书利用比较表

年度	全国综合档案馆			全国公共图书馆			平均每册图书利用次数是平均每卷件档案利用次数的倍数
	馆藏档案除去重复数/万卷、件	利用档案/万卷件次	平均每卷件档案利用次数	总藏量除去复本数/万册	书刊外借册次/万册次	平均每册图书利用次数	
1998—2017	62 102.55	23 594.3	0.38	5891.3	561 603	95.33	249.87

从表 4-27 中可以看出,1998—2017 年,综合档案馆在除去重复数后馆藏平均每卷件档案利用了 0.38 次,而公共图书馆在除去复本数后馆藏每册图书利用了 95.33 次,公共图书馆的馆藏平均每册图书利用次数约是综合档案馆的馆藏平均每卷件档案利用次数的 249.87 倍。这种差距就非常巨大

了，如此大的差距，靠加大档案开放力度、大力开发档案信息资源、提高档案利用服务等是解决不了问题的。问题的解决就在于要重新认识档案与图书的差别。这种差别就在于档案是备用品，偶尔用用，也就是用少；用少是档案利用的定律之一。图书是常用品，经常利用，也就是多用；多用是图书利用的规律。

也许有人会认为公共图书馆的馆藏地方文献不止5%，如果地方文献按照占公共图书馆藏总量的10%计算的话，那么，公共图书馆在除去复本数后馆藏平均每册图书利用次数就为52.27次。这样，公共图书馆的馆藏平均每册图书利用次数是综合档案馆的馆藏平均每卷件档案利用次数的136.55倍。差距仍旧是巨大的，仍然是档案用少而图书用多。而且，如果地方文献按照占公共图书馆馆藏总量的10%计算的话，那么，公共图书馆馆藏地方文献的总藏量就达到馆藏出版文献（除去复本）总藏量的8.29倍。公共图书馆虽然地方文献的藏量比出版文献（除去复本）藏量多，但是，"地方文献的读者群体较小，阅读量偏低"①。公共图书馆馆藏的地方文献有很多实际上是具有档案性质的文献，甚至有些就是档案，它们与档案的利用情况是很相近的。这些地方文献的存在也拉低了公共图书馆的馆藏平均每册图书利用次数。如果完全除去地方文献，那么仅仅只剩图书的话，档案与图书的利用次数的差距会更大。这里不妨给大家粗算一下。2017年公共图书馆总藏量中出版文献（除去复本）是1043.65万册，2017年公共图书馆书刊外借册次561 603万册次，而公共图书馆的地方文献一般是不外借的，这里就按外借量占总外借量的1%计算，为5616.03万册次。那么，2017年公共图书馆除去地方文献的书刊外借册次是555 986.97万册次。2017年公共图书馆馆藏图书平均每册图书利用次数则是532.73次，是综合档案馆馆藏档案平均每卷件档案利用次数的1400.92倍。这个数据是不是更令人震惊，它更能说明档案是备用品，是用少的。图书是常用品，利用是经常的，而且，图书是用多品，是既常用又用多的。作为备用品的档案，每个档案馆的馆藏都是不一样的。而作为常用品的图书，是把相同的图书放在不同的图书馆供人们利用，这不同的图书馆会达到几千个，而且大多数图书每个图书馆都会又有3～5本是相同的，也就是说，有许多图书会达到上万的复本。如果没有这么多的复本，图书馆根本就无法应对利用者，这就是常用品用多品的性质。

---

① 符玲. 新时期公共图书馆加强地方文献资源建设的策略[J]. 河南图书馆学刊，2018,38(6):15-17.

（二）全国综合档案馆馆藏档案利用人次与公共图书馆图书利用人次统计分析

1998—2017 年全国综合档案馆馆藏档案利用人次与公共图书馆图书利用人次情况统计，见表 4-28。

表 4-28　1998—2017 年全国综合档案馆馆藏档案利用人次与公共图书馆图书利用人次统计

年度	年末总人口/万人	全国综合档案馆		全国公共图书馆		图书利用人次是档案利用人次的倍数
		利用人次/万人次	占总人口比例/%	总流通人次/万人次	占总人口比例/%	
1998 年	124 761	119.65	0.10	17 058	13.67	141.57
1999 年	125 786	136.15	0.11	18 040	14.34	131.50
2000 年	126 743	135.54	0.11	18 854	14.88	138.10
2001 年	127 627	142.74	0.11	20 876	16.36	145.25
2002 年	128 453	146.53	0.11	21 950	17.09	148.80
2003 年	129 227	170.69	0.13	21 440	16.59	124.61
2004 年	129 988	192.08	0.15	22 100	17.00	114.06
2005 年	130 756	217.76	0.17	23 331	17.84	106.14
2006 年	131 448	306.38	0.23	25 217	19.18	81.31
2007 年	132 129	321.39	0.24	26 103	19.76	80.22
2008 年	132 802	346.29	0.26	28 141	21.19	80.26
2009 年	133 450	442.81	0.33	32 168	24.10	71.65
2010 年	134 091	425.36	0.32	32 823	24.48	76.17
2011 年	134 735	537.63	0.40	38 151	28.32	69.96
2012 年	135 404	514.64	0.38	43 437	32.08	83.40
2013 年	136 072	533.14	0.39	49 232	36.18	91.34
2014 年	136 782	571①	0.42	53 036	38.77	91.88
2015 年	137 462	638.3②	0.46	58 892	42.84	91.26

---

① 2014 年度全国档案行政管理部门和档案馆基本情况摘要（三）[EB/OL].（2016-11-16）[2020-01-23]. http://www. saac. gov. cn/daj/zhdt/201611/0af9b5d7e11949dba62d1e0a55c41f6a. shtml.

② 2015 年度全国档案行政管理部门和档案馆基本情况摘要（三）[EB/OL].（2016-11-16）[2020-01-23]. http://www. saac. gov. cn/daj/zhdt/201611/f4bef7a53afc4648a2fbc6a450cb7055. shtml.

续表 4-28

年度	年末总人口/万人	全国综合档案馆		全国公共图书馆		图书利用人次是档案利用人次的倍数
		利用人次/万人次	占总人口比例/%	总流通人次/万人次	占总人口比例/%	
2016 年	138 271	655.2①	0.47	66 037	47.76	99.79
2017 年	139 008	659.4②	0.47	74 450	53.56	111.91
最大值		659.4	0.47	74 450	53.56	148.80
最小值		119.65	0.10	17 058	13.67	69.96
平均值		360.63	0.27	34 566.8	25.80	103.96
合计	139 008（最高年份数）	7212.68	5.19	691 336	497.34	94.85

1998—2017 年全国综合档案馆与公共图书馆利用人次比较见图 4-12。

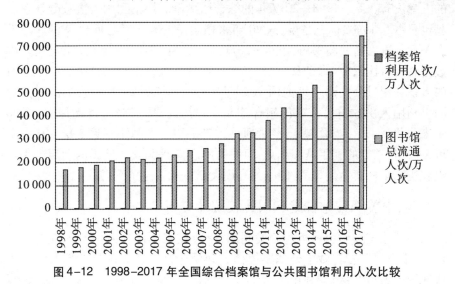

图 4-12　1998-2017 年全国综合档案馆与公共图书馆利用人次比较

从表 4-28、图 4-12 中可以看出，综合档案馆的档案利用人次数总量同

① 2016 年度全国档案行政管理部门和档案馆基本情况摘要（三）[EB/OL]. (2017-10 - 17）[2020 - 01 - 23]. http：//www. saac. gov. cn/daj/zhdt/201710/d8d3a6378 bf747f1a84adc 4aa87dc073. shtml.

② 2017 年度全国档案行政管理部门和档案馆基本情况摘要（三）[EB/OL]. (2018-09 - 10）[2020 - 01 - 23]. http：//www. saac. gov. cn/daj/zhdt/201809/a2ea00f9 f4b24b8b8dd3e3 310e2d2f97.

样与公共图书馆的图书利用人次数总量明显不在一个数量级上,存在着巨大的差距。最大年度(2002 年)图书馆利用人次数总量是综合档案馆的148.79 倍,最小年度(2011 年)图书馆利用人次数总量是综合档案馆的69.96 倍。1998—2017 年图书馆利用人次数总量合计是综合档案馆利用人次数总量合计的 94.85 倍。

综合档案馆的档案利用人次数占总人口比例与公共图书馆的图书利用人次数占总人口比例也明显存在着巨大的差距。综合档案馆的档案利用人次数占总人口比例,最小年度(1998 年)只有 0.10% ,最大年度(2016、2017年)也仅有 0.47% 。图书馆的图书利用人次数占总人口比例,最小年度(1998 年)是 13.67% ,最大年度(2017 年)达到 53.56% 。

从上述分析中可以看出,1998—2017 年,综合档案馆每年的档案利用人次数占总人口比例在 0.10% ~ 0.47% 。也就是说,每年综合档案馆的档案利用人次数占总人口比例在 0.5% 以内,综合档案馆的利用者与 99.5% 以上的人都没有关系。1998—2017 年的综合档案馆的档案利用人次数合计在一起也只占 5.19% ,也就是说,这 20 年来档案馆的利用者与近 95% 的人都没有关系。再看公共图书馆,1998—2017 年,公共图书馆的每年图书利用人次数占总人口比例在 13.67% ~ 53.56% 。这就是说每年总人口中有一半左右的人都利用过公共图书馆的图书。1998—2017 年的 20 年来公共图书馆的图书利用人次数占总人口比例合计在一起达到 497.34% ,也就是说,这 20年来公共图书馆的利用者已经达到总人口平均每人利用了近 5 次。从中也可以看出,档案的利用是小小众,而图书的利用是大众。档案的利用小小众也就决定了档案是用少的,图书的利用大众也就决定了图书的用多。

四、中美档案馆档案利用比较统计分析

对于我国综合档案馆的档案利用,一直以来不断受到一些研究者的诟病,有不少研究者在做中外档案馆档案利用研究中认为国外的档案利用工作比国内做得好,档案利用率远远高于国内,尤其是美国。如有学者认为:"同欧美发达国家相比","我国档案开放利用工作还不发达,在档案开放意识、开放利用的法规建设、开放利用的范围和对象以及服务的形式和手段等多方面还不同程度地存在着一定的差距"[①]。有的认为:"在美国,档案利用工作不仅是档案部门的一项业务活动,整个社会都把利用档案视为其日常生活中不可缺少的一个部分。"而我国"长期以来,由于过分强调保密性,档案和档案工作被蒙上了一层神秘的面纱","这使得社会档案意识普遍淡

① 刘智勇.中外档案利用工作比较[J].北京档案,2000(11):15-17.

薄"，"总的来看，社会的档案利用意识，特别是公民个人的档案利用意识，还有待于进一步提高"①。有的认为："部分档案专家通过对国外档案工作的考察分析，发现国外档案的利用率虽不如图书情报，但远高于国内，并有逐年上升趋势，由此而对国内档案利用状况感到焦虑。"②有的认为：我国档案"利用率低、利用范围狭窄"，"目前大多数档案馆的年利用人次、卷次是不尽如人意的，与国外档案馆的利用率无法相提并论"③。有的认为：国外的档案利用率远高于国内，"其中尤以美国最为突出"④。

还有对于中外档案利用做比较统计分析的，使用数据说明的，如有学者以美国国家档案馆、北京市档案馆为例进行比较，认为："美国国家档案馆的利用率与本身的馆藏量、开放档案数量相比，是很高的。""北京市档案馆的馆藏也是非常丰富的，但与美国国家档案馆的利用率相比，北京市档案馆的利用率显然较低，从 2004 年到 2008 年，北京市档案馆每年的利用人次均在 4000 人次左右，利用案卷数量在 2 万件左右。""据统计，全国其他省市档案馆利用率与北京市档案馆相仿。从总体来看，我国综合档案馆的馆藏档案利用率很低。"⑤有的认为："国外发达国家档案利用率达到 1 比 5 而我们国内仅为 1 比 200。"⑥还有的对我国某档案馆某年的档案利用率统计计算给出具体的利用率的，"从利用率看，华宁县 2001 年档案库藏量达 32 451 卷（件），而年利用人次为 235，卷次为 625，利用率仅达 2%，这与国外档案馆的利用率是无法相提并论的"⑦。

虽然以上的研究观点都认为国外的档案利用率高于国内，但是，究竟高多少，并没有具体的统计数据，没有具体的利用率统计分析比较。尽管有人给出了我国某档案馆某年的具体档案利用率，但并没有与国外的具体档案利用率进行比较，并不能说明问题。有人给出了国外档案利用率 1 比 5 而我们国内为 1 比 200 的数据，但并没有具体的馆藏、利用卷数的统计数据分析，只是一个单独的数据，同样也不能说明问题。其他的大多是泛泛地认为国外的档案利用率高，而没有具体的馆藏数量与档案利用卷件次的数据计算

---

①　李财富.关于中美档案利用工作的比较[J].北京档案,1997(3):18-21.

②　张照余.关于当前档案馆档案利用率之我见[J].档案学通讯,2000(4):53-55.

③　侯志洪.档案馆社会功能的实现[J].北京档案,1999(3):21-23.

④　杨彬.中外档案利用工作比较:北京联合大学应用文理学院 2010 级档案学本科班网络讨论[J].档案管理,2013(4):59-60.

⑤　黄霄羽,等.社会转型期档案利用政策研究[M].光明日报出版社,2011:36-37.

⑥　王腾.关于档案利用的思考[C]//贵州省档案局,贵州省档案学会."纪念建国 60 周年"档案学术研讨会论文集,2009:4.

⑦　王芳.谈县级档案馆服务功能的拓展[J].云南档案,2002(6):21-22.

出的档案利用率,包括那位对美国国家档案馆、北京市档案馆为例进行比较的研究,也没有具体的档案利用率比较。显然这样的结论并不客观。既然大都认为美国档案利用率最突出,这里就以美国国家档案馆为例,做一下中美档案馆档案利用率的统计分析比较。

1. 美国国家档案馆的档案利用率

虽然研究美国档案利用的文献很多,但是,在研究文献中涉及馆藏和利用档案的具体数据的并不多,两者都涉及的更是凤毛麟角。为了使分析比较更接近客观事实,这里尽量选择馆藏与利用档案的具体数据均出自一处的,并且是第一手材料的。经查阅有关文献,最早涉及美国国家档案馆馆藏与利用档案的具体数据的是刘国能的《大而全 少而精 稳定发展——美国档案工作初探》一文,这里先以这篇文献来进行分析比较。

刘国能的《大而全 少而精 稳定发展——美国档案工作初探》一文,是在1994 年访问美国后写出的,文章中既介绍了美国国家档案馆的馆藏,也介绍了美国国家档案馆的档案利用情况,而且有具体的年限。文章介绍道:"美国国家档案馆,现馆藏纸质档案 30 亿页(大概相当于我国 3000 万卷册)、政府出版物 200 万页、图表档案 200 万份、照片档案 500 万张、航空照片档案900 万张、电影胶片档案 1.2 亿英尺、音像档案 15 万盒和机读磁带档案 3000多盒。""据统计,1991 年国家档案馆接待利用者 21.4950 万人次,接待函查和电话查询者 51.7301 万人次,共向读者提供档案资料 37.9131 万件。"[①]从以上介绍中可以看出,刘国能文章中介绍的美国国家档案馆的馆藏和利用情况是 1991 年的。

由于刘国能文章介绍的美国国家档案馆的利用情况是以件为单位的档案资料,并没有分具体哪些档案资料(纸质档案、政府出版物、照片、航空照片、电影胶片、音像等),这里为了统计方面,将利用的档案资料都归为纸质档案,同时,只用纸质档案量作馆藏进行计算利用率,这样实际的档案利用率是小于计算出来的利用率的。而且,刘国能文章介绍的美国国家档案馆馆藏纸质档案是以页为单位的,与利用档案的件次单位不统一。这里将纸质档案的页换算为件,以平均每 10 页为 1 件,那么,30 亿页美国国家档案馆馆藏纸质档案则大概为 3 亿件档案。这样,1991 年美国国家档案馆的档案利用率就为:

$$37.9131(万件) \div 30000(万件) \times 100\% \approx 0.126\%$$

① 刘国能. 大而全 少而精 稳定发展:美国档案工作初探[J]. 档案学研究,1995(2):78-82.

也许有人可能认为由于中英文的差异,中文的档案文件可以平均每10页为一件,英文不一定是这样,可能会多。那么,也可以将英文档案文件定为平均每30页为1件,30亿页美国国家档案馆馆藏纸质档案则大概为1亿件档案。这样,1991年美国国家档案馆的档案利用率就为:

$$37.9131(万件) \div 10000(万件) \times 100\% \approx 0.379\%$$

看到这0.126%或者0.379%的美国国家档案馆的档案利用率,是不是让人十分吃惊,这已经比前文中提到的我国华宁县县级档案馆2%的利用率还低。即便是按照0.379%的利用率,也比我国华宁县档案馆低了四五倍。这说明美国国家档案馆的档案利用与99.5%以上的馆藏没有关系,即利用的档案是馆藏的很少一部分。而且,据知网查阅有关文献,刘国能这篇文章中提及的美国国家档案馆的档案利用数据,经常被引用来说明美国档案利用率高的证据,知网上引用这组数据的文章就有六七篇之多。

上述是美国国家档案馆1991年的档案利用率,那么,美国国家档案馆近些年来情况如何,在知网上没有查到馆藏与利用档案的具体数据出自一处的,即使两者单一的数据也很少。有一组同一年度的数据虽然不是出自同一篇文章,但是,作者都是2010年10月国家档案局举办的第6期中青年档案干部赴美国培训班的,而且是同一年发表的文献,应该算是出自一处,也都是第一手材料。由于作者是2010年到美国培训的,可以看作是2009年的数据,距1991年也近20年了。

2010年10月国家档案局举办的第6期中青年档案干部赴美国培训班的李宝玲介绍道:"美国国家档案馆馆藏100亿张纸质文件,30万卷电影胶片,500万张地图、图表、建筑图纸,20万盒音像制品,900万张航拍照片,1400万张静止画面与海报,62万7000余件手工制品以及其他材料。"[①]高瑛介绍道:"据统计,美国国家档案馆每年接待的利用者达6至7万人,网上利用的更是不计其数。"[②]

对于美国国家档案馆馆藏,为了计算方便,也按照上述方法,将利用的档案资料都归为纸质档案,同时只用纸质档案量作馆藏进行计算利用率。纸质档案页换算为件的问题,按照平均每10页为一件和平均每30页为一件两种方式分别计算。对于档案利用并没有给出具体的档案利用件数,这里做这样的处理,利用人次按照网上利用是来馆利用的5倍计算,6至7万人

① 李宝玲.从美国的档案馆馆藏看档案资源建设[J].中国档案,2011(3):60-61.
② 高瑛.近观美国档案管理[J].兰台内外,2011(2):56-57.

按照 7 万人计算,利用人次则为 49 万人次。按照 1991 年接待利用者 21.4950万人次及向读者提供档案资料 37.9131 万件的数据,那么,1991 年平均每人次利用档案约 1.76 件次。即利用者每利用 1 人次就相对的利用档案 1.76 件次。那么,49 万人次,相对的利用档案就是 86.24 万件。以平均每 10 页为 1 件,那么,100 亿页美国国家档案馆馆藏纸质档案则大概为 10 亿件档案。这样,2009 年美国国家档案馆的档案利用率就为:

$$86.24(万件) \div 100000(万件) \times 100\% \approx 0.086\%$$

以平均每 30 页为 1 件,100 亿页美国国家档案馆馆藏纸质档案则大概为 3.3333 亿件档案。这样,2009 年美国国家档案馆的档案利用率就为:

$$86.24(万件) \div 33333(万件) \times 100\% \approx 0.258\%$$

0.086% 或者 0.258% 的美国国家档案馆档案利用率,则更是让人震惊,这同样说明在美国国家档案馆档案利用与 99.5% 以上的馆藏没有关系,即利用的档案是馆藏的很少部分。而且,这比美国国家档案馆 1991 年的 0.126% 或者 0.379% 的档案利用率又低了近 50%。而美国国家档案馆馆藏量(纸质档案)从 1991 年的 30 亿页增加到 2009 年的 100 亿页,增加了两倍多。这说明美国国家档案馆从 1991 年到 2009 年虽然馆藏量增加了,但是利用率却下降了。

2. 我国档案馆档案利用率

对于我国档案馆档案利用率,这里选择综合档案馆作为统计分析对象,选择我国全国综合档案馆、中央档案馆、北京市档案馆、陕西省铜川市档案馆、贵州遵义县档案馆的档案利用情况进行分别统计分析。1983—2017 年的我国全国综合档案馆馆藏档案利用情况统计见表 4-1。我国全国综合档案馆馆藏档案从 1983 年的 5476.97 万卷、件,增加到 2017 年的 65 371.1 万卷、件。最高档案利用率为 28.93%,最低档案利用率为 3.13%,平均利用率为 7.75%。而我国全国综合档案馆从 1983 年到 2017 年虽然馆藏量增加了,但是利用率总的趋势却是逐渐下降的。

中央档案馆、北京市档案馆的馆藏档案利用情况统计数据来自《中国档案年鉴》,由于部分数据缺失,实际统计时间是 1987—1988 年、1996—2013 年。中央档案馆 1987—2013 年馆藏档案利用情况统计见表 4-29。

表4-29　中央档案馆1987—2013年馆藏档案利用情况统计

年度	馆藏档案/万卷、件	利用档案/万卷件次	档案利用率/%
1987 年	56.54	6.40	11.32
1988 年	56.54	9.79	17.32
1996 年	64.61	1.81	2.80
1997 年	84.73	2.31	2.73
1998 年	86.62	2.40	2.77
1999 年	89.18	3.60	4.04
2000 年	90.51	2.13	2.35
2001 年	93.60	2.09	2.23
2002 年	93.60	1.33	1.42
2003 年	101.02	0.55	0.54
2004 年	114.02	0.91	0.80
2005 年	117.83	0.35	0.30
2006 年	123.14	1.44	1.17
2007 年	129.13	0.94	0.73
2008 年	134.30	0.73	0.54
2009 年	141.00	0.64	0.45
2010 年	150.04	0.76	0.51
2011 年	156.19	0.51	0.33
2012 年	160.03	1.82	1.14
2013 年	158.87	1.85	1.16
最大值			17.32
最小值			0.30
平均值			2.73

　　从表4-29中可以看出,中央档案馆1987—2013年馆藏档案利用率最高的为17.32%,最低的为0.30%,平均档案利用率为2.73%。档案利用卷件次最高的1988年年利用档案达到了近10万卷件次。

　　表4-30是北京市档案馆1987—2013年馆藏档案利用情况统计。

表4-30　北京市档案馆1987—2013年馆藏档案利用情况统计

年度	馆藏档案/万卷、件	利用档案/万卷件次	利用利用率/%
1987年	46.33	1.20	2.59
1988年	66.76	1.06	1.59
1996年	113.32	13.93	12.29
1997年	111.37	14.45	12.97
1998年	112.45	5.04	4.48
1999年	113.24	2.92	2.58
2000年	123.31	2.66	2.16
2001年	134.62	3.07	2.28
2002年	143.83	1.87	1.30
2003年	153.61	3.06	1.99
2004年	154.81	2.38	1.54
2005年	161.39	2.64	1.64
2006年	166.83	1.98	1.19
2007年	173.17	1.83	1.06
2008年	186.35	1.96	1.05
2009年	196.86	2.77	1.41
2010年	210.49	3.10	1.47
2011年	217.79	3.55	1.63
2012年	225.06	2.85	1.27
2013年	232.13	2.82	1.21
最大值			12.97
最小值			1.05
平均值			2.89

　　从表4-30中可以看出,北京市档案馆1987—2013年馆藏档案利用率最高的为12.97%,最低的为1.05%,平均档案利用率为2.89%。档案利用卷件次最高的1997年年利用档案达到了14万多卷件次。
　　表4-31是陕西省铜川市档案馆1987—2010年馆藏档案利用情况统计,

数据来自《铜川市档案志》①。

表4-31　陕西省铜川市档案馆1987—2010年馆藏档案利用情况统计

年度	馆藏档案/卷、件	利用档案/卷件次	档案利用率/%
1987年	45 145	11 408	25.27
1990年	52 793	4508	8.54
1995年	65 931	1251	1.90
2000年	78 794	1527	1.94
2001年	87 414	2085	2.39
2002年	92 511	1855	2.01
2003年	94 595	1717	1.82
2004年	95 849	1524	1.59
2005年	97 839	2345	2.40
2006年	100 586	3271	3.25
2007年	101 373	2827	2.79
2008年	105 485	2605	2.47
2009年	105 573	1833	1.74
2010年	105 710	2025	1.92
最大值			25.27
最小值			1.59
平均值			4.29

从表4-31中可以看出,陕西省铜川市档案馆1987—2010年馆藏档案利用率最高的为25.27%,最低的为1.59%,平均档案利用率为4.29%。档案利用卷件次最高的1987年年利用档案达到了1.14万多卷件次。

表4-32是贵州遵义县档案馆1983—2010年馆藏档案利用情况统计,数据来自《遵义县志·档案志》②。

---

① 铜川市档案志编纂委员会.铜川市档案志[M].铜川:铜川市耀州区信达印务有限公司,2014:80、289.

② 遵义县档案志编纂委员会.遵义县志·档案志[M].遵义:遵义康达彩色印务有限公司,2011:173-174.

表4-32　贵州遵义县档案馆1983—2010年馆藏档案利用情况统计

年度	馆藏档案/卷、件	利用档案/卷件次	档案利用率/%
1983 年	12 420	395	3.18
1984 年	28 569	177	0.62
1985 年	39 147	2268	5.79
1986 年	41 338	2455	5.94
1987 年	41 571	15 804	38.02
1988 年	42 606	16 625	39.02
1989 年	43 910	4913	11.19
1990 年	45 095	1650	3.66
1991 年	45 786	1471	3.21
1992 年	56 223	1320	2.35
1993 年	56 223	1853	3.30
1994 年	57 880	1654	2.86
1995 年	58 247	985	1.69
1996 年	62 317	2268	3.64
1997 年	60 004	2848	4.75
1998 年	60 597	3015	4.98
1999 年	64 644	2753	4.26
2000 年	65 399	789	1.21
2001 年	68 454	2295	3.35
2002 年	76 075	2197	2.89
2003 年	79 513	1889	2.38
2004 年	83 704	1976	2.36
2005 年	87 224	2764	3.17
2006 年	90 744	4761	5.25
2007 年	93 448	6401	6.85
2008 年	96 009	2436	2.54
2009 年	96 556	4039	4.18
2010 年	96 556	5134	5.32
最大值			39.02
最小值			0.62
平均值			6.36

　　从表4-32中可以看出,贵州遵义县档案馆1983—2010年馆藏档案利用率最高的为39.02%,最低的为0.62%,平均档案利用率为6.36%。档案利

用卷件次最高的1988年年利用档案达到了1.66万多卷件次。这是一个经济不发达的县级档案馆的最高年利用档案数,已经相当不低了。

　　3.中美档案馆具体档案利用率比较

　　虽然美国国家档案馆的档案利用率只有两个年度的,但是,相隔近20年,也具有一定的代表性。而我国的档案馆的档案利用率由于数据来源不同,无法统一年度,而且与美国的国情也不同,进行相对应的年度数据对比并没有多少实际意义。所以本书采取有多少数据就用多少数据的原则,因为越多年度的数据越接近客观实际。对于美国国家档案馆档案利用率分别按每10页为1件和每30页为1件的数据计算。其他比较数据同此。表4-33为美国国家档案馆与我国全国综合档案馆档案利用率的比较。

表4-33　美国国家档案馆与我国全国综合档案馆档案利用率比较

比较指标	美国国家档案馆(每10页为1件)/%	美国国家档案馆(每30页为1件)/%	我国全国综合档案馆/%	我国全国综合档案馆利用率是美国国家档案馆(每10页为1件)的倍数	我国全国综合档案馆利用率是美国国家档案馆(每30页为1件)的倍数
最高利用率	0.38	0.26	28.93	75.13	110.27
最低利用率	0.13	0.09	3.13	23.08	33.78
平均利用率	0.26	0.18	7.75	28.81	42.06

　　从表4-33中可以看出,我国全国综合档案馆档案利用率最高是美国国家档案馆(每10页为1件)的75.13倍,最低是23.08倍,平均是28.81倍。以每30页为1件的最高是美国国家档案馆的110.27倍,最低是33.78倍。平均是42.06倍。

　　表4-34为美国国家档案馆与我国中央档案馆档案利用率的比较。

表4-34　美国国家档案馆与我国中央档案馆档案利用率比较

比较指标	美国国家档案馆(每10页为1件)/%	美国国家档案馆(每30页为1件)/%	我国中央档案馆/%	我国中央档案馆利用率是美国国家档案馆(每10页为1件)的倍数	我国中央档案馆利用率是美国国家档案馆(每30页为1件)的倍数
最高利用率	0.38	0.26	17.32	44.58	65.62
最低利用率	0.13	0.09	0.30	1.31	2.33
平均利用率	0.26	0.18	2.73	9.50	14.17

从表4-34中可以看出,我国中央档案馆档案利用率最高是美国国家档案馆(每10页为1件)的44.58倍,最低是1.31倍,平均是9.50倍。以每30页为1件的最高是美国国家档案馆的65.62倍,最低是2.33倍。平均是14.17倍。

表4-35为美国国家档案馆与北京市档案馆档案利用率的比较。

表4-35　美国国家档案馆与北京市档案馆档案利用率比较

比较指标	美国国家档案馆（每10页为1件)/%	美国国家档案馆（每30页为1件)/%	北京市综合档案馆/%	北京市综合档案馆利用率是美国国家档案馆（每10页为1件)的倍数	北京市综合档案馆利用率是美国国家档案馆（每30页为1件)的倍数
最高利用率	0.38	0.26	12.97	33.13	48.88
最低利用率	0.13	0.09	1.05	7.08	10.67
平均利用率	0.26	0.18	2.89	10.12	15.06

从表4-35中可以看出,北京市综合档案馆档案利用率最高是美国国家档案馆(每10页为1件)的33.13倍,最低是7.08倍,平均是10.12倍。以每30页为1件的最高是美国国家档案馆的48.88倍,最低是10.67倍,平均是15.06倍。

表4-36为美国国家档案馆与陕西省铜川市档案馆档案利用率的比较。

表4-36　美国国家档案馆与陕西省铜川市档案馆档案利用率比较

比较指标	美国国家档案馆（每10页为1件)/%	美国国家档案馆（每30页为1件)/%	陕西省铜川市档案馆/%	陕西省铜川市档案馆利用率是美国国家档案馆（每10页为1件)/%的倍数	陕西省铜川市档案馆利用率是美国国家档案馆（每30页为1件)的倍数
最高利用率	0.38	0.26	25.27	65.50	96.19
最低利用率	0.13	0.09	1.59	11.23	16.67
平均利用率	0.26	0.18	4.29	15.50	22.83

从表4-36中可以看出,陕西省铜川市档案馆档案利用率最高是美国国家档案馆(每10页为1件)的65.5倍,最低是11.23倍,平均是15.50倍。以每30页为1件的最高是美国国家档案馆的96.19倍,最低是16.67倍,平均是22.83倍。

表4-37为美国国家档案馆与贵州遵义县档案馆档案利用率的比较。

表4-37　美国国家档案馆与贵州遵义县档案馆档案利用率比较

比较指标	美国国家档案馆（每10页为1件）/%	美国国家档案馆（每30页为1件）/%	贵州遵义县档案馆/%	贵州遵义县档案馆利用率是美国国家档案馆（每10页为1件）的倍数	贵州遵义县档案馆利用率是美国国家档案馆（每30页为1件）的倍数
最高利用率	0.38	0.26	39.02	101.68	149.08
最低利用率	0.13	0.09	0.62	3.77	5.89
平均利用率	0.26	0.18	6.36	23.46	34.33

从表4-37中可以看出，贵州遵义县档案馆档案利用率最高是美国国家档案馆（每10页为1件）的101.68倍，最低是3.77倍，平均是23.46倍。以每30页为1件的最高是美国国家档案馆的149.08倍，最低是5.89倍，平均是34.33倍。

通过以上的数据比较，可以看出我国档案馆的档案利用率，从全国综合档案馆、国家级档案馆、省（直辖市）级档案馆、市级档案馆到县级档案馆都没有像研究者认为的那么低，美国国家档案馆的档案利用率也并没有像研究者认为的那么高。而且就我国全国综合档案馆的整体上来说，档案利用率平均高出美国国家档案馆（按每10页为1件计）最高利用率的75.13倍，如果按每30页为1件计，则是110.27倍。最高的竟是我国一个经济相对落后的县级档案馆，竟高出美国国家档案馆（按每10页为1件计）的最高利用率的101.68倍，如果按每30页为1件计，竟达到149.08倍。就以上统计的所有利用情况来说，我国的档案馆只有两个年度的利用率与美国国家档案馆的最高档案利用率基本持平，其他的均超过美国国家档案馆的最高档案利用率。可见我国档案馆的档案利用率不仅高于美国档案馆的档案利用率，而且是远远高于美国档案馆的档案利用率。

"比较研究能帮助人们认识各种社会现象的异同，把握其实质和规律性"[1]，以往中美档案利用比较研究关注的基本上是差异，这里的比较研究虽然是从中美档案馆馆藏档案的利用率差异入手，但探讨的目的并不是只关注谁多谁少，非要比个高低，分个优劣，而是试图从不同和差异中寻找共性与规律。经过统计分析研究，可以认为：中美档案馆馆藏档案利用具有如下

---

①　夏征农，陈至立.大辞海 政治学 社会学卷[M].上海：上海辞书出版社，2010：495.

三个共性：

第一，中美档案馆的馆藏档案利用都具有用少的特点。这是中美档案利用具有的共性特征，档案利用的用少律或许也是世界档案利用的共性特征。这一结论是否正确，需要进一步研究，特别是通过大规模翔实数据进行证伪。由于条件与能力的局限，笔者目前力所不及，希望有质疑、有兴趣、有条件、有能力的同人做更深入的统计分析。

第二，馆藏增加无助于馆藏档案利用率的显著提高。在既有档案利用研究中，增加馆藏几乎是所有研究者开出的提高馆藏利用率的"良方"。但上述分析的结果并不支持这剂"良方"，中美档案馆都有随馆藏增加而利用率逐渐下降的趋势。

第三，信息开放程度、信息获取方便程度与档案馆利用率或成反比。技术先进、理论新颖、开放度高的美国国家档案馆的档案利用率不如中国一些市县级档案馆的档案利用率高，颠覆了许多人多年的认知，似乎难以相信。但美国国家档案馆近几十年利用率下降和我国国家综合档案馆档案利用率下降却是一个不争的事实，而现在无论是美国，还是在我国，信息的开放程度和信息获取的方便程度都高于过去，也是不争的事实。档案"休闲利用"也许正是这种趋势下档案馆刷存在感，以获得拨款的无奈之举，尤其是在美国，"档案经费与利用率是挂钩的"①。

① 赵屹,陈晓晖.中美档案利用若干问题比较[J].山西档案,2002(6):8-11.

第五章

档案利用定律之二：时效律

第一节　定律阐述

　　档案馆档案利用的第二条定律为：档案利用具有时效的特点。档案利用的时效律是指档案馆的档案利用具有一定时限的特点。档案利用的时效律包括两个方面：其一，馆藏档案大都是只在某一段时间内有可能被利用，而随着时间的推移，这些档案有可能被利用的概率会逐渐减少，以至于基本无人再利用。最典型的像婚姻、劳资、房产、土地使用等档案，当当事人故去，当房屋、土地超过了使用年限后，其当事人或权利人几乎就不可能再来利用这些档案了。其他的如文书档案、科技档案等档案的利用同样也具有时效的特点，只是这类档案的时效特点不易确定具体的时限段。其二，档案馆馆藏档案有可能在某一时段被集中利用。这些档案在某一时段有可能被集中利用，大都是国家或某地政府出台的某一政策所致。如"文革"后国家出台平反冤假错案的政策所致的档案被利用等。当这些政策落实完后，利用这些档案的就会告一段落了。

　　档案利用时效律的存在，实际上是限定了档案利用的时间范围，它把档案利用限制在一定的时期内，这是由档案的本质所决定的，是不可能被档案馆人人为地改变的。认识和正视这一客观事实的存在，对于正确认识档案利用工作中的一些现象有着积极的意义。

一、档案价值的时效律决定档案利用的时效律

　　1. 关于档案价值的时效律

　　对于档案价值的时效律，主要有两种观点：

　　其一，冯惠玲、张辑哲认为："时效，指的是某一事物在一定时间内发挥

作用的特性。档案价值的时效性是指档案对社会的有用性是有时限的,某些档案在一定时期内对利用者是有价值的,超过这个时间限制后则降低或丧失了价值。这一规律可称为档案价值的时效律。"①

其二,陈永生、田炳珍认为:"档案价值的变化大体上有两种情况:一种是随着时间的推移档案价值呈上升趋势;另一种是随着时间的推移,档案价值呈下降趋势。在现实生活中,绝大多数档案的价值变化是按后一种模式进行的。换言之,绝大多数档案的价值量的大小与其保管时间长短成反比关系。"②

当然,对于"随着时间的推移档案价值呈上升趋势",也有不少学者认为:档案具有"科学、文化作用递增规律","随着时间的推移,档案文化的积累越来越多,随着档案价值的扩展,档案的利用越来越大,档案才更多地用于科学研究和文化教育事业;档案形成的时间越久远,在科学研究和文化方面的作用就越大"③。这一观点,可以看出是有两个前提的,一是档案积累的量足够多、时间足够长;二是档案价值具有扩展性。对于第二个前提,在本书第三章已经论述,根本就不存在所谓的档案价值扩展的规律。对于第一个前提,它是很难做到的,因为保存量足够多、时间足够长的档案是需要足够量的人力、物力来支撑的。而且,保存时间足够长的档案为今后的"科学、文化作用递增",实际是以牺牲今天的档案价值实现为代价的,也就是靠现在不断积累的不被利用的档案价值在若干年后的可能释放。陈永生、田炳珍则认为:对档案科学文化作用递增律"多半是出于一种误解,档案科学文化作用递增所指的是:随着历史的进程,'档案便从更多地用于阶级斗争,逐渐转为更多地用于经济活动、科学研究和文化教育等各项建设事业'这么一种趋势。显然,档案科学文化作用随时间的推移而递增,并不等于档案的总体价值和总体作用也随时间的推移而递增。事实上,绝大多数档案的价值是随时间的推移而递减的"④。

总之,以上两种观点都说明档案价值具有时效律,表明档案价值基本上是随时间的推移而递减的,档案价值是有时限的,超过时限后则档案价值递减直至丧失价值。

① 冯惠玲,张辑哲.档案学概论[M].2版.北京:中国人民大学出版社,2006:61-62.
② 陈永生,田炳珍.档案信息资源开发利用及其效益研究[M].广东:广东人民出版社,1999:164.
③ 石浒泷,林清澄,贾玉德.档案哲学[M].北京:中国档案出版社,1997:37.
④ 陈永生,田炳珍.档案信息资源开发利用及其效益研究[M].广东:广东人民出版社,1999:164-165.

　　2.档案价值的时效律与档案利用的时效律

　　由于档案价值具有时效性，因此档案一定是在档案价值的时限期内会被利用，超过了档案价值时限期的档案，一般就不会被利用了。所以，档案利用具有时效的特点是由档案价值的时效律决定的。由此，冯惠玲、张辑哲认为："了解档案价值的时效律，有利于档案工作者以辩证的思维认识时间对于档案价值的影响，正确地判断不同档案的时效性，不失时机地开发档案信息资源，积极地提供利用，防止本应被适时利用的档案因提供过晚而丧失部分或全部价值。"①这一观点得到大多数学者的认可，这也是主张大力开发档案信息资源，积极地提供档案利用的动机和理论依据。但是，从第四章的论述中，可以看出大力开发档案信息资源并不能提高档案的利用率，其原因是由档案利用的用少律所决定的。这就意味着，虽然档案价值的时效律决定了档案利用的时效律，但是，这并不意味着档案在其价值的时限内就一定必须被利用。

　　档案在档案价值时限期内被利用与不被利用，并不是由档案价值的时效律决定的，而是由在档案价值时限期内的外在社会需求决定的，而外在的社会需求则是由政府的政策以及利用者的个人等多种因素造成的。因而，档案在档案价值时限期内只是有可能被利用。

二、从档案与图书的比较看档案利用的时效律

　　档案的本质是记忆备忘的工具，档案是"备用品"，"备用品"的时效性是在一定的时限内备用，"备用品"过了时间期限基本起不到"备用品"的作用了，"备用品"的价值也就结束了，也就不再"备"了。也就是说，档案随着档案价值时限期的结束档案被利用的时限期也就结束了。即档案会随着档案价值的时限期的结束而逐渐被淘汰，这项工作就是档案鉴定工作。"在一定意义上说，档案的价值鉴定就是认识和确定档案价值的时效期，档案保管期限就是档案时效期的具体体现。"②

　　档案保管期限过去分为短期、长期、永久，现在分为10年、30年和永久，也就是说，一些档案10年后就过了档案价值的时效期，同时也就过了档案利用的时效期，保管期限是30年的，也是如此，过了30年也就过了档案利用的时效期。保管期限是永久的，是不是其档案利用的时效期就是永久的呢？按照以往的观点应该是永久的。但是，这就会出现一个问题，如果档案利用的时效期是永久的，那么就等于档案价值的时效期也是永久的。而综合档

　　①　冯惠玲,张辑哲.档案学概论[M].2版.北京:中国人民大学出版社,2006:61-62.
　　②　冯惠玲,张辑哲.档案学概论[M].2版.北京:中国人民大学出版社,2006:61.

案馆保存的档案中大多是永久的,这是否就意味着在综合档案馆保管的档案就不存在档案价值的时效律,也就不存在随着时间的推移档案价值呈下降的趋势。因为既然档案价值的时效期是永久的,也就等于说档案价值是永恒的。然而在现实的生活中,不论是档案室的档案,还是档案馆馆藏档案,也包括综合档案馆的馆藏档案,"事实上,绝大多数档案的价值是随时间的推移而递减的"①。这是人们无法回避的规律——档案价值的时效律,这与档案的永久保管似乎成为悖论。

问题出在什么地方?问题就出在"永久"两字上,档案被定为"永久"保存,并不等于档案价值的永恒,也不等于档案利用时效期的永久。档案被定为"永久"保存,是由不同类型的档案价值时限期不同造成的。对于民生类的档案其保管期限大都不超过 100 年,如《婚姻登记档案管理办法》(民政部、国家档案局令第 32 号)第十三条规定:"婚姻登记档案的保管期限为 100 年。对有继续保存价值的可以延长保管期限直至永久。"《伤残抚恤人员档案管理办法》(民发〔2010〕32 号)第九条规定:"伤残抚恤人员档案保管期限为 100 年。保管期限从当事人初次认定或者申请材料形成之日起的次年 1 月 1 日开始计算。伤残抚恤人员档案保管部门应当对保管期限届满的伤残抚恤人员档案进行价值鉴定,对有继续保存价值的可以延长直至永久。"《农村五保供养档案管理办法》(民发〔2013〕36 号)第九条规定:"五保档案的保管期限从五保档案的形成年度起,到农村五保供养待遇停止后满 5 年为止。"虽然婚姻登记档案和伤残抚恤人员档案都规定了"对有继续保存价值的可以延长直至永久",但是,显然大多数是不会延长直至永久的。而对于农村五保供养档案其保管期限一般是不会超过 100 年的。设置"永久"保管期限的档案大都是文书类档案,这是由于文书类档案价值的时效性的不确定性造成的,"文书档案的时效期通常取决于人们对其记录内容的认知和需求程度,有一定不确定性、弹性或跨度"②。文书类档案价值的时效期,有的可以短到 1 天,如一般事务性通知在通知事项被执行之后其价值作用就基本没有了,而有的则很长甚至可能超过 100 年,如一些法律,当然不是所有的有法律作用的都可能超过 100 年。正是文书类档案价值作用的这种时效不确定性的缘故,而将其价值时限期定为"永久",但是,这并不表明其价值作用就是"永久"的,"永久"保管期限只是代表有可能超过 100 年的不确定时限期的代名词。如果不认识到这一点,就无法解释档案价值时效律的存在,无

---

① 陈永生,田炳珍. 档案信息资源开发利用及其效益研究[M]. 广东:广东人民出版社,1999:164-165.

② 冯惠玲,张辑哲. 档案学概论[M]. 2 版. 北京:中国人民大学出版社,2006:61.

法解释随着时间推移档案价值呈下降趋势的现象,也无法解释为何我国有数千年的文明史,而且流传下来了汗牛充栋的图书文献,唯独很少留下来众多档案的现象。也许正是档案价值的时效律的存在而使我国现在留存传世的古代档案寥寥无几吧。总之,档案作为"备用品",其利用一是不常用;二是有时限。大多数档案都会因档案价值消失而不再被利用。

对图书来说,图书本质上是一种传播经验、思想、知识的工具,是典型的传播工具。图书是"使用品",图书要发挥知识传播的功能,就必须无限制地、无时限地利用,所以,图书的价值和利用是没有时限期的。尽管公共图书馆会每隔一定的时间,会剔除一部分图书,但是,这些被剔除的图书并不一定都是因为图书价值有时限期。"一般来讲,需剔除的书可分为以下几类:(1)内容陈旧老化的图书。即指随着科学技术的不断发展和社会的变革,人类新知识、新思想的不断出现,图书文献中所记载的科学知识、思想观点会逐渐老化、失去效用,已有修订版的教材或已有新版本的旧版书等。(2)复本量大、滞架时间长的图书。这类图书多因形势或教学方面的原因,当时配备了较多的复本量,但大量读者集中使用过一期,便出现了因复本过多,从而形成长期占位压架现象。(3)实用性差、流通率低、读者不用或罕用的图书。这些图书的主题、内容、文种等方面不符合本馆的任务和读者的实际需要,以致无人光顾,或很少被人利用。(4)残缺破损已无法流通的图书。图书破损是流通过程中无法避免的现象,对那些无法修补的书籍,应作剔除处理。"①从这要剔除的四类图书中,只有第一类的图书是有时限期,会失去效用。也就是说,大多数图书是没有时限期的,而且有不少的图书随着时间的推移价值会越来越大而成为经典文献,被使用的次数会越来越多而长久不衰。比如《论语》《老子》《孙子兵法》《诗经》《黄帝内经》等,虽然已经成书数千年,却依然是读者如云。

从对档案与图书的比较来看,档案是记忆备忘的工具,是"备用品",其价值是有时限期的,其利用不仅有时效期,而且在时效期内也不一定经常被利用。对图书来说,图书是一种传播经验、思想、知识的工具,是"使用品",其大多数的价值是没有时限期,其大多数的利用是没有时限期,而且大多数是会被经常使用的。这也就决定了图书的利用率要远远高于档案的利用率。

三、从档案与文物的比较看档案利用的时效性

谈到档案价值的时效律与档案利用的时效律,必然要涉及古代档案,虽

---

① 王细荣.图书情报工作手册[M].上海:上海交通大学出版社,2009:119-120.

然我国现在留存传世的古代档案寥寥无几,但是,从 20 世纪初到现在我国陆续出土和发现了大批的古代档案。甲骨档案,从 1899 年被首次发现至今,据学者统计,共计出土甲骨 154 600 多片,其中大陆(内地)收藏 97 600 多片,台湾收藏有 30 200 多片,香港藏有 89 片,总计中国收藏 127 900 多片;此外,日本、加拿大、英、美等国家共收藏了 26 700 多片。居延汉简,1930 年在额济纳河流域的汉代烽燧遗址出土简牍一万余支,因这批汉简在我国内蒙古自治区额济纳旗的居延地区和甘肃省嘉峪关以东的金塔县肩水金关被发现而得名。敦煌卷子,1900 年发现,现除我国自藏外,尚流散于英、法、俄、日、美、丹、韩等国。英国不列颠图书馆东方写本部和印度事务部图书馆藏 13 000 件,法国巴黎国家图书馆东方部藏 5779 件,俄罗斯藏 10 800 件,日本藏约 600 件,美国至少藏 22 件,丹麦藏 14 件。我国则分藏于北京、南京、上海、天津、大连、台湾、香港及甘肃等地,计卷式遗书 17 500 余件。以上是我国 20 世纪档案的四大发现中的三大发现。此后,随着我国考古事业的发展,又出土了金文档案、缣帛档案,特别是简牍档案又陆陆续续地大批出土,仅 1996 年 10 月长沙市走马楼 J22 古井窖出土的三国吴简就达 14 万枚。

大批古代档案的出土,不仅说明我国历史的悠久、产生档案年代的久远,也给我们认识档案以及档案学理论的研究带来了机遇与挑战。如传统的档案学理论认为:文件“必须按照一定的程序和条理集中保存起来,才能成为档案。以现代的一般档案来说,它是经过分类、立卷等一定的整理和归档而集中保存起来的文件”。“归档和集中保存,既是文件向档案转化的一般程序和条件,又是文件转化为档案的一般标志和界限。”①“文件转化为档案一般须具备三个条件:第一,现时使用完毕或办理完毕的文件才能归入档案。……第二,对日后实际工作和科学研究具有一定查考利用价值的文件,才有必要作为档案保存。……第三,按照一定规律集中保存的文件,才能最后成为档案。”②按照此观点,我国 20 世纪档案的四大发现中的三大发现甲骨档案、居延汉简、敦煌卷子以及三国吴简等大批简牍档案都未经过“归档”,都将排斥在档案之外。对此,就有学者已经依据档案是“具有查考利用价值、归档集中保存起来的文件材料”和“文书转化为档案是有条件的”观点,论证出“甲骨文在商代并非档案”③。“商王及其卜官所处的文化背景,决定其不可能产生将甲骨卜辞转化为档案所必需的档案意识。”“可以肯定地说,殷墟甲骨卜辞不是档案。”“毫无疑问,殷墟甲骨卜辞是殷商王家的文书,

---

① 吴宝康. 档案学概论[M]. 北京:中国人民大学出版社,1988:38.
② 吴宝康. 档案学概论[M]. 北京:中国人民大学出版社,1988:36-38.
③ 张国硕. 甲骨文在商代非档案说[J]. 档案学研究,1999(2):60-64.

但因不具备转化为档案的条件而仍然是文书。""殷墟甲骨卜辞可被视作文书,但决不是档案。"①如果按照这些学者的观点,甲骨档案在商代都不是档案,那么,现在又没有"归档"进入档案部门保存,就更不可能是档案了。因为前文介绍的我国 20 世纪档案的四大发现中的三大发现甲骨档案、居延汉简、敦煌卷子以及三国吴简等大批简牍档案绝大部分收存在博物馆、图书馆、文物部门、学术研究部门等,基本上都没有"归档"进入档案部门保存。实际上,"归档"并非档案形成的必要条件,这些出土和发现的古代档案,不仅在古代就是档案,现在虽然没有保存在档案部门,但它们依然是档案。它们之所以保存在其他部门是有原因的,一是这些古代档案本身就有双重身份,既是档案又是文物;二是这些档案的时效期已过。

大批古代档案的出土,也给档案价值的时效律或者说档案利用的时效律带来了挑战,虽然这个问题还没有引起档案界的关注,但是,这里不得不面对这个问题。这个问题就是,大批出土的古代档案的档案价值如何? 是"随着时间的推移,档案价值呈下降趋势","超过这个时间限制后则降低或丧失了价值"吗? 很显然,这些大批出土的古代档案早已超过了其时限期,早已丧失了档案价值。那么,是不是说档案价值的时效律就失灵或者不正确呢? 这就看如何理解档案价值以及时效性了。如果认为"档案的长远价值,是指档案价值的时效性可以扩展到遥远的未来,在相当长的时间中能够满足社会各方面利用者需要的性质"②,那么,可能档案价值的时效律也正确也不正确。说其正确,是说"时效性可以扩展到遥远的未来"表明时限期可以足够长的话,数千年前的古代档案也可以在时限期内,就说明档案价值的时效律是正确的。说其不正确,是因为这些数千年前的古代档案并不是一直认为在时限期内被保存至今的,而是出土的,说明其早在数千年前就没有价值了,就被遗弃了。如果认为档案价值是多元的,档案价值的"具体内容可以概括为史料价值、日常工作查考价值和文物收藏价值",因而,档案价值的特点是"多元性"的。当然,对于档案的多元价值,不止这三种价值,还有如文化价值、知识价值等等③。那么,档案价值的时效律,就会出现另一个问题,时效律中的档案价值指的是档案的基本价值——凭证价值和参考价值(又称情报价值),还是史料价值、文物收藏价值、文化价值、知识价值,抑或它们的总和? 实际上,档案价值的时效律是总结的档案的凭证价值和参考

① 任汉中. 早该走出的误区:析殷墟卜辞是"殷代的王家档案"论[J]. 档案学研究, 2000(2):65-67.

② 冯惠玲,张辑哲. 档案学概论[M]. 2 版. 北京:中国人民大学出版社,2006:41-42.

③ 陈作明. 论文书档案的价值鉴定[J]. 档案学通讯,1996(6):9-14.

价值(又称情报价值)的特性,更确切地说是档案凭证价值的特性,因为档案的本质价值是凭证价值,这在本书第三章中已经论述。但是,档案价值的时效律并不是档案的其他价值,如文物收藏价值、文化价值等的特性。那么,如何解读这些现象和问题呢?

要解读这些现象和问题,还得从档案的本质说起。档案的本质是记忆备忘的工具,档案是人们从事政务、生产、文化、科研等活动中直接形成的原始记录,档案对于产生它的单位或个人以及相关的单位或个人具有凭证价值,这就是档案的本质价值。档案的这种凭证价值只对产生它的单位或个人以及相关的单位或个人具有凭证价值,档案的记忆备忘也是为产生它的单位或个人以及相关的单位或个人记忆备忘的。档案价值的时限期也就由此而产生,实际是针对产生它的单位或个人以及相关的单位或个人具有凭证价值的时限而言的。至于档案的其他价值如文物收藏价值、文化价值等,并非档案的本质价值,而且,任何事物的价值都是多元的,档案价值也是多元的,"道理很简单,这些价值形态并不能满足人们对档案信息的需要,而是满足人们其他方面的需要。当档案以'档案价值'之外的价值,例如'文学价值''艺术价值''文物价值'等去满足人们的需要的时候,它所扮演的是文学作品、书法作品和文物的身份,而不是以档案的身份出现的"①。任何事物都是其本质特性(包括价值)所决定的。档案也不例外,档案价值也是由其记忆备忘的本质决定的,档案记忆备忘的本质决定了档案的本质价值是凭证价值。

"所谓文物,是指在历史发展过程中,由人类活动产生的,具有历史、艺术、科学价值的物质文化遗存的总称。""文物的历史价值在于,凡文物都是人类历史上创造的物质文化遗存,不可能被再生产、再制造,一旦破坏就无法挽回;同时,文物又是一定历史时期人类为适应生产、生活和其他社会活动之需的产物,无不打上时代的烙印,体现出明显的时代特征,蕴涵着该时代的各个方面信息。通过文物的不同侧面可以探讨当时社会的各个侧面,而文物系列整体,则是历史进程的物证。"②从中可以看出,史料价值是档案与文物的交集价值。应该说,某些档案具有"文物价值",同样,某些文物也会具有"档案价值"。一些载有文字的文物,如果这些文字又具有某些历史的证据作用和参考作用,也就是史料价值,那么,就应认为该文物具有"档案价值",也可以说该文物也是档案,如铭有文字的碑刻、青铜器,载有文字的甲骨、缣帛以及竹简木牍等,都是如此。可以说,这部分档案或文物都具有双重的身份,

---

① 杜长安."文物价值"不是"档案价值"[J].中国档案,1998(4):36-37.
② 王成兴,尹慧道.文物保护技术[M].合肥:安徽大学出版社,2005:2-3.

无论是具有"档案价值"的文物,还是具有"文物价值"的档案,它们既是档案,也是文物。就时效性来说,"'档案价值'有时间长短之分,具有实(时)效性;'文物价值'则有大小之分,又有显性和隐性两种状态,没有实(时)效性"①。也就是说,档案价值是有时效性的,而文物价值则没有时效性。

作为出土和发现的古代档案已经失去了档案的凭证价值,主要剩下的是史料价值和文物价值。就史料价值而言,"一般来说,档案与文物都具有史料价值,可为历史科学的研究提供必要的依据"②。也就是说,这两项价值并非档案的本质价值。这也就是基本上所有的出土和发现的古代档案大都没有保存在档案馆,而保存在博物馆、图书馆、文物、学术研究等部门的缘故。当然,作为档案的文物价值,其时限期可以是永久的。因为档案是一个民族、一个国家的真实历史记录,一个民族、一个国家所走过的历程都深刻、真实、详细地记录其中,对于维护一个民族、一个国家的本来面貌上具有权威性。"在某种意义上档案是民族文化'根'和民族文化心理的情感寄托。"③因此,保存档案就是保留民族文化的"根"。当然,这些档案不论保存在什么地方,其作用和意义是一样的。所以,对档案馆保存一些具有文物价值的档案来说,"收藏本身也是一种目的,它可使档案永续不绝,为人类留下珍贵的文化遗产"④。"如我国的唐档,尽管几乎没有个别价值,即没有特定的单个主体,但我们的国家需要它以说明我国历史的悠久、纸张档案年代的久远。"⑤这也就是说,档案的凭证价值是有期限的,而档案的文物价值,或者说文化价值则可以是永久的。这与档案价值的时效律并不矛盾,亦不影响档案馆收藏一些失去了凭证价值而具有文物价值的档案作为镇馆之宝,来说明档案的文化性和历史的久远。只是这些档案已经不再被档案利用者直接利用而已。当然,这些具有文物价值的档案大批地保存在博物馆、文物部门也就在情理之中。可见,以上出土和发现的古代档案,虽然大批地保存在博物馆、文物部门,但是,其史料价值也同样不是直接被利用者利用,而是经过整理后出版为图书被史学研究者或爱好者利用。

---

① 杜长安."文物价值"不是"档案价值"[J].中国档案,1998(4):36-37.原文为"实效性",疑为"时效性"之误。

② 邱晴漪.档案与文物[J].档案与建设,1991(6):10.

③ 于桂兰.试论档案的文化功能[J].档案管理,1996(5):31-32.

④ 赵云鹏,赵政戬.档案事业实施可持续发展战略的思考[N].中国档案报,1998-06-25(B3).

⑤ 李华.试论档案鉴定的理论基础:档案价值观[J].档案学研究,1998(2):33-38.

四、档案利用用少律与档案利用时效律的相互作用

档案利用的用少律与档案利用的时效律是什么关系呢？档案利用的用少律决定了档案利用得越少越好，而档案利用的时效律则限制了档案凭证价值发挥作用的时间范围。从中可以看出，档案利用时效律是决定档案利用用少律的时间因素，是决定档案利用用少律的因素之一。由于档案价值，尤其是档案的本质价值——凭证价值，只能在一定的时限内发挥作用，即在一定的时限内有可能被利用，超过了一定的时限，其价值就会递减直至失去价值，也就很难有利用者利用，所以，档案利用时效律是决定档案利用用少律的因素之一。反过来说，由于档案利用存在着用少律，所以，即便是档案价值在其时效期内，也不一定必须被利用，只能是可能会被利用，档案利用用少律决定了档案随着时间的推移其利用的概率越来越小，也就使得档案的价值作用越来越小，从这一点上看，则是档案利用用少律影响了档案利用时效律。这就是说，档案利用用少律与档案利用时效律是相互作用的。

第二节　档案利用时效律统计分析

对于档案利用时效律的利用统计分析，有研究者是通过定量与定性分析得出的观点。如有研究者认为："20 世纪 50 年代到 70 年代上山下乡的知青以及他们回城后参与招工形成知青、招工档案。随着退休年龄临近，为了证明工龄、办理退休，由此催生了知青、招工查找热。纵向来看，1990 年至 2002 年，新乡市档案馆（一库）档案利用统计分析中利用频率较高的全宗有 160 号（知青档案）、30 号（招工档案），2015 年至 2017 年利用频率较高的全宗仍有这两个。可以预见，这批人退休后，知青、招工查找的热度将成为过去时。"[1]也有研究者认为："知青、破产国有企业等档案，是在特定年代形成的，随着时间的推移，这部分档案的利用者会越来越少。"[2]也就是档案利用具有时效性，随着时间的推移，这些档案的作用则逐渐减少以至于消失。这是一个定量与定性方向相结合的观点，而似乎定量分析得有些不足。实际上，对档案利用时效律做统计分析是很不容易做的，这是由于档案价值的时效期有长有短，而且需要被统计的档案馆，必须要有相当长时间的档案利用登记，且这些档案利用登记必须有详尽的信息记录，能满足这些条件的档案

---

① 梁艳丽,张微,韩斐. 新乡市档案馆 2015—2017 年利用情况调查报告[J].档案管理,2018(5):71-73.

② 杨丽. 成都市(区、县)综合档案馆利用服务调查研究[D].电子科技大学,2015.

馆就很难寻找；还有就是其统计工作量是相当巨大的。因此，只能另找途径。有学者通过对档案馆与档案室的档案利用率对比得出档案利用具有时效性的观点①，这虽然只能算是一种相对宏观的统计分析方法，但也算是一种相对客观的能反映档案利用时效律的定量分析方法。而且，可以将档案利用的时间拉得再长一点，对第一历史档案馆、第二历史档案馆、中央档案馆的档案利用率对比，以便得出相对更客观的结论。这里就尝试采用这两种统计方法对档案利用时效律进行统计分析。

一、各省、自治区、直辖市综合档案馆与其直属机关档案室利用比较统计分析

有学者对 1994—2003 年全国档案室藏档案利用率和档案馆藏档案利用进行了统计比较分析，得出："从 1994 年到 2003 年的 10 年里，档案室共有 70 844 018 人次共利用档案 195 323 571 卷、件次，分别是档案馆利用档案人次数的 2.52 倍和利用档案卷、件次数的两倍。""若从 10 年间平均的利用率来看，室藏档案利用率为 14.05%，比馆藏档案 5.09% 的平均利用率高出近 9 个百分点。""从利用数量来看，档案室要比档案馆多，前者年均利用档案 19 532 357 卷、件次，是后者年均利用档案 9 764 116 卷、件次的两倍……究其深层原因，档案室档案之所以用得多，很可能是因为对利用者而言这些档案更具时效性和针对性。"②这位学者是对我国各级各类档案馆馆藏档案利用情况与各级各类档案室档案利用情况进行的统计对比，这里探讨的是我国综合档案馆的利用情况，因而，这里选择我国各省、自治区、直辖市综合档案馆与其直属机关档案室档案利用情况进行比较统计分析，以便得出更具有针对性的结论。这是因为各省、自治区、直辖市直属机关档案室的档案的最终流向都是各省、自治区、直辖市综合档案馆。这里选用的统计数据还是来源于《中国档案年鉴》1989 年卷、1997 年卷、1998—1999 年卷、2000—2001 年卷、2002 年卷、2003 年卷、2004—2005 年卷、2006 年卷、2007 年卷、2008 年卷、2009 年卷、2010 年卷、2011 年卷、2012 年卷、2013 年卷、2014 年卷。指标及时间：馆（室）藏档案（万卷、件）（1987—1988 年、1996—2013 年），利用档案（万卷件次）（1987 年—1988 年、1996—2013 年）。

---

① 陈永生.档案已供利用情况的数据分析：档案充分利用问题研究之三[J].档案学研究,2007(5):20-25.

② 陈永生.档案已供利用情况的数据分析：档案充分利用问题研究之三[J].档案学研究,2007(5):20-25.

1.各省、自治区、直辖市综合档案馆 1987—2013 年馆藏档案利用统计情况

各省、自治区、直辖市综合档案馆 1987—2013 年馆藏档案利用统计情况见表 5-1。

表 5-1　各省、自治区、直辖市综合档案馆 1987—2013 年馆藏档案利用统计

年度	馆藏档案/万卷、件	利用档案/万卷件次	利用率/%
1987 年	1374.70	147.16	10.70
1988 年	1422.17	98.32	6.91
1996 年	1741.19	61.20	3.51
1997 年	2009.71	84.90	4.22
1998 年	1887.08	46.75	2.48
1999 年	1930.72	33.81	1.75
2000 年	1981.66	31.37	1.58
2001 年	1977.96	25.71	1.30
2002 年	2036.58	39.91	1.96
2003 年	2153.68	34.88	1.62
2004 年	2221.66	34.57	1.56
2005 年	2268.62	43.99	1.94
2006 年	3274.28	57.27	1.75
2007 年	3334.84	90.77	2.72
2008 年	2540.78	68.56	2.70
2009 年	2559.95	80.79	3.16
2010 年	2694.16	101.93	3.78
2011 年	2795.78	87.96	3.15
2012 年	2890.03	81.41	2.82
2013 年	3019.06	92.24	3.06
最大值		147.16	10.70
最小值		25.71	1.30
平均值		67.18	3.13

从表 5-1 中可以看出,各省、自治区、直辖市综合档案馆 1987—2013 年馆藏档案利用率最高的为 10.70%,最低的为 1.30%,平均档案利用率为 3.13%。

2. 各省、自治区、直辖市直属机关档案室 1987—2013 年室藏档案利用统计情况

各省、自治区、直辖市直属机关档案室 1987—2013 年室藏档案利用统计情况见表 5-2。

表 5-2 各省、自治区、直辖市直属机关档案室 1987—2013 年室藏档案利用统计

年度	室藏档案/万卷、件	利用档案/万卷件次	利用率/%
1987 年	2394.78	614.04	25.64
1988 年	2253.62	575.98	25.56
1996 年	2392.80	172.55	7.21
1997 年	2653.74	132.12	4.98
1998 年	2873.87	197.00	6.85
1999 年	2529.53	179.62	7.10
2000 年	2630.84	161.50	6.14
2001 年	2339.64	413.04	17.65
2002 年	3166.75	180.11	5.69
2003 年	2989.93	184.20	6.16
2004 年	3591.44	206.76	5.76
2005 年	4346.27	244.77	5.63
2006 年	4592.72	195.12	4.25
2007 年	5298.53	209.48	3.95
2008 年	6431.30	287.22	4.47
2009 年	7089.09	367.21	5.18
2010 年	7933.24	245.02	3.09
2011 年	8959.71	273.92	3.06
2012 年	70 737.27	2225.06	3.15
2013 年	82 172.91	2495.09	3.04
最大值		2495.09	25.64
最小值		132.12	3.04
平均值		477.99	7.73

从表 5-2 中可以看出,各省、自治区、直辖市直属机关档案室 1987—2013 年室藏档案利用率最高的为 25.64%,最低的为 3.04%,平均档案利用率为 7.73%。

3. 各省、自治区、直辖市综合档案馆与其直属机关档案室 1987—2013 年
档案利用情况的比较

各省、自治区、直辖市综合档案馆与其直属机关档案室 1987—2013 年档
案利用率的比较见表 5-3。

表 5-3　各省、自治区、直辖市综合档案馆与其直属机关档案室 1987—2013 年档案
利用率比较

比较指标	各省、自治区、直辖市直属机关档案室/%	各省、自治区、直辖市综合档案馆/%	各省、自治区、直辖市直属机关档案室利用率是各省、自治区、直辖市综合档案馆利用率的倍数
最高利用率	25.64	10.70	1.40
最低利用率	3.04	1.30	1.34
平均利用率	7.73	3.13	1.47

从表 5-3 中可以看出，1987—2013 年各省、自治区、直辖市直属机关档
案室档案最高利用率是各省、自治区、直辖市综合档案馆最高利用率的 1.40
倍，最低是 1.34 倍，平均是 1.47 倍。这就是说，1987—2013 年各省、自治
区、直辖市直属机关档案室档案利用率高于各省、自治区、直辖市综合档案
馆 1.47 倍。

1987—2013 年各省、自治区、直辖市综合档案馆与其直属机关档案室利
用档案卷件次的比较见表 5-4。

表 5-4　各省、自治区、直辖市综合档案馆与其直属机关档案室 1987—2013 年利用档案
卷件次比较

比较指标	各省、自治区、直辖市直属机关档案室	各省、自治区、直辖市综合档案馆	各省、自治区、直辖市直属机关档案室利用卷件次是各省、自治区、直辖市综合档案馆利用卷件次的倍数
最高利用档案/万卷件次	2495.09	147.16	15.95
最低利用档案/万卷件次	132.12	25.71	4.14
平均利用档案/万卷件次	477.99	67.18	6.12

从表 5-4 中可以看出，1987—2013 年各省、自治区、直辖市直属机关档案

室利用档案卷件次最高是各省、自治区、直辖市综合档案馆的 15.95 倍,最低是 4.14 倍,平均是 6.12 倍。这就是说,1987—2013 年各省、自治区、直辖市直属机关档案室利用档案卷件次高于各省、自治区、直辖市综合档案馆 6.12 倍。

从表 5-3、表 5-4 中的 1987—2013 年各省、自治区、直辖市综合档案馆与各省、自治区、直辖市直属机关档案室的档案利用情况统计比较可以看出,从档案利用率上看,档案馆比档案室减少了 59.5%;从利用档案卷件次上看,档案馆比档案室减少了 85.95%。按照《档案馆工作通则》关于"省级以上档案馆接收立档单位保管 20 年左右的档案"规定,那么可以说,档案经过 20 年左右,从档案利用率上看,其档案价值递减了 59.5%,也就是档案有可能被利用的概率降低了 59.5%。而从利用档案卷件次上看,其档案价值递减了 85.95%,也就是档案有可能被利用的概率降低了 85.95%。这些既显示出档案价值随时间的推移而递减的时效律,也显示出随着时间的推移,档案有可能被利用的概率会逐渐减少的时效特点。

二、第一历史档案馆、第二历史档案馆、中央档案馆利用比较统计分析

这里选用的统计数据都源自《中国档案年鉴》。

1. 第一历史档案馆 1987—2013 年馆藏档案利用统计情况

第一历史档案馆 1987—2013 年馆藏档案利用统计情况见表 5-5。

表 5-5　第一历史档案馆 1987—2013 年馆藏档案利用统计

年度	馆藏档案/万卷、件	利用档案/万卷件次	利用率/%
1987 年	1000.01	109.12	10.91
1988 年	1000.01	0.23	0.02
1996 年	1125.62	0.34	0.03
1997 年	1125.62	0.45	0.04
1998 年	1000.00	0.29	0.03
1999 年	1000.00	0.23	0.02
2000 年	1000.00	2.33	0.23
2001 年	1000.00	0.81	0.08
2002 年	1000.00	8.62	0.86
2003 年	1000.00	2.80	0.28
2004 年	1000.00	34.93	3.49

续表 5-5

年度	馆藏档案/万卷、件	利用档案/万卷件次	利用率/%
2005 年	1000.00	3.60	0.36
2006 年	1000.00	8.96	0.90
2007 年	1000.00	2.69	0.27
2008 年	1000.00	1.21	0.12
2009 年	1000.00	1.21	0.12
2010 年	1000.00	0.58	0.06
2011 年	1000.00	1.26	0.13
2012 年	1000.00	0.45	0.05
2013 年	1000.00	1.15	0.12
最大值			10.91
最小值			0.02
平均值			0.91

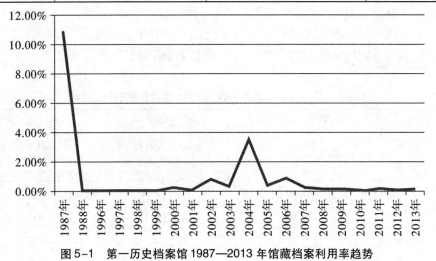

图 5-1　第一历史档案馆 1987—2013 年馆藏档案利用率趋势

　　从表 5-5、图 5-1 中可以看出,第一历史档案馆 1987—2013 年馆藏档案利用率最高的为 10.91%,最低的为 0.02%,平均档案利用率为 0.91%。其中有两个高峰远远高于其他年度,但是,总的趋势是平缓地徘徊在不到 1% 的非常低的低谷区间。出现两个高峰的原因,其一,1987 年的高峰主要是编史修志。利用第一历史档案馆的档案"编史修志自 1978 年起,10 余年兴旺不衰,涉及领域广泛,共有工业志、教育志、劳改志、邮电志、戏曲志、粮食志、税务志、财政志、卫生志、房产志、军工史、体操运动史、外交史、工艺美术史、新闻史、公路史、盐业史、宗教史等 20 余种。居第二位的当属史学研究和工作查考利用者。虽人数不及编史修志，但有一定深度，已摆脱'文化大革命'中只注重政治问题的倾向，而把眼光转向更广阔的领域，深入细致地考察经济工作和探讨历史问题。第二阶段自 1989 年至 1995 年，利用人次呈下降趋势。如何认识此现象，我们认为主要原因是编史修志已进入尾声，有的已结束，以此为利用目的利用群体迅速缩小，导致利用人次下降"①。其二，2004年的高峰主要是服务清史编撰。2002 年 8 月，国务院正式批准了成立清史编撰委员会，2003 年编修《清史》立项，2004 年《清史》编撰的工作正式开始。2012 年，完成《清史》初稿。显然，2004 年的高峰是因为《清史》的编撰，而随着编史修志进入尾声，特别是《清史》编撰工作的完成，第一历史档案馆的档案利用将会持续走低。

　　还有一个问题是，从数字上看，1987 年利用档案达 109.12 万卷件次，占第一历史档案馆馆藏的十分之一，但是，实际利用档案并没有那么多。据第一历史档案馆保管利用部介绍："10 年来(1985—1995 年)，为馆内读者提调档案约1066 万件，而读者选用档案仅为 96 836 件，档案选用率占 0.1%，不仅大大浪费工作人员的劳动，读者的时间，还严重减少了档案的寿命。"②这说明第一历史档案馆馆藏档案实际利用率是很低的，低得可能已经超出我们的想象了。这也说明，第一历史档案馆馆藏档案的时效期已经接近尾声了。

　　2. 第二历史档案馆 1987—2013 年馆藏档案利用统计情况

　　第二历史档案馆 1987—2013 年馆藏档案利用统计情况见表 5-6。

表 5-6　第二历史档案馆 1987—2013 年馆藏档案利用统计

年度	馆藏档案/万卷、件	利用档案/万卷件次	利用率/%
1987 年	138.23	4.25	3.07
1988 年	144.69	5.76	3.98
1996 年	189.00	0.91	0.48
1997 年	189.00	1.35	0.71
1998 年	170.00	1.11	0.65

---

　　① 中国第一历史档案馆.明清档案与历史研究论文集：庆祝中国第一历史档案馆成立 70 周年[M].北京：中国友谊出版公司,2000:1428.

　　② 中国第一历史档案馆.明清档案与历史研究论文集：庆祝中国第一历史档案馆成立 70 周年[M].北京：中国友谊出版公司,2000:1433.

续表 5-6

年度	馆藏档案/万卷、件	利用档案/万卷件次	利用率/%
1999 年	170.00	9.09	5.35
2000 年	170.00	6.46	3.80
2001 年	170.00	9.59	5.64
2002 年	180.00	9.78	5.43
2003 年	180.00	1.10	0.61
2004 年	180.00	0.90	0.50
2005 年	180.00	1.40	0.78
2006 年	180.00	2.59	1.44
2007 年	180.00	1.91	1.06
2008 年	180.00	1.53	0.85
2009 年	180.00	0.49	0.27
2010 年	180.00	1.06	0.59
2011 年	168.00	0.85	0.51
2012 年	225.00	0.57	0.25
2013 年	225.00	0.79	0.35
最大值			5.64
最小值			0.25
平均值			1.82

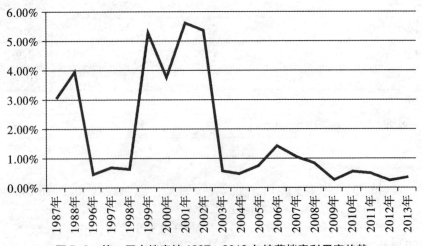

图 5-2　第二历史档案馆 1987—2013 年馆藏档案利用率趋势

从表5-6中可以看出,第二历史档案馆1987—2013年馆藏档案利用率最高的为5.64%,最低的为0.25%,平均档案利用率为1.82%。

从图5-2中可以看出,第二历史档案馆1987—2013年馆藏档案利用率趋势,1999年到2002年有些稍微大的起伏,虽然这些起伏也基本都在5%左右之内,但显得格外引人瞩目。经查找相关资料,没有找到其利用的原因,然而找到了有可能是数据差错的原因。在《中国档案年鉴2000—2001》查到1999年度省以上国家综合档案馆利用档案、资料情况表中的第二历史档案馆的档案利用是90 960卷件次,而在该年鉴的专题论述"1999年中国第二历史档案馆积极开展档案利用工作"中却是"1999年,中国第二历史档案馆共接待国内外查档单位450个,利用者2507人次,提供目录2121册,案卷9096卷"①。显然,统计表中的数据有笔误之嫌。在《中国档案年鉴2002》查到,2001年度省以上国家综合档案馆利用档案、资料情况表中的第二历史档案馆的档案利用是95 950卷件次,而在该年鉴的专题论述"2001年中国第二历史档案馆民国档案利用情况"中却是"2001年,中国第二历史档案馆共接待国内查档单位414个,海外查档学者69批,查档阅卷3467人次。提供案卷10 115卷"②。显然,统计表中的数据有误差之嫌。在《中国档案年鉴2003》查到,2002年度省以上国家综合档案馆利用档案、资料情况表中的第二历史档案馆的档案利用是97 850卷件次,而在该年鉴的专题论述"2002年度中国第二历史档案馆民国档案利用主要案例"中却是"2002年,中国第二历史档案馆共接待国内查档单位427个,境外及港台查档学者75批,提供目录3825册,调阅档案9785宗"③。显然,统计表中的数据有笔误之嫌。一"宗"是否等于一"卷",或者说一"宗"是否等于十"卷",不好确定,这里就按一"宗"等于一"卷"说。2000年度省以上国家综合档案馆利用档案、资料情况表中的第二历史档案馆的档案利用中的数据"64 640卷件次"是否也有差错的嫌疑,没有找到依据,就按统计中的跳点处理。

应该说,年鉴专题论述的档案利用数据比较接近事实,而统计表中的数据有误差之嫌。所以,根据年鉴专题论述中的档案利用数据,对第二历史档案馆的档案利用数据修正,第二历史档案馆1987—2013年馆藏档案利用统计情况应该是表5-7,而第二历史档案馆1987—2013年馆藏档案利用率趋势应该是图5-3。

---

① 国家档案局.中国档案年鉴2000—2001[M].北京:中国档案出版社,2002:172.
② 国家档案局.中国档案年鉴2002[M].北京:中国档案出版社,2003:151.
③ 国家档案局.中国档案年鉴2003[M].北京:中国档案出版社,2004:179.

表5-7 第二历史档案馆1987—2013年馆藏档案利用统计

年度	馆藏档案/万卷、件	利用档案/万卷件次	利用率/%
1987 年	138.23	4.25	3.07
1988 年	144.69	5.76	3.98
1996 年	189.00	0.91	0.48
1997 年	189.00	1.35	0.71
1998 年	170.00	1.11	0.65
1999 年	170.00	0.90	0.53
2000 年	170.00	6.46	3.80
2001 年	170.00	1.01	0.59
2002 年	180.00	0.97	0.54
2003 年	180.00	1.10	0.61
2004 年	180.00	0.90	0.50
2005 年	180.00	1.40	0.78
2006 年	180.00	2.59	1.44
2007 年	180.00	1.91	1.06
2008 年	180.00	1.53	0.85
2009 年	180.00	0.49	0.27
2010 年	180.00	1.06	0.59
2011 年	168.00	0.85	0.51
2012 年	225.00	0.57	0.25
2013 年	225.00	0.79	0.35
最大值			3.98
最小值			0.25
平均值			1.08

从表5-7可以看出,第二历史档案馆1987—2013年馆藏档案利用率最高的为3.98%,最低的为0.25%,平均档案利用率为1.08%。

图 5-3　第二历史档案馆 1987—2013 年馆藏档案利用率趋势

从图 5-3 中可以看出,如果去掉 2000 年的跳点,那么第二历史档案馆 1987—2013 年馆藏档案利用率趋势,总的趋势是平缓地徘徊在不到 1% 的非常低的低谷区间。总体上看,基本是趋于逐渐降低的趋势,并且长时间地平缓地徘徊在 1% 左右的非常低的低谷区间。1987—1988 年的高峰显然是编史修志的缘故。

3. 中央档案馆 1987—2013 年馆藏档案利用统计情况

中央档案馆 1987—2013 年馆藏档案利用统计见本书第四章表 4-29,其馆藏档案利用率最高的为 17.32%,最低的为 0.30%,平均档案利用率为 2.73%。

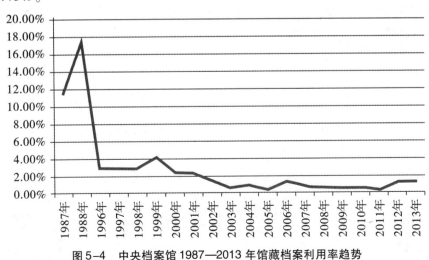

图 5-4　中央档案馆 1987—2013 年馆藏档案利用率趋势

从图5-4中可以看出,中央档案馆1987—2013年馆藏档案利用率趋势,总的趋势是逐渐走低的,并且长时间走低。1987—1988年的高峰显然是编史修志的缘故。

4.第一历史档案馆、第二历史档案馆、中央档案馆馆藏档案利用率比较

第一历史档案馆、第二历史档案馆、中央档案馆馆藏档案利用率比较见表5-8。第二历史档案馆的馆藏档案利用率按修正后的表5-7计算。

表5-8　第一历史档案馆、第二历史档案馆、中央档案馆馆藏档案利用率比较

比较指标	第一历史档案馆/%	第二历史档案馆/%	中央档案馆/%	第二历史档案馆利用率与第一历史档案馆利用率的比值	中央档案馆利用率与第二历史档案馆利用率的比值
最高利用率	10.91	3.98	17.32	0.36	4.35
最低利用率	0.02	0.25	0.30	12.50	1.2
平均利用率	0.91	1.08	2.73	1.19	2.53

从表5-8中可以看出,第二历史档案馆最高利用率与第一历史档案馆的比值是0.36,最低是12.50,平均是1.19。中央档案馆最高利用率与第二历史档案馆的比值是4.35,最低是1.2,平均是2.53。

通过以上的数据比较,按照保管的档案产生的时间顺序由近到远排列,从中央档案馆到第二历史档案馆,再到第一历史档案馆,1987—2013年,除了第一历史档案馆1987年利用明显高于第二历史档案馆之外,当然,这也是有原因的,而实际利用率要低得多。总体档案利用趋势是越来越低。这既符合档案价值的时效律,也符合档案利用的时效律。可以说,档案具有可能被利用的概率会逐渐减少的时效特点。

第六章

档案利用定律之三：地域律

第一节　定律阐述

　　档案馆档案利用的第三条定律为：档案利用具有一定的地域性。对于甲地档案馆保存的档案，一般地来说，乙地的档案利用者是不会去利用的，除非是在乙地产生的档案在甲地档案馆保存，或者原来生活工作在甲地的档案利用者后来到了乙地生活工作。凡是来甲地档案馆利用档案的利用者，都与甲地档案馆保存的档案有着这样或者那样的关联。一般地说，在当地产生的档案，只有当地的档案利用者会去利用，异地的档案利用者是不会去利用的。因为异地的档案利用者与这些档案毫无关系。

　　档案利用地域律的存在，实际上是限定了档案利用的空间范围，它把档案利用限制在一定的区域内，这是由档案的本质所决定的，是不可能被档案馆人人为地改变的。认识和正视这一客观事实的存在，对于正确认识档案利用工作中的一些现象将有积极的意义。

　　对于档案利用地域律，以往大都认为档案馆所处位置具有地域性，而这种地域性限制了档案利用的范围。"在传统的档案利用服务工作中，许多珍贵的档案由于没有渠道让利用者了解和利用而静静地躺在档案架上，最终成为'死'档案。网络的出现，革命性地打破了信息环境空间的限制"；"使得档案利用服务摆脱了地域的限制，影响范围扩展到无限大，为档案网站利用服务的未来发展拓展了无限广阔的空间"①。"在档案馆网络化环境下，当档案信息的利用者要求档案工作人员为其进行咨询服务时，利用者所面对的

---

　　① 　陈晓辉,赵屹,郭晓云.档案网站建设[M].上海:上海世界图书出版公司,2014:323.

绝不仅仅是他所在的某一个档案馆,他所面对的是整个的档案馆网络系统。因此,档案利用者所得到的服务的范围将是十分广泛的。""档案利用者可以打破时间、空间(地域)的界限获取档案信息。"①

实际上,档案利用地域律,不仅是档案馆所处位置的地域性,更是其保存档案的地域性,而这种档案的地域性,使得其利用者绝大多数都是本区域的,或者说这些具有地域性的档案,只对本区域的档案利用者有价值,对于异地的档案利用者并没有价值。从中也可以看出,在档案馆网络化环境下,并不能将档案的利用者扩展到异地范围,如果有异地的档案利用者要利用的话,也大多是与该档案有关联的异地利用者,异地无关的利用者大多数是不会利用的。因而,正确认识档案利用地域律,对认识信息化在档案馆的作用将有积极的意义。

一、档案产生和记录内容的地域性决定档案利用的地域律

档案利用地域律是由档案的产生和记录内容的地域性所决定的。档案利用地域律来自档案产生的地方,是当地的形成者所形成的;来自档案所记录的内容,是当地的形成者自身的工作生活记录。

1. 档案产生的地域性

档案产生的地域性是由档案的形成和档案本身的特点决定的。从档案的形成来看,档案是其形成者在从事政务、生产、文化、科研、艺术等项活动中直接形成的,是形成者当时、当地的活动情况最原始的记录。它不是其他地方的活动情况,除了具有很强的原始性,也就是除了直接形成的外,还具有很强的地域性。"从档案形成的过程及其结果来看,它是当时、当地、当事人在活动中直接形成的,客观地记录和反映了当时的历史情况,反映了人们的思想和活动,是一种令人信服的历史证据。"②"从档案产生与形成的目的来看,档案的产生与形成不是为了形成档案供人们阅读、欣赏,而是为了处理当时某种事务、进行某项工作、开展某项活动的需要而产生的。由于事情完毕之后对机关工作、经济建设、科研生产等方面仍有查考、凭证等功用,才归档保存起来,因而它具有很强的原始记录性。"③也就是说,档案是当地的机构、组织、个人为了某种事务、进行某项工作、开展某项活动的需要而产生的,是为了这些当地的机构、组织、个人的工作活动记忆备忘而保存的。这说明档案的产生形成与其形成者的所在地息息相关。

① 李文彬.档案馆网络信息咨询的思考[J].档案管理,2002(6):8-9.
② 杨红本.档案管理理论与实务[M].上海:上海教育出版社,2016:22.
③ 朱玉媛.档案学基础[M].2版.武汉:武汉大学出版社,2008:14.

2.档案记录内容的地域性

档案是记忆备忘的工具,档案的本质属性是原始记录性,"从档案自然形成规律可知,档案的源实体——原始符号记录是在人类实践活动中直接形成的。即特定的形成者在当时当地进行某种活动过程中因活动的需要形成的可以记录或反映该活动的符号记录。该记录与其对应的人类活动具有同体性"[1]。"档案是人类在社会实践活动中直接形成的,也就是特定的形成者在当时当地履行职能任务和进行其他活动时产生的,是随着工作活动的客观需要形成的,事情怎样进行,人们怎样活动,档案上就怎样记录。"[2]档案作为记忆备忘的工具,记录的是档案形成者——机构、组织、个人在当地、当时进行工作生活活动的情况,这些档案记录的内容所涉及的对象也大都是档案形成者所在地的机构、组织和个人。比如当地机关文书档案,特别是当地行政机关的文书档案,所记录的内容涉及的大都是其所管理的行政相对人。再比如当地的民生档案,其记录的内容所涉及的也是当地的人民群众。因此,这些档案记录的内容都具有很强的地域性。

二、从档案的作用看档案利用的地域律

档案界"多年来一直把档案的基本作用概括为'凭证作用'和'参考作用'"[3]。而"凭证作用"和"参考作用"有着很强的地域性,这是因为,档案是由某地的机构、组织、个人为了某种事务、进行某项工作、开展某项活动的需要而产生的,并且是为了某地的这些机构、组织、个人的记忆备忘而保存的。

1.档案凭证作用的地域性

档案是记忆备忘的工具,决定了档案具有凭证作用。俗话说"空口无凭,立字为据",这里所说的"字",往往指的就是档案,说的就是档案的这种凭证作用。可见,从日常生活中人们已经体察到档案的凭证作用了。档案是记忆备忘的工具,是为了产生它的机构、组织、个人而记忆备忘保存的,所以,档案的这种凭证作用主要是对产生它的机构、组织、个人起作用,也就是档案凭证作用的地域性,它对其他地域基本没有凭证作用。

(1)档案对机关、团体、社会组织等单位的凭证作用。当地的档案中记载着当地的机关、团体、社会组织等单位行使职能的法律依据,处理事物的结果,重要事实的记录和大量的工作经验,当地的机关、团体、社会组织等单位需要借助于这些依据和经验去制定政策,处理社会、法律以及组织、程序

---

① 丁海斌,方鸣,陈永生.档案学概论[M].沈阳:辽宁大学出版社,2012:18.

② 朱玉媛.档案学基础[M].2版.武汉:武汉大学出版社,2008:14.

③ 吴宝康.档案学概论[M].北京:中国人民大学出版社,1988:51.

等方面的问题。没有这些记录,当地任何机关、团体、社会组织等单位都难以保证其决策、管理上的连续性和科学性。要在日常工作中避免主观唯心主义,坚持实事求是,就不能离开对以往工作活动的记录和查考。大到制定政策,小到处理每一件具体事务,都应该有理有据,而这个"据"就是既定政策和事物的本来面貌,它在很大程度上来自档案。当地机关、团体、社会组织等单位的领导和业务工作人员,在熟悉情况、制订计划、研究案例、处理问题、总结经验时,大都需要从档案中查考先前的记载,从中得到依据,以保证工作的顺利进行。例如,在当地机关、团体、社会组织等单位的决策和管理活动中,通过对档案的利用和分析,有助于对现实工作和未来发展做出准确的判断,实现对人、财、物、信息等资源的有效管理,从而达到优化资源配置的目的。相反,有些地方常常由于"无案可查",无据可依而贻误工作,由盲目而导致错误的决断,给行政管理、业务活动和经济工作带来被动和损失。事实证明,当地的档案是当地行政工作的工具之一,充分发挥档案的凭证作用有助于计划和决策的科学化,有利于提高工作效率和管理水平。当地的档案作为凭证,对维护当地的机关、团体、社会组织等单位应有的合法权益,同样起着重要的作用。档案中保存着各类凭证材料,如协议、合同、记录、单据等,这些原始凭证材料有的规定了当地的机关、团体、社会组织等单位在相互交往中的各种社会关系、经济关系和政治关系,有的记载了有关事件的过程,各方面承担的权利和义务等,在这些方面发生疑问、争执或纠纷时,档案最有能力说明权益的归属,成为权威性的法律书证和物证而起着凭证作用。档案的这种凭证作用基本上只对产生它的机关、团体、社会组织等单位起作用,尤其是维护合法权益的凭证作用最突出。即便是工作查考、管理决策等,也大都是对产生它的机关、团体、社会组织等单位起凭证作用,或者相关的单位或者个别非本地的相关单位起凭证作用,而对其他无关的单位或者非本地单位基本不起凭证作用。

(2)档案对个人的凭证作用。档案不仅对机关、团体、社会组织等单位有凭证作用,对个人一样具有凭证作用。特别是在维护个人应有的合法权益方面,起着诸多的凭证作用。档案中保存着各类凭证材料,如任职通知、派遣通知单、表彰、招生、招工、学历等,这些原始凭证材料对证实个人的任职、学历、经历、工龄以及工资、荣誉、福利待遇等诸多方面起着凭证作用,是维护个人合法权益最有力的证明。近几年来民生档案工作的开展,民生档案的大量利用,都是档案在对个人发挥凭证作用的表现。有研究者对民生档案的作用进行总结,认为:利用民生档案是"以办理民生事项为目的。需要查阅档案办理的民生事项可以概括为户、房、财、证等四大类"。"户,即办理户口、户籍等事项,是指当事人在办理申(迁)报户口时需要查阅有关的档案证明材料,比如,为子女、外地配偶申(迁)报户口时,需要查阅婚姻等有关民生档案,知青或其配偶退休要回上海需要查阅知青子女回沪审批档案等。房,包括房屋交易、房屋过户、退税、动迁、办理产证以及申请经适房廉租房等事项,受有关房地产调控政策的影响,需要当事人提供相关的房产、婚姻、造房、土地、动迁等档案证明材料。……财,即有关财产、财物、金钱、经济等方面的事项,当事人在遇到财产分割、析产纠纷及有关诉讼官司的时候,需要当事人有关的房产、婚姻档案作为直接证明;在申请各类补贴时也需要提供有关档案证明材料等,比如当事人退休后申请领取独生子女补贴或申请低保时,需要查阅婚姻、独生子女等档案材料。证,是指办理各类证件,在办理出国、移民、旅游等事项时,如果婚姻登记证遗失的话就需要补办结婚证或离婚证,到民政部门申请开具单身证明等,都需要查阅当事人的婚姻档案证明材料;另外在办理公证、再生育证时也需要相关的婚姻档案。"[①]从这四类利用民生档案的作用中可以看出一个现象,利用者与这些民生档案息息相关,它有一个特点,这些民生档案的利用者大都是产生这些民生档案的所在地的利用者,也就是说,这些民生档案的利用者的所在地与产生这些民生档案所在地是一个地域,它们高度重合。无论是婚姻档案、知青档案,还是房产档案、动迁档案等,都是在民生档案的利用者的所在地产生的,这些档案也只对这些当地的民生档案的利用者具有凭证作用,对无关的其他地方的民生档案的利用者是没有凭证作用的。因此,档案对个人的凭证作用也具有很强的地域性。

2. 档案的参考作用的地域性

档案是记忆备忘的工具,是真实的历史记录,是处理事情、解决矛盾的真凭实据。档案不仅记录了历史活动的事实经过,而且记录了人们在各种活动中的思想政治、生产活动、科学研究的经验教训,以及各方面的创造性成果。因此,档案不仅具有凭证作用,也具有很大的参考作用。因为每个档案利用者的目的不同,需求也不同,许多可以作为凭证的档案,也可以作为参考材料,不必都用来作为凭证。档案的内容是相当丰富的,反映了社会生活的各个阶段和各个方面,因此,它对人们查考既往情况、掌握历史材料、研究有关事物的发展进程和规律性,总结经验教训,都具有广泛的参考作用。

(1)工作查考的参考作用。党政机关、团体、社会组织等单位,为了有效地进行工作,必须加强调查研究,充分占有材料。档案是机关、团体、社会组织等单位过去工作活动的记录,机关、团体、社会组织等单位领导和工作人员熟悉情况,总结经验,制订计划,处理问题,常常需要从档案中查考过去的

---

① 丁红勇.浦东新区档案馆 2013 年档案利用分析[J].中国档案,2014(5):61-63.

记载。如果有档案可查,许多问题可以迎刃而解,工作得以顺利进行。有些机关、团体、社会组织等单位由于档案散失,"无案可查"吃了苦头,给工作增加了许多困难。无数事实证明,机关、团体、社会组织等单位各项工作都需要利用档案材料,充分发挥档案的参考作用,可以大大提高工作效率,有助于克服官僚主义,没有档案可查,就会给工作造成困难和损失。这些档案基本上只对产生它的所在地的机关、团体、社会组织等单位可以发挥工作查考的参考作用,对其他地方的机关、团体、社会组织等单位很难发挥工作查考的参考作用。即便是可以推广的经验,也大都是通过会议文件材料交流的方式推广到外地的,根本不需要外地的来到产生档案的所在地进行工作查考,利用档案来总结经验后再带回去推广。这就是说,档案工作查考的参考作用具有很强的地域性,工作查考类的档案利用者主要是产生该档案所在地的机关、团体、社会组织等单位,而不是其他非产生该档案所在地的机关、团体、社会组织等单位。后者一般是不会去利用的,也不会对后者发挥档案的工作查考的参考作用。据上海市档案馆对 1993—2002 年档案利用趋势分析:"工作查考类的利用者主要来自立档单位及其下属部门,档案利用的人次卷次的变化趋势与这些单位的实际需求以及本馆接收其档案的数量有密切的关系,比如,2000 年查阅内容比较集中的有两个方面,一是基层企业来市档案馆查阅上级部门同意该企业的建立、更名、合并和迁移等批复,证实该企业建立以来的历史演变过程;二是一些单位来档案馆查阅离休干部审批表等,这部分的需求在 1992 年高峰过后虽有下跌,但近几年的需求量开始回升,这与市档案馆对立档单位的档案接收工作的不断深入也有一定的联系。"①

(2)生产活动的参考作用。档案中记载社会各行各业的生产、社会实践活动,涉及自然资源、生产手段、生产过程、计划管理和生产技术的各个方面。档案记载的人们在征服自然、改造自然和社会实践中取得的成果和经验,可以作为工农业生产和经济管理的科学依据及参考、借鉴。总的来说,无论是普通档案,还是科学技术档案或其他种类繁多的专门档案,都在不同程度上和不同的方面反映了经济活动的情况,都能为以经济建设为中心的现代化建设提供咨询研究、统计监督等情报信息,对制订经济计划、检查和总结生产情况、管理经验以及防止灾害等方面的工作,都是重要的参考材料。"比如,有的地区,为了科学地规划和组织农业生产,查阅了几十年来的作物种植面积、单产、总产、水利设施、生产进度、气象雨量、管理措施、灾情记录等,综合分析研究,制订出适应地区特点、发挥地区优势的生产计划,促

---

① 徐非.近十年来上海市档案馆档案利用趋势分析[J].上海档案,2003(6):40–42.

进了大幅度的增产。有的地方,查阅了历年档案,汇总分析,找出了本地区发生水旱冰雹灾害的规律和防治经验,据此采取相应措施,防止或减轻了灾害,以至促进了农作物丰收。与此相反,有些地方因为没有档案可考,或'有案不查',以及有关的管理工作薄弱,以致生产上计划不当、管理混乱、重复劳动、返工浪费,甚至发生事故,给国家和人民造成很多损失。大量的实践证明,充分利用有关的档案,对于加强经济管理,促进生产力发展,提高经济效益,具有直接的作用。"①从上述档案生产活动的参考作用与所举例子来看,档案所发挥的生产活动的参考作用与其档案产生的所在地域息息相关。显然,从本地档案中记载的作物种植面积、单产、总产、水利设施、生产进度、气象雨量、管理措施、灾情等,分析研究制订的生产计划,只能适应本地区,而不会适应其他地域。这些产生于本地的可以发挥生产活动的参考作用的档案,对于其他地域也就不能发挥生产活动的参考作用,所以,其他地域的档案利用者也就不会来利用这些档案。对于利用档案找出本地区发生灾害的规律和防治经验来防止或减轻灾害,以及作为工农业生产和经济管理的科学依据及参考借鉴等,也都是如此,这些档案只对产生它的地域可以发挥生产活动的参考作用。

(3)编史修志的参考作用。档案是历史的真实记录,是最可靠的第一手材料。档案被历史学家称誉为"没有掺过水的史料",也有"档案是方志之骨"之说,我国有编史修志的传统,而编史修志必然要利用档案。如果没有档案做依据与参考,就难以准确地阐明历史事件,科学地总结历史发展规律。因此,档案是编史修志的信息来源,在编史修志中发挥着重要的参考作用。其一,档案对编史修志的真实性作用。真实性原则是编史修志的一个重要的基本的原则,舍此,编史修志就失去了其作为历史的启迪借鉴参考作用,就退化成了野史巷闻。而编史修志的真实性就是来自档案的真实性,档案的准确、真实决定了史志的准确真实。但需要说明的是,这里所说的真实是指原有事实在形成复录过程中,从形式到内容都符合客观实际,没有主观想象,没有夸张,是原有事件原貌和全貌的真实再现。其二,档案对编史修志的准确性作用。编史修志仅有真实性还远远不够,还必须撰写得准确生动,真正反映事物发生、发展、变化的全过程。因此,准确的编史修志就要紧紧依靠档案作为参考依据。其三,档案对编史修志的系统、完整性作用。编史修志要全面系统,不能单就某一个方面、某几个事件做简单的记载,必须形成系统的、规范的可资借鉴的全貌。在这方面,档案同样发挥着重要作用。一个单位的档案全宗在收集归档时就要求系统、完整性,因此,档案的

①　吴宝康.档案学概论[M].北京:中国人民大学出版社,1988:53-54.

系统性、完整性更能在编史修志中发挥作用。

上述档案编史修志的参考作用,主要是针对省级以下的综合档案馆说的,尤其是市、县级综合档案馆。这里说的编史修志也是以地方专业史和地方志为主的。对于历史研究者来说,虽然档案被历史学家称誉为"没有掺过水的史料",但是,档案只是史料的一种,并非史料的唯一来源,"一些历史学家称道档案可以补史之缺,参史之错,详史之略,续史之无"①。这实际上是历史学家对档案史料作用的客观评价,档案的史料作用在历史研究中也就是解疑改错,拾遗补阙。这就是说,档案的编史修志的参考作用并不主要针对历史研究者,即历史研究者并不是利用档案编史修志的大户。档案编史修志的参考作用主要是对编写地方专业史志和地方志来说的。实际上,利用档案编史修志的最大用户是编写地方专业史志和地方志,而编写地方专业史志都是本单位的利用本单位的档案,如编写河南濮阳市档案志,则只有利用河南濮阳市档案局的档案全宗来编写;编写河南濮阳市财政志,则只有利用河南濮阳市财政局的档案全宗来编写。而编写其他市的档案志、财政志就不会利用河南濮阳市档案局、财政局的档案全宗,除非河南濮阳市档案局、财政局的档案全宗中保存有其他市的有关档案。编写地方志同样需要利用本地方的档案,"现在编新方志的另一个特点,就是政府组织编志。而政府编志的主要依靠力量就是各级政府机关。新方志一般都是在综合部门专业志基础上形成。部门编专业志,首先必须利用本部门的档案,本部门档案对本部门工作反映得最全面、系统和准确。这也是编写新方志必须大量利用档案的一个重要原因"②。如编写河南濮阳市志,就只有利用河南濮阳市的档案,而不需要利用其他市的档案。除非其他市的档案中保存有河南濮阳市的有关档案。同样其他市编写地方志也不需要利用河南濮阳市的档案。因此,本地域的档案主要对产生它的地域发挥编史修志的参考作用。

三、档案利用用少律与档案利用地域律的相互作用

档案利用的用少律与档案利用的地域律是什么关系呢?档案利用的用少律决定了档案利用得越少越好,而档案利用地域律则限制了档案价值发挥作用的空间范围。从中可以看出,档案利用地域律是决定档案利用用少律的空间因素,是决定档案利用用少律的因素之一。无论是档案的本质价值——凭证价值,还是档案的参考价值,只能在产生该档案的空间范围内发

① 郭树银. 论档案工作若干问题[M]. 北京:人民日报出版社,1991:224.
② 韩李敏. 编史修志与档案的利用[C]//浙江省地方志编纂室,浙江省地方志学会. 修志讲座. 杭州:浙江省地方志编纂室,1987:159.

挥作用,也就是在产生该档案的空间范围内有可能被利用,超过了产生该档案的空间范围,就可能没有价值,也就很难被其他地域的档案利用者利用。所以,档案利用地域律是决定档案利用用少律的因素之一。反过来说,由于档案利用存在着用少的特点,所以,即便是档案在其产生的空间范围内,也不一定必须被利用,只能是可能会被利用,档案利用用少律决定了档案在其产生的空间范围内也利用得不会太多。从这一点上看,档案利用用少律与档案利用地域律是相互作用的。档案利用的用少律使得档案利用得越少越好,档案利用地域律则限制了档案利用的空间范围,使得档案被利用的概率更少。

第二节　档案利用地域律统计分析

一、有关档案利用地域性的定量与定性分析观点

对于档案利用地域性的利用统计分析,有研究者是通过定量与定性分析得出的。

王中明对辽宁省档案馆 2006—2015 年档案利用情况进行统计分析后,认为:"从档案利用者分布图可以看出,来自省内的利用者最多,占利用总人次的 89.6%;其次是来自省外的利用者,占利用总人次的 8.3%;再次是来自国外的利用者,占利用总人次的 1.8%,最少的是来自港澳台地区的利用者,占利用总人次的 0.3%。由此可见,来馆查阅档案的利用者主要以省内为主,仅有少量的从事学术研究的省外、港澳台及外国利用者查阅本地档案,可见档案的利用有很强的区域性。因为各馆馆藏档案以该区域内党政机关所发文件为主,一般来说在当地产生的档案,只有当地的利用者会去利用,异地的利用者不会去利用。而且,档案一般具有较强的地域文化特色,异地的利用者也很少有对当地文化感兴趣的。"[1]

梁艳丽对河南新乡市档案馆 2007—2014 年档案利用情况进行统计分析,认为:档案利用者"外地(新乡以外地区)人员占比为 1.15% ~ 3.08%"[2]。另外梁艳丽、张微、韩斐对河南新乡市档案馆 2015—2017 年档案利用情况进行统计分析,认为:档案"利用者主要为新乡本地居民或居住

① 王中明.档案利用工作现状及档案开放研究:以辽宁省档案馆 2006—2015 年档案利用情况为例[J].档案学研究,2016(5):50-52.
② 梁艳丽.新乡市档案馆 2007—2014 年利用情况统计分析[J].兰台内外,2018(13):8-9.

地在新乡。近三年利用者为新乡本地居民或居住地在新乡的人次分别是2643,2994,3393,占全部利用人次的97.78%、96.80%、95.98%"①,也就是非新乡外地的档案利用者占全部利用人次的2.22%、3.2%、4.02%,平均3.14%。

戴泳江对江苏射阳县档案馆1986—2005年档案利用情况进行统计分析,认为:"根据每年接待利用的统计数据分析显示:个人用户逐年增加。1994年以前,平均每年的个人查档人次约90人左右,1995—2000年分别为110、135、154、282、532、390人次。2001年以后,个人查档人次占全年查档人次比例也呈逐年上升趋势。1994年以前,平均每年个人查档占总查档人次的22%。1995—2000年分别为30.1%、39.6%、44.5%、52.8%、58.9%、72.4%。特别是2003年,20世纪五六十年代的个体工商者增加工资、城中菜场拆迁及城西菜农征地补偿等重要事项利用档案较为频繁,其中个人查档占全年的60.5%。从他们的来源看,有15.1%来自外市县,有61.4%来自县城,有23.5%来自乡镇。目前公民个人查档主要集中于两个方面:一是从事学术研究,包括写回忆录、个人传记等,占24.5%;二是索取各种证明材料,占73.5%。如婚姻档案、征用土地档案、建房执照档案、知青档案、职工分配工作及调动工作的有关介绍信、退伍军人转业等材料。这些档案涉及群众生活的方方面面,成为为他们排忧解难的重要凭证材料,其中解决政治生活待遇、经济财产纠纷等占47%,外县来函来人利用档案占2.8%,其他查档占2%。"②

王桂芝、王彤、李学广对长春市档案馆2004—2011年异地远程利用档案情况进行统计分析,认为:长春市档案馆八年共接待查档人员26 426次,平均每年3303次。其中,接待异地查档人员1444次,平均每年180次,接待异地查档人员占接待查档人员总数的5.5%。长春市档案馆八年接待外省、外国查档人员170次,占接待查档人员总次数的0.6%,省内其他地区查档人员103次,占接待查档人员总次数的0.4%,接待长春市外四县(市)异地查档人员1171次,占接待查档人员总次数的4%,占接待异地查档人员总次数的81%③。李学广、何焱、刘德文对长春市档案馆异地远程利用档案需求规

① 梁艳丽,张微,韩斐.新乡市档案馆2015—2017年利用情况调查报告[J].档案管理,2018(5):71-73.

② 戴泳江.着眼社会需求 提高利用效率:江苏射阳县档案馆1986——2005年档案利用工作的分析报告[J].中国档案,2006(11):48-49.

③ 王桂芝,王彤,李学广.远程利用档案需求与效益分析[J].中国档案,2013(4):58-59.

律进行了分析,认为:"(一)机构职能分工因素。文件发放及形成的特殊性决定其归档后保存地点。发至省军级、地师级的文件和上级研究决定下级问题的会议记录等,归档一定时间后要移交给所在地档案馆,这些档案文件不控制使用后异地利用者只能到档案保管所在地档案馆索取档案证明。特别是中直、省直、市直驻在外地的基层单位和人员,更需要到上级所在地档案馆索取档案证明,为外地利用者提供档案证明多数源于此。(二)人员异地流动因素。档案馆保存着大量涉及人的档案,都是当事人当年在当地相关活动的原始记录。人员异地流动后,当事人或机构现在需要这些档案作证明时,异地索取是必然的选择。(三)档案真实确认因素。现在因身份证、户口、调配证、结婚证上的名字音同字不同、出生年月日不一致而到档案馆查档的很多,利益驱动档案造假的不少。所以,很多人需要查到档案馆保存最原始的档案来核实,确认真实性和保持一致性是有关部门对办理相关事宜基本的要求。(四)机构归档不全因素。由于'文革'等诸多原因,涉及人和机构业务的非'红头'文件,机构不归档、不全归档、不移交进馆问题相当普遍,其结果造成馆藏档案类别短缺。(五)机构保管不善因素。由于基层单位档案保管不善造成档案散失、损失,到上级批准机关所在地档案馆查找当年审批档案材料的增多。特别是中小企业职工个人档案缺失已不是个案(集体企业、乡镇企业、街道企业更多)。如今政策允许这些职工享受社会保险待遇时,相当一部分人要到上级批准机关所在地档案馆查找当年参加工作调配档案存根,异地索取档案证明是他们无奈且唯一的选择,有些大中专毕业生查找毕业报到证也是如此。(六)个人丢失档案因素。如今,当事人将婚姻登记档案丢失且不在婚姻登记所在地居住的利用者,到保存婚姻登记档案所在地档案馆索取档案证明的案例明显增多。"[①]

依佳宁对沈阳市各级档案馆民生档案利用情况进行分析,认为:"从总体上看,沈阳市档案馆的民生档案主要集中在面向全市的各类招工介绍信存根和登记表、知青与回城落户档案、人事任免调转档案、军转安置档案、劳模档案、教师档案和部分房产档案等。十三个区县的民生档案则主要面向所在区域内,主要包括婚姻档案、独生子女档案、回城落户档案、复员安置档案、招工档案和部分寄存的公证档案等。在日常接待利用中,民生档案的查询与利用基本上占据了档案馆日常查档的80%以上。"[②]

① 李学广,何焱,刘德文.长春市档案馆远程服务探索与分析[J].中国档案,2011(12):42-43.

② 依佳宁.立足档案资源共享 提高民生服务质量:沈阳市各级档案馆民生档案利用情况简析及几点思考[J].兰台世界,2018(S1):8.

从以上的有关档案利用地域性的定量与定性分析来看,到省级档案馆的外地档案利用者,基本上占全部档案利用者的10%左右,而到市、县级档案馆的外地档案利用者,基本上占全部档案利用者的5%左右,都是很少一部分。如果再细分,那么本辖区内的异地档案利用者,像到长春市档案馆本辖区异地查档人员占接待查档人员总次数的4%,占接待异地查档人员总次数的81%。而本辖区内的异地档案利用者大都与其保管的档案有着密切的直接关系,也就是本地域内的档案利用者。这样真正的外地档案利用者基本上就只占1%左右了。而且从李学广、何焱、刘德文对长春市档案馆异地远程利用档案需求规律的分析看,不管是本辖区内的异地档案利用者,还是本辖区以外的异地档案利用者,大都与该档案馆保存的该地域的产生的档案有着密切的直接关系。也就是说,这些外地的档案利用者大部分本身就是该地域档案馆保存的档案的相关人,或者说是直接利益者。这也可以从档案利用的主体利用民生档案上看出来,最高的利用民生档案达到了档案馆日常查档的80%以上,而民生档案的利用的地域性是最明显的,这足以说明档案利用的地域性。

二、河南濮阳市档案馆 1983—2017 年档案利用(人次)地域性统计分析

上述研究者对档案利用地域性的定量与定性的分析,虽然已经得出比较清晰的结论,但是,统计的年限不够长,也不够细,而市、县级档案馆作为我国档案馆的主力军,应该有更详细的统计分析来说明问题。为此,这里以河南濮阳市为例,对河南濮阳市档案馆 1983—2017 年档案利用(人次)做地域性统计分析。数据来源于河南濮阳市档案馆的历年档案利用登记簿。

河南濮阳市是 1983 年 9 月 1 日建市,其前身经历了复杂的行政区划调整。1949 年 8 月 20 日,冀鲁豫边区撤销,平原省建立,濮阳、清丰、南乐等县划归平原省濮阳专区。1952 年 11 月,平原省撤销,濮阳专区改划到河南省。1954 年 6 月 21 日,经政务院批准撤销了濮阳专区,将其辖区并入安阳专区。1958 年安阳、新乡两专区合并为新乡专区,1961 年 12 月,安阳、新乡两专区分设,原安阳专区的辖县仍归安阳专区管辖,1964 年,范县(包括台前县)从山东省划归河南省安阳地区。1983 年 9 月 1 日,经国务院批准,撤销安阳地区,建立濮阳市,辖长垣、滑县、内黄、南乐、清丰、范县、台前 7 县 1 区,原濮阳县改为市郊区。1986 年 3 月 22 日,河南省人民政府将滑县、内黄县划归安阳市,长垣县划归新乡市。后来又设置华龙区,恢复濮阳县。目前濮阳市辖 1 区 5 县,即:华龙区、濮阳县、南乐县、清丰县、范县、台前县。

由于濮阳市经历了复杂的行政区划调整,所以,濮阳市档案馆保管的档案也就比较复杂。目前濮阳市档案馆保管的档案,从时间上分,有旧政权档案、革命历史档案、中华人民共和国时期的档案。从区域上分,新中国成立前有河北省党部等旧政权档案,有冀鲁豫区之直南、豫北及太行区之五地区等革命历史档案;新中国成立后有濮阳专区的档案、新乡地区的档案、安阳地区的档案和濮阳市的档案。

从产生档案的地域性方面来说,来自原安阳、新乡两专区,安阳地区以及长垣、滑县、内黄、南乐、清丰、范县、台前、濮阳县的档案利用者应该算是本辖区地域的利用者,因为他们利用的档案大都与其有着密切的直接联系。当然,为了说明问题,统计时将档案利用者分为三类:一是本地的,包括濮阳市目前所辖1区5县的;二是馆藏档案所涉原地域的,包括原安阳、新乡两专区、安阳地区的所辖地域的;三是外地的,除濮阳市目前所辖地域和馆藏档案所涉原地域的。统计时间从濮阳市建市至2017年,也就是1983—2017年。河南濮阳市档案馆1983—2017年档案利用(人次)地域性统计见表6-1。

表6-1　河南濮阳市档案馆1983—2017年档案利用(人次)地域统计

年度	利用总人次	外地		档案所涉原地域		本地		本地与所涉原地域	
		利用人次	占总人次比/%	利用人次	占总人次比/%	利用人次	占总人次比/%	利用人次	占总人次比/%
1983	91	1	1.10	2	2.20	88	96.70	90	98.90
1984	422	5	1.18	26	6.16	391	92.65	417	98.82
1985	282	1	0.35	11	3.90	270	95.74	281	99.65
1986	217			20	9.22	197	90.78	217	100.00
1987	241	3	1.24	31	12.86	207	85.89	238	98.76
1988	250			8	3.20	242	96.80	250	100.00
1989	152			6	3.95	146	96.05	152	100.00
1990	240			10	4.17	230	95.83	240	100.00
1991	186	2	1.08	12	6.45	172	92.47	184	98.92
1992	81	2	2.47	6	7.41	73	90.12	79	97.53
1993	121			8	6.61	113	93.39	121	100.00
1994	128	1	0.78	2	1.56	125	97.66	127	99.22

续表 6-1

年度	利用总人次	外地		档案所涉原地域		本地		本地与所涉原地域	
		利用人次	占总人次比/%	利用人次	占总人次比/%	利用人次	占总人次比/%	利用人次	占总人次比/%
1995	89			6	6.74	83	93.26	89	100.00
1996	77	1	1.30	3	3.90	73	94.81	76	98.70
1997	78			4	5.13	74	94.87	78	100.00
1998	58			6	10.34	52	89.66	58	100.00
1999	56			4	7.14	52	92.86	56	100.00
2000	41			9	21.95	32	78.05	41	100.00
2001	56			2	3.57	54	96.43	56	100.00
2002	91			4	4.40	87	95.60	91	100.00
2003	156	1	0.64	8	5.13	147	94.23	155	99.36
2004	177	1	0.56	5	2.82	171	96.61	176	99.44
2005	188			6	3.19	182	96.81	188	100.00
2006	142	1	0.70	10	7.04	131	92.25	141	99.30
2007	178			8	4.49	170	95.51	178	100.00
2008	143	2	1.40	4	2.80	137	95.80	141	98.60
2009	82			14	17.07	68	82.93	82	100.00
2010	68			8	11.76	60	88.24	68	100.00
2011	109	11	10.09	1	0.92	97	88.99	98	89.91
2012	98			1	1.02	97	98.98	98	100.00
2013	130	1	0.77	2	1.54	127	97.69	129	99.23
2014	82	2	2.44	1	1.22	79	96.34	80	97.56
2015	104	1	0.96	1	0.96	102	98.08	103	99.04
2016	121	3	2.48	2	1.65	116	95.87	118	97.52
2017	223			1	0.45	222	99.55	223	100.00
合计	4958	39	0.79	252	5.08	4667	94.13	4919	99.21

从表 6-1 中可以看出,1983—2017 年到濮阳市档案馆利用档案的,本地的档案利用者占全部利用者的 94.13%;馆藏档案所涉原地域档案利用者占

全部利用者的5.08%；外地的档案利用者占全部利用者的0.79%。本地和馆藏档案所涉原地域的档案利用者占全部利用者的99.21%。也就是说，濮阳市目前辖区地域外的档案利用者只占全部利用者的5.87%。如果将馆藏档案所涉原地域的档案利用者也排除在外的话，那么，外地的档案利用者还不足全部利用者的1%。档案利用的地域性已经非常明显确切了。

对于这不足1%的外地档案利用者，也应该做一下具体的统计分析，看看这些外地档案利用者与本地的档案有没有关系，这对于认识档案利用的地域律是很有意义的。为此，这里对1983—2017年到濮阳市档案馆利用档案的外地档案利用者做一下利用者所在地域与档案的关系统计分析，见表6-2。

表6-2 1983—2017年濮阳市档案馆外地档案利用者与所利用档案的关系情况统计

序号	年度	利用者所在地	利用者与所利用档案的关系		备注
			有	没有	
1	1983	河北临漳县	有		
2	1984	河南省纪委	有		
3		江苏海洋某公司	有		
4		河南省交通厅	有		
5		河南省财政厅	有		
6		西安人民搪瓷厂	有		
7	1985	中纪委工作组	有		
8	1987	河南省建设厅	有		
9		贵州某军分区	有		
10		河南省审计局	有		
11	1991	江苏	有		
12		郑州市委组织部	有		
13	1992	河南舞阳钢铁厂	有		
14		河北魏县党史办	有		
15	1994	河南民航管理局	有		
16	1996	华东输油管理局	有		
17	2003	北京世纪律师所	有		
18	2004	河南省公安厅	有		
19	2006	宁夏碳井矿务局	有		
20	2008	郑州铁路法院	有		

续表 6-2

序号	年度	利用者所在地	利用者与所利用档案的关系		备注
			有	没有	
21	2008	山东青州法院	有		
22		河南省委组织部	有		
23		河北省物资局	有		
24		河北大学琚某某		没有	
25		河北大学琚某某		没有	
26		河北大学琚某某		没有	
27	2011	河北大学琚某某		没有	
28		河北大学琚某某		没有	同一人多次利用
29		河北大学琚某某		没有	
30		香港浸会大学王某		没有	
31		香港浸会大学王某		没有	
32		香港浸会大学王某		没有	
33	2013	清华大学刘某		没有	
34	2014	上海第某医院	有		
35		山东大学王某		没有	
36	2015	中山大学霍某	有		
37		湘潭大学某某		没有	
38	2016	湘潭大学某某		没有	同一人多次利用
39		湘潭大学某某		没有	
合计			25	14	

从表 6-2 中可以看出,1983—2017 年到濮阳市档案馆利用档案的外地档案利用者中,与所利用档案有关系的有 25 人次,没有关系的有 14 人次,这 14 人次都是外地的进行学术研究(与档案地域无关)的利用者。而这没有关系的 14 人次,实际只是 5 人。这就是说,实际上真正的外地档案利用者(与档案没有关系的非本地档案利用者)只有 5 人,说明实际上真正与档案没有关系的非本地档案利用者是少之又少的。

表 6-3 是濮阳市档案馆 1983—2017 年档案利用本地与外地利用人次对比统计情况。

表6-3　濮阳市档案馆1983—2017年档案利用本地与外地利用人次对比统计

利用总人次	学术研究(与档案地域无关)		与档案地域有关	
	利用人次	占总人次比/%	利用人次	占总人次比/%
4958	14	0.28	4944	99.72

　　从表6-3中可以看出,1983—2017年到濮阳市档案馆利用档案的,与档案地域有关的档案利用者占全部利用者的99.72%,与档案地域没有关系的利用者只占0.28%,与档案地域没有关系的外地利用者几乎可以忽略不计,档案利用的地域律就更加确切了。

第七章

档案利用定律之四：专指律

第一节　定律阐述

档案馆档案利用的第四条定律为：档案利用具有专指的特点。档案利用的专指律指的是档案与其利用者具有专指性的关系，也就是具有一对一的专指关系，或者说是具有针对性的专指关系。当然，这里的一对一的专指关系，指的是一份档案或者一卷档案对的是一个人或者一个单位。档案利用的专指律也可以称为专一律。

由于档案利用具有专指的特点，所以，一般情况下，档案只与和它有关联的当事人、社会组织发生利用与被利用的关系，与其无关的是不会发生利用与被利用的关系的。因此，只有与档案有关的当事人或社会组织才会去利用它，而也只有这些与档案有关联的当事人或社会组织利用才能起到档案的作用，特别是档案的凭证价值作用。像婚姻、招工、劳资等档案以及大多数民生档案，大都是政府行政管理机关为管理管理对象的需要而产生的，与这些民生档案相关联的当事人，实际上就是政府行政管理机关的管理对象，也就是管理相对人。一般情况下，只有这些当事人（管理相对人）会去利用，也只有与档案有关的当事人（管理相对人）去利用才能起到档案的凭证价值作用。其他无关的利用者一般情况下既不会去利用它，也不能起到档案的凭证价值作用。而且，一般情况下不允许其他无关的人员利用，除特殊公务（公、检、法等）外，如果允许其他无关的人员利用，就有泄漏个人隐私之嫌。所以，这些档案的利用都是具有针对性专指的，一般是不可能扩大到当事人（管理相对人）以外的其他个人或社会各方面范围的。

档案利用专指律的存在，实际上是限定了档案利用的人群范围，它把档案利用限制在一定的人群内，这是由档案的本质所决定的，是不可能被档案馆人人为地改变的。认识和正视这一客观事实的存在,对于正确认识档案利用工作中的一些现象将有积极的意义。

一、档案利用的专指性观点综述

对于档案利用的专指性,最早提出这一概念的是严永官先生。他在1987年就提出:"利用档案的专指性是利用档案中最基本的和普遍的属性。"并认为:"绝大部分利用者到档案馆来查阅档案时,都有明确的目标和专门的要求。在此类情况下,利用者只需要利用极少量能解决他的问题的档案,而档案馆中其余数以万计的案卷对他来说是无关紧要的。"[①]严永官先生的这一研究,并没有引起多少人的重视,更没有人进一步地深入系统研究以及研究它对档案利用的深刻影响。虽然此后也有人提及档案利用的专指性的问题,但是,大都浅尝辄止了。如王雯认为:"图书的利用者,在利用时即便没有其寻找的某一本书,也可以找到相同类别的其他书。这并不妨碍其学习与研究。而档案利用者,其查找利用的档案有着专指性,找到了则可以证明或说明问题,没找到则无法解决问题。有就是有,没有就是没有。没有可替代性。"[②]杨帆认为:"普通市民——这种类型的人利用档案仅仅是为了满足个人的查证需要,他们利用档案的专指性很强,而且要求比较迫切,有些是为了证实个人履历、有些是为了解决房产、婚姻纠纷。"[③]

档案利用的专指性来自档案的凭证作用,来自档案记录内容的专指性。对此,有学者已经认识到这一点了。如王元相认为:"档案利用的专指性就来源于它的凭据作用,与大部分情报检索内容的泛指性和起参考作用是明显不一样的。"[④]丁志民认为:档案"现实利用的特点表现为专指性强。它不像图书利用那样,有较大的可替代性。这本书找不到,可用相关的书来代替,虽然有时效果差些,但总还有参考价值。档案的现实利用可不行,一个问题的解决只能靠一份或一组特定的档案。这是因为档案的形成是面向具体问题的。这也是档案凭证作用的基础,离开了它所反映的具体问题,凭证作用也就不存在了。"[⑤]但是,他们都没有做更系统深入的研究。档案的凭证作用实际上也就是一对一地发挥作用,也就是"一个问题的解决只能靠一份

① 严永官.档案利用理论初探[J].上海档案,1987(6):16-18.
② 王雯.档案与图书利用对比分析[J].兰台世界,2008(15):49.
③ 杨帆.档案馆核心竞争力构建研究[D].合肥:安徽大学,2013.
④ 王元相.建议用查到率代替查全率和查准率[J].上海档案,1988(6):19-21.
⑤ 丁志民.论档案服务的实现[M]//吴宝康,丁永奎.当代中国档案学论.北京:档案出版社,1988:296-297.

或一组特定的档案解决",而这一份或一组特定的档案只能对特定的一个问题能起到凭证作用来解决问题,对其他问题是不能起到凭证作用来解决问题的。也就是"档案凭证作用的基础,离开了它所反映的具体问题,凭证作用也就不存在了。"这一客观事实的存在就限定了档案发挥作用的范围,也就是限定了档案利用的范围,它将档案利用的范围仅限定在与此档案记录内容相关的若干人的范围内。不管保存此档案的档案馆采取什么样的措施,它还是只能在这相关的若干人范围内发挥作用,不可能扩大其利用范围。

二、档案产生和记录内容的专指性决定档案利用的专指律

档案利用的专指律是由档案的产生和记录内容的专指性所决定的,"档案是特定主体在特定的社会活动中产生的,每份文件所记录的内容是不相同的,作用的对象也是特定的。从这个意义上说,档案属于非通用件,个性化特征较为明确,多数档案只对特定主体有备用价值"①。也就是说,档案是特定的形成者针对特定的社会活动而产生的,其记录的内容也因针对的特定对象不同而不同,其作用只针对特定的对象。档案产生和记录的大都是具有个性化专指性的,因此,对其利用也就具有个性化的专指性。

1. 档案产生的专指性

档案产生的专指性是由档案的形成和档案本身的特点决定的。从档案的形成来看,档案是其形成者在从事政务、生产、文化、科研、艺术等项活动中有针对性直接形成的,是形成者当时针对某活动情况最原始的记录,而不是针对其他的活动情况,除了具有很强的原始性,也就是除了直接形成的外,还具有很强的专指性。对于文书档案的产生来说,它都是形成者针对从事的政务活动、管理活动而产生,它是针对在履行各项职能活动的过程中,每出台一项政策、办法、规定,处理一方面的工作,办理一起事情,召开一次会议,下达一份通知等而形成的,对于形成的档案来说,都具有很强的专指性。对于科技档案的产生来说,"科技档案的形成过程具有鲜明的专业性特点。任何一项科技生产活动都是按照特定的专业程序来进行的,而科技生产活动的过程也正是科技档案的形成过程。因此,不同专业的科技生产活动,开展的程序不同,也就意味着科技档案的形成过程有所不同,甚至有很大差别"。"科技生产活动的开展都是以一个独立的项目或某一特有的现象为对象进行的,比如一个课题的研究、一个工程项目的设计和施工、一种型

---

① 杨立人. 从备用品看档案的备用价值:兼与图书价值特点进行比较[J]. 档案学通讯,2012(6):29-32.

号产品的研发和生产,一个气象过程的观(探)测等。围绕一个独立科技项目的进行,规律性地形成了一系列相关的"①科技档案。对于科技档案的专业性特点来说,与其说是专业性,不如说是专指性更确切些,因为科技档案的产生都是针对具体的某一项科技活动而形成的,具有很强的专指性。对于专业(专门)档案的产生来说,"专门档案是在一定专业活动领域内直接形成的,具有特定的专门内容的原始记录"②,"各种类型的专门档案,都是伴随着一定的专业性活动,并作为这种活动的数据和信息记录而形成的。如历史上形成的房屋普查档案、农业普查档案、工业普查档案、知青返城档案、基建项目规划施工审批档案、革命伤残人员档案、革命烈士档案、土地房产证档案、工商经济检查案件档案、卫生防疫防病档案、死亡干部档案、高收入者税收档案、审计档案等,无不是围绕着某一项专业性活动形成的,并为这些活动的正常进行提供必要的数据和信息记录"③。也就是说,专业(专门)档案是针对某一项专业性活动需要而产生形成的,是为了某一项专业性活动的记忆备忘而保存的。这都说明专业(专门)档案的产生形成与其形成者所开展的某一项专业性活动息息相关,这些档案的产生形成具有很强的专指性。

2. 档案记录内容的专指性

档案是记忆备忘的工具,档案的本质属性是原始记录性。"档案是人类在社会实践活动中直接形成的,也就是特定的形成者在当时当地履行职能任务和进行其他活动时产生的,是随着工作活动的客观需要形成的,事情怎样进行,人们怎样活动,档案上就怎样记录。"④档案作为记忆备忘的工具,记录的是档案形成者——机构、组织、个人针对在当时所进行的工作生活活动情况的内容,这些档案记录的内容所涉及的对象也大都与档案形成者息息相关。对于机关文书档案来说,其所记录的内容针对的大都是其所管理的行政相对人。对于科技档案来说,它记录的内容更是有针对性的,"这是由科技档案所反映的科技生产活动的具体专业领域决定的,在哪一个专业领域的科技生产活动中形成的科技档案,就集中地反映哪一个专业的科技内容及相关的科技方法和手段",而"科技生产活动的开展都是以一个独立的项目或某一特有的现象为对象进行的"⑤,因而,某一科技档案所记录的内容

①　颜祥林,景红,许华安,等.科技档案管理学[M].南京:南京大学出版社,2002:17-18.

②　李培清.专门档案管理学基础[M].长沙:中南工业大学出版社,1993:3.

③　王英玮.专门档案管理[M].2版.北京:中国人民大学出版社,2010:10.

④　朱玉媛.档案学基础[M].2版.武汉:武汉大学出版社,2008:14.

⑤　颜祥林,景红,许华安,等.科技档案管理学[M].南京:南京大学出版社,2002:17-18.

都是专指某一项科技活动的。对于专业(专门)档案记录的内容来说,专指性就更强了,"专门档案的内容性质也具有明显的专业性。它们的这种性质是由其所记录和反映的有关单位所承担的专业性活动决定的。一般说来,在哪一种专业性活动中形成的专门档案,就真实地反映了哪一种专业性活动的客观数据和信息,并成为完成这项专业性活动的必要工具和手段"①。专业(专门)档案具有"内容上的专指性。凡属专门档案,其内容是专门揭示某个专门问题的,是某个专门问题的历史记录。如人事档案专门反映干部、职工个人方面的情况。会计档案专指会计凭证、会计账簿和会计报表。地名档案专门记载地名的情况等。专门档案对其它方面的内容具有排他性"②。例如,"婚姻登记涉及当事人的个体信息,包括个人隐私,每份婚姻登记档案仅代表两个当事人,具有鲜明的专指性,而婚姻登记档案也属于专门性档案"③。实际上,"每一种民政专业档案反映着特定的某种专业活动,因此从内容看每种专业档案都具有专指性"④。再如,"公证档案所记录的内容则是专指的,是针对某一个人、某一件事或某一集团而言的,如前不久,重庆、上海等地发生空难、车祸事件后,公证机关为死难者办理了死亡、清点遗产等公证事项,在办证过程中形成的文件材料,归档后就成为公证档案"⑤。对于民生档案来说,其记录的内容基本上都是专指的。因此,从档案记录的内容来看都具有很强的专指性。

档案的产生和记录内容具有专指性,这就决定了对这些档案的利用也具有专指性,因为只有档案所记录的内容涉及相关当事人(管理相对人),他们才有可能去利用。

三、从档案的作用看档案利用的专指律

1. 文书档案作用的专指性

文书档案的主要作用有三个方面:

其一,工作查考作用。党政机关、团体、社会组织等单位,为了有效地进行工作,必须调查研究,充分占有材料,借鉴以往的经验教训。档案是机关、团体、社会组织等单位过去工作活动的记录,机关、团体、社会组织等单位领导和工作人员熟悉情况、处理问题、制订计划、出台政策、总结经验,常常需

---

① 王英玮.专门档案管理[M].2版.北京:中国人民大学出版社,2010:10.

② 李培清.专门档案管理学基础[M].长沙:中南工业大学出版社,1993:6.

③ 于淼.怎样提升婚姻登记档案管理工作水平[J].办公室业务, 2018(13):103.

④ 何文丽.民政专业档案的形成规律及管理[J].中国档案,2011(6):66-68.

⑤ 蒋坤.公证档案及其管理初探[J].档案与建设,1989(1):45-47.

要从档案中查考过去的记载。如果有档案可查,许多问题可以迎刃而解,工作得以顺利进行。对于文书档案的工作查考作用来说,一是这些文书档案基本上只对产生它的机关、团体、社会组织等单位可以发挥工作查考作用,对其他的机关、团体、社会组织等单位并不能发挥工作查考的作用。例如民政部门的领导和工作人员在熟悉情况、处理问题、制订计划、出台政策、总结经验时,只会利用民政部门的文书档案,而不会去利用财政、交通等部门的文书档案。因为财政、交通等部门的文书档案对民政部门的领导和工作人员熟悉民政方面情况、处理民政方面问题、出台民政方面政策等一点作用也没有。也就是说,民政部门的文书档案只能针对民政部门能发挥工作查考作用,对其他诸如财政、交通等部门根本发挥不了工作查考作用。二是文书档案作用的专指性表现在具体的档案只针对相同的工作事情发挥工作查考作用。档案大都是形成者针对具体的履行各项职能活动的过程中产生的,它记录的是每出台一项政策、办法、规定,处理一件工作,办理一起事情,召开一次会议,下达一份通知等具体的工作过程。因此,不是某单位的档案对某单位的所有工作都能起工作查考作用,而是记录某一项工作的某一份档案或某一卷档案只可能对某一项相似的工作起工作查考作用。还以民政部门的文书档案为例,民政部门有关救灾方面的档案对其婚姻登记工作就起不到工作查考的作用。即便都是民政部门有关救灾方面的档案,也不一定就能起到工作查考的作用,可能起到工作查考作用的需要具体到某项具体的工作方面的档案。如果是制定有关救灾方面的《关于加强防汛救灾工作的通知》,而查以往的《关于救灾款物管理使用规定》的档案就起不到工作查考的作用,只有查阅以往有关《关于加强防汛救灾工作的通知》方面的档案才能起到工作查考的作用。因而可以说,文书档案的工作查考作用具有很强的专指性。

其二,凭据证明作用。档案中记载着机关、团体、社会组织等过往履行职能处理事务的结果,活动事实和大量的工作经验教训。机关、团体、社会组织等在进行决策和管理活动中需要借助于这些档案去制定政策、处理事务等方面的问题。没有这些档案记录,机关、团体、社会组织等都难以保证其决策、管理上的连续性和科学性。要在日常工作中坚持实事求是,避免主观唯心主义,就需要利用过往的工作活动记录。大到制定政策,小到处理每一件具体事务,都应该有理有据,而这个"据"就是既定政策和事物的本来面貌,它在很大程度上来自档案记录。从这个意义上说,档案的工作查考的作用,就是以档案作为依据来发挥其工作查考的作用,也就是档案的凭据证明作用。档案作为依据来发挥其工作查考的作用可以称为档案的间接凭据证明作用。档案对维护机关、团体、社会组织等应有的合法权益,同样起着重要的作用。档案中保存着各类凭证材料,如协议、合同、记录、单据等,这些原始凭证材料有的规定了机关、团体、社会组织等在相互交往中各种社会关系、经济关系和政治关系,有的记载了有关事件的过程,各方面承担的权利和义务等,在这些方面发生疑问、争执或纠纷时,档案最有能力说明权益的归属,成为权威性的法律书证和物证而起着凭证作用。这类作用可以称为档案的直接凭据证明作用。不管是直接凭据证明作用还是间接凭据证明作用,它们都有一个明显的特征,就是专指性。这就是某机关、团体、社会组织等的档案只对某机关、团体、社会组织等及相关单位(如协议、合同等涉及的单位)可以起到凭据证明作用,而对其他机关、团体、社会组织等及无关的单位基本上起不到凭据证明作用。不仅如此,这种凭据证明作用的专指性,专指的还是具体的,具体到每一项具体的工作事务。对于档案的间接凭据证明作用——工作查考的作用,前文中已论述。这里再对档案的直接凭据证明作用做一下具体分析。如 A 年 A 月 A 日 A 单位与 B 单位签订的房屋修缮合同,只能在 A 年 A 月 A 日 A 单位与 B 单位签订的房屋修缮合同具体规定的范围内发生的权益纠纷中起到档案的直接凭据证明作用;而不能在 B 年 B 月 B 日 A 单位与 B 单位签订的房屋修缮合同具体规定的范围内发生的权益纠纷中起到档案的直接凭据证明作用;也不能在 A 年 A 月 A 日 A 单位与 C 单位签订的房屋修缮合同具体规定的范围内发生的权益纠纷中起到档案的直接凭据证明作用。也就是说,档案的直接凭据证明作用只能在一对一的具体的事务内起到凭据证明作用,专指性既具体又明确。

其三,编史修志作用。档案是编史修志的信息来源,在编史修志中发挥着重要的作用。档案的编史修志作用,主要是针对省级以下的综合档案馆说的,尤其是市、县级综合档案馆。档案的编史修志作用并不主要针对历史研究者,即历史研究者并不是利用档案编史修志的大户。档案编史修志作用主要是对编写地方专业史和地方志来说的,实际上,利用档案编史修志的最大用户是编写地方专业史志。而档案在编史修志中的作用同样具有专指性,编写地方专业史志都是本单位利用本单位的档案。例如,编写河南濮阳市档案志,则只有利用濮阳市档案局的档案全宗,而不可能去利用濮阳市财政局的档案全宗。反之,编写濮阳市财政志,则只有利用濮阳市财政局的档案全宗,而不可能去利用濮阳市档案局的档案全宗。也就是说,濮阳市档案局的档案全宗只对编写濮阳市档案志能发挥档案的编史修志作用,对编写濮阳市财政志则不可能发挥档案的编史修志作用,专指性很明确。

2.科技档案作用的专指性

科技档案的作用,大致上主要有三种:第一,科技档案是进行工作和生产的重要依据;第二,科技档案是科技研究工作和设计工作的必要条件;第三,科技档案是进行科学技术交流的有力工具①。科技档案的三种作用,最主要的经常发挥的还是第一种作用。因为科技档案所记录的内容具有针对性,"这是由科技档案所反映的科技生产活动的具体专业领域决定的,在哪一个专业领域的科技生产活动中形成的科技档案,就集中地反映哪一个专业的科技内容及相关的科技方法和手段",而"科技生产活动的开展都是以一个独立的项目或某一特有的现象为对象进行的"②,因此,科技档案作为进行工作和生产的重要依据,其发挥的依据作用也基本上是一对一的,具有针对性的发挥作用。例如,"在机械制造企业中,定型产品的整顿,必须依据试制过程中形成的科技档案,备品备件生产,离不开指定型号的备品备件的科技档案;停产产品恢复生产时,最基本的条件是必须保存有齐全、准确的科技档案。大型装置和机动设备的管理、使用、养护和检修,必须以设备档案为依据。基建工程,特别是隐蔽工程如地下管线等等,在管理、维修乃至今后的改建,扩建中,都离不开基建档案"③。很显然,这些科技档案在发挥依据作用时都是专指的一对一的。"在机械制造企业中……离不开指定型号的备品备件的科技档案",利用的就是具体"指定型号的备品备件的科技档案",而不是其他型号的备品备件的科技档案,也只有该"指定型号的备品备件的科技档案"才能发挥其依据作用。对于设备档案来说,也是如此。A设备的设备档案,只对A设备能起到依据的作用,对B设备就不能起到依据的作用。反之,B设备的设备档案,也只对B设备能起到依据的作用,对A设备则不能起到依据的作用。对于科技档案的依据作用来说,基本都如此。

对于科技档案是科技研究工作和设计工作的必要条件的作用来说,也同样具有专指性。如"近十多年来,中国科学院青海盐湖研究所的科技人员踏遍全国十多个省区,考察盐湖、地下卤水,积累了大量第一手材料——科技档案,基本上摸清了盐湖、地下卤水的分布、类型及物质成分等情况,初步揭开了我国盐湖的奥秘,特别是搞清了柴达木盆地盐湖及其主要资源的分布,形成条件及成矿演化规律。他们利用这些第一手材料,编成了一部二十多万字的论著《柴达木盆地盐湖》"④。从这个例子来看,科技档案发挥的作用,不仅与这些科技档案的产生和记录的内容息息相关,而且只对这样的利

---

① 沈永年,王传宇,高鹏云.科学技术档案管理基本知识[M].北京:档案出版社,1985:10-12.

② 颜祥林,景红,许华安,等.科技档案管理学[M].南京:南京大学出版社,2002:17-18.

③ 沈永年,王传宇,高鹏云.科学技术档案管理基本知识[M].北京:档案出版社,1985:8.

④ 沈永年,王传宇,高鹏云.科学技术档案管理基本知识[M].北京:档案出版社,1985:10.

用能起到作用,即这些科技档案只对有关盐湖起作用,尤其是对柴达木盆地盐湖起作用,对其他类型的湖就不起作用。

对于科技档案是进行科学技术交流的有力工具的作用来说,虽然"随着经济体制、科技体制改革和技术市场的发展,科技档案作为科技信息和科技成果的载体已经进入科技市场,企、事业单位之间的有偿技术转让和技术交流,一般就是通过科技档案(复制件)实现的,这进一步突出了科技档案作为科技交流的工具的作用"①。但是,首先,这样的作用基本上都是发生在企事业单位之间,而不会发生在综合档案馆中;其次,能发挥这样作用的科技档案在科技档案中只占很少的一部分。因此,对于综合档案馆来说,科技档案的这一作用基本可以忽略不计,或者说基本没有这样的作用。

3. 专业(专门)档案作用的专指性

专业(专门)档案作用的专指性就更突出了,这实质上是由专业(专门)档案的性质所决定的,因为专业(专门)档案本身就姓"专",本身就是围绕着专业活动而产生的。学者们将专业(专门)档案作用的专指性归纳为定向性。"专门档案发挥作用的定向性,突出表现在其作用领域的有限性和作用对象的稳定性方面。专门档案作为有关专门性业务活动的记录,其作用领域自然同其赖以产生和存在的专业性活动领域有着十分密切的关联性。一般而言,围绕着哪一项专门性业务活动形成的专门档案,就会在该项活动的范围内发挥各种现实的作用;一旦脱离开该项专业性活动领域,其突出的现实作用就会难以实现。"②专业(专门)档案发挥作用的定向性实际上就是专指性。这种专指性不仅仅是宏观的,而且是微观具体的。例如,审计档案只在审计专业领域发挥作用,一般不会在其他专业领域发挥作用。而且,并不是每一卷审计档案都能在整个审计专业领域发挥作用的,而是每一卷审计档案只针对相关的若干人有作用,对其他人则不会有作用。也就是说,A 卷审计档案只针对与 A 卷审计档案相关的若干人有作用,而对 B 卷审计档案所针对的若干相关人则没有作用。其他的专业(专门)档案作用也大都如此。

对于现在来档案馆查阅量最大的民生档案来说,它们基本上都属于专业(专门)档案,其专指性就更为明确了。社会公民普遍利用的民生档案都有哪些内容呢?"普遍利用主要内容包括:知青档案、婚姻档案、房产档案、招工档案、新兵入伍档案、精简下放档案、各企业转制后的职工档案等。查阅婚姻档案用于补办结婚证、户口迁移、银行按揭、解除婚约、办理准生证、申请经济适用房以及民事诉讼等需要。查阅房产档案用于因老房产确权、

---

① 王传宇. 科技档案管理学[M]. 修订本. 北京:中国人民大学出版社,1998:44.

② 王英玮. 专门档案管理[M]. 2 版. 北京:中国人民大学出版社,2010:18.

申领房产证、拆迁证据保全、房产公证、解决信访、法院判决、征地拆屋赔款等需要。其他因企业单位转制，职工确定工龄，办理退休手续，精简下放职工要求解决自身实际问题等利用档案。"[1]从社会公民普遍利用的民生档案中可以看出，这些民生档案发挥的作用都具有一对一的专指性。也就是说，张三因知青问题只会查有关自己的知青档案，而不会去利用自己的婚姻档案、房产档案等，也不会去利用有关李四的知青档案，更不会去利用有关李四的婚姻档案、房产档案等。所有的民生档案利用基本上都是如此。

四、档案利用用少律与档案利用专指律的相互作用

档案利用用少律与档案利用专指律是什么关系呢？档案利用的用少律决定了档案利用得越少越好，而档案利用专指律则限制了档案凭证价值发挥作用的人群范围。从中可以看出，档案利用专指律是决定档案利用用少律的人群因素，是决定档案利用用少律的因素之一。档案的本质价值——凭证价值，只能在涉及该档案的相关人员范围内发挥作用，也就是在涉及该档案的相关人员范围内有可能被利用，超过了涉及该档案的相关人员范围，就可能没有价值，也就很难被其他的档案利用者利用。所以，档案利用专指律是决定档案利用用少律的因素之一。反过来说，由于档案利用存在着用少的特点，所以，即便是某档案的利用在该档案涉及的相关人员范围内，也不一定必须被利用，只能是可能会被利用。档案利用的用少律决定了档案在其涉及该档案的相关人员范围内也利用得不会太多。从这一点上看，档案利用用少律与档案利用专指律是相互作用的。档案利用的用少律使得档案利用得越少越好，而档案利用的专指律则限制了档案利用的人群范围，使得档案被利用的概率就更少了。

第二节　档案利用专指律统计分析

对于档案利用专指性，研究者并不多，而且基本上都是只做定性分析，还未看到有对档案利用专指性进行档案利用统计分析的，显然，对档案利用专指律进行定量档案利用统计分析，得出的结论应该更客观些。这里以河南濮阳市档案馆为例，对河南濮阳市档案馆 1983—2017 年档案利用（人次）做专指律统计分析。数据来源于濮阳市档案馆的历年档案利用登记簿。河南濮阳市档案馆 1983—2017 年档案利用（人次）与内容情况统计见表 7-1。

---

① 潘玉民,何宏甲.论电子时代档案信息资源利用的新特点:利用者的视角[J].上海大学学报(社会科学版),2009:135-143.

表7-1 河南濮阳市档案馆1983—2017年档案利用(人次)与内容统计

年度	个人							单位										其他单位		小计
	契税档案	公证档案	职称、学历、表彰	安置、招工、待遇	退休、死亡	针对性档案	其他	土地、房产	人事、任免、安置、处分、职称、学历、表彰、死亡	编史修志	毕业生分配、干部介绍信	培训、招工、招生计划协议	批复	自身档案	针对性档案	会议记录	其他	法院、律师所	学术研究	
1983								2	15	6	7	1	2	36	19		3			91
1984								4	55	8	7	4	18	189	116	9	12			422
1985								3	25	8	1	2	13	176	42	3	9			282
1986								7	31	33	4	2	11	80	47		2			217
1987								6	42	22	6		6	107	48	3	1			241
1988							1	22	15	17	1	3	11	150	25		5			250
1989								4	17	33	5		3	54	34		2			152
1990								3	25	39	1	6	4	141	19	1	1			240
1991			2	1				2	35	58	3	1	4	54	21	1	4			186
1992				1				10	25	17	1	2	5	4	10	1	3	2		81
1993								11	11	61		1	7	15	11		4			121
1994							1	9	25	29			12	29	8	2	13			128
1995		2						5	11	30		2	5	21	6	2	3	2		89
1996		1					1	3	17	21		1	4	15	10	2	2			77
1997								3	10	20	2	2	7	20	7	2	5			78
1998								8	9	9		2	4	10	10	1	5			58
1999								2	8	11			1	22	8	1	3			56
2000				1					5	9	1		2	14	6		3			41

续表 7-1

年度	个人							单位										其他单位		小计
	契税档案	公证档案	职称、学历、表彰	安置、招工、待遇	退休、死亡	针对性档案	其他	土地、房产	人事、任免、安置、处分、职称、学历、表彰、死亡	编史修志	毕业生分配、干部介绍信	培训、招工、招生计划协议	批复	自身档案	专对性档案	会议记录	其他	法院、律师所	学术研究	
2001				1				5	6	9	1		3	28	5		2	1		56
2002		4	5	5				15	23	2		4	10	32	4		10	1		91
2003		3		1			2	13	26	8	3	2	17	52	10		6	1		156
2004		6	1	1			3	21	39	13	2	4	27	45	15		5	7		177
2005		1		1		1	2	9	33	42	1	1	16	37	17		2	7		188
2006			5	5		2		2	20	21	3	3	18	38	19		5	2		142
2007		3	3	8	2		1	2	16	86		3	4	42	9	1	3	2		178
2008		1	2	6	1	3	2	3	9	17	4	2	13	23	34		9	8		143
2009		2		4	3	1	1	3	10	13		1	14	16	9		3	2		82
2010		7	12			5		5	6	10			9	18	12		1	1		68
2011		2	21	1		3	2	1	9	4	4		4	28	20			1	9	109
2012	10	4	8	5	1			2	11	7		1	5	20	14		1	2		98
2013	22	4	5	3	1	1			16	7	2	1	5	39	18	1	1	1	1	130
2014	17	4	23	2	2		1	1	11	4		1	7	14	11		1	1	1	82
2015	30	5	6	3	6	1		1	15	2	1		8	25	6			2		104
2016	24	10	12	6	1			6	15	6		1	17	37	13	1	1	2	3	121
2017	32									44	8	9			14		9	2		223
合计	135	59	105	55	17	18	18	192	656	726	69	60	296	1645	677	31	139	46	14	4958

253

表7-2 河南濮阳市档案馆1983—2017年档案利用(人次)与内容专指情况统计

利用内容		利用人次	是否专指			
			直接专指	间接专指	否	不明
个人利用	契税档案	135	135			
	公证档案	59	59			
	职称、学历、表彰	105	105			
	安置、招工、待遇	55	55			
	退休、死亡	17	17			
	针对性档案	18		18		
	其他	18				18
单位利用	土地、房产	192	192			
	人事、任免、安置、处分、职称、学历、表彰、死亡	656	656			
	编史修志	726	726			
	毕业生分配、干部介绍信	69	69			
	培训、招工招生计划协议	60	60			
	批复	296	296			
	自身档案	1645	1645			
	针对性档案	677		677		
	会议记录	31	31			
	其他	139				139
其他单位利用	法院、律师所	46		46		
学术研究利用	学术研究	14			14	
合计		4958	4046	741	14	157

表7-2情况说明如下:

个人利用:指的是公民个人的名义利用档案。

单位利用:指的是与档案有直接关联的单位来利用档案。

其他单位利用:指的是与档案没有直接关联的单位,而由于工作的需要介入到与档案有直接关联的单位或个人的单位。即第三方单位由于业务工作办案的需要而利用档案的。

学术研究利用：由于到濮阳市档案馆进行学术研究利用档案的，没有与档案有直接关联的单位和个人，所以这里的学术研究有两层意思：一是指与档案没有直接关联的单位和个人，由于研究的需要而利用档案的；二是指利用档案的目的和内容。

契税档案：就是利用馆藏的契税档案。而每一卷契税档案只针对某一具体的买房者，对其他的买房者没有作用。利用者利用这类档案是典型的档案凭证作用。因此，契税档案的利用归为直接专指性利用。

公证档案：就是利用馆藏的公证档案。而每一卷公证档案也是只针对某具体的公证者，对其他的公证者或者没有公证的都没有作用。利用者利用这类档案也是典型的档案凭证作用。因此，公证档案的利用也归为直接专指性利用。

职称、学历、表彰：就是利用馆藏的有关职称、学历、表彰方面的档案。而每一份有关职称、学历、表彰方面的档案同样都只针对某一具体的利用者，对非针对利用者没有作用。利用者利用这些档案也都是典型的档案凭证作用。因此，利用这些档案也都属于直接专指性利用。

安置、招工、待遇：就是利用馆藏的有关安置、招工、待遇方面的档案。而每一份安置、招工、待遇方面的档案也同样都只针对某一具体的利用者，对非针对利用者没有作用。利用者利用这些档案也都是典型的档案凭证作用。因此，也都属于直接专指性利用。

退休、死亡：就是利用馆藏的有关办理退休的证据材料及死亡干部档案。每一份有关办理退休的证据材料及死亡干部档案也都只针对某一具体的利用者，对非针对利用者没有作用。利用者利用这些档案也都是典型的档案凭证作用。因此，也都属于直接专指性利用。

土地、房产：就是利用馆藏的有关土地、房产方面的档案来解决房地产移交过程中的问题以及其他土地、房产纠纷问题。对于这个方面大多数的档案利用主要原因是由河南濮阳市建市的特殊性造成的，濮阳市是在撤销安阳地区的基础上建立的，涉及土地、房产移交的问题较多。而每一份土地、房产方面的档案也同样都只针对某一具体的利用者，对非针对利用者没有作用。利用者利用这类档案也都是典型的档案凭证作用。因此，也属于直接专指性利用。

人事、任免、安置、处分、职称、学历、表彰、死亡：就是利用馆藏的有关人事、任免、安置、处分、职称、学历、表彰、死亡方面的档案。而每一份有关人事、任免、安置、处分、职称、学历、表彰、死亡方面的档案也同样都只针对某一具体的利用者，对非针对利用者没有作用。利用者利用这些档案也都是典型的档案凭证作用。这里只是由单位的具体责任人(如负责人事的)代替具体的当事人查阅利用而已,下面的毕业生分配等也是如此。因此,也都属于直接专指性利用。

编史修志:就是利用馆藏档案编写地方专业史和地方志,而最大用户是编写地方专业史志的。编写地方专业史志基本上都是本单位的利用本单位的档案,属于直接专指性利用。

毕业生分配、干部介绍信:就是利用馆藏的有关毕业生分配、干部介绍信方面的档案。而每一份毕业生分配、干部介绍信方面的档案也同样都只针对某一具体的利用者,对非针对利用者没有作用。利用者利用这类档案也都是典型的档案凭证作用。因此,属于直接专指性利用。

培训、招工招生计划协议:就是利用馆藏的有关培训、招工招生计划协议方面的档案。而每一份培训、招工招生计划协议方面的档案也同样都只针对某些或者某一具体的利用者,对非针对利用者没有作用。利用者利用这些档案也都是典型的档案凭证作用。因此,属于直接专指性利用。

批复:就是利用馆藏的有关批复方面的档案。而每一份批复方面的档案也同样都只针对某一具体的利用者,对非针对利用者没有作用。利用者利用这些档案是典型的档案凭证作用。因此,属于直接专指性利用。

自身档案:就是利用者利用馆藏的该利用者本单位产生的档案。而每一份利用者本单位产生的档案都只针对某一具体的问题,虽然,利用针对某一具体的问题档案的,可能是产生该档案单位的 A 或者 B,但是,利用档案解决的问题则是专指的。对于非针对问题是没有作用。利用这些档案也都是典型的专指性档案凭证作用。因此,属于直接专指性利用。

针对性档案:就是根据有关问题查找与之有针对性的档案。如利用者需要解决有关计划生育方面的问题,就查找与之相关有针对性的档案。由于有关问题很多,很难用几个词来归纳。利用者利用这些档案不是很典型的档案凭证作用,但也属于档案凭证作用。说它不是很典型的档案凭证作用,是因为这些档案虽然有专指的针对性,但是,可能专指的不是某一个人,而是若干人或者一类人。因此,这里把它归为间接专指性利用。但是,它实质上仍然是专指性利用。

会议记录:就是利用馆藏的有关会议记录方面的档案。利用会议记录一般都是与会议记录内容有关的人或者单位或者问题,都是非常有针对性的,对非针对利用者是没有作用的。利用这类档案也都是典型的专指性档案凭证作用。因此,属于直接专指性利用。

其他:指的是利用馆藏档案,有的是归类无法归入所列的具体项目中,有的是没有直接标出利用的目的或者所要查阅的具体档案。这类利用中,有的是利用档案的凭证作用,属于直接专指性利用,有的利用属于间接专指性利用,也有的利用可能属于非专指性利用。因此,都归为专指性不明确。

法院、律师所:指的是与档案没有直接关联的单位利用馆藏的某些方面的档案。他们属于第三方由于业务工作的需要介入到与档案有直接关联的单位或个人的单位。办理的案件需要查阅相关的档案,他们实质上是代表与档案有直接关联的单位或个人查阅相关档案的。一般都是为了取证或者核对证据,查阅利用的档案都具有典型的专指性档案凭证作用。因此,应当属于直接专指性利用。

学术研究:就是利用馆藏的有关方面的档案进行学术研究。对于这类档案的利用,有的可能是个人利用与自己有关的档案撰写回忆录等,这应该属于直接专指性利用。但是,大多数都是研究者根据自己的爱好或者研究课题的需要来利用那些与他们没有直接关联的档案,这类利用者基本都与档案不相关,他们大都是因为撰写论文或者研究某方面的问题来利用档案。这类利用者或者说其所利用的档案都是非专指性,可归为非专指性利用。由于来濮阳市档案馆利用档案进行学术研究的都是后者,所以都归为非专指性利用了。

表7-3是河南濮阳市档案馆1983—2017年档案利用专指所占比例情况的统计。

表7-3　河南濮阳市档案馆1983—2017年档案利用专指占比情况统计

利用总人次	专指占比					非专指占比		不明占比	
	直接专指	占总人次比/%	间接专指	占总人次比/%	合计占比/%	非专指	占总人次比/%	不明	占总人次比/%
4958	4046	81.61	741	14.95	96.55	14	0.28	157	3.17

从表7-1、表7-2、表7-3中可以看出,河南濮阳市档案馆1983—2017年档案利用中,直接专指利用的占81.61%,间接专指利用的占14.95%,两项合计达到96.55%;非专指利用的仅占0.28%;专指情况不明的占3.17%。也就是说,利用者利用的档案与利用者有关联的占到了全部档案利用者的96%以上;而利用者利用的档案与利用者无关联的仅仅只占到了全部档案利用者的不足0.5%,几乎可以忽略不计,这非常清楚地表明了档案利用的专指性。即使将专指性不明确的也算上,档案利用专指性的性质也不会改变。专指性不明确的利用者中,其实多数还是专指性的利用,如统计中的个人利用的其他中,应该说基本上都是专指性利用。就目前情况下大多数个人利用者,正如有研究者指出的那样:“普通市民——这种类型的人利用档

案仅仅是为了满足个人的查证需要,他们利用档案的专指性很强,而且要求比较迫切,有些是为了证实个人履历、有些是为了解决房产、婚姻纠纷。"①他们利用档案的目的很明确,就是查阅与自己有关的档案,也就是与自己相关的档案凭证。就按这些专指性不明确的利用者有一半是专指利用者,一半是非专指利用者,那么,专指利用就占到了全部档案利用者的98%以上,而非专指利用的仍然占不到全部档案利用者的2%,还是可以忽略不计的。

---

① 杨帆.档案馆核心竞争力构建研究[D].合肥:安徽大学,2013.

第八章

档案利用定律之五：一次律

第一节 定律阐述

　　档案馆档案利用的第五条定律为：档案利用具有一次性的特点。档案利用的一次性指的是档案与其利用者具有一次性的关系，这一关系可以从两个方面来说，一是一般情况下某利用者利用一次具体的某份档案，而这份被利用过的档案不会再被该某利用者第二次利用；二是一般情况下具体的某份档案只可能被某利用者利用一次，而不会再被其他的利用者利用。

　　档案利用之所以具有一次性，是因为人们利用档案去解决问题，利用一次也就足够了，一般情况下谁也不会第二次去利用它。对于利用具有凭证价值的档案来说，一般情况下大都是国家、社会组织或个人的权益受到侵害、损失或将要受到侵害、损失，需要利用档案的凭证作用来挽回或避免自己的权益受到侵害、损失或将要受到侵害、损失。因此，"档案馆馆藏的大量有凭证作用的档案，只有在国家、社会组织或个人的权益受到影响、侵害、损失，或发生权益纠纷时，有关社会组织或个人才会对它们产生利用需求"；"国家、社会组织、个人的权益受到了影响、侵害、损失，或发生了权益纠纷，虽然可以凭借档案馆保存的档案使问题得到解决或处理，但所造成的不良影响一般难以完全消除，损失一般难以完全挽回，因而任何社会组织和个人都不希望此类问题发生"[①]。所以，对于具有凭证价值的档案来说，利用一次也就足够了，一般情况下谁也不会第二次去利用它。因为谁也不希望自己的权益受到相同的侵害、损失，或发生纠纷再来一次，而且有些权益不可能

[①] 　林清澄."提高档案利用率"悖论[J].档案,2001(2):9-11.

会发生第二次受到侵害、损失,或发生纠纷。就以目前综合档案馆利用最多的民生档案为例来说,"目前综合档案馆的利用需求主要有查询婚姻证明、招工就业材料、原单位工资单、离职文件材料、家族历史资料等,用于办理土地证和房屋手续、办理社会保险、医疗保险、退休享受待遇、查询家族历史等。如查询招工就业材料、工资花名册、离职文件材料可以佐证工龄情况,在办理社保时可以享受连续工龄的待遇。另外,到市区县综合档案馆的人员主要是为了查阅档案出具相关证明";"到馆的利用者主要查询与自身利益相关的证明材料";"一般不会因同样的问题再来查档,查档次数以一次性居多"①,这些当事人只要解决了问题,一般情况下肯定不会第二次利用同一份档案的。

对于编史修志、工作查考、学术研究方面的利用者来说,虽然他们到档案馆利用档案大多不是一次性的,但是,他们利用的具体某份档案,大都是一次性的。因为他们不可能对具体某份档案反复利用,对具体某份档案的利用,同样也是一次足矣。而且被某利用者利用过一次的某份档案一般不会再被其他的利用者利用。这既有档案专指性的原因,也有概率小及利用成果的原因。例如,编史修志、学术研究的成果成为出版物后,其他的利用者可以直接利用这些出版物查找需要的内容,而不必到档案馆再利用那些被编史修志、学术研究利用过的相同的档案。

档案利用一次律的存在,实际上不仅是限定了具体的某份档案利用的次数,同时也限定了档案利用者利用档案的次数,它把档案利用限制在一定的次数范围内,不论我们如何下大气力,采取怎样的措施,都不可能提高其利用的次数。这是由档案的本质所决定的,是不可能被档案馆人人为地改变的。认识和正视这一客观事实的存在,对于正确认识档案利用工作中的一些现象将有积极的意义。

一、档案记忆备忘工具的本质决定了档案利用的一次律

档案利用一次律是由档案记忆备忘工具的本质所决定的。档案是原始记录的信息,具有真实可靠性,起着查考备忘的凭证作用,是记忆备忘的工具。档案作为记忆备忘的工具,对于其利用的重点就落在了"备"上,人们保存档案是为了以备不测之用的。对于档案的利用来说,档案就是以备不测之用的工具。"档案是一种备用品","档案作为一种备用品,发挥的主要是

---

① 杨丽. 成都市(区、县)综合档案馆利用服务调查研究[D]. 电子科技大学,2015.

备用功能"，"档案属于'备查'之物，而非常用之物"①。从档案记忆备忘工具的性质上看，档案作为记忆备忘工具是不常用的，如果经常被利用就不是以备不测之用的工具，而如果既经常被利用又反复被利用就更不是以备不测之用的工具了。

档案是人们在社会活动中形成的原始记录，它记录了人们在社会活动中的历史面貌和事实。档案作为记忆备忘工具，首先，它不会被常用，也就是被利用的机会很少。人们并不需要经常频繁地去利用档案来了解人们在社会活动中的历史面貌和事实，只有在需要了解或辨清某个历史事实（但忘记了这一历史事实）的时候，才去查考利用档案。而发生这种情况的概率是很小的。其次，它不会被反复地利用，也就是一般被利用一次就足以。人们需要了解或辨清某个历史事实（但忘记了这一历史事实），不仅发生率很低，而且同一事情的发生率就更低。也就是说，人们需要了解或辨清某个历史事实，基本上只有可能发生一次，而不会是多次。因此，因同一事情去利用档案的可能性，一般只有一次。也可以说，记录某一历史事实的档案，一般只可能被利用一次。如果档案因同一事情经常被利用，或者记录某一历史事实的档案反复被利用，那么档案的作用就不是查考备忘的作用，也就不是记忆备忘工具，而应该是常用品了。它也就不会保存在档案馆，而应该保存在利用者身边，以便经常反复地被利用被查阅。

二、档案的本质价值——凭证价值决定了档案利用的一次律

档案是人们在社会活动中形成的原始记录，是历史的真凭实据，由此而构成了档案的本质价值——凭证价值。档案的凭证价值正是源自档案的本质属性——原始记录性。"档案的本质属性是原始记录性，体现出来的是一种原始凭证价值，档案被保存下来的最根本目的就是作为一种证据，而不是为了广泛地传播知识。所以，只有在利用主体的权益受到影响，需要档案作为证据维护其合法权益的时候，利用主体才会有利用档案的主观愿望，进而采取利用档案的实际行动，在平时利用者是没有必要拿出证据来'利用'的。同时，一旦问题解决，利用者在很长一段时间内不会有再次利用这份档案的需求，因为证据只要证明一次就够了，没必要反复证实，反复利用。"②

档案的"凭证价值一般是不可代替的"③，而这正是源于档案的本质属性——原始记录性。原始的就意味着是唯一的，正是由于档案是原始记录

① 杨立人.从备用品看档案的备用价值：兼与图书价值特点进行比较[J].档案学通讯,2012(6):29-32.

② 刘旭光,刘蔚.档案利用率质疑[J].档案学通讯,2011(3):98-101.

③ 黄勋拔.档案鉴定工作十题[J].广东档案,1998(1):11-16.

决定了档案是唯一的,而档案的唯一决定了档案的凭证价值一般是不可代替的。这是由于档案的"价值是独一无二、不可替代的! 这一特点与艺术品中真品与商品之间的关系特点本质上一样。赝品无论多么象真品,或与真品一模一样(甚至有人说'比真品还象真品!'这种说法根本不能成立,但表达了人们的一种心情!)、比真品还好(这自然可能),其价值也无法与真品相提并论,更不能取而代之! 因为真品的价值是不可比的(当然不是指各艺术真品之间在价值上不可比)!"①档案的凭证价值一般是不可代替的,其作用的唯一包含三层含义:一是档案实体的唯一。档案是由人们社会实践活动中的某一特定活动所产生的独一无二的原始记录所组成的,即使包含在其中的信息可以复制或从其他地方获得,但档案实体却是唯一的。二是档案所含有的信息唯一。档案所含信息是来自第一手的原始(原生)信息,是独一无二的信息。档案工作的目的就是管理和保护具有唯一性的信息。三是档案形成过程的唯一。具体的档案都是在人们社会实践活动中的某一特定和唯一的活动过程中产生的,每份档案都不可避免地与产生它的活动紧密相连,特定的活动过程产生了具有唯一性的档案。档案是这一活动形成过程的唯一记录者,同时也记录着档案本身唯一形成的过程。无论是档案实体还是其内容信息唯一都来自相应活动过程的唯一。

档案具有的唯一性落实到档案价值上,就是档案独一无二、不可替代的凭证价值,这也是档案的本质价值。这体现在档案利用上,其一,具有独一无二、不可替代唯一性的档案凭证价值,一般情况下只可能被某一利用者利用而不会再被其他的利用者利用。这是由档案产生和记录内容的专指性决定的,或者说是专一性决定的,也就是说,具有独一无二、不可替代唯一性的档案凭证价值只对其所涉及的档案产生和所记录的内容的相关当事人具有凭证价值,对其他无关者并不存在凭证价值。凭证价值的档案与其相关当事人具有一对一专一的关系,也就是说,档案只能在一对一的具体的事务内起到凭证作用。档案的凭证价值一般情况下只与和它有关联的当事人、社会组织发生利用与被利用的关系。因此,只有与档案凭证价值有关的当事人或社会组织才会去利用它,且只有当事人或社会组织利用才能起到档案的凭证价值的作用,其他无关的利用者一般情况下既不会去利用它,也不能起到档案的凭证价值作用。正如有研究者认为的那样:"档案是特定主体在特定的社会活动中产生的,每份文件所记录的内容是不相同的,作用的对象也是特定的。从这个意义上说,档案属于非通用件,个性化特征较为明确,

---

① 张辑哲.维系之道:档案与档案管理[M].北京:中国档案出版社,1995:39.

多数档案只对特定主体有备用价值。"①也就是说，档案是特定的形成者针对特定的社会活动而产生的，其记录的内容也因针对的特定对象不同而不同，其凭证价值也只针对特定的对象才具有凭证价值。档案的凭证价值不是大众化的普遍价值，而是具有个性化的专指性或者专一性的价值。因此，其利用也就具有个性化的专指性或专一性的。其二，一般情况下某利用者利用一次具体的具有凭证价值的某份档案，而这份被利用过的档案不会被该某利用者第二次利用。由于档案是记忆备忘工具，是备不测之用的，这就决定了它不是被经常利用的，利用的概率是很少的。而对其利用是有条件的，一般必须具备两个必要条件：一是某种原因造成有可能利用档案凭证价值的需求，或发生了某种政策调整带来某种利益，或权益造成侵害、损失，或发生了某种纠纷，或某种工作需要等；二是在发生第一种条件的情况下，利用者所在单位或本人无法提供有关证明材料或需要的材料。而且只有在这两个必要条件同时具备的情况下，利用者才会到档案馆来利用相关档案的凭证价值。这两个条件同时发生的概率是很少的，所以档案利用就具有了用少性的特征。而这两个条件同时发生并且在不同的时间内同样出现的概率就更低了，或者说，这两个条件同时发生并且在不同的时间内同样出现的可能性几乎是零，即这两个条件同时发生的事情几乎不可能第二次在不同的时间内同样出现。因此，对同一份档案的利用基本上都是一次性的。比如利用知青档案解决知识青年"上山下乡"时间算工龄的问题，这基本上就是一次性解决问题。一般不会再次出台这样的政策，利用者在利用知青档案解决了问题后，也不会再次利用相同的档案了。再如，利用档案的凭证价值，证明当事人的工龄或年龄，顺利地办理了退休手续。这样的利用者也不会再次利用相同的档案解决同样的问题了，因为他不会第二次退休。这样的档案利用都是一次性的。

当然，也有研究者认为："档案的凭证价值不具有'专一性'特性，它与其利用者不是'一对一专一的'关系。""档案的凭证价值是多方面的，这种'多面性'主要表现在两个方面：一方面，它对和它有直接关联的当事人、社会组织有凭据证明作用，可称为档案的具体凭证价值……利用者主要包括档案文件的作者、法定接受者和文件内容的服务对象。如婚姻、劳资、公证、房产、土地等档案，它的具体凭证价值一般表现为对当事人、社会组织自身利益的凭证价值。但这也不是'一对一专一的'关系，它既可以证明当事人、社会组织的婚姻、劳资关系、财产利益和工作状况，还对当事人的子女、配偶和

---

① 杨立人. 从备用品看档案的备用价值：兼与图书价值特点进行比较[J]. 档案学通讯,2012(6):29-32.

其他有利益关系人群的权益有凭证价值。所以具有凭证价值的档案在与当事人、社会组织有利用与被利用关系的同时,还与其有直接利益关系的子女、配偶和其他有利益关系的亲属发生利用与被利用关系。另一方面,具有凭证价值的档案还是一种社会现象的历史记录,对社会历史也具有广泛的凭据证明作用,可称为档案的社会凭证价值或一般凭证价值。""如利用某一份档案的凭证价值,既可以证明某一当事人自己的工龄、学历,解决工资、待遇问题,又可以利用该档案的凭证价值,证明当事人的工龄、年龄、参加工作时间,顺利地办理退(离)休手续,还可以利用该档案的凭证价值,证明当事人的历史、功过是非等问题。同时还可以利用该档案的凭证价值,证明当事人与直系亲属的关系,解决某亲属人群的待遇问题。如遗属补助,儿女工作安排和其他利益问题。此外,作为社会凭证价值的一面,其他社会利用者还可以作为利用多份档案中的一份来利用该份档案的凭证价值,去研究某一时期、国家、地区、人群的工龄、寿命、工资水平、人事待遇以及各种社会现象等,并可能多次反复利用这种档案的凭证价值去解决更多的问题。"①对于这种观点所论述的前者,存在的问题是:其一,从宽泛的意义上说,不论是当事人还是当事人直系亲属,其实都属于与档案相关的当事人。但是,当事人直系亲属并不一定就是与档案相关的当事人,能不能成为与某份档案相关当事人的直系亲属,还要看看某份档案中是否记载有当事人与其直系亲属关系的相关记录。即便是某份档案中记载有当事人与其直系亲属关系的相关记录,一般情况下,只要当事人健在,其直系亲属也不会去利用该档案的凭证价值。而办理遗属补助之类的,一定是在当事人故去后,才有可能去利用,并且这种利用一定是一次性的。其二,该论者是把有关某人的单份具体档案凭证价值与笼统的档案凭证价值混为一谈。如某人的招工档案,有可能解决参加工作时间(工龄)、办理退(离)休手续问题,但并不能解决学历问题,即便是招工档案中记载有学历内容也不能,解决学历问题,还需要利用有关某人的学历档案。至于利用招工档案的凭证价值证明当事人的历史、功过是非等问题,更是不可能,因为招工档案中根本就没有此类内容的记录。档案都是某一具体的活动中形成的记录,一般都是针对具体的一事一人(相关当事人),或者一事多人(对于一事多人来说,其档案的凭证价值也不是多方面的,而仍然是相对的一对一专一的,对其的利用也是一次性的。最常见的一事多人的档案是干部任免通知,这类档案,一般涉及的人可能是一个至几十个。有可能因某事该份档案可能被利用几十次,但是,这并不能

---

① 胡喜长.再谈对档案基本价值特性的认识:兼与刘东斌同志再商榷[J].档案管理,2007(3):26-27.

说明档案的凭证价值是多方面,档案的利用不是一次性的。就该份档案所涉及的某人来说,该某人利用该份档案解决某一问题,仍然是一般情况下只会利用一次,而且,该份档案记录其他人的信息对其并不能起到凭证价值的作用。因此,就某人来说,他利用该份档案的凭证价值,仍然是一次性的。实际上,这类一事多人的档案,在馆藏档案中的比例是很小很小的,而大量的档案都是一事一人,尤其是大量的涉及人的民生档案,基本上都是一事一人的),而基本上不会是多事一人,更不会是多事多人。还以招工档案为例,它记录的是具体的招工(事)情况,而不会记录学历(事)情况,并且招工档案与学历档案的形成本身就不是一个部门形成的,至于记录当事人的历史、功过是非等情况的档案,可能是另外若干个部门形成的,有可能散存在若干个全宗或者若干个种类的档案之中,甚至散存在若干个档案馆。就某人来说,如果既要利用档案的凭证价值解决工龄问题,又要解决学历问题,还要解决当事人的历史、功过是非等问题,那么,其必须同时分别利用招工档案、学历档案以及其他几类或者几个全宗中涉及利用者的具体档案,而就涉及利用者的这些档案来说,都只是分别利用了一次,而不是利用了多次。而且这些利用,一般情况下也都是一次足矣,分别利用第二次的情况几乎是微乎其微。再就是对某人来说,同时发生解决工龄问题、学历问题以及当事人的历史、功过是非等问题的概率恐怕是少之又少的吧! 对于后者,也就是所谓的"社会凭证价值"来说,其存在的问题是:其一,利用档案研究某一时期、国家、地区、人群的工龄、寿命、工资水平、人事待遇以及各种社会现象等,实际上,严格意义上来说,并不是利用档案的凭证价值,而是利用的档案凭证价值衍生的参考价值或者史料价值。其二,即便是利用档案研究某一时期、国家、地区、人群的工龄、寿命、工资水平、人事待遇以及各种社会现象等的,就某个档案馆来说,也只是选择该馆藏某类档案的一部分来研究。就全国综合档案馆来说,1983—2017 年平均利用率只有 7.75%,而 1995—2017 年以来,每年的利用率一直基本在 5% 以下。如果按照实际利用率来看,35 年来全国综合档案馆所有档案利用卷件次加在一起只有 4.12%。这表示这类研究在其中占的比例应该是微乎其微的,并不足以推翻档案利用一次性的特征。为了具体说明问题,假设某个利用者利用某个档案馆的档案研究某一时期、国家、地区、人群的工龄、寿命、工资水平、人事待遇以及各种社会现象等问题,其抽样率是 5%,一般的抽样率在 1% 都是很高的了,其工作量是相当大的。以河南濮阳县档案馆馆藏婚姻档案为例,共有婚姻档案 290 336 卷,5% 就是 14 500 卷。即便是 1% 也有 2900 卷,其工作量也是很大的。这里就假设抽样率是 5%,也就是利用有关工龄、寿命、工资水平、人事待遇的档案的 5%,而假设全部有关工龄、寿命、工资水平、人事待遇的档案都曾被利用过,且都是只利用了一次,那么,等于抽样的 5% 档案被利用了二次,剩下利用一次的是 95%。也就是说,按照这种假设,仍然有 95% 的档案都只是利用了一次,从中也可以看出档案利用一次性特征。而实际上,作为利用档案研究某一时期、国家、地区、人群的工龄、寿命、工资水平、人事待遇以及各种社会现象等的学术研究,一是利用的档案很少,二是利用的人也很少。尤其是占国家综合档案馆大多数的市、县一级的档案馆,是很少很少的。据对河南濮阳市档案馆 1983—2017 年有关学术研究的累计利用统计,利用人次只占 0.28%,几乎微不足道。也就是说,所谓的"社会凭证价值"的利用,对档案利用的一次性几乎没有任何影响。

三、从档案利用目的分类利用看档案利用的一次律

档案利用统计把档案利用的目的分为编史修志、工作查考、学术研究等几个方面,后来将档案利用目的改为档案利用者类别,分为单位利用和个人利用,而个人利用基本上都是利用民生档案。这里不探讨档案统计分类的问题,只是从这些不同的档案利用类别中分析档案利用是否都普遍具有一次性的特征。现在档案利用的大户——民生档案的利用,实质上都是利用档案的凭证价值,对于档案凭证价值利用的一次性,在前文中已经分析,这里不再赘述。就档案馆利用常见的工作查考、编史修志、学术研究等主要查档目的做一些简要的分析。

对于编史修志、工作查考、学术研究方面的利用者来说,他们到档案馆利用档案大多不是一次性的,尤其是编史修志、学术研究方面的利用者,都是多次甚至数十次到档案馆利用档案。但是,对他们利用的具体某份档案来说,却大都是一次性的。因为他们不可能反复地利用某份具体的档案,对具体的某份档案的利用,同样也基本是一次足矣。

(1)编史修志。编史修志是档案利用的大户。虽然这些编史修志相关人员到档案馆利用档案,大都是多次甚至数十次,但是,他们到档案馆来利用档案不是为了反复利用某份档案的。而且,对于利用档案编史修志的最大用户来说,大都是编写地方专业史志,而编写地方专业史志都是本单位的利用本单位的档案,如编写濮阳市档案志,则只有利用濮阳市档案局的档案全宗,编写濮阳市财政志,则只有利用濮阳市财政局的档案全宗。也就是说,濮阳市档案局的档案全宗只对编写濮阳市档案志能发挥档案的编史修志作用,对编写濮阳市财政志则不可能发挥档案的编史修志作用,这是由档案利用的专指性所决定的。因而,对于濮阳市档案局的档案全宗中具体的每一份档案来说,其被用来编史修志利用的可能性只有一次,对于濮阳市财政局的档案全宗或是其他全宗来说也是如此。编写某单位专业史志,并不

是该单位的全宗中的具体的每一份档案都会被利用一次,而只是有可能被利用一次。因为大多数编史修志者都是各个单位的撰写人员,他们在接受了编写任务后,首先,看看自己手头上有什么材料。然后,再在本单位内收集查找相关材料,比如本单位发的文件、工作简报、会议材料汇编等,本单位曾经编写的志书、年度文件汇编、专题文件汇编、工作简报汇编、历年年鉴、基础数字汇编、大事记、组织沿革等。最后,没有这些材料或者这些材料中没有涉及的内容,才会到档案馆去查阅本单位以往的档案。因此,只要在单位能找到的材料,就不会再利用档案馆中本单位全宗中相同的具体某份档案。所以,某单位的全宗中的具体的每一份档案,只有一部分有可能被利用一次,也许大部分可能一次也不会被利用。而且,如果单位档案工作做得好,档案材料保存得齐全,档案编研材料编写得多、质量好,那么,在今后的编史修志中到档案馆利用的档案就会更少,也就是被利用一次的可能性会减少,更别奢望多次反复利用了。如"黔西县志办1990年编辑出版的黔西县志92万字,共在县档案馆查阅档案15 186卷次,可是在1996年编制的《1988—1996年黔西县大事记》,此书25万字,共查阅摘抄档案2910卷次,但全是在机关档案室查阅的,没有到县档案馆查阅过一次档案。有了这本大事记,下次编史修志时,至少要减少查阅馆藏档案2910卷次"①。也就是说,至少有2910卷馆藏档案连被利用一次的可能性也没有了。

　　绝对地说编史修志利用档案都是一次性的,也不科学严谨,难道就没有被第二次利用的可能吗? 不能说没有。一般情况下,对于大部分档案来说,编史修志利用它们也就是一次,当这些档案内容转移到史志中,人们一般是不会再利用这些档案了,可以直接利用史志查到需要的材料。需要说明的是,这里的一次性利用指的是有效利用,而不是泛泛地浏览查阅。重复利用一般都是在特殊情况下的利用,多数情况是一种考证利用。如发现史志中有错误和失误,或者有人为达到不可告人的目的,有意篡改历史,而利用档案原件,纠正这些错误,还原历史本来面貌。不过这些利用者只会是极少数。他们利用的档案也是极少数。因为他们没有必要为史志中的某个问题而查遍形成这部史志的全部档案,他们只不过查阅针对某问题的一份或数份档案而已。对于前者来说,占据被利用档案的绝大部分,也就是档案被利用一次的占被利用档案的绝大部分;对后者来说,只占被利用档案的很少一部分,也就是档案被重复利用的占被利用档案的很少一部分。这一少部分,可以说是微乎其微,并不能影响档案利用一次性的特征。

---

　　① 曹家慧.试析近年来档案馆档案利用率下降的原因:兼与山东滕州市档案馆徐大华、燕开良二先生商榷[J].贵州档案,1997(6):23-25.

（2）工作查考。工作查考也曾是档案利用的大户,工作查考与编史修志很相仿,如果利用者平时注重收集和保存有关材料,加上单位档案工作做得好,比如各种档案编研材料编写的种类多,那么,他很少会因工作查考需要到档案馆利用档案。工作查考与编史修志另一个相仿的地方是利用者都来自本单位,"工作查考类的利用者主要来自立档单位及其下属部门"[①]。工作查考有三个特点:其一,立档单位的档案基本上只针对产生它的机关、团体、社会组织等单位可以发挥工作查考作用,对其他的机关、团体、社会组织等单位并不能发挥工作查考的作用。例如民政部门的领导和工作人员因工作查考,一般只会利用民政部门产生的档案,而不会去利用商务、交通等部门产生的档案(不包括商务、交通等部门针对民政部门的档案,即便是针对民政部门的,一般情况下民政部门也会收集和保存,并不需要去档案馆查阅商务、交通等部门的有关档案)。因为商务、交通等部门产生的档案对民政部门的领导和工作人员的工作查考一点作用也没有。这一特点基本上将工作查考利用的对象限制在本单位内。其二,如果利用者平时注重收集和保存有关材料,加上单位各种档案编研材料编写的种类多,一般情况下利用者是不会因工作查考而到档案馆利用有关档案的。这一特点基本上限制了因工作查考到档案馆利用有关档案的次数。其三,由于档案利用具有专指性,就使得具体的某份档案只针对相同的工作事情可能发挥工作查考作用。这一特点基本上限制了因工作查考利用档案的范围。"工作查考和个人待遇档案的共同特点是利用指向明确,一般只需一两份文件"[②],而大多数情况下是只需一份。由于以上工作查考的三个特点,落实到利用某份档案上,就是一次居多,也使得因同样的事查阅同一份档案的概率变得微乎其微。

（3）学术研究。首先,因学术研究到档案馆利用档案有一点也与工作查考、编史修志很相仿,这就是一般学术研究者的首先选择是自己身边所积攒的材料,然后是图书馆、书店等,最后实在找不到了,才有可能到档案馆去。换句话说,只有到档案馆利用档案有可能找到所需的材料时,才有可能会去档案馆,也就是只利用可能别人从来没有利用过的档案。这说明因学术研究并不会大量地利用档案,也不会重复利用某份具体的档案。其次,学术研究一般不会选择相同的题目,即便是有选择相同类似题目的,后选者也不会再利用前者已经利用过的档案,而会直接利用或引用前者的相关研究成果所涉及的档案材料。而后者真的需要到档案馆利用档案的话,也只会利前者没有利用过的相关档案,他们一般不会去重复利用前者所利用过的档

① 徐非. 近十年来上海市档案馆档案利用趋势分析[J]. 上海档案,2003(6):40–42.

② 侯嫦娥. 档案利用分析[J]. 山西档案,2009(4):32–33.

案的,除非后者怀疑前者有误的地方,才会去重复利用前者利用过的相关档案来考证其正误,而这类利用是少之又少的。从上面两个方面来看,学术研究利用某份具体的档案,也基本上都是一次性的。

四、关于档案价值重复实现规律的具体分析

最早提出档案会多次重复利用规律观点的是丁传斌。他在 1992 年发表的《浅议档案价值的特征、规律及其鉴定》一文中提出了"档案价值的重复实现规律",并认为:"由于档案价值具有多元性,有些档案会被一次、二次,甚至多次查阅利用。所以,档案价值也重复实现。这一规律在实践中得到充分证实。如在编史修志、落实政策、工作查考、解决疑难中,一些档案被反复查阅利用,有的重复利用率为 7 至 10 次/卷、件。"①

对于档案价值的这一规律,也有其他不同术语的提法表示,如双英、霄羽、瑞武提出"档案价值共享律"的概念,并认为:"这条规律又可称作档案价值的重复实现规律。档案是一种重要的信息资源,因此具备信息的一般属性。信息的基本属性之一就是它的可分享性。""档案的价值具有共享性,只要档案信息的内容和载体存在,其价值就能不断地、重复地实现。进一步看,档案的价值具有多元性,表现在档案服务对象和服务领域都是多维的,同一档案不仅能为形成机关服务,而且可以供社会上的各个合法组织和公民查阅利用,由此其服务领域涉及政治、经济、科技、文艺等各个方面,其价值形态也就表现为政治价值、经济价值、科学价值、文化价值等多种。可见,同一档案能多次利用,其价值能得以多次实现。正因为档案具有信息属性,档案价值又具有多元性的特点,档案部门可将档案信息传递给众多的利用者,从而实现全社会共享档案信息资源。"②

朱玉媛编著的《档案学基础》提出了"档案价值与作用反复律"的概念,认为:"由于档案具有多方面的价值与作用,有些档案会被一次、二次,甚至多次反复查阅利用。这一规律是由档案内容和档案利用者两方面决定的。从档案内容来说,它记录和反映了各单位、组织或个人的历史活动,信息是非常丰富的,涉及政治、军事、经济、科学、技术、文化、外交等各方面。而从档案利用者来说,其目的、需要是多层次、多角度的,有从编史修志方面去利用的;有从落实政策、解决遗留问题去查考的;有从学术研究等方面去检索的。档案作为一种信息资源,是取之不尽,用之不竭的。同一案卷的档案,其信息内容不会因为某一个人用了,而其他人就不再用了,或没有用了。档

---

① 丁传斌. 浅议档案价值的特征、规律及其鉴定[J]. 湖北档案,1992(2):8-10.

② 双英,霄羽,瑞武. 档案价值规律再探[J]. 档案与建设,1993(4):28-30.

案信息内容是可以分享的,档案部门可以将档案信息同时传递给众多的利用者,多次传递给利用者,可以和众多利用者共享,而档案部门本身不会失去档案信息。同一个档案信息分享的面愈广,数量愈大,它所发挥的社会效益和经济效益就愈大,档案的价值与作用是可以反复实现的,有些档案反复利用率很高。""掌握档案价值与利用反复律,对于档案实际部门来说,有助于开拓档案信息资源,努力做好档案文献汇编、档案专题报告、档案文摘,或复制一些档案,以提供更多的档案信息用户使用。档案信息利用率愈高,档案价值与作用就发挥得愈大。"①

还有其他一些类似的观点,如陈兆祦、王德俊主编的《档案学基础》认为:"档案具有共享性,一份档案文件不管使用了多少次,其所含的信息量不会被消耗掉。它不可能只供一次使用,而是天长日久,被无数人、无数次地反复使用,所以总的来看,档案的价值是不可计的,是'无价之宝'。"②韦界儒主编的《档案管理学教程》认为:"档案还具有信息的可分享性特点,它可以反复为不同的服务对象所利用。"③赵越主编的《档案学概论》认为:"档案的原始性、真实性和凭证性,使它在信息系统中具有特殊的地位和作用。它是无价之宝,一纸值千金";"可以反复利用,长期利用,多方面利用"④。石浒泷、林清澄、贾玉德认为:"档案中储备的知识信息,具有在社会实践活动中被反复利用和长远利用的特点。"⑤

是否真的存在档案价值重复实现规律呢? 还是结合实际档案利用情况进行分析看看吧。从前文对档案利用目的分类的利用分析,包括对档案凭证价值利用的分析,可以看出档案的利用大多数情况下并不是被二次甚至多次利用,而都是一次性的利用。"档案的本质属性决定了其不可能像图书一样被反复利用。档案的本质属性是原始记录性,体现出来的是一种原始凭证价值,档案被保存下来的最根本目的就是作为一种证据,而不是为了广泛的传播知识。""证据只要证明一次就够了,没必要反复证实,反复利用。"⑥当然,也许有人会说,从这些档案利用目的分类利用来看,利用档案是一次性的,它们之间的利用应该是会有交叉的,就不会出现重复利用吗? 正如档案价值重复实现律提出者认为的那样:"在编史修志、落实政策、工作查考、

① 朱玉媛. 档案学基础[M]. 2 版. 武汉:武汉大学出版社,2008:62.
② 陈兆祦,王德俊. 档案学基础[M]. 北京:档案出版社,1995:69.
③ 韦界儒. 档案管理学教程[M]. 南宁:广西民族出版社,1993:20.
④ 赵越. 档案学概论[M]. 沈阳:辽宁大学出版社,1987:55.
⑤ 石浒泷,林清澄,贾玉德. 档案哲学[M]. 北京:中国档案出版社:115.
⑥ 刘旭光,刘蔚. 档案利用率质疑[J]. 档案学通讯,2011(3):98-101.

解决疑难中，一些档案被反复查阅利用，有的重复利用率为 7 至 10 次/卷、件"；"有从编史修志方面去利用的；有从落实政策、解决遗留问题去查考的；有从学术研究等方面去检索的"。对于某卷重复利用率为 7 至 10 次的问题，看似是重复利用，但是，仔细分析则未必。以往的档案组成单位是卷，一般平均每卷档案有 10 份档案文件，而利用档案能起作用的则是以份为单位的。也就是说，如果一卷档案利用 10 次，则相当于这一卷档案中的每件档案只利用了一次，并不是每件档案重复利用了 7 至 10 次。也就是说，每卷档案重复利用 7 至 10 次，并不等于每份档案重复利用 7 至 10 次，也许每卷档案重复利用了 7 至 10 次的，其中的每份档案平均利用还不到一次。而对于某份档案来说，既被作为凭证解决遗留问题利用过，也被工作查考利用过，又被编史修志、学术研究利用过，不能说这种情况一例没有，但这种情况是很少很少的。因为它们之间利用档案的内容虽有交叉，但其交叉面很小，重复利用的概率更小。以民生档案中的招工档案为例，某份具体某某的招工档案，某某为解决退休问题，利用它的凭证价值来证明其工龄。对于工作查考来说，一般是不会利用这份档案的。作为编史修志，一般也不会利用这份档案，如果编史修志需要选一例招工案例时，会利用招工档案，但能否选中这份已经为某某解决退休问题的招工档案，其概率是非常低的。作为学术研究，一般也不会利用这份档案，如果选择了有关招工的题目，有需要案例时，首先，如果编史修志选了这份已经为某某解决退休问题的招工档案，那么，一定会查找编史修志的成果材料，而不会到档案馆来利用这份档案。如果编史修志没有选，那么，是否选中这份已经为某某解决退休问题的招工档案的概率也很低。通过分析可以看出，它们之间交叉出现重复利用同一份档案的概率是很低的。这也可以从档案利用率统计结果中看出端倪。就全国综合档案馆来说，1983—2017 年年平均利用率只有 7.75%，而 1995—2017 年以来，每年的利用率一直基本在 5% 以下。如果按照实际利用率来看，35 年来全国综合档案馆所有档案利用卷件次加在一起只有 4.12%。如果某份档案按照因档案凭证价值、工作查考、编史修志、学术研究各被利用一次的话，那么，现有的实际档案利用率就只有 1% 了。如果说重复利用率为 7 至 10 次/卷、件的话，那么，就只有 4.12% 的 1/7 到 1/10，如果是 1/10 的话（这可能是最理想的结果，因为重复利用率为 10 次/卷、件，更能说明档案的价值），那么现有的实际档案利用率就只有 0.41%。如果说只有 0.41% 的档案被反复利用，那么，99.5% 以上的档案从来没有被利用过一次，这就有大问题了。要么是档案馆的问题，要么是在选留保存档案时的标准有问题，要么是对档案作用的认识有问题。关于档案馆的问题，加大档案开放力度，积极采取各种措施开发档案信息资源，积极主动提供多种方式的档案利用服务，档案学界提出的各种方法方案不谓不多,档案馆也几乎尽了最大的努力,然而,几十年过去了,却是情形依旧,不能说是档案馆的问题。如果是档案保管期限表的问题,则说明贯彻了几十年经过多次修改的档案保管期限表,根本没有起作用,几十年这方面的档案工作等于白做了,这个也好像说不过去。如果是对档案作用的认识的问题,那么,假设档案的作用与图书一样,就是为了共享信息,需要重复利用并且是正确观点的话,这样就可能会说明两个问题:一是档案保管期限表确实没有任何用处;二是现在档案馆保存的档案中只有很少一部分档案具有这样的作用,将这部分档案保存到图书馆更能发挥其效益(不论是保管成本还是有利于利用)。同时,这也就说明档案馆保存大量的档案完全没有必要,档案馆的存在似乎成了多余。这样的结论是不是可以反证档案利用一次性的正确呢? 更能说明档案是记忆备忘以备不测之用的,这更符合档案的记忆备忘工具的本质。也说明档案不是用来共享反复利用的,"档案属于'备查'之物,而非常用之物"①。如果把个别档案被反复利用的现象或者借鉴图书信息的某些特征归纳为档案价值重复实现规律并且是正确观点的话,那么,并不是"同一个档案信息分享的面愈广,数量愈大,它所发挥的社会效益和经济效益就愈大","档案信息利用率愈高,档案价值与作用就发挥得愈大"②,而是更凸显绝大多数档案的无用与没有价值。

五、档案利用用少律、专指律与档案利用一次律的相互作用

档案利用用少律、专指律与档案利用一次律是什么关系呢? 档案利用的用少律决定了档案利用得越少越好,档案利用专指律则限制了档案凭证价值发挥作用的人群范围,这些档案利用特性促成了档案利用一次律。特别是档案利用的专指律是决定档案利用一次律重要因素之一。因为档案的本质价值——凭证价值决定档案利用的一次律,而其凭证价值不是大众化的普遍价值,它是具有个性化的专指性或者专一性的价值,因而对其利用也就具有个性化的专指性。这表现在档案利用上,就是大多情况下是一次性的。反过来说,档案利用一次律更凸显档案利用的专指律。档案利用的用少律表现在档案利用次数上是越少越好,这使得档案在大多数情况下是零次利用,即便是被利用大多情况下也都是一次性的。反过来说,由于档案利用的一次律,也就使得档案利用得很少,这是决定档案利用用少律的因素之一。从以上所述来看,档案利用用少律、专指律与档案利用一次律是相互作

---

① 杨立人.从备用品看档案的备用价值:兼与图书价值特点进行比较[J].档案学通讯,2012(6):29-32.

② 朱玉媛.档案学基础[M].2版.武汉:武汉大学出版社,2008:62.

用的。档案利用的用少律使得档案利用得越少越好,档案利用的专指律则限制了档案利用的人群范围,使得档案利用表现为一次性,档案利用的一次律又限制了档案利用的次数,也就使得档案利用的概率更少了。

第二节　档案利用一次律统计分析

一、有关档案利用一次性的定量与定性分析观点

对于档案利用一次性的观点,有研究者是通过定量与定性分析研究得出或者间接得出的。

刘旭光、刘蔚在质疑档案利用率时认为:"档案的本质属性是原始记录性,体现出来的是一种原始凭证价值,档案被保存下来的最根本目的就是作为一种证据,而不是为了广泛地传播知识。所以,只有在利用主体的权益受到影响,需要档案作为证据维护其合法权益的时候,利用主体才会有利用档案的主观愿望,进而采取利用档案的实际行动,在平时利用者是没有必要拿出证据来'利用'的。同时,一旦问题解决,利用者在很长一段时间内不会有再次利用这份档案的需求,因为证据只要证明一次就够了,没必要反复证实,反复利用。"①从中可以看出,以凭证价值为主的档案,其利用一般也就是一次足矣,没必要反复利用,这间接说明了档案利用具有一次性的特点。

徐亮在对档案利用缺乏反馈制约的研究中,认为:"对档案利用者来说,其利用需求往往具有一次性的特点。一次性消费的重要特征是无法获知利用者的反馈,因而缺乏反馈舆论的制约。"②张芳在研究抑制档案馆焦虑困境时同样认为:"对档案利用者的需求百分之九十左右都是一次性消费,根本没有办法得知利用者反馈的信息。"③从中不仅可以间接地看出档案利用具有一次性的特点,还可以看出档案利用的一次性占到90%左右。

杨丽在2015年对成都市级和成都市9区4市6县级综合档案馆进行了利用服务调查研究:"针对综合档案馆工作人员和档案利用者,采取现场填写和网络问卷的形式发放调查问卷,汇总有效问卷的相关数据,并运用实地访谈观察的形式作进一步的深入调查。"她认为:"从利用者的问卷中可知,已经到市、区县档案馆利用过档案的152位利用者中,其中18个单位用户,110位个人用

①　刘旭光,刘蔚.档案利用率质疑[J].档案学通讯,2011(3):98-101.

②　徐亮.档案利用过程的"倒立金字塔"现象的发生和克服:以高校档案馆为例[J].档案学研究,2009(2):26-28.

③　张芳.抑制档案馆焦虑困境[J].兰台世界,2014(5):100-101.

户,24位(个)单位兼个人用户,查档主要目的(多选项)按选项频率分别为:因私查考81.6%,工作查考27.6%,编史修志2.6%,学术研究7.2%,其他3.3%。现场采集到的问卷也多以个人用户为主,主要是查询婚姻登记档案,用于补办结婚证,申请公租房,办理贷款,遗产处理等方面。""利用者到馆的次数并不是很高。其中大部分个人用户是在办理其他事情时需要用到档案凭证,经其他部门介绍后到馆查询";"一般不会因同样的问题再来查档,查档次数以一次性居多"[①]。从中可以看出一次性利用档案的至少应该占80%。

2003年,浙江省对利用人次在千人以上的25家综合档案馆进行统计,"从利用率较高的档案内容看,土地房产档案、山林权属档案、婚姻登记档案、有关人事工龄方面的档案,利用人次占80%以上,高的达95%"[②]。从利用的土地房产档案、婚姻登记档案等来看,都是利用的档案的凭证价值,而档案的凭证作用大都是一次性的,因此,可以看出一次性利用档案最低的也在80%以上,而高的达95%。

张满飙、何业武对河南濮阳市档案馆馆藏原安阳地委、安阳行署两个全宗永久档案(形成时间为1948年至1983年)1962至1994年的利用情况进行统计,得出的结果是大部分案卷仅提供利用过一次。他们进行了分阶段利用情况统计,"即把利用时间分为自档案形成之日起在10至20年期间、20至30年期间、30年以上三个时间段,并对这三个时间段内档案案卷的利用次数与馆藏总卷数的比例作一统计比较……在档案案卷利用分阶段统计表中,利用次数为一次的占了大部分。"安阳地委、安阳行署全宗永久档案案卷利用分阶段统计表见表8-1、表8-2[③]。

表8-1　安阳地委全宗永久档案案卷利用分阶段统计

百分比/%　　阶段 次数	10年至20年	20年至30年	30年以上
0	28.0	50.0	76.0
1	35.7	27.1	13.6
2~9	35.7	22.3	10.4
10以上	0.6	0.4	0

① 杨丽.成都市(区、县)综合档案馆利用服务调查研究[D].电子科技大学,2015.

② 金名.我省1/4档案馆年利用人次超千[J].浙江档案,2004(10):22.

③ 张满飙,何业武.地县级档案馆永久档案是否都要搞"多套制"[J].档案管理,1995(2):20-22.

表8-2 安阳行署全宗永久档案案卷利用分阶段统计

阶段 百分比 /% 次数	10 年至 20 年	20 年至 30 年	30 年以上
0	37.3	64.7	96.1
1	36.1	24.4	3.1
2 ~ 9	10.9	10.9	0.8
10 以上	1.1	0	0

根据表8-1、8-2 的统计,去掉没有利用的档案数,安阳地委、安阳行署全宗永久档案案卷利用分阶段实际利用占比统计见表8-3、表8-4。

表8-3 安阳地委全宗永久档案案卷利用分阶段实际利用占比统计　　　　%

利用次数	10 年至 20 年		20 年至 30 年		30 年以上	
	实际利用	实际利用占比	实际利用	实际利用占比	实际利用	实际利用占比
1	35.7	49.58	27.1	54.40	13.6	56.67
2 ~ 9	35.7	49.58	22.3	44.77	10.4	43.33
10 以上	0.6	0.84	0.4	0.83	0	

表8-4 安阳行署全宗永久档案案卷利用分阶段实际利用占比统计　　　　%

利用次数	10 年至 20 年		20 年至 30 年		30 年以上	
	实际利用	实际利用占比	实际利用	实际利用占比	实际利用	实际利用占比
1	36.1	75.05	24.4	69.13	3.1	79.49
2 ~ 9	10.9	22.66	10.9	30.87	0.8	20.51
10 以上	1.1	2.29	0		0	

从表8-3、表8-4 中可以看出,安阳地委全宗 10 年至 20 年永久档案案卷实际利用次数一次的占49.58%,利用 2 ~ 9 次占49.58%;20 年至 30 年永久档案案卷实际利用次数一次的占 54.40%,利用 2 ~ 9 次占44.77%;30 年以上档案案卷实际利用次数一次的占56.67%,利用 2 ~ 9 次占43.33%。安阳行署全宗 10 年至 20 年永久档案案卷实际利用次数一次的占 75.05%,利用 2 ~ 9 次占22.66%;20 年至 30 年永久档案案卷实际利用次数一次的占69.13%,利用 2 ~ 9 次占30.87%;30 年以上档案案卷实际利用次数一次的

占 79.49%，利用 2～9 次占 20.51%。也就是说，安阳地委、安阳行署全宗永久档案案卷实际利用次数一次的占 49.58%～79.49%，利用 2～9 次的占 20.51%～49.58%。虽然档案利用一次的占大多数，但不处于绝对优势，2～9 次的也占相当大的部分。这是不是说档案利用一次性的特征不能太令人信服呢？大家都清楚，以往的档案组成单位是卷，一般平均每卷档案有 10 份文件，而利用档案能起作用的则是以份为单位的。也就是说，如果一卷档案利用 10 次则相当于这一卷档案中的每件档案平均只利用了一次。据河南唐河县档案馆对 1985—2004 年 20 年档案利用统计，"其中县委全宗 1981 年的第 599 号卷利用次数最多，20 年间先后被利用了 38 次。该卷档案内容是涉及 55 名乡镇、县直单位主要领导的 45 份任免文件，在 1993、1994 年的工资套改、干部'四审定'工作中就被利用了 29 次"[①]。从中可以看出，虽然该卷被利用了 38 次，但是，该卷中的 45 份档案文件平均只被利用了 0.84 次，还不到平均一次。如果用这个标准来看安阳地委、安阳行署全宗永久档案案卷实际利用情况，那么，凡是利用 2～9 次的卷换算为平均利用一次档案文件的话，其档案利用一次率至少占到了 97.7% 了。

二、关于档案利用人次一次性与档案利用卷件次一次性

档案利用人次一次性与档案利用卷件次一次性是两个不同的概念。档案利用人次一次性指的是某个个人只利用档案一次，而档案利用卷件次一次性指的是某份档案只被利用一次。不过，两个概念又有一定的联系。虽然某人一般不会两次利用同一份档案，但是，某人可能会多次利用不同的档案。站在档案利用者的角度来看，对前者就是一次性的，而对于后者就不是一次性的。而站在档案的角度来看，对前者是一次性的，而对于后者也是一次性的。由于两个概念的这一联系，而且，一般情况下档案利用者利用档案的凭证作用都是一次性的，对于工作查考、编史修志等可能是多次的，但其利用的档案却都是一次性的。为了便于统计，下面的统计中大都是以利用人次为统计计量单位，根据档案利用的目的和内容来区别其档案是否利用一次。如利用的是档案的凭证作用的，则归为档案利用一次性；而利用的是档案的信息作用的，则归为档案利用多次的可能。

三、河南濮阳市档案馆 1983—2017 年档案利用一次性统计分析

通过对上述研究者有关档案利用一次性的定量与定性研究的分析，虽然已经得出比较清晰的结论，但是，统计的年限不够长，也不够细，而市、县

---

① 郭炜. 唐河县档案馆 1985—2004 年档案利用情况调查与分析[J]. 档案管理，2006(5):45-47.

级档案馆作为我国档案馆的主力军,应该有更详细的统计分析来说明问题。为此,这里以河南濮阳市档案馆为例,对濮阳市档案馆1983—2017年档案利用人次一次性再做进一步的统计分析。数据来源于濮阳市档案馆的历年档案利用登记簿。

1.总体分类统计分析

从河南濮阳市档案馆1983—2017年档案利用(人次)与内容统计表(表7-1,请参阅本书第七章)出发,得出了河南濮阳市档案馆1983—2017年档案利用内容与档案利用一次性情况统计表,见表8-5。

表8-5 河南濮阳市档案馆1983—2017年档案利用内容与档案利用一次性情况统计

利用内容		利用人次	是否利用一次			
			一次	可能一次	可能二次以上	不明
个人利用	契税档案	135	135			
	公证档案	59		59		
	职称、学历、表彰	105	105			
	安置、招工、待遇	55	55			
	退休、死亡	17	17			
	针对性档案	18		18		
	其他	18				18
单位利用	土地、房产	192	192			
	人事、任免、安置、处分、职称、学历、表彰、死亡	656	656			
	编史修志	726	726			
	毕业生分配、干部介绍信	69	69			
	培训、招工招生计划协议	60	60			
单位利用	批复	296	296			
	自身档案	1645	1645			
	针对性档案	677		677		
	会议记录	31	31			
	其他	139				139
其他单位利用	法院、律师所	46		46		
学术研究		14			14	
合计		4958	3987	800	14	157

表8-5情况说明如下：

契税档案：就是利用馆藏的契税档案，利用者利用这类档案是典型的档案凭证作用，而"证据只要证明一次就够了，没必要反复证实，反复利用"①。所以，对于档案凭证作用的利用大多都是一次性的。对于每一卷或者每一份契税档案来说，它只针对某一具体的买房者，对非针对利用者没有作用。当买房者要卖房时，就需要契税完税证明，利用契税档案主要是利用其中的一张契税完税发票。当原买房者完成交易后，这一卷或者这一份契税档案，就基本完成了它的使命，一般不会再被利用了，所以，对它的利用是一次性的。

公证档案：就是利用馆藏的公证档案。利用者利用这类档案也是典型的档案凭证作用，而且每一卷公证档案也是只针对某具体的公证者，对非针对利用者没有作用。一般情况下只有某具体的公证者利用，偶尔也有因为诉讼，具体的公证者利用后，法院或者律师为验证证据的真实而来利用同一卷公证档案。虽然，从纯利用次数上说，可能同一份公证档案，被当事人利用了，又被法院或者律师利用了，可能利用次数是2~3次，但是，他们都是为同一事情而来利用，应该归为档案利用一次的范围内。所以，将它归为可能利用一次。

职称、学历、表彰：就是利用馆藏的有关职称、学历、表彰方面的档案。利用者利用这些档案也都是典型的档案凭证作用，并且每一份有关职称、学历、表彰方面的档案同样都只针对某一具体的利用者，对非针对利用者没有作用。因此，对它们的利用也基本是一次性的。

安置、招工、待遇：就是利用馆藏的有关安置、招工、待遇方面的档案。利用者利用这些档案也都是典型的档案凭证作用，并且每一份安置、招工、待遇方面的档案也同样都只针对某一具体的利用者，对非针对利用者没有作用。因此，对它们的利用也基本是一次性的。

退休、死亡：就是利用馆藏的有关办理退休的证据材料及死亡干部档案。利用者利用这些档案也都是典型的档案凭证作用，并且每一份有关办理退休的证据材料及死亡干部档案也都只针对某一具体的利用者，对非针对利用者没有作用。因此，对它们的利用也基本是一次性的。

土地、房产：就是利用馆藏的有关土地、房产方面的档案来解决房地产移交过程中的问题以及其他土地、房产纠纷问题。利用者利用这类档案也都是典型的档案凭证作用。对于这个方面，大多数的档案利用主要原因是由河南濮阳市建市的特殊性造成的，濮阳市是在撤销安阳地区的基础上建

① 刘旭光,刘蔚.档案利用率质疑[J].档案学通讯,2011(3):98-101.

立的,涉及土地、房产移交的问题较多。而每一份土地、房产方面的档案也同样都只针对某一具体的利用者,对非针对利用者没有作用。因此,对它们利用也基本是一次性的。

人事、任免、安置、处分、职称、学历、表彰、死亡:就是利用馆藏的有关人事、任免、安置、处分、职称、学历、表彰、死亡方面的档案。利用者利用这些档案也都是典型的档案凭证作用,而且每一份有关人事、任免、安置、处分、职称、学历、表彰、死亡方面的档案也同样都只针对某一具体的利用者,对非针对利用者没有作用。这里只是由单位的具体责任人(如负责人事的)代替具体的当事人查阅利用而已,下面的毕业生分配等也是如此。因此,对它们的利用也基本是一次性的。

编史修志:就是利用馆藏档案编写地方专业史和地方志,而最大用户是编写地方专业史志者。编写地方专业史志基本上都是本单位的利用本单位的档案,一般情况下别的单位是不会去利用的。虽然编史修志利用档案的人次并不算多,但是,利用的档案数量却很多,然而利用的数量多,并不等于对每份档案利用的次数多。就具体的每一份档案来说,其被用来编史修志利用的可能性大都只有一次。因此,对它利用也基本是一次性的。而如果将编史修志利用档案一次的数量计入全部档案利用一次的数量的话,那么,档案只利用一次的比例会更高。

毕业生分配、干部介绍信:就是利用馆藏的有关毕业生分配、干部介绍信方面的档案。利用者利用这类档案也都是典型的档案凭证作用。而且每一份毕业生分配、干部介绍信方面的档案也同样都只针对某一具体的利用者,对非针对利用者没有作用。因此,对它们的利用也基本是一次性的。

培训、招工招生计划协议:就是利用馆藏的有关培训、招工招生计划协议方面的档案。利用者利用这些档案也都是典型的档案凭证作用。而且每一份培训、招工招生计划协议方面的档案也同样都只针对某些或者某一具体的利用者,对非针对利用者没有作用。因此,对它们的利用也基本是一次性的。

批复:就是利用馆藏的有关批复方面的档案。利用者利用这些档案是典型的档案凭证作用。而且每一份批复方面的档案也同样都只针对某一具体的利用者,对非针对利用者没有作用。因此,对它的利用也基本是一次性的。

自身档案:就是利用者利用馆藏的该利用者本单位产生的档案。这些档案大多利用的是凭证作用或者工作查考作用。对于档案凭证作用不用多说了,而工作查考作用基本上是每一份利用者本单位产生的档案都只针对某一具体的问题,虽然利用针对某一具体问题档案的,可能是产生该档案单位的 A 或者 B,但是,利用档案解决的问题则是专指的。而且,"工作查考和个人待遇档案的共同特点是利用指向明确,一般只需一两份文件"①,大多数情况下是只需一份,也就是利用一次,因为,因工作查考而利用同一份档案文件的概率是很低的。所以,对它的利用也基本是一次性的。

针对性档案:就是根据有关问题查找与之有针对性的档案。利用者利用这些档案不是很典型的档案凭证作用,但也属于档案凭证作用。说它不是很典型的档案凭证作用,是因为这些档案虽然有专指的针对性,但可能专指的不是某一个人,而是若干人或者一类人。因此,对它的利用可能会不止一次,但是实际大多数情况下可能就一次,因为,因相同问题而利用相同一份档案文件的概率不是很高的。

会议记录:就是利用馆藏的有关会议记录方面的档案。利用这类档案也都是典型的档案凭证作用。利用会议记录一般都是与会议记录内容有关的人或者单位或者问题,都是非常有针对性的,非针对利用者是不会利用的。因此,对它的利用也基本是一次性的。

其他:指的是馆藏中,有的是归类无法归入所列的具体项目中,有的是没有直接标出利用的目的或者所要查阅的具体档案。这类利用中,大多数情况下实际上都是只利用一次,利用相同一份档案文件的概率是很低的。这里归为不明确。

法院、律师所:指的是与档案没有直接关联的单位利用馆藏的某些方面的档案。一般都是为了取证或者核对证据,查阅利用的档案都具有典型的凭证作用。他们属于第三方由于业务工作的需要介入到与档案有直接关联的单位或个人的单位。办理的案件需要查阅相关的档案,他们实质上是代表与档案有直接关联的单位或个人查阅相关的档案的。虽然从纯利用次数上说,可能同一份档案,被当事人利用了,又被法院或者律师利用了,可能利用次数是 2~3 次,但是,他们都是为同一事情而来利用,应该归为档案利用一次的范围内。所以,将它归为可能利用一次。

学术研究:就是利用馆藏的有关方面的档案进行学术研究。对于这类档案的利用,有的可能是个人利用与自己有关的档案撰写回忆录等。但是,大多数都是研究者根据自己的爱好或者研究课题的需要来利用那些与他们没有直接关联的档案,这类利用者基本都与档案不相关,他们大都是因为撰写论文或者研究某方面的问题来利用档案。对于前者来说,其利用大都是一次性的,因为利用与自己有关的档案撰写回忆录,没有必要对相同的档案反复利用。对于后者来说,虽然说一般不会选择相同的题目,即便是选择相

---

① 侯嫦娥. 档案利用分析[J]. 山西档案,2009(4):32-33.

同或类似题目的,后选者不会再利用前者已经利用过的档案,而会直接利用或引用前者的相关研究成果所涉及的档案材料。而后者真的需要到档案馆利用档案的话,也只会利用前者没有利用过的相关档案,他们一般不会去重复利用前者所利用过的档案的。但是有两种情况,可能会发生某些档案被利用二次以上的可能,一是后者怀疑前者有误的地方,去重复利用前者利用过的相关档案来考证其正误,而这类利用是少之又少的。二是后者没有做好功课,不知道前者利用某些档案已有研究成果而又重复利用的,也许后者不是一个人,而是 N 个没有做好功课的,就有可能对某些档案利用超过二次。当然,这种情况发生的概率是很低的。因此,将其归为可能利用二次以上的。来濮阳市档案馆利用档案进行学术研究的,都是因为撰写论文或者研究某方面的问题。所以,都将其归为可能利用二次以上的。另外,也许有人会认为,进行学术研究的,虽然利用人很少,但利用的档案会很多,也就是可能利用二次以上的比例会很高。关于这个问题,虽然进行学术研究的利用的档案可能不是一人只利用一卷,可能是数卷或者数十卷,但是,他们比起同是利用人少而利用档案多的编史修志来说,则是很少一部分,而编史修志则大都是一次性利用。所以,学术研究的可能利用二次以上的比例并不能影响利用一次占大多数的统计结果。

表8-6 是河南濮阳市档案馆1983—2017 年档案利用一次性所占比例情况的统计。

表 8-6　河南濮阳市档案馆 1983—2017 年档案利用一次性占比情况统计

利用总人次	利用一次占比					可能二次以上占比		不明占比	
	利用一次	占总人次比/%	可能一次	占总人次比/%	合计占比/%	可能二次以上	占总人次比/%	不明	占总人次比/%
4958	3987	80.42	800	16.14	96.55	14	0.28	157	3.17

从表8-5、表8-6 中可以看出,河南濮阳市档案馆1983—2017 年档案利用中,利用一次的占80.42%,可能利用一次的占16.14%,两项合计达到96.55%;可能利用二次以上的仅占0.28%;情况不明的占3.17%。也就是说,档案利用一次的占到了全部档案利用者的96%以上;而档案可能利用二次以上的仅仅只占到了全部档案利用者的不足0.5%,几乎可以忽略不计,这表明档案利用的一次性是很明确的。即使将档案利用情况不明确的也算上,档案利用一次性的性质也不会改变,更何况档案利用情况不明的大多数仍然是利用一次的。可见,档案利用基本上绝大多数都是一次性的利用。

2. 分年度抽样统计分析

通过以上的总体分类利用情况分析,似乎还有些宏观,再具体一些,限于河南濮阳市档案馆 30 多年的近 5000 人次的个案利用,如果逐个分析则显太多,这里只做分年度抽样统计分析。样本选择,从 1983 年起按照每间隔 5 年选一年,具体个案选择来自除濮阳市现在所辖区域以外,濮阳市档案馆馆藏档案所涉原地域安阳、新乡两专区、安阳地区以及长垣、滑县、内黄的档案利用,因为他们利用的档案大都与自身有着密切的直接联系,应该属于本地域档案利用。另外,个案数量相对少些,容易统计,而且具有一定的代表性。河南濮阳市档案馆 1983—2017 年档案利用一次性抽样情况统计见表 8-7。

表 8-7　河南濮阳市档案馆 1983—2017 年档案利用一次性抽样情况统计

年度	利用者	利用内容	利用一次	可能二次	不明
1983	浚县	修志	√		
	安阳百货站	征地文件	√		
1988	安阳县税务局	办公楼红线图	√		
	安阳市军转办	80 年某款项使用情况	√		
	安阳市肿瘤医院	原单位有关档案	√		
	安阳市电力修造厂	原厂房屋建筑批文	√		
	安阳百货站	房产证	√		
	安阳卫校	房产证	√		
	安阳中级人民法院	安地税务局关于买卖牲畜的规定	√		
	安阳卫校	征地红线图	√		
1993	安阳卫校	建校批文	√		
	武陟档案史志局	××个人简历	√		
	安阳汽车运输公司	×年联运收费情况	√		
	安阳市律师事务所	××单位征地材料	√		
	安阳市肿瘤医院	原单位有关档案	√		
	滑县城建局	落实××干部级别	√		
	浚县	安地计委有关文件	√		
	内黄县档案馆	征地批文	√		

续表 8-7

年度	利用者	利用内容	利用一次	可能二次	不明
1998	鹤壁市广播电视局	广播电视台隶属关系和级别	√		
	安阳市档案局	×××入伍时间	√		
	安阳针织内衣厂	征地批文	√		
	滑县万古公社	占地遗留问题	√		
	安阳市个人	×××退伍安置通知	√		
	汤阴县委组织部	×××任职文件	√		
2003	滑县公安局	×××死亡干部档案	√		
	长垣县××化工厂	安地计委有关文件	√		
	安阳县水冶卫生院	×××转正情况	√		
	安阳县委组织部	×××转干文件	√		
	滑县盐业局	×××退伍安置文件	√		
	安阳市政府	解决房产纠纷	√		
	滑县食品公司	联营协议	√		
	浚县××学校	××学校征地文件	√		
2008	内黄县档案局	征集新中国成立前历史档案			√
	安阳县公安局	××宾馆图纸	√		
	安阳市烟草局	修志	√		
	内黄县××中学	毕业生名单	√		
2013	长垣县××化工厂	土地证	√		
	安阳××学校	有关土地调换材料	√		

从表 8-7 中可以看出,濮阳市档案馆 1983—2017 年档案利用一次性档案利用抽样统计中,利用一次的占 97.36%,情况不明的占 2.63%。这表明档案利用的一次性是很明确的。

3.具体抽样统计分析

虽然从表 8-7 具体的利用统计中,可以看出档案利用的一次性是很明确的。也许有人会认为,虽说是档案所涉原地域的利用情况,但给人的感觉还是外地的利用。这里再随机选取河南濮阳市档案馆 1992 年 1—6 月的具体档案利用情况进行统计分析,以便更微观地感受档案利用一次性的特点。河南濮阳市档案馆 1992 年 1—6 月档案利用一次性情况统计见表 8-8。统计表中凡是没有标具体市名的都是濮阳市的。

表8-8　河南濮阳市档案馆1992年1—6月档案利用一次性情况统计

日期	利用者	利用内容	利用一次	可能二次	不明
1月3日	市档案局	1983年干部、党员报表	√		
1月4日	市人大	1983年有关文件	√		
1月6日	市侨办	1982年退伍安置申报表	√		
1月8日	市委政研室	有关老干部问题	√		
1月9日	市粮食局	修志	√		
1月13日	杨××	本人1965年赴云南修路有关材料	√		
1月14日	齐××	本人任职通知	√		
1月21日	市工业局	解决×××待遇工资	√		
1月21日	市统计局	××任职通知	√		
1月22日	张××	大中专待遇	√		
2月10日	市保险公司	调整城镇救济对象生活标准	√		
2月20日	河北魏县党史办	编史	√		
2月24日	市农委	授予张××等三同志为农经师通知	√		
2月26日	市粮食局	修志	√		
2月28日	市党史办	编史	√		
2月28日	安阳市农机公司	房产证明	√		
3月2日	市中级人民法院	关于解决农村经济犯罪问题的文件	√		
3月3日	市党史办	编史	√		
3月4日	市党史办	编史	√		
3月5日	市党史办	编史	√		
3月7日	市党史办	编史	√		
3月9日	市委党校	×××任职通知	√		
3月10日	市党史办	编史	√		
3月11日	市委党校	×××干部履历表	√		
3月13日	市党史办	编史	√		
3月13日	市人民医院	贯彻执行职工转正定级的文件	√		
3月18日	市财委	商业网点布置	√		
3月18日	安阳市原种厂	解决土地纠纷	√		

续表8-8

日期	利用者	利用内容	利用一次	可能二次	不明
3 月 19 日	市环保办	××工资表	√		
3 月 19 日	市生产资料公司	解决土地纠纷	√		
3 月 21 日	市公路段	不明			√
4 月 16 日	濮阳供电局	安地电业局建房档案	√		
4 月 28 日	市水利局	修志	√		
5 月 9 日	市民政局	劳动招工计划	√		
5 月 14 日	市工商银行	不明			√
5 月 14 日	新乡市党史办	编史	√		
6 月 11 日	市党史办	编史	√		
6 月 11 日	安阳市行政干校	土地纠纷	√		
6 月 29 日	市老干局	××离休干部提为地级待遇批复	√		
合计			37		2

从表8-8中可以看出,河南濮阳市档案馆1992年1—6月档案利用一次性情况统计中,利用一次的占94.87%,情况不明的占5.12%。这表明档案利用的一次性特点是很清晰的。

4.小结

从以上的统计来看,不论是对河南濮阳市档案馆1983—2017年档案利用的整体宏观统计来看,还是对濮阳市档案馆馆藏档案除辖区外所涉原地域的档案利用抽样统计,抑或对濮阳市档案馆1992年1—6月具体档案利用统计来看,档案利用一次性都占95%左右,可以充分说明档案利用具有一次性的特征。

第九章

档案利用案例分析

前八章主要从理论和统计分析的角度对档案利用五定律进行了定性定量分析,也许会有人说,仅对档案利用五定律进行了定性定量分析,仍然不能令人信服,这里就再对档案利用案例进行具体分析,以便得出更接近客观事实的结论。为了尽可能避免人为选择案例的嫌疑,这里的档案利用案例全部来自《中国档案年鉴》。

第一节　按档案类别划分档案利用案例

一、文书档案利用案例

案例一:

天津市先锋建材制品厂分厂系根据上级指示于1972年从原部队所占用的土地上建立起来的,占地1400亩。1987年以来该厂附近的贯庄村农民经常到该厂区内私自乱掘土地和拿生产原料转卖,并声称该土地属贯庄村所有。该厂虽多次劝阻交涉,因手中没有土地使用证,不能说服农民,土地纠纷愈演愈烈。为澄清事实,查明证据,该厂先后到北京、哈尔滨、沈阳等地走访原部队,寻找证据,但查无结果。1988年8月该厂来到天津市档案馆,终于找到了市政府关于该处土地使用权的批复文件,文称:该占地系国有草荒地13 500亩,交由中国人民解放军××部队使用,上述土地使用权包括地面生长的植物通归部队长期使用。由此看出,该地系国有草荒地,不属于贯庄村所有。该厂依据此证经与贯庄村及其上属主管乡、区政府交涉,制止了贯庄村农民乱挖该厂土地的纠纷,明确了土地所有权,进而可使企业免受280万

元的损失。(天津市档案馆)①

案例分析:天津市先锋建材制品厂分厂利用的档案其产生的日期案例中没有说明,但是,从该厂1972年接管有争议的土地到1988年8月查到所需要的土地使用权批复文件档案,经过了16年,说明该土地使用权批复文件档案在这16年中没有被利用过,如果从该档案产生算起时间应该更长。这说明该档案在相当长的时间内没有被利用过,也就说明该档案是用少的。"该厂先后到北京、哈尔滨、沈阳等地走访原部队,寻找证据,但查无结果。1988年8月该厂来到天津市档案馆,终于找到。"而且,该档案只对天津市辖区内的这块土地有作用,明显的是档案的地域性作用,同时说明该档案的专指性作用,因为该档案对其他的地块不起任何作用。对于该档案的利用一般一次也就足够了,因为,天津市先锋建材制品厂分厂解决了这次纠纷后,一般如果没有特殊情况是不会再利用这份档案了。而且,该厂不愿意再发生一次纠纷来利用这份档案。至于时效性的问题,如果发生土地变更,变更后这份档案就完全过了时效期了。

案例二:

2006年,辽宁省丝绸进出口公司为界定国有资产,到辽宁省档案馆查阅该公司体制改革相关档案。原来八十年代省丝绸公司下放部分企业给丹东市,同时将省丝绸公司购买的丹东原电视大楼除第二层外交给丹东市。但目前包括电视大楼二层在内的该栋大楼产权证出售给个人。省档案馆为其提供了1987年省经济体制改革委员会印发的《关于省丝绸公司下放企业的答复意见》,其中第四条规定:省丝绸公司原购买的丹东原电视大楼除第二层外保留产权外,其余交给丹东市。这份文件为将该二层界定为国有资产提供了可靠的法律依据,有效地制止了国有资产的流失。(里蓉提供)②

案例分析:辽宁省丝绸进出口公司利用的档案《关于省丝绸公司下放企业的答复意见》是1987年产生的,从1987年产生的《关于省丝绸公司下放企业的答复意见》到2006年辽宁省丝绸进出口公司使用这份档案文件,中间经过了20年,说明这份档案文件在这20年中没有被利用过,也说明该档案文件是用少的。而且,该档案只对丹东市辖区内的这栋电视大楼有作用,明显发挥的是档案的地域性作用,同时也体现该档案的专指性作用,因为该档案对其他的大楼不起任何作用。而对该档案的利用一般一次也就足够了,因为辽宁省丝绸进出口公司解决了这次纠纷后,一般如果没有特殊情况是不会再利用这份档案了。而且,该公司也不愿意再发生一次纠纷来利用

① 国家档案局.中国档案年鉴1989[M].北京:档案出版社,1992:354.
② 国家档案局.中国档案年鉴2007[M].北京:中国档案出版社,2009:235-236.

这份档案。至于时效性的问题,如果该栋大楼超过了使用年限,这份档案就完全过了时效期了。

二、科技档案利用案例

案例一:

素有"竹乡"之称的广宁县,曾有 14 万亩竹林受蝗害,该县请省有关科研部门的专家进行考察,专家认为至少要用一年时间观察摸清蝗虫生活习性,才能研究并提出灭蝗办法。后来,县档案馆向领导提供了过去本县农科部门灭蝗的档案资料。参照档案记载的方法,一举扑灭了蝗害,从而直接避免经济损失达 400 多万元。(广东省钟伦清)[①]

案例分析:广宁县利用的县农科部门灭蝗的档案资料产生的日期案例中没有说明,但是,这些灭蝗的档案资料应该是很多年没有被利用过了,而且在发生竹林蝗害后,都没有想到有这样的档案资料可供参考。这说明这些档案资料在相当长的时间内没有被利用过,也说明该档案是用少的。而且,这些档案资料只对广宁县的竹林蝗害有作用,否则,就没有省有关科研部门专家认为至少要用一年时间观察摸清蝗虫生活习性的结论了,就会直接用其他地方的灭蝗办法。所以,这些档案资料有明显的地域性作用,同时说明该档案资料的专指性作用,因为该档案资料对其他的地方的灭蝗不一定起作用。对于该档案资料的利用一般一次也就可以了,因为下一次发生不发生竹林蝗害谁也不能预测。随着时间的推移,蝗虫的生活习性也有可能发生变异。如果蝗虫的生活习性发生变异,那么,这些档案资料也就失去了作用,即使发生了下一次竹林蝗害,也不会利用这些档案资料了。这同时说明了这些档案资料的时效性的问题。

案例二:

1997 年 2 月,新疆维吾尔自治区体委,对自治区体育场、体育馆进行维修与扩建。在开工前,到自治区档案馆调用图纸 800 余张。这使维修扩建工程得以快速、顺利、高效地完成。由于利用了原建筑图纸,共节约经费 150 万元人民币。其中节约图纸设计费 45 万元,节约工期费 105 万元。(迟占亚)[②]

案例分析:新疆维吾尔自治区体委利用的自治区体育场、体育馆图纸档案产生的日期案例中没有说明,但是,这些图纸档案应该是很多年没有被利用过了,说明该档案是用少的。而且,这些图纸档案只对新疆维吾尔自治区

---

① 国家档案局.中国档案年鉴 1989[M].北京:档案出版社,1992:364.

② 国家档案局.中国档案年鉴 1998—1999[M].北京:中国档案出版社,2000:177.

体育场、体育馆有作用,说明其具有明显的地域性作用,同时说明该图纸档案的专指性作用,因为该图纸档案对其他的体育场、体育馆不起任何作用。对于该图纸档案的利用一般一次也就可以了,因为下一次维修与扩建谁也不能预测。而且,即使出现了下一次维修与扩建,一般情况下,要利用的是这次维修与扩建新产生的建筑图纸档案,而不是利用原建筑图纸档案。对于时效性的问题,如果有下一次维修与扩建,就说明原建筑图纸档案的大部分已经过了时效期。至于这次维修与扩建新产生的建筑图纸档案,如果没有下一次维修与扩建,那么,该体育场、体育馆建筑超过了使用年限,这些档案就完全过了时效期了。

三、专业档案利用案例

案例一:

江苏省档案馆利用会计档案,帮助省轻工厅清查出三十几年的旧账近7000万元。

1987年,省轻工厅、省城镇集体工业联社根据国家有关规定,开始全面清理联社资财,核对省与各市、县轻工局的账目。由于机构频繁变动,各市县行的账目多已失散,很多集体资产归属不明,清理工作难以进行,给目前集体企业经济体制改革造成一定困难。自1987年开始,省档案馆为他们多次提供了1961—1968年原省手工业联社的会计档案,从委托单、异地托收单、进账单、回账单等记账凭证中,清查出各市、县有关单位欠资近7000万元的凭据。经过多年的查证、协商,清理资财工作于1998年基本结束,目前各市、县有关单位确认并经公证过的资金约2242万元。会计档案以其丰富的原始数据,为明确财产归属,保护集体资产,监督执行国家财务制度,促进经济建设起了重大作用。(江苏省档案局提供)[1]

案例分析:江苏省档案馆提供的1961—1968年原省手工业联社会计档案,说明这些会计档案是1961—1968年产生的。从1968年到1987年省轻工厅、省城镇集体工业联社利用这些会计档案,中间经过了20年,说明这些会计档案在这20年中没有被利用过,亦说明这些会计档案是用少的。而且,这些会计档案只对江苏省轻工厅与江苏省各市、县轻工局有作用,有明显的地域性作用,同时也说明这些会计档案的专指性作用,因为这些会计档案对其他的单位不起任何作用。而对于这些会计档案,一般利用一次也就足够了,因为江苏省轻工厅、省城镇集体工业联社这次全面清理完联社的资财

---

① 国家档案局.中国档案年鉴1998—1999[M].北京:中国档案出版社,2000:506-507.

后,如果没有特殊的情况是不会再利用这些会计档案了。而且,江苏省轻工厅、省城镇集体工业联也不会再来一次全面清理联社资财,以利用这些会计档案。如果再来一次全面清理联社资财,就说明这次全面清理联社资财工作做得不扎实。至于时效性的问题,如果这些会计档案过了时效期,基本也不会再来利用这些会计档案了。

案例二:

为见证幸福"金婚"提供凭证

市民张先生与老伴赵女士于1952年登记结婚。五十多年来老两口相濡以沫,儿孙满堂,是大家羡慕的模范"金婚"家庭。由于子女近年来相继移民海外,老夫妇为出国探亲需要办理有关出境手续,但在办理婚姻公证时遇到了困难:由于结婚时间较早,且经历了"文革"的动乱年代,结婚证书早已遗失,跑遍了民政、公安等主管部门,均无法查到时间这么久远的婚姻档案,故无法提供直接有效的证据。而如果去婚姻登记所重新办理结婚证,结婚时间必须从现在登记日算起,不能作为公证证据。老两口甚至"自嘲"说:"咱们两个成了非法夫妻了。"

由于出境申报材料有时限要求,眼看申请出境审批的期限就要截止。张先生夫妇通过报纸了解到上海市档案馆可以查询婚姻档案,于是抱着试试看的心情来到市档案馆。接待人员在询问了有关情况后,先是在汇总的各区县档案馆婚姻登记数据库中查找,但输入张先生夫妇的名字并没有检索到匹配的结果。就在张先生夫妇觉得又要空手而回的时候,接待人员根据以往接待的经验,在进一步询问了两人结婚时的一些细节,认为他们可能属于50年代初期在人民法院办理过婚姻公证的特殊情况,与一般意义的婚姻登记有所区别,于是又从馆藏的公证档案入手查找。在翻阅了10多本目录后,终于在一个不起眼的角落找到了张先生与赵女士1952年结婚公证的记录,老夫妇俩心中的"大石头"终于落下了。

"终于找到了,快60年了,不容易啊。"望着当年公证书上自己年轻时的照片,老夫妻俩感慨万千,激动地表示:"感谢档案馆帮我们保存了这么宝贵的证据,帮了我们大忙,这份档案我们一定要好好收藏,作为我们50多年婚姻的宝贵见证。"(上海市档案馆)①

案例分析:上海市民张先生与老伴赵女士是1952年登记结婚,要查找的婚姻证明档案应该是1952年产生的,从1952年到2009年(案例中没有标明查档时间,但案例出自《中国档案年鉴2009》,所以,查档时间应该是2009

---

① 国家档案局.中国档案年鉴2009[M].北京:中国档案出版社,2011:260.

年),中间经过了50多年,说明这份结婚公证档案在这50多年中没有被利用过,也说明这份结婚公证档案是用少的。而且,这份结婚公证档案只对上海市的市民张先生与老伴赵女士有结婚凭证作用,有着明显的地域性作用,同时也说明这份结婚公证档案具有专指性作用,只专门对上海市的市民张先生与老伴赵女士有结婚凭证作用,对其他人不起任何作用。而对于这份结婚公证档案的利用一般一次也就足够了,因为上海市的市民张先生与老伴赵女士夫妇在解决这次问题后,如果没有特殊情况是不会再利用这份结婚公证档案了。而且,张先生与老伴赵女士夫妇也不愿意再发生因为没有结婚证明的"为出国探亲需要办理有关出境手续,但在办理婚姻公证时遇到了困难"的现象后,再利用这份结婚公证档案了。至于时效性的问题,如果再过若干年,张先生与老伴赵女士故去后,这份公证档案就过了时效期。而从"由于出境申报材料有时限要求,眼看申请出境审批的期限就要截止。张先生夫妇通过报纸了解到上海市档案馆可以查询婚姻档案,于是抱着试试看的心情来到市档案馆"中,可以看出档案利用工作的保险性服务的保底性服务作用。

四、民生档案利用案例

案例一:

不久前,莱芜市档案馆接待了两位济南铁路局的老人郭某和李某,他们是来查找下乡知青档案的。去年底,他们所在单位的劳动部门贴出通知:凡下乡知青,可凭下乡相关证明材料延续工龄。李某是1975年上山下乡插队到莱芜市高庄公社高庄大队的;郭某是1968年上山下乡插队到茶叶乡东榆林大队的,现都已到了退休年龄。两位老人得知这一消息后,心情异常激动。他们先后到当地派出所、民政局、劳动局查找相关档案未果,心急如焚。最后,他们抱着一线希望来到市档案馆,当管理人员在档案馆馆藏知青档案中查到了两个人的下乡证明材料时,两位老人激动得不得了,他们说:"在我们几乎绝望的时候,是档案又让我们看到了希望。"(山东省档案局)①

案例分析:济南铁路局的老人郭某是1968年上山下乡插队到茶叶乡东榆林大队的,要查找的知青档案应该是1968年产生的,从1968年到2011年(案例中没有标明查档时间,但案例出自《中国档案年鉴2011》,所以,查档时间应该是2011年),中间经过了40多年,说明这份知青档案在这40多年中没有被利用过,也说明这份知青档案是用少的。"莱芜市档案馆接待了两位济南铁路局的老人郭某和李某,他们是来查找下乡知青档案的。"说明这份

① 国家档案局.中国档案年鉴2011[M].北京:中国文史出版社,2014:330.

知青档案只对在莱芜市辖区内下乡的知青有作用,有着明显的地域性作用,同时还说明这份知青档案具有专指性作用,这份知青档案只专门对在莱芜市辖区内下乡的知青郭某有凭证作用,对其他人不起任何作用。而对于这份知青档案,一般利用一次也就足够了,因为济南铁路局的老人郭某在解决这次问题后,如果没有特殊情况是不会再利用这份知青档案了。而且,济南铁路局的老人郭某"现都已到了退休年龄","可凭下乡相关证明材料延续工龄",并在不久办理了退休手续后,也就不会再利用这份知青档案了。至于时效性的问题,如果再过若干年郭某故去后,这份档案就过了时效期。济南铁路局的老人李某的知青档案亦是如此。而从"他们抱着一线希望来到市档案馆"中,可以看出档案利用工作的保险性服务的保底性服务作用。

案例二:

日照市自 2003 年 6 月在全国率先对困难户实行经济适用房货币直补政策,即把补贴在住房建设中的各种优惠,改为用货币方式直接补贴给低收入购房者。这项政策受到了丁某等无房困难家庭的热烈欢迎。

2011 年 8 月 19 日下午,日照市档案馆工作人员接到上午曾来查档的下岗工人丁某的电话,他激动地说道,单位已审核他的住房申请材料同意为他上报。听到这个好消息,工作人员的脸上洋溢着喜悦与满足。据丁某介绍,他在 1992 年 3 月 15 日—1997 年 3 月 14 日期间在交通部一航局四公司工作,属农民合同制工人,1997 年因合同到期包括丁某在内的 300 多名农民合同制工人全部解散,十多年来他一直靠打零工为生,因经济困难四处奔波未曾安家,2010 年丁某喜闻党和政府对低收入家庭住房补贴的惠民政策,开始向政府部门提出购买经济适用房。在递交申请时,劳动部门明确答复他符合家庭收入 35 000 元以下、无房户、失业人员等基本条件,但缺少曾经的招工证明,这就意味着他无法续交养老保险,也不能享受经济适用房补贴,心中重新燃起的希望再一次破灭,但他并未停下继续寻档的脚步,就这样丁某在 8 月 19 日上午抱着试试看的态度走进了日照市档案馆,但令他意想不到的是,档案馆里有他的招工档案,而且工作人员在五分钟之内在"人名数据库"里找到了他 1991 年 12 月 18 日的招收合同制工人录取通知书、招收农民合同制工人登记表,喜出望外的他接过档案证明件后连声向工作人员说着:"谢谢,谢谢,你们可帮我们大忙了,等我们全家住上新房,一定再来感谢你们!"(日照市档案馆)①

案例分析:日照市下岗工人丁某是 1991 年 12 月 18 日招收的合同制工人,要查找的招工档案应该是 1991 年产生的,从 1991 年到 2011 年,说明这

---

① 国家档案局.中国档案年鉴 2012[M].北京:中国文史出版社,2015:181.

份招工档案在这 20 年中没有被利用过,也说明这份招工档案是用少的。日照市的下岗工人丁某查找招工档案,说明这份招工档案只对在日照市辖区内被招过工的人有作用,有着明显的地域性作用,同时还说明这份招工档案具有专指性作用,只专门对在日照市辖区内被招过工的丁某有凭证作用,对其他人不起任何作用。而对于这份招工档案,一般利用一次也就足够了,因为日照市的下岗工人丁某在解决这次问题后,如果没有特殊情况是不会再利用这份招工档案了。因为丁某这次利用这份招工档案,续上了工龄和招工时间,一般情况下他不会再产生有关工龄的问题了,他也就不会因为涉及工龄而产生相同的问题了。至于时效性的问题,如果再过若干年丁某故去后,这份招工档案就过了时效期。而从"心中重新燃起的希望再一次破灭,但他并未停下继续寻档的脚步,就这样丁某在 8 月 19 日上午抱着试试看的态度走进了日照市档案馆"中,可以看出档案利用工作的保险性服务的保底性服务作用。

第二节 按利用目的划分档案利用案例

一、编史修志利用案例

案例一:

1988 年 11 月 11 日,黄浦区鞋帽公司为编写鞋帽业史,来上海市档案馆要求查找黄浦区鞋帽行业的历史材料,希望了解黄浦区鞋帽行业的户数、销售情况,上海最早一家鞋帽店名字及创办时间。经认真查找大量同业公会的档案,查得上海最老的一家帽店是马敦和帽店,于 1908 年创办。(屠素芬)①

案例分析:1988 年 11 月 11 日,黄浦区鞋帽公司为编写鞋帽业史,查得上海最老的一家帽店是马敦和帽店,于 1908 年创办。从中可以看出,关于记载上海最老的一家帽店马敦和帽店是 1908 年创办的档案,应该是形成于 1908 年,到 1988 年黄浦区鞋帽公司来利用,中间过了 80 年。在这 80 年中,有没有人利用过这一档案,无法断定,但有一点可以肯定,就是没有人利用过这一档案编史修志,或者类似的利用。如果有人利用过这一档案编史修志,那么,就可以从编写过的有关史志中查到这一信息。从史志文献资料中查找这一信息,要比到档案馆查找这一信息容易得多,可能性也大。所以,可以断定没有人利用过这一档案编史修志,或者类似的利用。可见,这 80 年

---

① 国家档案局.中国档案年鉴 1989 [M].北京:档案出版社,1992:358.

几乎没有人利用过这一档案,可以说明该档案是用少的。黄浦区鞋帽公司编写的鞋帽业史应该是地方专业史,记载上海最老的一家帽店马敦和帽店创办的档案也只对地方鞋帽业史有作用,对其他地方的鞋帽业史是没有作用的,因而,这一档案有着明显的地域性作用,而且这一档案只对该地方的鞋帽业史有作用,对该地方的其他专业史是没有作用的,说明这一档案具有专指性作用。对于这一档案,一般利用一次也就足够了,因为黄浦区鞋帽公司编写的鞋帽业史利用了这一档案后,一般如果没有特殊情况是不会再利用这份档案了。人们要想查找上海最老的一家帽店,直接查找编写好的鞋帽业史就可以了,除非质疑上海最老的一家帽店马敦和帽店是不是1908年创办的,再来利用这一档案验证真伪。至于时效性的问题,就凭证价值来说,在马敦和帽店关闭之时就基本失效了。作为史料价值,在鞋帽业史编写完,也基本失效了。当然,作为档案的文物价值,其时限期可以是永久的。

案例二:

紧跟着新中国、新北京发展的脚步,北京日报社走过了50年的光辉历程。

为纪念北京日报创刊50周年而编写的《北京日报社社史》和《北京日报社大事记》,需要北京日报建报初期的一些情况,带着这个问题,报社的杨女士来到了北京市档案馆。在馆藏第114号全宗里保存有较完整的北京日报社档案,这些档案详尽地记载了当时报社的情况。杨女士从这些珍贵的历史档案中查到了建国初期北京日报的任务和编辑方针等内容。档案中还详细记载了北京日报出刊情况、报社的机构设置、人员配备和各部、组任务及分工情况、报纸工作程序和工作制度等许多内容。这对于研究北京日报的发展历史、报社的组织沿革都有很重要的价值。杨女士先后几次来到北京市档案馆,仔细查阅这些档案,并将其中许多档案的内容进行了复制,例如北京日报情况介绍、发稿、改稿、审稿程序,改进北京日报工作请示及附件,出版《农村版》的请示计划,等等。杨女士称这些档案对编写社史和大事记有很大帮助,并对档案馆保存的档案如此系统完整感到惊讶。(注:为保护利用者权益,文中涉及的人名均为化名)(北京市档案局提供)①

案例分析:案例没有提供查档的时间,也没有提供查找的档案形成的具有时间,但是,从"为纪念北京日报创刊50周年而编写的《北京日报社社史》和《北京日报社大事记》,需要北京日报建报初期的一些情况"中可以看出,要查找的档案形成的时间距查找档案的时间基本在40~50年里。在这40~50年中,这些档案有没有人利用过,无法断定,但有一点可以肯定,就是没有

---

① 国家档案局. 中国档案年鉴2003[M]. 北京:中国档案出版社,2004:185.

人利用过这些档案编史修志或者编写大事记,或者其他类似的利用。如果有人利用过这些档案编史修志或者编写大事记等,那么,就可以从编写过的有关史志或者大事记中查到这些信息。从史志、大事记文献资料中查找这些信息,要比到档案馆查找这些信息容易得多,可能性也大。所以,可以断定没有人利用过这些档案编史修志或者编写大事记等,或者其他类似的利用。可见,这四五十年里几乎没有人利用过这些档案,可以说明这些档案是用少的。北京日报社编写《北京日报社社史》和《北京日报社大事记》应该是地方专业史,记载"北京日报建报初期的一些情况"的档案只对《北京日报社社史》和《北京日报社大事记》有作用,对其他地方的"日报社社史"是没有作用的,因而说明这些档案有着明显的地域性作用,而且这些档案只对《北京日报社社史》和《北京日报社大事记》有作用,对北京的其他专业史是没有作用的,说明这些档案具有专指性作用。对于这些档案,一般利用一次也就足够了,因为北京日报社编写《北京日报社社史》和《北京日报社大事记》利用了这些档案后,一般如果没有特殊情况是不会再利用这些档案了。至于时效性的问题,就凭证价值来说,随着时间的推移会逐渐失效的。作为史料价值,在《北京日报社社史》和《北京日报社大事记》编写完后,也就会逐渐失效。

二、工作查考利用案例

案例一:

随着社会的快速发展和改革的不断深入,许多法规规章已经不适合当前的情况,一项全面清理地方性法规规章的工作在各地展开。青岛市拟对部分地方性法规规章进行认真审定。为了全面、准确地掌握相关情况,青岛市法制工作办公室的工作人员于2004年6月到青岛市档案馆,详细查阅了20世纪90年代以前青岛市出台的各类地方性法规规章,得到了大量第一手资料,保证了规章审定工作的顺利进行,废止地方性法规规章二十余件。(林照清提供)①

案例分析:从"青岛市法制工作办公室的工作人员于2004年6月到青岛市档案馆,详细查阅了20世纪90年代以前青岛市出台的各类地方性法规规章"中可以看出,青岛市法制工作办公室的工作人员是2004年6月查档,查找的是20世纪90年代以前形成的档案,要查找的档案形成的时间距查找档案的时间已经至少14年了。在这14年里,有没有人利用过这些档案,无法断定,但有一点可以肯定,就是利用这些各类地方性法规规章的大部分都

---

① 国家档案局. 中国档案年鉴2004—2005[M]. 北京:中国档案出版社,2006:406.

是各类地方性法规规章制定的单位或相关人,他们那里需要经常用到,所以一般都有大量的复制件,是不会到档案馆来利用相关档案的。可见,这类地方性法规规章档案在档案馆是用少的。青岛市法制工作办公室的工作人员之所以要来档案馆查找,是因为没有一个部门可以提供全部的"各类地方性法规规章",只有档案馆可以提供。这些"青岛市出台的各类地方性法规规章"档案,只对青岛市有作用,对其他地方是没有作用的。因而,这些档案有着明显的地域性作用,同时也说明这些档案具有专指性作用。对于这些档案,一般利用一次也就足够了,尤其是那被"废止地方性法规规章二十余件",基本上不会再有人利用了。至于时效性的问题,那被"废止地方性法规规章二十余件"就已经失效了;那些没有失效的,当被废止后,或者被新的地方性法规规章代替的时候也就失效了。

案例二:

利用档案,解决了一起群体纠纷

2009 年 4 月 16 日,两个急匆匆的身影走进了河南省档案馆利用阅览大厅,工作人员热情接待了他们,经过了解他们是河南省民政厅信访处的同志,脸上写满了焦急,充满期待地说了查档缘由。在 20 世纪五六十年代,国家号召全国各省市支援边疆建设,河南省先后有 100 多万人响应国家号召,携家带口来到了边疆,支援边疆建设并做出了巨大的贡献。后来,国家依据当时的国力对支边人员进行了补偿,发放补偿款。现如今有一部分当年支边的人员对当年补偿款的发放提出了异议,在郑州、焦作、濮阳、平顶山、南阳、许昌、漯河、周口等地市 400 余人到省委举行大规模集体上访。如果找不到有力的证据说服他们,就有可能爆发更大规模的集体上访。情况紧急,工作人员立即分成两批查找,一方面运用计算机检索,另一方面用书本式检索工具进行检索,经过认真仔细的查找,终于在省民政厅的档案中找到当年支边补偿款发放情况的档案,档案里详细地记录了当年补偿款的发放情况,并以表格的形式记录了当年全省支边的各个县人员应领额数。当民政厅的同志拿到这份档案后,紧锁的眉头舒展了,他们激动地说:"太好了!太好了!真是太谢谢你们了。"档案提供了强有力的原始凭证,以此为依据顺利地做好了各县市上访群众的说服解释工作。(河南省档案馆提供)①

案例分析:案例中没有提供查到的档案形成的年代时间,但是,从 2009 年 4 月 16 日河南省民政厅信访处的同志查找有关 20 世纪五六十年代支援边疆建设,后来,国家依据当时的国力对支边人员进行了补偿,发放补偿款

---

① 国家档案局.中国档案年鉴 2010[M].北京:中国文史出版社,2012:216.

情况的表述中可以看出,发放补偿款的时间大约在20世纪七八十年代,查档时间距档案形成时间大约有三十年,说明在这三十年里,基本上没有人利用过。如果有人利用过这些档案,特别是民政部门或者信访部门利用过这些档案,也许就不会发生"郑州、焦作、濮阳、平顶山、南阳、许昌、漯河、周口等地市400余人到省委举行大规模集体上访"的事情了。可见,这些档案是用少的。在河南省档案馆查到的省民政厅当年支边补偿款发放情况的档案,只对河南省那些当年支边的人有作用,对其他省的当年支边的人是没有作用的,因而,这些档案有着明显的地域性作用。而且,这些档案只对河南省那些当年支边的人有作用,对河南省的其他人没有作用,说明这些档案具有专指性作用。对丁这些档案,一般利用一次也就足够了,因为河南省民政厅信访处利用这些档案"为依据顺利地做好了各县市上访群众的说服解释工作",解决完这一问题后,这些各县市上访群众也就不会再因为此事上访了,省民政厅信访处也不愿意再发生一次这样的事情来利用这些档案了。至于时效性的问题,随着时间的推移和省民政厅不再来利用,其会逐渐失效的。当那些当事人都故去,这些档案就基本上失效了。

三、经济建设利用案例

案例一:

浙江省嵊州市塑料厂在组织实施产业化发展项目中涉及到了环保评估问题,如按照程序组织、报批的话,要花经费3万元不说,时间也无法保证,很可能会失去良机。这时,有人想到9年前的一次技改时也有类似的环保评估。但那是省环保局给省二轻局的,只抄送市二轻总公司,厂里没有,现市二轻总公司也撤销了。为此,他们几经辗转来到了档案馆,经过一番查找,终于找到了《关于嵊州市塑料厂引进农用塑料经编遮阳网关键设备技改项目环境影响报告表审查意见的复函》。档案既为企业节约了费用,又为企业的发展争取了时间,更使企业的产品及时占领市场,增加了效益。①

案例分析:案例中没有提供查到的档案形成的年代时间,也没有提供查档的时间,但案例出自《中国档案年鉴2009》,所以,查档时间应该是2009年。从案例中提到"9年前",可以判断,《关于嵊州市塑料厂引进农用塑料经编遮阳网关键设备技改项目环境影响报告表审查意见的复函》这份档案形成的时间应该是2000年。从这份档案形成到来查找这份档案,中间隔了9年的时间,说明在这期间没有人利用过这份档案。而如果浙江省嵊州市塑料厂当年收到并保存了这份档案文件,那么,现在也不会到档案馆来查找这

---

① 国家档案局.中国档案年鉴2009[M].北京:中国档案出版社,2011:263.

份档案。从中可以看出这份档案是用少的。《关于嵊州市塑料厂引进农用塑料经编遮阳网关键设备技改项目环境影响报告表审查意见的复函》这份档案,可以说只对浙江省嵊州市的塑料厂有作用,对其他省市的塑料厂是没有作用的,因而,这份档案有着明显的地域性作用。而且,这份档案只对浙江省嵊州市塑料厂有作用,对浙江省嵊州市的其他厂没有作用,说明这份档案具有专指性作用。对于这份档案,一般利用一次也就足够了,因为浙江省嵊州市塑料厂的这个项目完成后,就不会再来利用这份档案了。或许浙江省嵊州市塑料厂会接受这次没有这份档案的教训,复制一份这份档案保存。如果是这样的话,就更不会到档案馆来利用这份档案了。至于时效性的问题,随着时间的推移会逐渐失效的,或者说这次项目完成后,这份档案就因已经完成了它的使命而失效了。

案例二:

档案资料助推企业工程项目建设

2011年1月的一天,李斯特技术中心(上海)有限公司在上海市浦东新区档案馆的帮助下,顺利完成了二期建设工程的审批工作,并如期启动工程建设。李斯特技术中心(上海)有限公司于2003年启动一期厂房的建设工程,并办理了相关的审批手续。近期,其二期建设工程即将启动,却因一期建设工程中的有关资料丢失,导致二期工程审批资料准备不全,甚至可能延误二期工程建设。为此,该公司的工作人员到上海市浦东新区档案馆寻求支持。档案馆工作人员经过认真查找,查到了相关案卷20余卷,并向该公司提供了公司一期项目规划许可证申请、环境影响批复等方面的档案复制件共287页,为其二期建设项目顺利启动提供了依据。(上海市档案馆胡明浩)①

案例分析:2011年1月,李斯特技术中心(上海)有限公司利用2003年启动一期厂房的建设工程有关资料,说明从这些档案形成到查找这些档案,中间隔了8年的时间,且在这期间没有人来利用这些档案。如果李斯特技术中心(上海)有限公司保存的这些有关一期建设工程中的档案资料没有丢失,那么,现在也不会到档案馆来查找这些档案。从中可以看出这些档案是用少的。有关李斯特技术中心(上海)有限公司一期建设工程中的这些档案资料,可以说只对李斯特技术中心(上海)有限公司有作用,对其他省市的公司是没有作用的,因而,这些档案有着明显的地域性作用。而且,这些档案只对李斯特技术中心(上海)有限公司的建设工程有作用,对上海的其他公

---

① 国家档案局.中国档案年鉴2012[M].北京:中国文史出版社,2015:169.

司的建设工程没有作用,说明这些档案具有专指性作用。对于这些档案,一般利用一次也就足够了,因为李斯特技术中心(上海)有限公司的二期建设项目完成后,就不会再来利用这些档案了。而且,李斯特技术中心(上海)有限公司会接受这次没有这些档案的教训,会将这些档案的复制件安全保存的。所以,李斯特技术中心(上海)有限公司不会到档案馆再来利用这些档案了。至于时效性的问题,随着时间的推移会逐渐失效的,或者说该公司的二期建设项目完成后,这些档案就已经因完成了它的使命而失效了。而从"却因一期建设工程中的有关资料丢失"中,可以看出档案利用工作的保险性服务的保底性服务作用。

四、学术研究利用案例

案例一:

2007 年 9 月 13 日,哈尔滨市档案馆来了一位大学法学院的研究生。原来,她在研究哈尔滨地方法制史中遇到了问题,来此寻求帮助。在接待人员的协助下,她查阅了革命历史档案全宗中的《哈尔滨市社会局、西傅家、电业局、合作社的分红、总结统计调查报告》《哈尔滨市农业局、黑龙江省人民政府农林厅、卫生厅关于畜牧业生产会议及发放畜照登记等材料的通知》《关于农业生产工作总结》等资料,通过对这些历史档案的研究,整理出哈尔滨地方的法制历史。她在留言簿上写道:"在还原历史本来面目的史料中,档案文件无疑是第一位的。哈尔滨革命历史档案保存完整、清晰,为研究提供了有利的历史支撑。"(哈尔滨市档案局编研利用处提供)①

案例分析:2007 年 9 月 13 日,哈尔滨市档案馆来了一位大学法学院的研究生,她咨询并查阅了革命历史档案,从中可以看出,她查阅的档案距这些档案形成的时间已经近60 年了。在这期间,有没有人利用过这些档案,无法断定,但有一点可以肯定,就是没有人利用过这些档案编写哈尔滨地方法制历史,或者类似的利用。如果有人利用过这些档案编写了哈尔滨地方法制历史,那么,她就可以从别人编写过的有关历史文献中查到这些信息。从历史文献中查找这些信息,要比到档案馆查找这些信息容易得多,可能性也大。所以,可以断定没有人利用过这些档案编写过哈尔滨地方法制历史,或者类似的利用。从中可以看出,这60 年几乎没有人利用过这些档案,最起码可以说没有因为编写哈尔滨地方法制历史来利用这些档案,因而,该档案是用少的。这位大学法学院的研究生准备整理编写哈尔滨地方法制历史应该是地方专业史,这些档案也只对哈尔滨的地方法制历史有作用,对其他地方

---

① 　国家档案局.中国档案年鉴 2008［M］.北京:中国档案出版社,2010:169.

的法制历史是没有作用的,因而,这些档案有着明显的地域性作用。而且,这些档案只对哈尔滨地方法制历史有作用,对该地方的其他专业史是没有作用的,说明这些档案具有专指性作用。对于这些档案,一般利用一次也就足够了,因为编写哈尔滨地方法制历史利用了这些档案后,如果没有特殊情况是不会再利用它们了。人们要想查找哈尔滨地方法制历史,直接查找编写好的哈尔滨地方法制历史就可以了,除非质疑哈尔滨地方法制历史中的个别问题,才会再来利用这些档案中的某一有关档案来验证真伪、纠正差错,而不会把编写哈尔滨地方法制历史所利用过的全部档案都重新利用一次。至于时效性的问题,就凭证价值来说,这些档案已完全过了时效期。作为史料价值,在哈尔滨地方法制历史编写完后,也会逐渐失效的。

案例二:

霍泛同志曾担任广西壮族自治区党委常委、秘书长、候补书记,后调到山西省任省委常委、副省长。现在,霍泛同志虽已85岁高龄,但仍坚持工作。他有一个心愿,就是想收集、整理自己过去撰写的文章、报告等材料,但一些材料特别是在广西工作期间撰写的材料自己没有留底,给整理工作带来一定的困难。后在山西省委办公厅、广西壮族自治区党委办公厅的协助下,广西壮族自治区档案馆按照霍泛同志的要求,很快帮他查到并复印了他在广西工作时撰写的《如何正确规定人民公社社员的劳动报酬》《关于对西林县社教运动情况的反映》等材料,了却了他的一桩心愿。(广西壮族自治区档案局供稿)①

案例分析:案例中没有提供查到的档案形成的年代时间,也没有提供查档的时间,但是,从"霍泛同志虽已85岁高龄,但仍坚持工作。他有一个心愿,就是想收集、整理自己过去撰写的文章、报告等材料"可以看出,他查阅的档案距这些档案形成的时间应该有几十年了。在这几十年中,有没有人利用过这些档案,无法断定,但看档案的题目《如何正确规定人民公社社员的劳动报酬》《关于对西林县社教运动情况的反映》,应该利用者不会很多。可以说,该档案是用少的。《如何正确规定人民公社社员的劳动报酬》没有标明针对的地域,应该是霍泛同志在广西某地工作时写的,而《关于对西林县社教运动情况的反映》标明了具体的县,说明这些档案只对霍泛同志在广西工作过的某地有作用,对其他地方是没有作用的,因而,这些档案有着明显的地域性作用。而且,这些档案只对研究"人民公社社员的劳动报酬"等有作用,对研究该地方其他方面的情况是没有作用的,说明这些档案具有专指性作用。对于霍泛同志来说,就是专指其撰写材料。对于这些档案,一般

---

① 国家档案局.中国档案年鉴2000—2001[M].北京:中国档案出版社,2002:181.

利用一次也就足够了,因为霍泛同志整理完自己过去撰写的文章、报告等材料后,如果没有特殊情况是不会再利用这些档案了。当然,也许还会有人利用这些档案撰写研究有关的历史,但那也是一般情况下利用一次就足够了。而如果研究有关的历史的人,能够很容易地找到霍泛同志整理出版后的撰写的文章、报告等材料的话,也不会来利用这些档案。至于时效性的问题,就凭证价值来说,这些档案已经过了时效期。

五、其他利用案例

案例一:

为给老干部闫永和落实政策,1998 年 5 月 7 日,中共麻栗坡县委督促有关部门尽快查清情况。县档案馆积极协助查阅档案,提供了闫永和参加革命工作的档案材料。县委根据档案记载,按照有关文件精神决定:"恢复闫永和同志公职,办理离休,工龄连续计算到 60 岁,发放建房补助费 2000 元,安家费 300 元,从 1998 年 6 月 1 日起由麻栗坡县民政局每月支付离休工资 679 元。"至此,这桩推迟了 20 年的落实政策问题,终于画上了一个圆满的句号。(云南省麻栗坡县档案馆)①

案例分析:案例中没有提供查到的档案形成的年代时间,但是,从查档的时间 1998 年,以及"这桩推迟了 20 年的落实政策问题""提供了闫永和参加革命工作的档案材料""工龄连续计算到 60 岁"等表述来看,从查到的档案形成的时间到查档的时间,中间至少经过了三四十年,甚至更长。也就是说,至少在这三四十年里,没有人利用过这些档案,可以说,该档案是用少的。中共麻栗坡县委有关部门查找的有关老干部闫永和的这些档案,只对麻栗坡县辖区内的人有作用,有着明显的地域性作用,同时说明这些档案具有专指性作用,即这些档案只对老干部闫永和有凭证作用,对其他人不起任何作用。而对于这些档案,一般利用一次也就足够了,因为麻栗坡县的老干部闫永和在这次落实完政策问题后,如果没有特殊情况是不会再利用这些档案了。麻栗坡县的老干部闫永和这次利用了这些档案,落实了政策,"办理离休,工龄连续计算到 60 岁",一般情况下他不会再产生有关离休和工龄问题了,他也就不会因为涉及离休和工龄而产生相同的问题了。至于时效性的问题,如果再过若干年闫永和故去后,这些档案就过了时效期。

案例二:

2007 年 2 月 6 日,查档者郝先生来到沈阳市档案馆,希望查找其在沈阳市防爆器械厂工作时的有关证明。据郝先生介绍,他在下岗后开办了一家

---

① 国家档案局.中国档案年鉴 1998—1999[M].北京:中国档案出版社,2000:512.

酒业有限公司,生活条件比较优越,但是随着年龄的增长以及对身体健康状况的担心,郝先生想通过有关部门办理医疗保险,可是由于个人档案中没有他在防爆器械厂工作的转正材料,致使其不能办理相关的业务。于是,郝先生到沈阳市档案馆来查找其在防爆器械厂工作时的有关材料。沈阳市防爆器械厂的前身是皇姑区明廉公社五金五厂,其后该厂多次改名、并轨。1987年,其破产档案被市档案馆接收。经过市档案馆接待人员的认真查找,终于在沈阳市防爆器械厂的档案中查到了郝先生于1980年的转正材料并为他出具相关证明,这一证明为郝先生办理医疗保险起到重要作用。(马媛)[1]

案例分析:从案例中可以看出,查到的档案形成的年代时间是1980年,查档的时间是2007年,从档案形成到来查档中间间隔经过了27年,说明在这期间,没有人利用过这份档案,可以说,该档案是用少的。郝先生查找自己在沈阳市防爆器械厂工作时的转正材料,说明这份档案只对沈阳市辖区内的人有作用,有着明显的地域性作用。同时说明这份档案具有专指性作用,只对郝先生有凭证作用,对其他人不起任何作用。而对于这份档案,一般利用一次也就足够了,因为郝先生办理了医疗保险解决完问题后,如果没有特殊情况是不会再利用这份档案了。郝先生这次利用这份档案办理了医疗保险,一般情况下他不会产生有关他办理医疗保险的问题了,也就不会因为涉及转正而产生相同的问题了。至于时效性的问题,如果再过若干年郝先生故去后,这份档案就过了时效期。

案例三:

2009年2月的一天,市民刘某来到沈阳市档案馆。从她焦急的声音中,档案馆接待人员知道她一定是遇到了很大的困难,经过接待人员细心地引导,她激动的情绪逐渐稳定下来。她说:"我自小就随家下放到农村,最近听说有文件规定,下放户子女年满16周岁就可以开始计算工龄,可是单位管人事的同志却说我的档案里面并没有关于当年下放的材料,我的工龄还得从1984年入厂时开始计算,这里外里少了8年,工资每个月也差了好几百块钱,再说以后退休也是个问题,这可怎么办啊!你们可得帮帮我啊,档案馆可是我最后的希望了。"接待人员马上从电脑数据库里搜索她的相关材料,但是一无所获,可见当时"知青办"的档案里并没有关于她的任何记载。于是,接待人员又从她父母单位的档案入手,终于找到了她全家于1970年下放的材料,为她出具了回城之前确已年满16周岁的证明。拿着自己的下放材料,看着上面鲜红的证明材料专用章,她激动得热泪盈眶,用颤抖的双手紧紧握住接待人员的手说:"太感谢你们了!"一周后,档案馆接待人员接到了

---

① 国家档案局.中国档案年鉴2008[M].北京:中国档案出版社,2010:167.

她的来电——"我的事情已经成功解决了,我特地打电话来向你们报个喜……这次我那8年的工龄也全找回来了,每个月工资比原来多了两百多块,而且过了年就可以退休了,真是太谢谢你们了!"(沈阳市档案局马媛)①

案例分析:从案例中可以看出,查到的档案形成的年代时间是1970年,查档的时间是2009年,从档案形成到来查档中间间隔经过了39年,说明在这期间,没有人利用过这份档案,可以说,该档案是用少的。市民刘某查找自己下放的材料,并从"她父母单位的档案入手,终于找到了她全家于1970年下放的材料",虽然案例中没有说明她父母的单位是什么地方的,但是,按照综合档案馆的接收范围,沈阳市档案馆只接收沈阳市辖区范围内的档案,那么,"她父母的单位"应该是沈阳市的单位。这说明这份档案只对沈阳市辖区内的人有作用,有着明显的地域性作用。同时还说明这份档案具有专指性作用,只对市民刘某有凭证作用,对其他人不起任何作用。而对于这份档案,一般利用一次也就足够了,因为市民刘某解决完有关工龄的问题后,如果没有特殊情况是不会再利用这份档案了。至于时效性的问题,如果再过若干年市民刘某故去后,这份档案就过了时效期了。而从"档案馆可是我最后的希望了"中,可以看出档案利用工作的保险性服务的保底性服务作用。

案例四:

档案为法院结案提供重要依据

2010年9月,彭泽县法院审理了一起建设工程施工合同纠纷案,县法院受理依法组成合议庭公开进行了审理,但在处理过程中一波三折,最后还是通过查证档案资料,成功地解决了这桩连环经济案件纠纷。

在这起连环经济纠纷案件中,原告吴某与被告汪某系建筑行业中的木工同行,本是多年的合作关系,早在2004年上半年县农贸大市场建设施工项目开始,汪某即分包了原告所承包的施工项目中的模板制作与安装工程,双方约定完工后结算。实际施工中汪某以其女婿的名义购买了两套商品房,口头约定房款从吴某的施工款中支付了125 285.8元,结果造成汪某超额支取工程款9万余元。吴某多次找汪某结算未果。在2008年11月,汪某反而以吴某拖欠工程费为由向法院提起诉讼,吴某以双方在农贸市场项目中的工程款尚未结算为由予以抗辩。2010年9月,吴某又诉至法院,请求依法判令汪某返还在农贸大市场建设施工模板安装项目中多支取的工程款75 953.88元。

---

①　国家档案局.中国档案年鉴2009[M].北京:中国档案出版社,2011:259.

在这起案件当中,原告坚持被告欠款,而被告辩称原告所说不实。法院收受了双方提供的证据,但发现并不能完全证实事情真相,为此法院到相关部门(个人)进行取证和调查了解,但都没有取得直接有效的证据,并没有使案情明朗化,案件审理于是搁置。法院在多方了解并获知档案部门可能有相关的档案资料后,专门派人到县档案馆调取相关档案资料进行核对查实。经过档案馆工作人员耐心查找,终于从县房地产公司移交的 2004 年档案中查出一些当年的购房销售财务凭证及收据。查明当年被告的购房款 125 285.8 元中实际只交纳了 4126 元,由吴某用工程款抵扣了房款 121 159.8 元,双方确实存在欠款行为。在取得翔实的证据后,县法院依据《中华人民共和国合同法》第 286 条、《中华人民共和国民法通则》第 108 条的规定,判决原、被告间的建设施工合同关系依法成立,原、被告在施工中的账目应当按约进行清算,被告汪某支付原告吴某工程垫付款 38 697.88 元,并于判决生效之日起十日内一次性支付。至此,一桩历经五六年时间的经济纠纷得益于档案资料,终于顺利解决。(江西省档案局)①

案例分析:案例中没有提供查到的档案形成的年代时间,但是,从查档的时间 2010 年,以及"终于从县房地产公司移交的 2004 年档案中查出一些当年的购房销售财务凭证及收据"的表述来看,从查到的档案形成的时间到查档的时间,中间至少经过了 6 年,说明在这期间,没有人利用过这些档案,可以说,该档案是用少的。彭泽县法院审理的这一起建设工程施工合同纠纷案所查到的档案是县房地产公司的购房销售财务凭证及收据,说明这些档案只对彭泽县辖区内的人有作用,有着明显的地域性作用。同时说明这份档案具有专指性作用,只对汪某、吴某有凭证作用,对其他人不起任何作用。而对于这些档案,一般利用一次也就足够了,因为汪某、吴某在解决完这起经济纠纷的问题后,如果没有特殊情况是不会再利用这些档案了。至于时效性的问题,如果再过若干年该房产过了时效期后,这些档案也就过了时效期。

第三节　1989—2014 年《中国档案年鉴》综合档案馆档案利用案例统计分析

前面两节对《中国档案年鉴》中的档案利用案例进行了个案分析,尽管这些案例都来自《中国档案年鉴》,但是,也许还会有人认为这些案例仍有人为选择案例的嫌疑,这里再将 1989—2014 年《中国档案年鉴》中的有关涉及综合档案馆的档案利用案例全部进行一下统计分析,以便得出更接近客观

---

① 国家档案局.中国档案年鉴 2011[M].北京:中国文史出版社,2014:327-328.

事实的结论。

这里统计的案例还是来源于《中国档案年鉴》1989 年卷、1997 年卷、1998—1999 年卷、2000—2001 年卷、2002 年卷、2003 年卷、2004—2005 年卷、2006 年卷、2007 年卷、2008 年卷、2009 年卷、2010 年卷、2011 年卷、2012 年卷、2013 年卷、2014 年卷。

1989—2014 年《中国档案年鉴》综合档案馆档案利用案例统计情况见表9-1。

表9-1　1989—2014 年《中国档案年鉴》综合档案馆档案利用案例统计

年度	凭证性利用									依据性利用		非凭证性利用			小计
	土地	房产	知青	招工、工龄退休	表彰	婚姻	落实政策待遇	毕业生名册、学籍	其他凭证依据	工作查考	经济建设	编史修志	学术研究	宣传展览、编研	
1988	13	3				1	1	2	6		2	7		1	36
1996	8	5		1	3		5		4	5		7	4	2	44
1997	15			1				1	4	2	1	4		3	31
1998	10	3					3		8	2	1	5	3	4	39
1999	10	4									1	6	3	6	32
2000	6	5				1			5	2	1	4		1	25
2001	4	2		2	2				3	2	1	5	2	1	31
2002	9	7	1	4	1	3	7	1	7	3	2	7	1	4	57
2003	10	2		3	1		4		7	3		5	2	4	41
2004	4		1	5	1		4		9	3		2	2		31
2005	8	2	3	1	1					3	2	1	3	9	48
2006	3	6		7	2	2	10	1	11	2	1		1	3	54
2007	9	7	1	10			18	2	16	4	4	13		5	96
2008	11	13	3	16	2	6	15	1	16	4	2	11	3	5	108
2009	9	3	5	10	3	3	3	3	18	5	2	11	4		88
2010	9	3	4	6	3	4	5	3	30	3	1	11	3	6	91
2011	9	6	7	22	4	14	11	3	27	3	2	10	4	7	129
2012	3	2		4		3	5	3	11	1		1	1	1	36
2013	2			1	4		2		13	2		3	2	2	35
合计	152	73	26	95	27	39	110	22	204	49	22	114	40	79	1052

表9-1 情况说明如下：

土地：指由于各种原因引起的土地纠纷而利用馆藏档案来解决问题的案例。

房产：指由于各种原因引起的房产纠纷而利用馆藏档案来解决问题的案例。

知青：指因各种原因必须要确认利用者的"知青"身份而利用馆藏档案来解决问题的案例。

招工、工龄、退休：指因各种原因必须确认利用者的"工龄"，或者"招工"时间，来利用馆藏档案办理解决"退休"以及"社保""医保"等其他问题的案例。

表彰：指因各种原因必须要确认利用者的受"表彰"身份而利用馆藏档案来解决问题的案例。

婚姻：指因各种原因必须要确认利用者的"婚姻"关系身份而利用馆藏档案来解决问题的案例。

落实政策待遇：指因各种原因必须要确认利用者的某种身份而利用馆藏档案来解决落实政策待遇问题的案例。

毕业生名册、学籍：指因各种原因必须要确认利用者的"学历"身份而利用馆藏档案中的"毕业生名册""学籍"档案等来解决问题的案例。

其他凭证依据：指因各种原因必须要利用档案的凭证依据确认利用者的某种身份、某种关系等等来解决各种问题而到档案馆利用馆藏档案的案例。

工作查考：指因工作中的各种原因到档案馆来利用档案做依据解决问题的案例。

经济建设：指因经济建设中的各种原因到档案馆来利用档案做依据解决问题的案例。

编史修志：指利用馆藏档案进行编史修志的案例。

学术研究：指利用馆藏档案进行学术研究的案例。

宣传、展览、编研：主要是档案馆或与其他单位合作利用档案进行宣传、展览、编研的案例。档案馆利用档案进行宣传、展览、编研不能算作严格意义上的档案利用。

凭证性利用：指的是利用档案的凭证作用来解决问题的案例。

依据性利用：指的是利用档案的凭证作用来解决问题的案例，也可以说是间接性的凭证性利用。依据性利用解决的大都是宏观性的案例，大多数解决的问题不是具体的个案。从实质上说，依据性利用也是凭证性利用，也是利用档案的凭证作用来解决问题的。

非凭证性利用：指的是利用档案的非凭证作用来解决问题的案例。就编史修志与学术研究来说,实际上从某种意义上说也是利用的档案的凭证价值。当然,要论述编史修志与学术研究利用的是档案的凭证价值,并不是一句话就能说清楚的。这里姑且认为编史修志与学术研究是非凭证性利用。对于利用档案进行宣传、展览、编研来说,其实与编史修志相仿,这里也姑且认为是非凭证性利用。

表9-2是1989—2014年《中国档案年鉴》综合档案馆档案利用案例各类型利用所占比例情况的统计。

表9-2 1989—2014年《中国档案年鉴》综合档案馆档案利用案例各类型利用所占比情况统计

利用总案例	凭证性利用	占总案例比/%	依据性利用	占总案例比/%	非凭证性利用	占总案例比/%
1052	748	71.10	71	6.75	233	22.15

档案馆利用档案进行宣传、展览、编研等,从严格意义上讲不能算作档案利用。如果去掉档案馆利用档案进行宣传、展览、编研的案例数,那么,1989—2014年《中国档案年鉴》综合档案馆档案利用案例各类型利用所占比情况则是表9-3。

表9-3 1989—2014年《中国档案年鉴》综合档案馆档案利用案例(不含宣传、展览、编研类利用)各类型利用所占比情况统计

利用总案例	凭证性利用	占总案例比/%	依据性利用	占总案例比/%	非凭证性利用	占总案例比/%
973	748	76.88	71	7.30	154	15.82

从表9-1、表9-2中可以看出,1989—2014年《中国档案年鉴》综合档案馆档案利用案例中,凭证性利用占71.10%,依据性利用占6.75%,两项所加为77.85%。也就是说,这些档案利用案例中的凭证性利用以及间接性的凭证性利用占到了全部档案利用的77.85%。从表9-3中可以看出,如果去掉宣传、展览、编研等利用案例数,那么,凭证性利用占76.88%,依据性利用占7.30%,两项所加为84.18%。也就是说,这些档案利用案例中的凭证性利用以及间接性的凭证性利用就占到了全部档案利用的84.18%。从中可以看出,档案利用主要利用的是其凭证价值,发挥的主要是凭证作用,而档案的凭证价值具有用少性、时效性、地域性、专指性、一次性的特点,体现在档案利用上,这"五性"就是档案利用的五定律。

参考文献

一、图书

[1]克雅捷夫. 档案工作的理论与技术[M]. 韩玉梅,吕洪宇译. 北京:中国人民大学出版社,1956.

[2]阮冈纳赞. 图书馆学五定律[M]. 北京:书目文献出版社,1988.

[3]谢伦伯格. 现代档案:原则与技术[M]. 黄坤坊,等译. 北京:档案出版社,1983.

[4]商鞅,等. 商君书[M]. 上海:上海人民出版社,1974.

[5]陈晓辉,赵屹,郭晓云. 档案网站建设[M]. 上海:上海世界图书出版公司,2014.

[6]陈永生,田炳珍. 档案信息资源开发利用及其效益研究[M]. 广州:广东人民出版社,1999.

[7]陈永生. 档案工作效益论[M]. 北京:中国档案出版社,1995.

[8]陈兆祦,和宝荣,王英玮. 档案管理学基础[M]. 3版. 北京:中国人民大学出版社,2005.

[9]陈兆祦,和宝荣. 档案管理学基础[M]. 修订本. 北京:中国人民大学出版社,1996.

[10]陈兆祦,王德俊. 档案学基础[M]. 北京:档案出版社,1995.

[11]陈智为,李国庆. 县档案馆业务知识[M]. 贵阳:贵州人民出版社,1986.

[12]辞海[M]. 缩印本. 上海:上海辞书出版社,2000.

[13]邓绍兴,陈智为. 档案管理学[M]. 修订本. 北京:首都师范大学出版社,2000.

[14]邓绍兴,陈智为. 新编档案管理学[M]. 北京:档案出版社,1986.

[15]第十三届国际档案大会文件报告集[C]. 北京:中国档案出版社,1997.

[16]第十四届国际档案大会文集[C]. 北京:中国档案出版社,2002.

[17]《当代中国的档案事业》编辑委员会. 当代中国的档案事业[M]. 北京:中国社会科学出版社,1988.

[18]丁海斌,方鸣,陈永生. 档案学概论[M]. 沈阳:辽宁大学出版社,2012.

[19]丁海斌.档案学的哲学与历史学原论[M].沈阳:辽宁大学出版社,2011.

[20]国家档案局.档案学概述[M].北京:中国档案出版社,1995.

[21]董秀丽.美国政治经济与外交[M].北京:知识产权出版社,2014.

[22]范仁贵,林清澄.档案法学概论[M].北京:中国经济出版社,1989.

[23]冯惠玲,张辑哲.档案学概论[M].2版.北京:中国人民大学出版社,2006.

[24]冯子直.论档案事业[M].北京:中国文史出版社,1995.

[25]高伟.每一次破碎都是盛开[M].杭州:浙江文艺出版社,2013.

[26]顾洪章.中国知识青年上山下乡始末[M].北京:中国检察出版社,1997.

[27]郭淑琴.普通心理学[M].北京:光明日报出版社,1989.

[28]郭树银.论档案工作若干问题[M].北京:人民日报出版社,1991.

[29]国家档案局.曾三档案工作文集[M].北京:档案出版社,1990.

[30]国家档案局.中国档案年鉴1989[M].北京:档案出版社,1992.

[31]国家档案局.中国档案年鉴1997[M].北京:中国档案出版社,1999.

[32]国家档案局.中国档案年鉴1998—1999[M].北京:中国档案出版社,2000.

[33]国家档案局.中国档案年鉴2000—2001[M].北京:中国档案出版社,2002.

[34]国家档案局.中国档案年鉴2002[M].北京:中国档案出版社,2003.

[35]国家档案局.中国档案年鉴2003[M].北京:中国档案出版社,2004.

[36]国家档案局.中国档案年鉴2004—2005[M].北京:中国档案出版社,2006.

[37]国家档案局.中国档案年鉴2006[M].北京:中国档案出版社,2008.

[38]国家档案局.中国档案年鉴2007[M].北京:中国档案出版社,2009.

[39]国家档案局.中国档案年鉴2008[M].北京:中国档案出版社,2010.

[40]国家档案局.中国档案年鉴2009[M].北京:中国档案出版社,2011.

[41]国家档案局.中国档案年鉴2010[M].北京:中国文史出版社,2012.

[42]国家档案局.中国档案年鉴2011[M].北京:中国文史出版社,2014.

[43]国家档案局.中国档案年鉴2012[M].北京:中国文史出版社,2015.

[44]国家档案局.中国档案年鉴2013[M].北京:中国文史出版社,2017.

[45]国家档案局.中国档案年鉴2014[M].北京:中国文史出版社,2017.

[46]国务院秘书厅.中华人民共和国行政区划简册1961[M].北京:地图出版社,1961.

[47]韩李敏.编史修志与档案的利用[C]//浙江省地方志编纂室,浙江省地方志学会.修志讲座[C].杭州:浙江省地方志编纂室,1987:157-167.

[48]韩玉梅,张恩庆.外国档案管理概论[M].北京:档案出版社,1987.

[49]何嘉荪.档案管理理论与实践[M].北京:高等教育出版社,1991.

[50]何鲁成.档案管理与整理[M].上海:商务印书馆,1938.

[51]黄霄羽,等.社会转型期档案利用政策研究[M].北京:光明日报出版社,2011.

[52]黄宗忠.图书馆学导论[M].武汉:武汉大学出版社,1988.

[53]黄宗忠.图书馆学导论[M].武汉:武汉大学出版社,2013.

[54]李培清.专门档案管理学基础[M].长沙:中南工业大学出版社,1993.

[55]李培清.档案馆学[M].北京:档案出版社,1988.

[56]王鹤鸣.中华谱牒研究[M].上海:上海科学技术文献出版社,2000.

[57]刘国华,李泽锋.档案管理学[M].北京:中国档案出版社,2004.

[58]刘国能,黄子林.中国档案事业概述[M].北京:档案出版社,1993.

[59]刘国能,王湘中,孙钢.档案利用学[M].北京:中国档案出版社,1996.

[60]刘旭光.孟子家族的记忆:孟府档案管理研究[M].上海:上海世界图书出版公司,2015.

[61]刘永.档案学概论[M].郑州:河南人民出版社,2006.

[62]卢贤中.中国图书学[M].合肥:安徽大学出版社,2004.

[63]罗辉.档案信息开发与利用[M].南京:南京大学出版社,1993.

[64]齐家莹.科技大师人文随笔精选[M]北京:新世界出版社,2003.

[65]桑健.图书馆学概论[M].沈阳:辽宁人民出版社,1985.

[66]桑健.科技情报学概论[M].沈阳:辽宁人民出版社,1987.

[67]上海市档案局.档案管理理论与实务[M].上海:上海教育出版社,2016.

[68]上海图书馆.中国家谱总目1[M].上海:上海古籍出版社,2008.

[69]沈永年,王传宇,高鹏云.科学技术档案管理基本知识[M].北京:档案出版社,1985.

[70]国家档案局.档案馆业务建设与管理[M].北京:档案出版社,1993.

[71]施宣岑,王景高.档案馆概论[M].北京:档案出版社,1995.

[72]石浒泷,林清澄,贾玉德.档案哲学[M].北京:中国档案出版社,1997.

[73]宋涛主编.最新办公室内部管理规章制度全书[M].北京:中国物价出版社,2001.

[74]孙琬钟.中华人民共和国新编劳动人事政策法规全书[M].中国人事出版社,1999.

［75］谭玙培.当代中国档案学热点评析［M］.成都:电子科技大学出版社,2003.

［76］铜川市档案志编纂委员会.铜川市档案志［M］.铜川:铜川市耀州区信达印务有限公司,2014.

［77］王成兴,尹慧道.文物保护技术［M］.合肥:安徽大学出版社,2005.

［78］王传宇.科技档案管理学［M］.修订本.北京:中国人民大学出版社,1998.

［79］王鹤鸣.中国家谱通论［M］.上海:上海古籍出版社,2011.

［80］贵州省档案局,贵州省档案学会."纪念建国60周年"档案学术研讨会论文集［C］.贵阳:贵州省档案学会,2009.

［81］王细荣.图书情报工作手册［M］.上海:上海交通大学出版社,2009.

［82］王英玮.档案文化论［M］.北京:中国人民大学出版社,1998.

［83］王英玮.专门档案管理［M］.2版.北京:中国人民大学出版社,2010.

［84］韦界儒.档案管理学教程［M］.南宁:广西民族出版社,1993.

［85］吴宝康.档案学理论与历史初探［M］.成都:四川科学技术出版社,1986.

［86］吴宝康.档案学概论［M］.北京:中国人民大学出版社,1988.

［87］吴宝康.论档案学与档案事业［M］.南京:南京大学出版社,1988.

［88］吴建华.科技档案管理学［M］.南京:南京大学出版社,2002.

［89］吴宝康,丁永奎.当代中国档案学论［M］.北京:档案出版社,1988.

［90］吴慰慈,董焱.图书馆学概论［M］.修订本.北京:北京图书馆出版社,2002.

［91］吴慰慈.图书馆学基础［M］.北京:高等教育出版社,2004.

［92］夏征农,陈至立.大辞海［M］.上海:上海辞书出版社,2010.

［93］现代汉语词典［M］.7版.北京:商务印书馆,2016.

［94］肖东发.中国图书［M］.北京:中国书籍出版社,2014.

［95］肖兴辉,刘新萍.文书与档案管理［M］.北京:对外经济贸易大学出版社,2014.

［96］谢俊贵.图书学基础［M］.长沙:湖南大学出版社,1989.

［97］宿景祥.美国经济统计手册［M］.北京:时事出版社,1992.

［98］徐引篪,霍国庆.现代图书馆学理论［M］.北京:北京图书馆出版社,1999.

［99］许嘉璐主编.二十四史全译·汉书［M］.上海:世纪出版集团·汉语大词典出版社,2004.

［100］薛匡勇.档案馆论［M］.上海:第二军医大学出版社,2002.

[101]杨起全,李延成.情报学[M].北京:科学技术文献出版社,1988.

[102]杨天宇.周礼译注[M].上海:上海古籍出版社,2004.

[103]杨小红.中国档案史[M].沈阳:辽宁大学出版社,2002.

[104]杨忠海.保险学原理新编[M].中国金融出版社,2015.

[105]殷钟麟.中国档案管理新论[M].北京:中国人民大学历史档案系翻印,1958.

[106]袁志刚,方颖.中国就业制度的变迁[M].山西经济出版社,1998.

[107]张殿清.特殊的较量 情报与反情报[M].北京:世界知识出版社,1997.

[108]张辑哲.维系之道:档案与档案管理[M].北京:中国档案出版社,1995.

[109]赵嘉庆,张明福.档案管理[M].北京:中国档案出版社,1991.

[110]赵屹.档案馆的现在与未来[M].上海:上海世界图书出版公司,2015.

[111]赵越.档案学概论[M].沈阳:辽宁大学出版社,1987.

[112]郑如斯,肖东发.中国书史[M].北京:书目文献出版社,1987.

[113]《中国大百科全书》编辑委员会.中国大百科全书·心理学[M].北京:中国大百科全书出版社,1991.

[114]中国第一历史档案馆.明清档案与历史研究论文集:庆祝中国第一历史档案馆成立70周年[M].北京:中国友谊出版公司,2000.

[115]中国人民大学历史档案系档案史教研室.中国档案史参考资料(奴隶社会和封建社会时期)[M].1962.

[116]中华人民共和国民政部.中华人民共和国行政区划简册1985[M].北京:测绘出版社出版,1985.

[117]中华人民共和国民政部.中华人民共和国行政区划简册2018[M].北京:中国地图出版社,2018.

[118]中华人民共和国内务部民政司.中华人民共和国行政区划简册[M].北京:地图出版社,1966.

[119]周连宽.公文处理法与档案处理法[M].北京:档案出版社,1987.

[120]周玲,马长林.档案鉴定新论[M].上海:上海社会科学出版社,2004.

[121]周晓英.档案信息论[M].北京:中国人民大学出版社,2000.

[122]周雪恒.中国档案事业史[M].北京:中国人民大学出版社,1998.

[123]朱玉媛.档案学基础[M].2版.武汉:武汉大学出版社,2008.

[124]遵义县档案志编纂委员会.遵义县志·档案志[M].遵义:遵义康达彩色印务有限公司,2011.

[125]左玉亭.现代文书与档案管理[M].西安:西安地图出版社,2007.

二、期刊

[1]米尔顿·贾斯特弗桑.历史性的移交:记《独立宣言》和《宪法》转交到美国国家档案馆的经过[J].田犁,译.档案学通讯,1980(2):64-68.

[2]米尔顿·贾斯特弗桑.历史性的移交:记《独立宣言》和《宪法》转交到美国国家档案馆的经过(续)[J].田犁,译.档案学通讯,1980(3):73-78.

[3]安小米,王淑珍.第十五届国际档案大会及其主要启示[J].档案学通讯,2004(6):88-90.

[4]笔谈.21世纪档案学基础理论研究态势的预测[J].档案学通讯,1998(4):21-23.

[5]卞吉.档案服务创新系列谈之二 社会需求 主动服务 档案利用效果:北京市朝阳区档案利用工作带给我们的思考[J].北京档案,2002(4):8-9.

[6]曹宇.从档案馆文化休闲功能看我国档案鉴定转向[J].贵州档案,2004(4):21-22.

[7]曹家慧.试析近年来档案馆档案利用率下降的原因:兼与山东滕州市档案馆徐大华、燕开良二先生商榷[J].贵州档案,1997(6):23-25.

[8]昌晶,张璨丹.对"备以查考性"的认识[J].四川档案,2010(3):54-55.

[9]陈贤华.档案起源于用文字书写文献之时[J].四川大学学报(哲学社会科学版),1991(3):99-103.

[10]陈永生.从合理性的角度研究档案利用问题[J].档案,2007(2):12-14.

[11]陈永生.档案学功能探索:兼论档案学基础研究与应用研究的关系[J].湖北档案,1991(3):8-11.

[12]陈永生.档案已供利用情况的数据分析:档案充分利用问题研究之三[J].档案学研究,2007(5):20-25.

[13]陈永生.论档案工作效益的滞后性特点[J].湖北档案,1993(2):21-24.

[14]陈兆祦.对档案学研究中几个问题的认识[J].档案学通讯,1994(2):8-10.

[15]陈智为,吴双英.试析档案信息交流中存在的障碍与我们的对策[J].档案与建设,1995(3):17-19.

[16]陈智为.档案学就是档案馆学吗?[J].档案与建设,1994(4):5-7.

[17]陈祖芬.从文化的观念层面看我国档案管理体制[J].档案学研究,2003(1):16-18.

[18]陈作明.论文书档案的价值鉴定[J].档案学通讯,1996(6):9-14.

[19]程桂芬.关于档案学问题[J].档案工作,1957(1):26-29.

[20]程磊.情报文献新探索[J].图书馆,1986(5):14-17.

[21]程相山,王玉.南阳市档案馆1995—2004年档案利用情况调查与分析[J].档案管理,2005(4):53.

[22]段公健.档案起源探微[J].机电兵船档案,1999(5):38-39.

[23]戴泳江.着眼社会需求 提高利用效率:江苏射阳县档案馆1986~2005年档案利用工作的分析报告[J].中国档案,2006(11):48-49.

[24]邓绍兴.《中国档案分类法》产生的客观基础和特点[J].档案学通讯,1995(5):7-10.

[25]丁传斌.浅议档案价值的特征、规律及其鉴定[J].湖北档案,1992(2):8-10.

[26]丁红勇.2014年上海市浦东新区档案馆档案利用分析[J].中国档案,2015(5):30-31.

[27]丁红勇.浦东新区档案馆2013年档案利用分析[J].中国档案,2014(5):61-63.

[28]丁华东.档案记忆观的兴起及其理论影响[J].档案管理,2009(1):16-20.

[29]丁华东.社会记忆与档案学研究的拓展[J].中国档案,2006(9):32-35.

[30]丁华东.昔日重现:论档案建构社会记忆的机制[J].档案学研究,2014(5):29-34.

[31]丁健.档案与档案工作:固化的记忆与记忆的固化[J].档案学研究,2002(5):17-20.

[32]丁永奎.档案学基础理论与历史的研究现状与建设发展:中国档案学会档案学基础理论与历史学术委员会筹备工作报告[J].档案学通讯,1987(6):21-29.

[33]丁志民.档案信息观[J].档案工作,1985(1):16-20.

[34]董扣宛.丰富馆藏的新思维[J].档案与建设,1994(1):34-35.

[35]董长春.统筹视域下的档案文化休闲利用与服务研究[J].档案学研究,2016(6):45-48.

[36]杜建敏.市县两级综合档案馆不宜接收长期卷[J].山西档案,2001(6):21-22.

[37]杜长安."文物价值"不是"档案价值"[J].中国档案,1998(4):36-37.

[38]冯玉江.试论档案馆咨询服务工作[J].湖北档案,1985(1):12-15.

[39]符玲.新时期公共图书馆加强地方文献资源建设的策略[J].河南图书

馆学刊,2018,38(6):15-17.

[40]傅华.档案定义十人谈[J].档案工作,1993(8):33-35.

[41]高换婷.清代文书档案副本制度初探[J].档案学通讯,2004(4):
49-53.

[42]高瑛.近观美国档案管理[J].兰台内外,2011(2):56-57.

[43]拱洁凡,吴青林.皮尤研究中心《图书馆2016》报告解读与思考[J].图
书馆建设,2017(1):46-51.

[44]归吉官.对档案价值与档案客体价值的再认识[J].档案,2011(3):
9-12.

[45]郭炜.唐河县档案馆1985—2004年档案利用情况调查与分析[J].档案
管理,2006(5):45-47.

[46]韩宝华.档案与文件关系新论[J].档案与建设,1995(9):20-22.

[47]韩李敏,吴新宇.新时期档案馆利用回顾与展望:浙江省档案馆15年
(1980—1994)档案利用分析报告[J].档案学研究,1996(增刊):
48-49.

[48]韩孝.探索"1344"发展之路 助推农业农村档案工作新常态发展[J].档
案天地,2016(6):9-10.

[49]韩毓虎.坚持改革 扎实工作 全面发展档案馆事业 为社会主义现代化
建设服务:韩毓虎同志在全国档案馆工作会议上的报告[J].档案工作,
1985(10):6-16.

[50]寒江.论档案起源于人类社会的形成时期:兼论档案的定义与本质属性
[J].档案学研究,1990(4):15-18.

[51]何文丽.民政专业档案的形成规律及管理[J].中国档案,2011(6):
66-68.

[52]和宝荣,陈兆祦,松世勤.文书档案工作基本知识讲座(提纲)[J].档案
工作,1980(1):28-30,22.

[53]和宝荣.实现档案价值的规律性和档案的科学管理问题(续)[J].档案,
1988(1):23-25.

[54]侯嫦娥.档案利用分析[J].山西档案,2009(4):32-33.

[55]侯汉清,刘迅.阮冈纳赞《图书馆学五定律》概述[J].图书馆杂志,1985
(4):14-18.

[56]侯志洪.档案馆社会功能的实现[J].北京档案,1999(3):21-23.

[57]胡绍华.访美散记之五:访美国国家档案与文件管理署[J].档案管理,
1995(3):36-40.

[58]胡喜长.再谈对档案基本价值特性的认识:兼与刘东斌同志再商榷[J].

档案管理,2007(3):26-27.

[59] 胡振荣.让档案亲近大众:湖南省档案利用方式创新的实践与思考[J].
档案时空,2017(12):6-9.

[60] 黄才庚,曹大德.副本制度概述[J].档案与建设,1988(5):55-59.

[61] 黄坤坊.第一届国际档案大会(连载一)[J].档案,1995(1):24-25.

[62] 黄霄羽.国外档案利用服务社会化的理论认识和实践特点[J].档案学
通讯,2010(6):41-44.

[63] 黄霄羽.加拿大温哥华访学的感思与启示[J].档案学通讯,2007(4):
65-68.

[64] 黄勋拔.档案鉴定工作十题[J].广东档案,1998(1):32-35.

[65] 黄勋拔.主动服务的时机问题[J].档案工作,1960(Z1):43-44.

[66] 霍振礼,李艳,李碧清.传统档案利用率概念质疑[J].档案与建设,2003
(2):56-57.

[67] 嵇秋红.民生档案利用体系建设的探索与研究:以太仓市民生档案基层
查阅窗口建设为例[J].中国档案,2013(1):54-55.

[68] 姜之茂.必须高度重视档案室的工作:兼对档案馆"主体"论质疑[J].上
海档案工作,1993(6):18-21.

[69] 姜之茂.外国档案展览的理论和实践[J].档案学通讯,2000(3):
38-44.

[70] 蒋冠.社会记忆理论视角下综合档案馆发展探析[J].档案管理,2010
(3):13-16.

[71] 蒋坤.公证档案及其管理初探[J].档案与建设,1989(1):45-47.

[72] 蒋永福,张红艳.图书馆是什么:图书馆哲学四定律[J].图书馆建设,
2002(5):20-23,26.

[73] 金名.我省1/4档案馆年利用人次超千[J].浙江档案,2004(10):22.

[74] 开蓉嫣.图书馆藏书价值初探[J].上海高校图书情报工作研究,2013,
23(3):16-18.

[75] 开拓进取 求真务实 全面推进新时期档案工作新发展:省档案局(馆)局
(馆)长关继南在全省档案工作暨表彰先进会议上的报告(2004年2月
20日)[J].浙江档案,2004(3):6-10.

[76] 李宝玲.从美国的档案馆馆藏看档案资源建设[J].中国档案,2011(3):
60-61.

[77] 李财富.档案馆"主体"论之我见[J].档案学研究,1996(1):7-11.

[78] 李财富.关于中美档案利用工作的比较[J].北京档案,1997(3):
18-21.

[79]李海英.档案利用数量分析[J].北京档案,2005(10):22-24.

[80]李华.试论档案鉴定的理论基础:档案价值观[J].档案学研究,1998(2):33-38.

[81]李家清.档案利用下降的原因及对策[J].湖北档案,1989(4):35-36.

[82]李静静.从档案利用分析看档案工作发展[J].山东档案,2016(5):62-63.

[83]李莉鸿.档案的起源与发展[J].兰台世界,2009(7):60-61.

[84]李明华.在全国档案局长馆长会议上的工作报告[J].中国档案,2018(1):18-25.

[85]李文彬.档案馆网络信息咨询的思考[J].档案管理,2002(6):8-9.

[86]李学广,何焱,刘德文.长春市档案馆远程服务探索与分析[J].中国档案,2011(12):42-43.

[87]李宇.关于档案信息资源共享建设的思考[J].山东档案,2018(3):17-21.

[88]梁惠卿.档案有可能形成在前:兼与《档案不可能形成在前》作者严永官商榷[J].档案管理,2016(6):7-8,56.

[89]梁艳丽,张微,韩斐.新乡市档案馆2015—2017年利用情况调查报告[J].档案管理,2018(5):71-73.

[90]梁艳丽.新乡市档案馆2007—2014年利用情况统计分析[J].兰台内外,2018(13):8-9.

[91]林清澄."提高档案利用率"悖论[J].档案,2001(2):9-11.

[92]刘国能.大而全 少而精 稳定发展:美国档案工作初探[J].档案学研究,1995(2):78-82.

[93]刘金霞.谈档案人的职业自信[J].四川档案,2012(6):35.

[94]刘智勇.中外档案利用工作比较[J].北京档案,2000(11):15-17.

[95]刘晋英.长尾理论与档案工作[J].兰台世界,2008(24):36-37.

[96]刘丽.档案学五定律初探[J].学校档案,1993(2).

[97]刘喜球,王灿荣.公共图书馆基于"城市记忆"的地方文献建设研究[J].图书情报工作,2013,57(1):97-101.

[98]刘旭光,刘蔚.档案利用率质疑[J].档案学通讯,2011(3):98-101.

[99]刘旭光.档案起源研究现状及其局限性刍议[J].北京档案,1992(2):16-17.

[100]刘延章.图书、情报、档案工作的现状及其路向[J].湘图通讯,1981(2):1-3.

[101]刘越男.由档案起源诸说所想到的[J].兰台世界,1997(3):16-18.

[102]陆坚,芮振.把握时代机遇 推进创新发展 谱写太仓档案事业新篇章[J].档案与建设,2018(4):71-72,76.

[103]罗学玲.信息时代档案职业发展问题探讨[J].湖北师范学院学报(哲学社会科学版),2014,34(3):99-104.

[104]吕明军.试论档案的起源[J].档案学通讯,1985(3):11-14.

[105]马仁杰,龚云兰.新形势下我国档案利用工作的对策[J].档案学通讯,2000(5):22-25.

[106]马仁杰.论影响我国档案利用的因素[J].档案学通讯,2000(3):44-47.

[107]穆庆云.档案定义新探[J].学校档案,1989(2).

[108]潘爱国,罗俊.馆藏民生档案利用存在的问题及对策:以青岛市黄岛区档案馆为例[J].山东档案,2016(1):63-65.

[109]潘玉民,何宏甲.论电子时代档案信息资源利用的新特点:利用者的视角[J].上海大学学报(社会科学版),2009,16(3):135-143.

[110]钱程程.从档案记忆观视角看档案与档案工作[J].云南档案,2010(5):3-4.

[111]钱棣华,沈荣.依托资源优势做好民生大文章:常熟市档案馆2009年民生档案利用分析[J].档案与建设,2010(3):53,52.

[112]钱学森.情报资料、图书、文献和档案工作的现代化及其影响[J].档案学通讯,1979(5):6-10.

[113]秦琳.挑战与机遇:试析档案信息交流中存在的障碍及对策[J].档案学通讯,1992(6):53-55,18.

[114]邱晴漪.档案与文物[J].档案与建设,1991(6):10.

[115]任汉中.民族记忆与档案[J].档案与建设,2004(5):1-5.

[116]任汉中.早该走出的误区:析殷墟卜辞是"殷代的王家档案"论[J].档案学研究,2000(2):65-67.

[117]任樟祥.试谈对馆藏档案内容的分析研究[J].浙江档案工作,1984(Z2):29-35.

[118]任遵圣.加速科学技术档案转化为直接生产力:关于科学技术档案是生产力几个问题的再探索[J].档案工作,1985(1):9-12.

[119]邵素云,赖莉萌.试论档案价值的二重性[J].四川档案,2005(6):24-25.

[120]双英,霄羽,瑞武.档案价值规律再探[J].档案与建设,1993(4):28-30.

[121]孙钢.怎样编制档案馆指南[J].湖南档案,1984(4):10-11.

[122]孙建军.宁夏档案馆利用未开放档案事项办理情况调研[J].中国档案,2013(4):60-61.

[123]孙永铭.也谈档案馆的改革走向[J].浙江档案,1993(12):12-13.

[124]谭玎培.论档案产生是一个历史过程[J].档案与建设,1993(3):16-18.

[125]汤虎君,蒋志平.江苏宜兴市档案利用率持续走高 关注民生 服务大局[J].中国档案,2003(5):17.

[126]涂静,周铭.图书馆学五定律对综合档案馆科学发展的启示[J].北京档案,2013(11):14-17.

[127]汪孔德.基于社会记忆理论下的档案与历史关系[J].池州学院学报,2008(2);98-103.

[128]王子舟.图书馆学研究对象的历史误读[J].图书馆,2000(5):1-4,27.

[129]王德俊.21世纪档案学基础理论研究态势的预测[J].档案学通讯,1998(4):21-23.

[130]王恩汉.档案本质属性诠释[J].档案学研究,2002(6):14-16.

[131]王芳.谈县级档案馆服务功能的拓展[J].云南档案,2002(6):21-22.

[132]王桂芝,王彤,李学广.远程利用档案需求与效益分析[J].中国档案,2013(4):58-59.

[133]王景高.档案研究30年(之一):关于档案起源的研究[J].中国档案,2009(2):34-36.

[134]王茂跃.试论档案事业主体论的认识误区[J].档案与建设,1997(11):22-23.

[135]王青.2004—2013年广东省佛山市档案馆档案利用分析[J].中国档案,2015(5):27-29.

[136]王绍忠.对档案起源问题的理论思考[J].档案,1990(2):23-25.

[137]王雯.档案与图书利用对比分析[J].兰台世界,2008(15):49.

[138]王英玮,熊朗宇.论文件、记录和档案的术语含义及其生命周期[J].档案学通讯,2015(6):4-7.

[139]王应解,吕元智,聂璐.档案学领域本体的构建初探[J].档案学通讯,2015(6):19-25.

[140]王元相.建议用查到率代替查全率和查准率[J].上海档案,1988(6):19-21.

[141]王志娟.嵩县档案馆档案利用情况调查[J].档案管理,2004(5):27-28.

[142]王中明.档案利用工作现状及档案开放研究:以辽宁省档案馆2006—2015年档案利用情况为例[J].档案学研究,2016(5):50-52.

[143]魏幼苓,周慧,李超英.社会记忆存取机制探微:图书馆本质的再追问[J].图书馆杂志,2010,29(8):2-7.

[144]吴雁平,张金娜,刘卫华.开封市档案馆1990—1999年档案查询利用情况个案统计分析[J].档案管理,2003(4):21-23.

[145]吴宝康.从一个侧面看我国档案学研究的现状和动向:全国第一次档案学术讨论会论文专题评述[J].档案学通讯,1982(Z1):10-38.

[146]吴宝康.档案起源与产生问题的再思考[J].档案学通讯,1988(5):2-6.

[147]吴桦佛.锦屏县档案馆档案利用现状浅析[J].贵州档案,1997(2):26-28.

[148]吴文革,马仁杰.论档案开放的原则[J].档案学通讯,2004(4):72-75.

[149]吴小冰,王丹菲,吴文革.基于图书馆学五定律视角的智慧图书馆建设研究[J].安徽农业大学学报(社会科学版),2019,28(2):88-92.

[150]吴秀珍.云计算使图书馆知识服务更需团队协作[J].图书情报工作网刊,2010(8):54-58.

[151]伍振华.再论档案的本质属性[J].档案学通讯,2000(6):12-14.

[152]伍振华.传统的档案定义方式并没有陷入困境:兼论档案是备以查考的文献[J].档案学研究,1996(2):14-17.

[153]伍振华.档案的本质属性是什么[J].四川档案,1992(6):13-14.

[154]伍振华.关于档案本质属性的几个论点浅析[J].图书情报知识,2005(5):49-52.

[155]肖崇厚.馆藏档案重复问题的成因及对策[J].档案与建设,2005(9):11-12.

[156]肖文建,胡誉耀.阮冈纳赞图书馆学五定律对档案信息资源开发利用的启示[J].档案学通讯,2005(5):16-19.

[157]谢俊贵.论图书的二重性[J].四川图书馆学报,1989(5):32-37.

[158]熊伶桃.2014年重庆市长寿区档案馆档案利用分析[J].中国档案,2015(5):32-33.

[159]熊伟.追问图书馆的本质:近30年来国内图书馆本质问题研究代表性观点述评[J].图书馆杂志,2008(7):5-9,80.

[160]徐非.近十年来上海市档案馆档案利用趋势分析[J].上海档案,2003(6):40-42.

[161]徐亮.档案利用过程的"倒立金字塔"现象的发生和克服:以高校档案馆为例[J].档案学研究,2009(2):26-28.

[162]徐梅.对区县级档案馆档案开放工作的思考:以南京市鼓楼区档案馆为例[J].档案与建设,2010(7):54-55.

[163]徐翔.也谈图书馆是什么[J].图书馆界,2004(1):5-6,11.

[164]徐拥军.档案记忆观:社会学与档案学的双向审视[J].求索,2017(7):159-166.

[165]许小林.档案利用下降的原因与对策[J].湖南档案,1990(6):29.

[166]薛匡勇.档案馆文化性研究[J].档案学通讯,2000(3):6-10.

[167]闫红丽.从"果汁利用理论"看档案利用率评估[J].兰台世界,2005(7):51-52.

[168]闫俊丽,何惠光.漯河市档案馆近10年档案利用情况调查[J].档案管理,2014(5):54-55.

[169]严永官.档案价值研究琐议[J].上海档案,2001(5):14-16.

[170]严永官.档案利用理论初探[J].上海档案,1987(6):16-18.

[171]杨立人.从备用品看档案的备用价值:兼与图书价值特点进行比较[J].档案学通讯,2012(6):29-32.

[172]杨世洪,杨敏.重视民生 服务民生:遂宁市档案局加强民生档案工作巡礼[J].四川档案,2014(2):35.

[173]杨彬整理.中外档案利用工作比较:北京联合大学应用文理学院2010级档案学本科班网络讨论[J].档案管理,2013(4):59-60.

[174]杨恬南.钱学森先生关于档案的两次论述及推论:兼论档案是最典型的记忆工具[J].档案学研究,1990,(3):54-58.

[175]杨冬权.以丰富馆藏、提高安全保障能力和公共服务能力为重点,实现档案馆事业新跨越:在全国档案馆工作会议上的讲话[J].中国档案,2009(12):8-15.

[176]杨冬权.以科学发展观为指导,推动档案事业更好地科学发展并为科学发展服务:在全国档案局长馆长会议上的讲话[J].中国档案,2009(1):12-20.

[177]杨冬权.在全国档案局长馆长会议上的讲话[J].中国档案,2011(1):18-25.

[178]杨冬权.在浙江省档案工作服务民生座谈会上的讲话[J].中国档案,2007(10):10-12.

[179]杨光建.略谈档案的起源与发展[J].湖南档案,1994(4):29-30.

[180]姚震.平平淡淡也是真:档案利用工作断想[J].中国档案,1996

（11）:30.

[181]依佳宁.立足档案资源共享 提高民生服务质量——沈阳市各级档案馆民生档案利用情况简析及几点思考[J].兰台世界,2018(S1):8.

[182]雍文娟.加强高校档案网站教育资源建设刍议[J].黑龙江档案,2013(2):40.

[183]于淼.怎样提升婚姻登记档案管理工作水平[J].办公室业务,2018(13):103.

[184]于桂兰.试论档案的文化功能[J].档案管理,1996(5):31-32.

[185]于光远.图书馆和时代:在国际图联第52次大会上的发言[J].图书情报工作,1988(1):1-4,16.

[186]袁斌.行动素养:众创时代公共图书馆信息素养教育的目标和功能定位[J].图书馆理论与实践,2017(7):26-29.

[187]源潮.谈谈档案用户辅导[J].浙江档案,1988(3):17.

[188]张长海.档案价值本体论:兼与相关作者商榷[J].机电兵船档案,2002(1):15-17.

[189]张照余.关于当前档案馆档案利用率之我见[J].档案学通讯,2000(4):53-55.

[190]张斌.论档案价值概念[J].档案,2000(2):8-11.

[191]张德恒.县档案馆丰富馆藏之思考[J].档案,1992(2):29-30.

[192]张芳.抑制档案馆焦虑困境[J].兰台世界,2014(5):100-101.

[193]张贵华.档案利用率误区之我见[J].档案管理,2002(3):21-22.

[194]张贵华.论档案价值形态[J].档案学研究,2003(3):11-16.

[195]张国硕.甲骨文在商代非档案说[J].档案学研究,1999(2):60-64.

[196]张连星.从2004年利用情况看当前档案利用工作的特点与趋势[J].北京档案,2005(5):26-28.

[197]张满飙,何业武.地县级档案馆永久档案是否都要搞"多套制"[J].档案管理,1995(2):20-22.

[198]张淑琴,岳秀芬.谈县级档案馆馆藏结构的改善[J].北京档案,1997(10):27-28.

[199]张文静.基于长尾理论的档案信息服务研究[J].档案与建设,2018(11):35-39.

[200]张秀凤,陈娟,于苏华.揭开神秘面纱 走近百姓生活:改革开放30年常州市档案馆档案利用工作回顾与分析[J].档案与建设,2010(1):40-41.

[201]郑锦霞.档案社会化的重新审视:民生档案[J].兰台世界,2010(10):

39-40.

[202]郑洵.中国原始图书起源浅议[J].农业图书情报学刊,2008(1):51-54.

[203]赵海林.高潮何时再现?:1985至1998年甘肃省各级国家综合档案馆利用工作综析及展望[J].档案,2000(4):12-14.

[204]赵鹏.档案以及档案馆的变化[J].档案学研究,2013(5):18-21.

[205]赵屹,陈晓晖,朱久兰.美国的档案工作与信息服务社会化:兼谈对我国档案信息服务社会化的启示[J].档案学通讯,2001(2):67-73.

[206]赵屹,陈晓晖.中美档案利用若干问题比较[J].山西档案,2002(6):8-11.

[207]周国行.地市级档案部门做好档案查阅利用工作的实践分析[J].浙江档案,2018(1):57-59.

[208]周久凤.论图书馆的知识传播[J].图书馆杂志,2002(12):7-10.

[209]周应朝.新乡市档案馆(一库)档案利用统计分析[J].档案管理,2003(5):23-24.

[210]朱建亮,吴杰.论图书馆的"人类大脑"功能[J].图书与情报,1990(1):91-97.

[211]宗培岭,潘玉民.存史乎? 利用乎?:档案馆核心职能论[J].档案管理,2007(2):10-16.

[212]宗培岭.对档案利用工作现状的思考[J].浙江档案,2000(9):37-39.

三、其他

[1]何涛,王建明.北京市房山区档案馆档案利用创历史新高[N].中国档案报,2011-01-13(2).

[2]刘伟.宁阳县档案利用以服务民生为中心档案馆成了百姓"贴心人"[N].中国档案报,2009-09-10(2).

[3]孙成德.家谱传承历史文化[N].中国档案报,2015-07-10(4).

[4]习之.关于"记忆工具"[N].中国档案报,1999-08-05(3).

[5]赵云鹏,赵政戡.档案事业实施可持续发展战略的思考[N].中国档案报,1998-06-25(B3).

[6]龚菲.家谱档案管理研究[D].合肥:安徽大学,2014.

[7]桑瑞霞.综合性档案馆馆藏资源建设与开发利用研究[D].济南:山东大学,2011.

[8]田野.基于档案与图书价值差异的用户需求比较分析[D].沈阳:辽宁大学,2013.

[9]魏金娇.以服务为导向的档案馆资源建设研究[D].哈尔滨:黑龙江大

学,2018.

[10]王越.档案文化价值实现研究[D].哈尔滨:黑龙江大学,2018.

[11]吴丽芳.图书馆发展历程中的技术创新研究[D].太原:山西大学,2011.

[12]辛杨.我国图书、情报、档案一体化管理研究[D].济南:山东大学,2012.

[13]杨丽.成都市(区、县)综合档案馆利用服务调查研究[D].成都:电子科技大学,2015.

[14]杨帆.档案馆核心竞争力构建研究[D].合肥:安徽大学,2013.

[15]赵洋月.国家档案馆公共服务评价体系设计与实证研究[D].杭州:浙江大学,2012.